친밀감의 두려움

친밀감의 두려움

로버트 W. 파이어스톤 · 조이스 캐틀릿 지음
김경옥 옮김

FEAR OF INTIMACY

친밀감의 두려움

FEAR OF INTIMACY

초판 1쇄 2015년 3월 4일

지은이 | 로버트 W. 파이어스톤 · 조이스 캐틀릿
옮긴이 | 김경옥

펴낸이 | 임말희
편집 | 박충진
인쇄 | 문성인쇄
펴낸곳 | 눈 출판그룹

출판등록 | 2012년 5월 23일 제321-2012-000122호
주소 | 서울특별시 서초구 서초동 효령로 60길 23-11 서전빌 3층
전화 | 02-3394-4745
팩스 | 02-3394-4749
이메일 | malheeklarayim@gmail.com
홈페이지 | www.nun.or.kr

값 30,000원
ISBN 978-89-94347-43-1(93180)

파본이나 잘못된 책은 바꿔드립니다.

감사의 말

원고편집에 많은 노력을 기울여준 템슨 파이어스톤과 조 버링톤에게 감사를 표한다. 마지막 원고를 완성하는 데 함께 작업한 앤 베이커에게도 감사한다. 특별히 글렌든 협회의 지원과 헌신에 감사드린다. 특히 원고 집필을 도와주고 많은 문서작업과 필름작업 유포에 힘쓴 앤 듀셋 게이츠 박사와 안나 페레즈, 이르마 캐틀릿, 제롬 나단 박사, 지나 아르바로에게도 감사의 말을 전한다.

APA 원고기획 편집장인 마가렛 슐레겔에게도 감사의 뜻을 전한다. 그녀는 <환상연합>이 출판된 이후에도 그 이론과 방법론의 변화에 대한 글을 보내줄 것을 요청해 왔다. 또한 편집관련 문제에 관해 귀중한 제안을 해 준 주디 네미스 편집장에게도 감사드린다.

이 책의 아이디어와 개념을 위해 자신들의 이야기를 기꺼이 꺼내놓고 생기를 불러일으켜준 참가자 남성, 여성 모든 분들께 감사의 인사를 전한다. 그분들의 용기와 솔직함에 감사드리며, 이번 장기연구에 지속적으로 참석하고 환상연합과 목소리과정, 그리고 여러 가지 중요한 개념의 지식체계를 확장할 수 있게 해 준 것에 감사한다. 사람들이 도움을 받을 수 있게 된 것은 자신들의 깨달음을 나눠주고자 했던 그분들의 열정적인 마음 덕분이다.

이 책에 나오는 이름과 장소, 그 밖의 여러 사실들은 모두 각색되었다. 생존했든 사망했든 어떤 인물과도 직접적인 관련이 없다. 예외적으로 영화자료에 나오는 이름 가운데 본인의 요청에 의해 각색하지 않고 이름을 그대로 사용한 경우가 있다.

로버트 W. 파이어스톤

미국심리학회American Psychological Association

워싱턴, DC

목차

III

내면의 목소리에 맞서기 : 방법과 이론

머리말*

이 책은 사랑에 관한 것이다. 사랑의 가능성, 사랑의 희귀성, 사랑의 갈망, 그리고 사랑의 두려움에 관한 것이다. 지난 43년간 상담실 안과 밖에서 다양한 사람들을 만나며 알게 된 사실은 사람들 대부분이 정서적 허기나 절박감, 융합에 대한 강렬한 욕구로 인해 인간관계를 형성하고, 그렇기 때문에 상대방을 존중하고 배려하며 진짜 사랑을 하지 못한다는 것이다. 실제로 사람들은 강박적으로 자신의 속마음을 속이고 상대방의 동기를 왜곡하고 방어적으로 행동화하지 않을 수 없는 것 같아 보인다. 친밀감을 두려워하며 친밀감으로부터 철수하려고 한다. 왜 그럴까?

나는 이에 대한 답을 얻기 위해 수년간 다양한 사람들을 연구해왔다. 지난 21년 동안 관심대상은 주로 비교적 높은 기능을 지닌 사람들이었다. 그들은 심리학과 개인적인 발달에 관심이 깊었고 실험집단을 구성해 커플과 가족에 대한 다세대간 연구에 참여했다. 이들을 참조집단이라고 부른다.[1)] 물론 이 집단만이 사랑과 친밀감에 관한 내 이론의 유일한 출처는 아니다(나는 개인과 집단 심리치료 임상에 22년을 보냈다). 하지만 가장 중요하다고 말할 수 있다.

이 특별한 심리학적 실험집단은 전문가와 친구 같은 내담자로 구성된 작은 집단에서 출발해 나중에는 100여명으로 확장되었다. 그들이 내면세계를 드러내는 토론시간을 통해 개인적으로 친구나 친척들과 상호작용하는 모습을 관찰할 수 있는 기회도 가질 수 있었다. 자신의 생각과 감정을 표출하는 것에 대한 그 사람들의 지속적인 관심 덕분에 열린 의사소통을 할 수 있는 환경이 조성됐다. 이들은 내게 배우자와 아이들과 일상적인 상호작용을 하는 "정상적인" 사람들을 주의 깊게 관찰할 수 있는 좋은 기회를 마련해준 아주 특별한 심리학적 실험집단이었다. 이곳에서는 일반적으로 50분이라는 정해진 시

---

* 머리말은 제1 저자인 W. 파이어스톤 박사가 썼다. 그는 책의 이론적 개념들을 만들고 치료법을 개발했다. 또한 커플 토론집단의 조력자이기도 했다. 제2 저자인 조이스 캐틀릿은 문서작업에 같이 참여하고 사례 자료를 정리하고 개념들에 대한 참고문헌을 언급하면서 우리의 이론이 심리학 전문문헌에 오를 수 있도록 했다. 그녀는 영화제작자인 제프 파와 함께 여러 편의 다큐멘터리 비디오를 공동 제작했다. 그것들은 이 책의 사례로도 언급되었다. 책에서 1인칭(나, 나의)이 사용된 경우 다른 표시가 없다면 그 화자는 파이어스톤 박사며, 1인칭 복수(우리, 우리의)는 파이어스톤 박사와 그의 동료인 조이스 캐틀릿을 지칭한다.

간에 보고 듣는 심리치료 방식으로 자료에 접근하지 않았다. 3세대에 걸친 개인에 관한 장기연구 결과물을 통해 친밀한 관계에 작동하는 천태만상의 방어방식에 대한 깊은 이해가 가능해졌다. 독자들에게 내 연구결과의 초기 출처뿐만 아니라 참조집단의 배경을 알려줄 목적에서 이 특별한 심리치료의 출발에 관한 간략한 설명으로 이 책을 시작한다.

과정

시작

나의 심리치료와 연구경력은 1954년에 정신분열증 치료의 권위자인 존 로즌 박사와 함께 정신병 환자를 치료하면서 시작되었다. J. N. 로즌(1953) 박사는 비제도적인 분위기에서 장애가 심한 환자들의 심리치료를 했다. 다시 말해 그곳의 환자는 치료자와 친밀한 분위기에서 일상생활을 했다. 그때 환자들에 대해 알게 된 다양한 정보가 오랫동안 내 마음에 깊이 남았다. 나는 치료센터에 상주하면서 처음으로 24시간 단위로 다양한 정신병리와 그 행동징후들을 경험했다.

아내와 나는 이곳 환자 두 명과 함께 한 집에서 살았다. 동료 잭 로즈버그와 나는 정신분열증 환자를 치료했고 그 지역의 환자들도 보았다. 환자들은 심한 퇴행상태를 보였다. 그 중에는 난폭한 행동을 보이는 환자도 있었기 때문에 환자보호를 위한 신체적인 구속조치가 필요했다. 불안감이 감도는 그 특별한 곳에서 몇 개월 동안 배운 것이 일반 정신병원에서 몇 년간 배웠던 것보다 훨씬 더 많았다. 또한 다른 치료자 몇 명과 함께 전공뿐만 아니라 우리 자신의 개인적인 발달문제를 토론하는 소규모 치료집단에 참석했다. 환자들과 같이 생활하며 심리치료를 하는 동안에 흥미로운 사실이 많이 드러났다. 나는 그것을 동료들과 함께 나눴다.

나의 주된 관심은 자존감에 심각한 손상을 입은 환자들의 방어수단이었다. 정신분열증 환자 병력에 나타나는 주된 방어는 대인관계에서 철수해 환상의 세계로 들어가는 것이라는 사실이 관찰됐다. 상황이 너무 불편하게 느껴질 때면 더욱 환상과정에 의존하려고 든다. 그것이 약물처럼 불안을 잠재워주기 때문이다. 중독이 되면 될수록 일상적인 기능 수행이 더 어려워지면서 상황은 더 나빠진다. 환상에 대한 의존도 약물 의존증상과 비슷하다. 결국 그들은 점점 인생을 망가뜨리는 나락으로 떨어진다.

더 많은 것을 알게 되면서 자극을 받은 나는 정신장애라는 신비를 추적하는 데에 몰두했다. 나의 관심은 환자의 발병과 대인 관계에서 철수하는 행위를 이해하는 데 집중되었다. 환상이 어떤 방식으로 상처받은 개인의 자아가 입은 막대한 손상을 보상해주는 것일까? 어떻게 그게 실제 만족보다 더 선호될까? 어떻게 그리고 왜 그것이 일종의 부적응적인 평형상태를 이룰 수 있을까? 로즌 박사와의 일을 마치고 대학원으로 돌아가 이 질문들에 대한 답을 제시하고 정신분열증에 대한 가설을 정립하면서 박사논문 <정신분열증 병적 과정에 대한 이해>(파이어스톤, 1957)을 썼다.

1957년 임상심리학 박사가 되고 로스앤젤레스에서 개인진료를 시작했다. 그곳에서는 정신분열증 병적 과정에 관한 이론적 개념을 다소 장애가 덜한 환자의 다양한 정신적, 정서적 문제에 적용해 신경증에 관한 포괄적인 이론을 만들었다. 환자들의 고통스러웠던 어린 시절 경험과 현재의 불행이나 대인관계 문제의 연관성을 추적할 수 있었다. 그 발견과정은 좀 더 복잡했다. 무의식적인 자료 접근이 어려웠고 "정상적인" 사람이나 신경증자의 내면 갈등은 감춰져있기 때문이었다. 정신분열증 환자가 자신의 갈등을 해독할 수 없는 증상과 표현으로 상징을 통해 표출한다면 신경증자는 교묘한 심리적 방어기제를 이용해 핵심 문제를 모호하게 만드는 경향이 있다.

나중에 대략 200명의 환자와 함께 집중적인 감정방출치료를 했던 경험을 통해 방어형성 역동에 대한 명료성과 통찰력을 얻었다(파이어스톤, 1985). 이 치료법을 통해 깊이 억압된 감정을 이끌어내 주로 어린 시절 가족과의 관계에서 비롯된 정서적인 고통을 다시 불러일으켰다. 대개 고통을 다시 경험하면서 강한 지적 통찰이 일어났고 자신의 현재 신경증 증상과 행동에 대한 의미를 이해할 수 있게 되었다. 이때 드러난 자료에 의해 무의식과 인간 행동구조에 대한 일반 가설들이 쉽게 입증되었다. 정신분열증과 신경증에 대한 나의 초기 개념들 대부분이 환자들과 감정방출치료를 하면서 치료자의 도움 없이 환자 스스로 자신의 자료를 해석하고 통합한 결과물에 의해 입증되었다.*

초기 토론집단

그 다음 10년 동안 개발 중에 있는 개념들을 토론할 목적으로 동료와 친구들을 지속적으로 만났다. 그리고 조사를 확대해 정교하게 다듬은 방어형성에 관한 개념들은 동료들의

* 감정방출 치료법은 아서 야노프의 <원초 요법>(1970)과 많은 점에서 유사하다. 기본적으로 깊은 호흡을 하고 숨을 내쉴 때 소리를 내도록 권장한다. 이 치료법만으로도 정동이 강하게 표출되며 원래 억압된 감정과 현재 행동 사이의 연관성에 대한 정서적, 지적 통찰이 이어진다.

인정을 받았다. 그 이론은 그들 환자뿐만 아니라 그들 자신에게도 적용할 수 있었다. 그들은 "자기 돌봄self-mothering" 또는 "자기 양육self-parenting" 개념을 자신의 인생발달과 연결시켰다.[2] 융합 환상이나 전능 환상, 가짜독립적인 태도pseudoindependent attitudes가 대인관계에 해를 끼친다는 사실이 증명되었다.

1969년에 심리치료 환자들 중 몇 사람을 선택해 집단치료 프로젝트를 시작했다. 그 집단 구성원들의 개인적인 성장과 열려있는 솔직한 태도가 인상적이었다. 그곳에서 얻은 결과에 대해 동료와 친구들과 얘기를 나눴고, 그것에 관심과 흥미를 느낀 사람들이 규칙적으로 만나 생각과 감정을 함께 나누는 토론집단을 시작하자는 요청을 해왔다. 나는 자문역할이나 참여 관찰자로 함께 할 의향이 있다고 대답했다.[3] 하지만 심리치료사의 역할이나 어떤 식이 되었든 정신건강에 대한 책임은 맡지 않겠다고 했다. 그들은 대부분 전문가로(몇 사람은 전문 심리학자였다.) 자기 자신과 대인관계에 대해 좀 더 깊은 이해를 해나갈 목적으로 나와 동등한 위치에서 작업하고 싶어 했다.

청소년 토론집단

1972년에 내 아이들과 몇몇 동료, 친구의 자녀들이 관련된 심각한 문제가 발생했다. 그 당시 13세에서 15세 사이의 10대였던 아이들은 주변의 마약 문화에 노출되어 있었고 몇 명은 위험한 마약을 시도해보기도 했다. 우리는 아이들 친구와 학우들 중에 약을 너무 많이 하고 있는 청소년들이 있다는 사실을 알게 되었다. 나와 동료들은 걱정이 되어 어린 아이들이 나쁜 영향을 받지 않도록 일주일에 한 번씩 토론집단을 해나갈 기회를 마련해 주기로 했다. 그리고 아버지들 가운데 한 분에게 토론집단을 이끌어줄 것을 부탁했다. 그는 심리학자는 아니었지만 10대들과 자연스럽게 라포를 형성할 수 있는 사람이었다.

청소년들은 자신의 생각과 감정, 부모와의 소원한 관계, 막 시작된 성에 대한 관심, 그리고 경쟁에 대한 이야기를 시작했다. 토론집단은 목표했던 결과를 얻었다. 아이들은 즉시 마약에서 손을 뗐고 마약을 하던 생활방식과 연관된 불성실한 태도도 버렸다. 아이들은 또래들끼리 대화를 한 지 몇 달이 지난 후에 부모들이 함께 모임에 참여해주기를 요청했다. 그때 아이들에게는 자신의 생각과 감정을 자유롭게 터놓을 수 있는 권리가 보장됐고, 부모는 아이의 말을 중단하거나 의견과 감정을 얘기하려고 해서는 안 되었다. 누구나 자신의 생각과 진솔한 감정표현을 민주적인 방식으로 나누다보니 세대 간의 경계가 허물어졌고 청소년 아이들과 부모의 관계가 좀 더 대등해졌다.

1973년에 (약 7 가족을 대표하는) 부모들은 자금을 모아 80 피트짜리 미완성 나무범선을 구입했다. 그것은 젊은 아이들이 자신을 발전시킬 수단으로 사용되었다. 우리는 아이들이 자신의 힘으로 배를 조종할 수 있도록 훈련시켰다. 2년 동안 배를 설계하고 개조하고 설비를 갖춘 다음에 토론집단의 십대 11명이 세계일주 항해를 시작했다. 부모들은 휴가를 얻을 수 있을 때마다 17 개월의 항해기간 중 몇몇 지점에서 합류했다. 인도양과 중앙 태평양에서 몇 번의 폭풍우를 만나고보니 모두들 그동안 함께 모여 솔직한 얘기를 나눈 것이 매우 값진 경험이었음을 알게 되었다.

항해를 하는 동안에 그리고 끝나고 나서도 계속된 열린 의사소통 광장은 다양한 의견과 생각만이 아니라 감정표현을 나눈다는 점에서 도시민주주의를 능가하는 모임이 되었다. 그것이 우리 사회의 다른 모임들과 차이가 나는 점이었다. 민주주의 광장에서도 이야기를 나누고 아주 다른 의견을 토론할 수 있는 자유가 허락되지만 그곳에서는 감정을 솔직하게 표현하지 못한다. 특히 슬픔과 눈물은 용납되지 않고 연약함의 표시로 간주된다.

그 이후의 발달과정

몇 년에 걸쳐 함께 이야기를 나눠온 성인 토론집단 참가자들이 도시를 벗어나 주말모임을 지속적으로 갖자는 제안을 해왔다. 나는 찬성했다. 긴 시간 대화를 하게 되면 방어 장벽을 허물고 자신에 대해 좀 더 깊이 이해할 수 있게 될 거라고 생각했다. 주말모임에서 많은 사람이 자신의 깊은 속마음을 표현했고 성장하면서 참고 견뎌온 고통스러웠던 사건에 대한 통찰을 할 수 있었다. 다른 사람의 이야기를 들으며 자신의 어린 시절 기억과 비슷하다고 말하는 사람들을 보면서 사람이 서로 비슷한 경험을 한다는 사실에 놀랐다. 몇 가지 중요한 질문이 관심을 끌었다. 왜 친밀한 관계에 그렇게 많은 불행과 고통이 있는 것일까? 절망은 인간 본래의 조건인가?

어느 순간에 내 자신이 진행하고 있는 모임방식에 스스로 만족하고 있다는 게 느껴졌다. 속으로 "나는 괜찮은 조력자야."라는 생각을 하고 있었던 것이다. 내 가치가 업적에 달려있다는 생각이 들자 온 몸에 슬픔이 퍼졌다. 나는 사람들을 존재 그 자체로 소중하다고 생각했다. 그런데 어째서 나 자신은 그렇게 하지 못할까? 마음에 하나의 생각이 크게 울렸다. "나는 나다." "나는 나다." 내가 다른 사람들과 감정과 생각을 나누며 경험했던 정서의 깊이를 묘사할 만한 단어를 찾기 어려웠다. "나는 나다."라는 말은 성과가 중요한 것이 아니라는 것을 의미했다. 나는 한 사람이며 그것으로 대우받을 만한 자격이 있다. 슬픔은 내가 누구인지 알게 되면서 마음에 차오른 감정이었을 것이다. 어린아이로 간주되거나 이해받지 못했던 사람에게 자신이 개별적인 한 사람으로 느껴지는 것은 가슴 찡한 경험이며 영적인 경험에 비길 만한 것이라는 생각이 든다.

초기 토론집단 참가자들은 서서히 습관적인 생활방식을 바꾸고 성장을 제한했던 틀에 박힌 일상과 진통물질을 포기하기 시작했다.[4)] 토론시간에는 대인관계와 성생활, 친구관계에 대해 솔직하게 얘기하려고 노력했다. 집단에서 이루어지는 대화에는 인격형성기에 받았던 상처에 대한 이해를 바탕으로 형성된 암묵적인 도덕성과 의사소통에 방해가 되는 장벽을 없애려는 노력이 엿보였다.

1979년에 집단 참가자들이 나를 종일근무로 고용해 개념과 이론을 개발하고 설명하며, 자신들과 토론과 사업모임에서 계속 얘기를 나눠가자는 제안을 해왔다. 이번에도 나는 어떤 심리치료도 하지 않을 것이라는 점을 분명히 했다. 사람들의 마음을 돌보는 책임을 맡지 않고 내 독창적인 연구를 해 나가고 싶었다. 제안이 마음에 들었다. 사람들을 가까이서 관찰할 수 있는 기회였기 때문이었다. 동시에 친구와 동료들과도 관계를 유지할 수 있었다. 그래서 처음에는 심리치료 현장을 떠나는 것에 대해 두려운 마음이 들었지만 곧 프로젝트에 전념할 수 있었다.

심리치료사로서의 역할을 그만둘 수밖에 없었던 중요한 이유가 있었다. 그것으로는 이 새로운 상황의 사람들을 더 많이 알고 이해하는 게 어려웠기 때문이었다. 사실 심리치료 현장은 내가 선택한 연구 방향과 상충되는 부분이 있었다. 내 목표는 교육하고 탐구하고 자료를 모으며 치료회기라는 시간제약과 심리치료에 내재한 제약에 제한받지 않고 관계를 지속적으로 오래 하는 사람들에 대한 지식을 쌓는 것이었다.* 개인적으로 이때가 내 인생에서 가장 성취감을 느낄 수 있었던 시간이었다. 그때 내 자신에 대해, 그리고 가족이나 친구와의 관계에 대해 좀 더 많은 이해를 할 수 있었고 솔직하고 열린 의사소통을 하는 생활방식을 갖게 되었다.

이 연구는 정말 오래 걸렸다. 약 20년이 지났지만 그때 사람들은 여전히 친구로 남았다. 모두들 자신에게 주어진 모험을 성공적으로 해냈고 더 좋고 더 만족스러운 생활방식을 찾았다. 나는 커플/가족의 방어체계가 활성화되는 것과 그 틀에 갇힌 사람들이 느끼는 외로움과 소외감, 그리고 방어적인 태도를 허물고 솔직한 태도로 관계하면서 사랑을 주고받을 때 느끼는 해방감과 인간에게 꼭 필요한 친밀감의 욕구만족을 직접 체험했

* 1982년에 이런 유형의 연구를 후원하기 위해 나의 동료들이 글렌던 협회를 창립했다. 협회는 책, 논문, 다큐멘터리 비디오를 보급하고 커플과 가족에 관한 장기연구를 하며 알아낸 이론과 결과물을 토대로 지속적인 교육 워크숍을 이끌었다.

다. 이 책은 장기연구를 하며 얻은 통찰을 보여준다. 연구 참가자들이 내게 보여준 관용과 솔직함의 정신 그대로 독자들에게 그것을 제공하고자 한다.

미주

1) 참가자들의 나이, 성별, 직업, 자녀수, 수입수준 등은 1980년에 편집된 수치다. 그 당시 전체 인원의 평균 나이는 30.3세였다. 가장 어린 나이가 4주, 가장 많은 사람이 63세였다. 40명 전원의 반 정도가 26세에서 40세 사이였기에 비교적 "젊은" 집단이었다. 15세 이하의 아이들을 빼면 성인의 평균 나이는 34.8세였다.

   45명의 여성과 43명의 남성이 15세 이상이었고 13명의 아이들이 4주에서 14세 사이였다. (1980년 이후 21명이 넘는 아이들이 이곳 집단모임에서 태어났고, 사실상 모든 성인이 아이들의 발달과 행복에 관심을 가졌다.) 1980년에 44명의 남성과 여성이 결혼을 했고 20명은 동거했다. 15세가 넘는 독신 성인은 24명이었다. 그중 11명이 이혼했고 13명은 결혼한 적이 없다. 성인들은 대부분 기독교인이나 유대인이었다. 2명의 히스패닉, 1명의 아프리카계 미국인이 있었고 나머지는 백인이었다. 비록 전통적인 신앙을 가지지는 않았지만(대부분 공적인 교회생활을 하지 않았다.) 모두 인도주의적인 가치를 중요하게 여겼다. 2명의 변호사, 1명의 의사, 4명의 심리학자, 2명의 엔지니어, 1명의 교사, 2명의 상업 예술가, 10명의 세일즈맨, 11명의 관리직, 2명의 재무담당자, 1명의 부동산 중개업자, 4명의 인테리어 디자이너, 4명의 프로젝트 매니저, 2명의 목수, 5명의 컴퓨터 프로그래머, 1명의 기술자, 1명의 영화 제작자, 10명의 비서와 서기, 1명의 보석 디자이너, 1명의 척추 지압사, 1명의 작가, 1명의 육아전문 보모, 1명의 구매담당자, 3명의 고객서비스 상담원, 그리고 3명의 행정 보좌관이 있었다.

2) 환상 만족이 박탈 상황에서 아이의 욕구를 일부 채워주고 긴장을 감소시켜준다는 나의 가설은 자기돌봄이라는 개념의 가장 중요한 부분이다. 적절한 양육, 특히 엄마의 돌봄이 없을 경우 아이는 상상 속에서 자신을 스스로 양육하려고 한다. 아이는 엄마와 결합되어 있다는 환상(환상 연합)을 형성해 실제로 자기 자신의 엄마가 된다. 그리고는 내면화된 부모 표상이 아이에게 반응하는 것이긴 하지만 자신을 하나의 대상으로 다룬다.

   나의 정신분열증 병적 과정에 관한 개념이 아이에게 미치는 다른 영향을 부정한다거나 축소하지는 않는다. 독특하고 복합적인 현상이 형성될 때는 생물학적인 기질과 유전적 기질의 차이, 그리고 생리적인 소인들이 환경적인 영향과 결합된다. (체스 & 토마스, 1987) 어떤 사례에서는 심리장애 발병에 있어서 정신신체적인 측면이 환경적 요인보다 분명히 더 우세하다. "대부분의 사례에서는 십중팔구 아이의 발달에 미치는 영향은 심리적인 요소가 선천적인 성향보다 더 크다." (파이어스톤, 1990b, p. xv)

3) 레너드 크래스너의 토론 "참여 관찰자가 되는 것에 관해"를 참조할 것.

4) 이 기간 동안(1976-1979) 많은 사람이 함께 사업을 시작했다. 여행에서 돌아온 뒤 몇 사람이 사업에 참여했고 빠르게 지도자적 위치에 올라섰다. 사업은 번창했고 놀라운 재정적 성공을 거둬 참여한 사람들에게 이익을 남겨줬다. 경영인과 근로자간의 솔직한 토론으로 생성된 특별한 에너지가 성공을 이끈 주 원동력이었다.

친밀감의 두려움

들어가면서

사랑은 삶을 가치 있는 것으로 만들어주기 때문에 인간으로 하여금 낯설고 힘든 상황을 받아들일 수 있게 해준다. 사랑이 인간을 죽음에서 구해줄 수는 없다. 하지만 인생의 목적을 이루게 해줄 수는 있다.

－아놀드 토인비 *(1969, p.24)*

여러 세기 동안 수많은 작가들이 사랑의 두려움과 불신 때문에 자유롭게 사랑하고 존중하고 연민을 느끼지 못하는 남자와 여자의 얘기를 해왔다. 사람은 자신의 좋은 자질을 알아보고 인정하는 연인을 벌하지 않을 수 없는 것 같다. 스스로 자기에 대해 갖고 있는 생각과 다르게 연인이 자신을 대해주면 방어체계가 흔들리고 자기에 대한 부정적인 환상이 깨지기 때문에 심리적인 평형상태psychological equilibrium가 무너진다. 사람들은 부정적인 자기태도를 완강히 고수하면서 그와 다르게 생각되는 것에 저항한다. 연인관계가 자신의 방어구조에 영향을 주는 것을 원치 않는다. 대개 사람들은 자신에게 익숙한 정체성을 고수하면서 과거에 입력된 프로그램에 따라 부정적인 운명을 살고, 또 그러는 가운데 사랑을 밀어내고 있다는 사실조차 모른다. 무의식적으로 많은 사람이 사랑을 밀어내지 않으면 그동안 알아왔던 세상이 산산조각 나고 자신이 누구인지 모르게 될 거라고 느끼는 것 같다.

아이들은 성장하는 동안 경험한 긍정적인 태도와 부정적인 태도를 둘 다 내면화한다. 긍정적인 태도는 성장하는 동안 자기구조self-system에 동화되는 반면에 부정적인 태도는 성격에 통합되지 못하고 고립된 부분으로 남는다. 그 결과 부정적인 태도나 환상이 자기에 대한 주 감정이 된다. 비판적인 자기태도는 변화에 저항한다. 그 이유는 성인이 되었을 때는 이미 주요 방어기제가 형성되었고 어느 정도 자기에게 가혹한 태도를 내면화해 자신의 부정적인 환상구조와 잘 맞는 심리적 평형상태가 이뤄졌기 때문이다.

핵심 정체성은 일시적 정체성, 즉 가족 안에서 아이에게 심어진 정체성보다 더 다양하다. 일시적 정체성에 대해서는 3장에서 상세하게 다뤄질 것이다. 아이는 그것에 따라 "총명한 아이", "예쁜 아이", "나쁜 아이", "문제아"라고 불린다. 자기에 대한 부정적인 환상과 핵심믿음은 강력한 영향력을 지닌 채 마음 깊숙이 존재한다. 상처 입은 개인의 부정적인 정체성은 수치감이라는 핵심 감정과 관련된다. 그것은 근본적으로 자신이 나쁘고 사랑스럽지 못하고 교정 불가능의 결함이 있다고 느끼는 것을 말한다. 거의 모든 아이가 발달과정의 심리적 생존 메커니즘으로서 부모를 이상화한다. 이상화 과정은 자신을 희생하는 대가를 치른다. 즉 자신이 나쁘거나 결함이 있다는 이미지 유지와 불가분의 관계가 있다.

자기에 대한 부정적인 환상을 보존하려고 연인을 벌하는 현상은 기본적인 대인관계 역동이며 생각보다 훨씬 더 보편적이다. 부모가 어린 시절 자신이 받았던 학대를 자녀에게 행동화하려는 충동 때문에 괴로워하듯이 연인도 강박적으로 가장 가까운 사람에게 상처주거나 사랑을 밀쳐내며 방어기제를 유지하려는 행동을 한다. 문제는 알지 못한 채 방어기제가 작동된다는 것이다. 즉 조금이라도 불안이 느껴지면 상황이 충분히 의식도 되기 전에 방어적인 대응을 하게 된다.

실제로 사람은 누군가 자신을 스스로 생각했던 것보다 더 좋게 봐주면 힘들어한다. 자신의 부정적인 정체성에 이의가 제기되면 불안해지기 때문이다. 대개 사람들은 불안을 그 즉시 전부 다 느끼지는 못한다. 만일 느낀다면 그 존재를 알 수 있을 것이다. 그러면 이렇게 생각할 것이다. "그가 정말 나를 사랑한다는 걸 알았을 때 진짜 무서웠어." "특별 봉급인상 받았을 때, 승진했을 때 겁이 났어." 사람들은 긍정적인 사건으로 핵심 정체성이 흔들리게 되면 의심을 하거나 피해망상적인 반응을 보인다. 사랑하고 존경하는 사람이 자기를 아주 호의적인 눈으로 바라본다면 그에 대항해 필사적으로 싸우려 들 것이다. 그러나 이 시험단계를 잘 견뎌내면 변화를 가져올 수 있다.

이런 모순에 대해 수많은 작가가 글을 썼다. 카슨 매컬러스는 <마음은 외로운 사냥꾼>(1940)에서 우리는 우리의 방어기제를 좀 내려놓게 하거나 무심코 우리를 다시 고통이나 거부를 당할 수 있는 상황에 노출시키려고 하는 사람에게 부정적이 되기 쉽다고 강조했다. "사람들은 대부분 기본적으로 방어를 하지 못하게 '유혹'한다고 생각되는 사람에 대해 무의식적이기는 하지만 상당한 분노를 느낀다"(파이어스톤, 1988, pp.264-265). 때로는 자신의 부정적인 환상이나 정체성을 상대방으로 하여금 자신에게 반영하도록 만든다. 어떻게 해서든 자신의 부정적인 행동이나 태도를 상대방이 보이도록 유도하는 커플이 많다.

사람들은 종종 긍정적인 칭찬이나 인정, 사랑에 무관심하거나 그 반대의 반응을 보인다. 그러나 자신의 부정적인 정체성을 뒷받침해주는 것들은 받아들인다. 고통스럽기는 해도 자신의 부정적인 환상에 잘 맞아떨어지는 비판적인 피드백을 믿는 데는 아무런 문제가 없다. 거부나 실패를 받아들이는 것은 비교적 쉽다. 그것이 자기공격 성향과 일치하기 때문이다. 반면에 자신에 대한 긍정적인 반응이 오면 문제가 된다. 사람들은 개인적인 성공이나 직업적인 성취를 충분히 즐기지 못하고 때로는 안전하고 확실한 상황이나 불안을 덜어주는 무감각한 상태를 선택해 자신의 부정적인 생각이나 태도를 확인받으려고 한다. 행동에는 애정이나 다정함, 존중의 모습이 보이지 않는데도 불구하고 둘 사이에 사랑과 유대감이 있다는 환상이나 착각을 유지하는 커플이 많다.

친밀감에 대한 두려움은 단순히 다른 사람과 가까워지는 것에 대한 두려움만이 아니다. 그것은 또한 실존적인 두려움에서 비롯된다. 연인이 되어 친밀한 관계가 되면 삶이 소중해진다. 하지만 인간은 언젠가 잡았던 손을 놓아야만 할 운명이다. 삶을 포용한다면 죽음도 받아들여야한다. 실존의 두려움 때문에 사람들은 대부분 원래의 자신, 진짜 자기이기를 회피한다. 가끔 드물기는 하지만 어린 시절의 조건화 과정을 따르지 않고 전통적인 방식을 거부한 채 인간 존재로서의 잠재력을 지각하고 진정한 감정을 느끼는 사람으로 성장하는 경우도 있다. 하지만 사람들은 대부분 개별화를 이루지 못하거나 초기에 입력된 프로그램에서 벗어나지 못한다. 부모나 가족, 그리고 사회가 제시한 과정을 맹목적으로 따른다는 점에서 사람은 진짜 자신의 고유한 삶을 살지 못한다.

가족의 이상화를 정당화하면서 자기에 대한 부정적인 생각을 굳건히 하고 관습적으로 입력된 운명대로 살게 만드는 가족과 사회의 힘이 있다. 이렇게 입력된 프로그램에 순응하면 개인의 삶은 축소된다. 그것은 사실 타인을 위해 살아가는 것이며 자신의 현실이나 욕구 만족보다는 이미지에 더 많은 관심을 두는 것이다. 대부분의 사람들이 이런 상태를 의식하지 못한 채 자신의 방어체계를 무너뜨리려는 사람을 벌하며 그렇게 계속 살아간다.

어린 시절에 입력된 정서 프로그램은 2세에서 3세 아이의 내면에 "구조화"된다. 그것은 다이너마이트를 품고 있어서 언제든지 폭발할 수 있고 더 커질 수도 있다. 저항에 관한 연구를 하면서 사람들이 변화되고 기적을 이뤄낼 수 있다는 믿음이 확고해졌다. 심각한 정신 병리도 변할 수 있다. 단 고통스럽고 강력한 부정적인 정동을 수반하는 정보를 기꺼이 표현해내려고 한다면 말이다.

변화에 대한 궁극적인 저항은 원초적인 두려움 때문에 자기실현과 독립을 이루는 데 꼭 필요한 용기를 내지 못해 일어난다. 사람이 기회를 잡고 개별화를 향해 나아가면 고통과 두려움이 생긴다. 그 두려움을 꺾고 계속 나아가다보면 결국에는 극복할 수 있다. 성장과 긍정적인 관계 발전에 관련된 불안을 극복하지 않고 물러선다면 파괴적인 억제 패턴을 유지하게 되고 두려움만 더 커진다. 사랑할 기회를 잡지 않고 내면으로 철수해 자기방어적인 행동을 하면 자신을 사랑하고 존중하는 사람들을 무심코 처벌하게 된다.

치료자는 사람이 긍정적인 것을 향해 나가는 것을 두려워한다는 사실을 인식하고 그것을 극복하고 용기 있게 목표지향적인 행동을 할 수 있도록 도와줘야 한다. 또한 불안을 겪어내고 사랑을 좀 더 받아들일 수 있도록 도와주기 위해서는 심리적인 방어기제로 인한 제약에 대해 정확히 알아야만 한다. 환자가 "전력을 다하겠다." 고 결심한다는 보장은 없다고 하더라도 좋은 치료자라면 사람이 자신의 인생을 확장해나가는 데 도움이 될 수 있는 최적의 지적, 정서적 환경을 유지하려고 할 것이다. 그것은 상호적인 솔직함과 신뢰, 그리고 방어적이지 않은 치료자로 구성된 치료적 관계라면 잘 이뤄질 수 있을 것이다. 그런 환경에서는 핵심 저항을 꺾고 사랑이 커가고 인생이 성취되는 것을 받아들일 수 있게 될 것이다.

이 책의 목적은 치료자가 일하면서 부딪치는 방어와 친밀감에 대한 저항을 좀 더 공감하고 이해함으로써 커플/가족이 제한적인 관계방식을 버리고 보다 진정한 사랑방식을 수용할 수 있도록 도와줄 수 있게 하려는 것이다. 또한 이 책은 나의 이전의 책들, 특히 <환상연합>과 마찬가지로 일반인들에게도 도움이 될 것이다. 책에 나와 있는 여러 가지 생생한 사례를 통해 연상 작용이 일어나 자기 자신과 관계 문제를 이해하는 데 도움이 될 것이다.

심리학적 실험집단의 초기 결과물

현재 이곳 집단의 사람들을 자극하고 에너지를 재충전해주고 마음을 움직이는 것은 결합, 종속, 조종이란 것이 동등함, 자유, 책임과 반대되는 것이라는 사실을 인식하며 얻게 된 관계 본질에 대한 통찰인 것 같다.

*–스튜어트 보이드 (1982)**

20년간 이어온 커플/가족 연구 프로젝트의 시작과 배경에 대해서는 머리말에 상세히 나

* 이것은 심리학자이며 뉴멕시코 산타페의 세인트존스 컬리지 교수를 역임한 스튜어트 보이드(1982)가 쓴 논평 집에서 인용했다. 그는 우리 집단을 방문해 이곳 사람들의 상호작용과 활동들을 13개월 동안 관찰했고, 심리학적 실험집단에 관한 인류학적 에세이 형식으로 관찰 결과를 요약했다.

와 있다. 장기연구에 헌신하기로 한 결정은 매우 가치 있는 일이었다. 이를 통해 남녀관계, 커플/가족 관계에 관해 많은 정보를 축적할 수 있었기 때문이다. 실험집단을 통해 드러난 가장 흥미로운 결과는 사람들은 좀 더 좋은 환경이 주어졌을 때 핵심 심리방어기제가 흔들리기 때문에 그것에 반항한다는 사실이었다. 꿈이 현실이 되는 걸 두려워하는 것 같았다. 장기연구를 하면서 특히 친밀한 사이에서 애정과 진정한 인정, 다정함에 불편함을 느낀다는 사실을 알게 됐다. 우정은 깊어지고 지속되었지만 커플/가족이 좀 더 친밀한 관계가 되는 것에 대해서는 매우 저항적이었다.

이와 관련해 나타난 또 다른 중요한 현상은 기본적으로 자기에 대한 부정적인 태도와 타인에 대한 냉소적인 입장을 유지하려는 성향이었다. 사람들은 진전을 보임에도 불구하고 부모에게서 보았던 것과 같은 방어기제를 지키려고 한다. 나와 동료들은 부정적인 자기관과 다른 사람에 대한 불신이 분노 정동을 수반하는 체계적인 부정적 사고와 태도, 즉 우리가 "목소리"라고 일컫는 과정의 통제를 받는다는 사실을 알아냈다 (파이어스톤, 1988, 1997a). 목소리 과정은 우리의 확장연구와 탐색의 대상이 되었다. 목소리 출처를 조사하다보니 그것이 가장 소중한 관계에서 크건 작건 만족을 얻지 못하게 방해하는, 일종의 자기 양육적인 내향적 방어태도라는 사실을 알게 되었다. 그로 인해서 이곳 참조집단의 남성과 여성들이 개인적으로는 일과 우정에서 성공했음에도 불구하고 친밀한 관계에서는 어느 정도 고통을 겪고 있었다.

어려움은 있었지만 이곳 사람들 대부분이 저항에 대해 깊이 통찰하면서 자기 자신에 대해 아주 많은 것을 알게 되었다. 그 결과 가장 가까운 관계에서 애정과 사랑을 좀 더 잘 받아들일 줄 알게 되고 전보다 충돌이 줄어들면서 고통을 덜 받았다. 예를 들면 자신의 문제 때문에 상대방을 비난하지 않게 되었고 자신의 고통과 불안이 관계에 미치는 영향을 인식하게 되었다. 별거나 이혼한 커플들은 친구로 남았다. 우리 사회에서 이혼을 하면 대부분 악감정을 지니는 것과 대조되는 모습이다. 힘든 관계를 보냈던 남녀가 다시 결합하는 사례도 많았다. 성숙해지고 이해심이 생기고 사랑을 주고받는 능력이 커지자 예전에 힘들게 싸웠던 것과는 달리 가까운 사이가 될 수 있었다.

우리가 참조집단을 통해 강조하려는 것은 사람들이 그런 방식으로 살아야 한다거나 이곳 경험이 보편성을 갖는다는 말을 하려는 게 아니다. 그것보다는 연구를 통해 알게 된 중요한 측면들을 폭넓게 적용해 볼 수 있다는 점이다. 내향적인 방어패턴 깨기, 좀 더 사이좋게 살기, 보다 솔직해지는 법 배우기, 이것들이 개인에게 주어진 일상생활의 행동방침이다. 비슷하게 중독적인 습관패턴에 맞서서 그것을 포기하는 것도 효과적인 치료에 꼭 필요하다.

지난 40년 동안 친밀감을 두려워하고 모든 침범에 분노하는 정신분열증 환자의 전적인 관계 맺기 실패에서부터 심리적 고통과 실존의 두려움을 완화시키려고 상대방을 학대하는 비교적 장애가 덜한 일반 개인의 부분적인 관계 맺기 실패까지 관계의 정신역동에 대한 폭넓은 추적조사를 해왔다. 심한 정신분열증에 나타나는 관계 맺기 실패증상은 "정상적인" 개인에게도 그보다는 덜 극단적이기는 하지만 부적응적인 패턴으로 나타날 수 있다.

정신분열증환자가 보이는 퇴행의 마지막 단계는 대인관계를 포기하고 얻는 심리적 평형상태다. 말 그대로 자신의 삶에서 사람들을 배제하고 스스로 자신이 엄마나 아버지가 되고, 가짜독립적인 사람이 된다. 신경증자나 "정상적인" 사람이 정신병 환자보다는 여러 측면의 자기(부모와 아이)의 파편화 정도가 덜하고 자아가 좀 더 통합되어있다. 하지만 그들도 실제 관계에서 친밀감을 포기한 채 파트너와의 상상 속 융합(환상연합)을 통해 만족을 구하려는 경향이 있다. 정신분열증에서의 전면적인 관계 맺기 실패에서부터 장애가 덜한 사람의 부분적인 붕괴상태를 거쳐 이상적인 사랑에 근접하는 건강한 관계까지 하나의 연속선으로 이어진 관계에 대한 개념작업이 관계실패 원인의 이해를 돕는 본질적인 기초 작업이다. 이 책은 관계에 작동하는 정신역동을 명확히 보여주고 친밀감에 대한 두려움의 근본적인 인과관계를 설명한다.

2장에서는 동료인 조이스 캐틀릿과 함께 마련한 개념적 관계모델이 제시된다. 그것은 (a)방어수준의 평가기준과 (b)커플치료의 치료와 개입을 위한 방향을 제공한다. 또한 긍정적인 아이 양육법에 대한 설명도 있는데, 그것을 통해 강한 자기감을 심어주고 성장해서 인생을 행복하고 만족스럽게 즐기지 못하도록 적극적으로 방해하는 내향적인 자기방어패턴을 되도록이면 사용하지 않게 해 줄 수 있을 것이다(파이어스톤, 1990b).

커플 갈등과 관계실패의 주요 문제는 통상적으로 말하는 "잘못된 파트너 선택"이나 경제적 어려움, 종교 차이, 친·인척 문제, 교회와 가족의 붕괴, 성적 무능력과 같은 것이 아니다. 오히려 자기와 타인에 대한 부정적인 태도에서 비롯된 친밀감에 대한 불편함과 마음 깊숙이 뿌리박힌 내향적 패턴의 방어기제가 문제다. 커플 두 사람 모두에게 있는 고립감과 취약함, 유기되거나 거부당함, 그리고 상실에 대한 본질적인 두려움이 결혼과 가족의 핵심적인 고통 요인이다.

불안과 정서적 박탈감이 느껴질 때처럼 강도 깊은 방어체계가 활성화되면 방어기제를 의지하고 보호하려는 최우선적인 욕구가 생긴다. 다시 말해 유아기에 환상연합이나 상상의 유대관계를 형성했다면 다시 사람들과 친밀한 관계에서 실제 만족을 얻을 기회를 갖기를 그러고 싶은 마음이 든다고 해도 꺼려한다. 결국 두려움 때문에 부모의 방어적인 상호작용 방식, 다른 성에 대한 고정관념, 부모의 생활 지침을 다시 재현하려고 든다. 이렇게 낡은 방어패턴으로 되돌아가게 되면 인간에 대한 애정과 연민, 동등함이라는 특징을 지닌 안전하고 만족스런 친밀한 관계를 맺지 못한다.

실제로 사람들은 근본적인 딜레마에 빠진다. 관계를 잘 해보려고 애쓰며 상실과 거부의 가능성에 상처받을 수 있는 상태로 자신을 열어놓을지, 아니면 내면으로 철수해 방어적인 입장을 취해 자신을 보호할 것인지 선택해야만 한다. 이것은 인간이 숙명적으로 직면해야하는 딜레마와 유사하다. 인간은 유한하고 죽음을 수용해야 함에도 불구하고 자신의 인생에 온전히 투자할 것인지 만족을 제한하고 삶에 대한 열정을 부인하면서 죽음공포를 피해 방어할 것인지 선택해야 하는 존재다.

책의 구성

책의 1부는 관계 실패 이유에 대한 이해를 돕는 이론적 모델의 근거를 설명하는 것으로 시작한다. 여기에서는 환상연합과 목소리과정에 관한 기본 개념들을 설명하고, 친밀감에 대한 두려움의 원인이 되는 심리적, 사회적 요소들을 조사하고, 대인관계에서의 인간 권리문제를 토론하고, 원형적인 이상적 커플/가족 관계의 특징에 대해 자세히 설명한다. 2부는 관계에 고통을 가져오는 방어행동의 정신역동을 분석한다. 10장과 11장은 일반적으로 통용되는 남녀에 대한 고정관념, 그리고 그것의 근원과 관계에 미치는 파괴적인 영향력에 대해 새로운 시각을 보여주고 고정관념적인 태도와 반대되는 예들을 제시한다. 3부는 커플들에게 적용했던 목소리 치료법 사례를 보여준다. 마지막 15장에서는 "좋은" 치료자의 성격적 특성과 효과적인 치료동맹, 그리고 전이와 역전이에 관해 수없이 잘못 이해되고 있는 것들을 설명한다.

이 책에는 나의 이론적 모델을 뒷받침해줄 다른 이론가들의 참고문헌을 미주에 실었다(파이어스톤, 1984, 1985, 1988, 1997a). 미주에 인용된 것들은 정신분석과 대상관계 이론, 가족체계 이론, 급속하게 팽창하고 있는 애착 이론에 관한 연구, 그리고 진화론적 심리학과 같이 비교적 새로운 연구영역의 가설을 다룬 글들이다. 또한 사회의 권력과 개인의 권리에 관한 사회 이론가들의 선별적인 글들과 남녀의 성차 연구결과에 대한 다양한 해석들도 인용되었다.

<친밀감의 두려움>에서는 환상연합과 목소리과정 개념을 확장해 모든 종류의 대인관계에 적용한다. 이 책은 방어과정이 어떻게 유의미한 관계를 유지하지 못하게

방해하고 제한하는지 설명한다. 이 책은 철학적이면서 실용적인 책이다. 대인관계의 장애와 관련된 특정 자료를 담고 있고 삶에 소중한 주제에 관한 현시대의 이론을 자세히 설명한다.

I

기본 설명

1

친밀한 관계 도전

자신의 삶의 긍정과 행복, 성장, 자유는 사랑할 수 있는 능력, 즉 돌보고 존중하고 책임을 느끼고 아는 것에 달려있다.

—에리히 프롬 (1947, p. 130)

궁극적으로 행복과 불행은 대인관계에서 생겨난다. 사랑은 큰 기쁨과 만족감을 생성하기도 하고 상당한 아픔과 고통을 일으킬 수도 있다. 사람들은 관계를 맺으며 자기와 타인, 세상에 대한 태도를 갖게 되는데 그 과정 중에 자기감sense of self이 형성된다. 이렇게 사람은 부모처럼 유아기에 중요한 사람들과 친밀한 애착관계를 통해 삶을 배워나간다. 조사연구에 의하면 초기 애착관계에 따라 온전함이나 안정감 또는 불안감이 생기며, 그것이 평생 지속될 수도 있다(에인스워스, 1989; 볼비, 1988; 포니지, 1998; 포니지(외), 1995; 메인, 카플란, & 케이시디, 1985). 사람은 범죄나 가난, 전쟁, 외로움이나 죽음 같은 실존적인 문제를 걱정한다. 하지만 가장 많이 고통스러워하고 혼란스러워하는 문제는 대인관계의 어려움인 것 같다. 실제 심리치료를 찾게 되는 가장 흔한 이유가 관계 불만족이나 거부반응이다.

오래 지속되는 관계를 보면 우정과 성생활이 서로 조화를 이루며 마음과 몸을 건강하게 해 준다. 이것을 이루는 게 사람들의 목표이기도 하다. 우리는 인간의 필연적인 좌절과 고통을 덜어줄 수 있는 힘이 바로 사랑이라고 생각한다. 정서적으로 또 정신적으로 성장하기 위해서는 사랑할 줄 알아야 하고 평생 계속해서 사랑을 추구해야 한다. 또한 사랑에 실패하더라도 냉소적이 되거나 절망하지 않고 긍정적일 수 있어야 한다. 우리는 다음과 같은 R.D. 랭의 말(1976)에 동의한다.

내 삶에 중요한 것은 사랑이다. 삶이 살 만한 가치가 있는지 없는지는 내 삶에 사랑이 있는지 없는지에 달려있다. 사랑을 느끼지 못하거나 최소한 그 기억조차 없다면 정말 절망할 것이다. (p. vii)

대인관계에 관한 관점

인간관계에 관한 연구를 하면서 운이 좋게도 심리치료 현장에서 수많은 환자들의 개인적인 경험뿐만 아니라 일상생활을 하는 사람들도 면밀히 관찰할 수 있는 기회를 갖게 됐다. 또한 머리말에 언급한 참조집단의 남성과 여성들의 솔직한 이야기가 많은 도움이 되었다. 참조집단을 통해 대인관계 정신역동을 공부할 수 있는 특별한 기회를 갖게 되었고, 관계에 대한 그들의 가장 내밀한 생각에 접근할 수 있었다. 이번 1장에는 비디오로 녹화한 최근의 연속세미나에서 참가자들이 나눴던 관계에 대한 관점이 요약된다. 그것들은 논란의 여지가 있을 수 있고 흔히 사랑과 섹스에 대해 갖고 있는 일반적인 태도와 모순될 수도 있다.

세미나에서 나온 관계에 대한 관점을 구분해보면 (a)관계는 한 사람 삶에 아주 중요한 영향을 미친다. (b)관계는 대개 불안정하다. (c)관계에 불성실한 점이 많다. (d)관계는 보통 정서적 허기와 절박감에서 이뤄진다. (e)소수의 오래 지속되는 관계는 높은 수준의 선택으로 이루어진다. (f)높은 수준의 선택은 긍정적인 이유는 물론 부정적인 이유 때문에 이뤄질 수도 있다. (g)섹스와 사랑을 혼동하는 경향이 있다. (h)짝을 찾지 못하면 자신이 실패자라고 느낀다.

관계는 한 사람 삶에 아주 중요한 영향을 미친다.

관계에 대해 중요하다고 생각하는 특징이 뭐냐는 질문에 참가자들이 한가지 씩 응답했다.

"관계는 삶에서 정말 중요해요."
"잘 모르겠어요."
"사람들 생각의 많은 부분을 차지하는 것 같아요."
"누군가에게는 정말 멋지고, 누군가에게는 정말 끔찍할 수도 있어요."
"관계를 시작하고 싶고 누군가와 가까이 지내고 싶어요. 그런데 막상 관계가 시작되면 별로 좋지 않아요."

"관계는 많은 기쁨과 많은 고통을 주는 거 같아요."

관계는 기쁨과 쾌락만이 아니라 고통과 슬픔도 줄 수 있기 때문에 양가감정의 정서적 투자다. 대개 커플관계는 처음에 서로 성적 매력과 우정 그리고 사랑을 느낀다는 게 특징이다. 하지만 관계가 발전하면서 그런 마음이 사라진다. 그 대신 두 사람의 상호작용은 일상적이 되고 서로 무관심해진다. 때로는 노골적인 적대감을 보이는 경우도 적지 않다.

친밀한 관계가 자신의 인생에 중요하다는 것에 대해서는 남성과 여성 모두 대체로 일치된 의견을 보였다. 또한 서로 애정을 나누고 배려와 존중을 하며 행복을 느낄 수 있다는 점에서 관계는 노력할 만한 가치가 있는 것이라고 말했다.

관계는 대개 불안정하다.

참가자들은 관계가 아무리 좋아도 깨질 수 있다는 점에 동의했다.

"관계는 설레고 멋진 것이기는 해요. 하지만 보통 오래 가지는 않아요."

"시작은 아주 흥분되고 엄청 낭만적예요. 그러나 대부분 퇴색되어버리죠."

"사람들은 이 관계 저 관계 돌아다니다가 나이가 들면 관계에 냉소적이 돼요."

이런 생각들은 처음 결혼한 미국 젊은이의 40%에서 50% 정도가 이혼할 가능성이 있다는 최근 연구에 의해 뒷받침된다(미국 인구조사국, 1992).[1] 부정적인 결혼전망 때문에 많은 사람이 결혼에 환멸을 느끼고 냉소적이다. 35세의 이혼녀인 캐롤린은 다시 타인과 관계를 맺어 행복과 만족을 얻는다는 것에 부정적이었다.

젊었을 때는 관계라는 게 모험처럼 느껴졌어요. 여러 번 경험을 한 지금은 다시 관계를 갖는다고 해도 별로 설레지 않을 것 같아요. 좋은 경험이 별로 없었기 때문에 결과가 두려울 뿐예요. 정말 좋을 거라는 생각을 하고 시작하지는 못할 것 같아요. 상황이 복잡해질 것을 아니까요.

관계를 불안정하게 만드는 사회적 요인은 다양하다. 지난 30년 동안 일하는 직장여성수의 증가뿐만 아니라 높은 가족의 이동성이 결혼수명에 영향을 주고 있다(시오노 & 퀸, 1944).

또한 개인마다 성장과 변화의 속도가 다른 것도 한 요인이다. 예를 들어 20대 초에 만나 결혼한 두 사람이 비슷한 속도로 성장한다거나 앞으로 25년 동안 처음의 공동관심사를 계속 공유할 거라는 기대를 한다면 그건 순진한 생각이다.[2)]

많은 인류학자들(달리 & 윌슨, 1983; 포드 & 비치, 1951)이 짝을 이루는 패턴에 따라 문화와 시대마다 다양한 결혼형태가 존재한다는 사실을 발견했다. 그들은 많은 사회가 일부다처/일처다부제 또는 연속 일부일처제를 시행한다고 말했다.[3)] 미국에서는 연속 일부일처제가 점점 보편화되고 있다(결혼한 부부 중 44%가 이혼하고 26%가 재혼하고 16%가 다시 이혼한다. 시노 & 퀸, 1994). 이혼하고 다시 재혼하는 경향이 다음 세대에 부정적인 결과를 가져올 가능성이 있다. 그 뒤에 한 부모에 의해 양육될 아이들이 남기 때문이다(월러스타인 & 블레이크스리, 1989; 월러스타인 & 켈리, 1980). 가족 해체로 인한 아동과 청소년의 심리적 고통과 행동장애 그리고 약물사용 문제가 우리 사회에 만연해 있다. 지난해 어머니와 살고 있는 아이들 중 8.8%가 정서나 행동장애로 도움을 받은 반면에 생물학적 아버지와 어머니가 함께 사는 아이들의 경우는 2.7%였다(도슨, 1991).

다른 한편으로는 사랑이 삶의 활력이 되기는 하지만 물리적 생존에 꼭 필요한 것은 아니라는 점을 구별해 생각해야만 한다. 게다가 관계가 변할 수 있고 불안정하다는 사실 때문에 슬퍼할 필요도 없고 냉소주의나 절망에 빠질 필요도 없다. 사람이 온전하고 통합되었다는 느낌이 있을 때는 중요한 관계 해체가 고통스럽기는 해도 그것 때문에 견딜 수 없다거나 완전히 패배했다는 마음이 들지는 않는다. 한 개인이 사랑하고 사랑받는 능력을 갖춘다면 점점 더 만족스런 애정관계를 오래 유지할 수 있을 것이다. 하지만 불안하면 좋지 않은 결과가 분명한데도 아무 관계나 필사적으로 매달리고 그로 인해 개인적인 성장이 제한된다.

관계를 이용해 자신의 부족한 점을 보상받고자 하는 사람이 거부를 당할 때 아주 비참한 마음이 들 수 있다. 이때 마치 "생명이 위험에 처해진" 것 같이 반응한다면 그것은 과거의 원초적인 감정 때문에 과장된 반응을 보이는 것이다. 성인이 되어 겪는 실제 사건이 어린 시절에 받았던 정서적인 학대의 위험과 거의 같지 않다는 사실을 깨닫게 되면 마음이 자유로워질 것이다. 성인으로서 적절한 감정 반응과 원초적인 감정에서 비롯된 반응을 분리하게 되면 좀 더 힘 있게 삶을 마주할 수 있을 것이다. 이 점을 명심하면 상실이나 거부반응의 가능성이 있다고 할지라도 타인과 정서적으로 가까워지려는 노력이 힘들지 않을 것이다. 한 개인의 행복과 전반적인 정서적 건강은 지속적으로 사랑과 친밀감을 추구하고 그리고 냉소적이거나 무관심한 태도로 상처받지 않으려고 방어하지 않을 때 증진된다. 냉소주의는 자신과 타인 모두에게 우울과 고립감을 가져다 줄 뿐이다.

관계에는 불성실한 점이 많다.

연인의 기만과 조종행위는 누구에게나 뻔히 보이고 익숙하다. 그러나 서로 어느 정도까지 불성실한지 의식하지 못한다. 성생활이나 금전문제 또는 자신의 기호나 생각, 감정 등을 포함해 많은 부분에서 속과 겉이 다른 모습이 보인다. 관계가 깨질 것이 두려워 자신의 거짓말과 속임수가 짝에게 밝혀지지 않기를 바란다. 짝을 속인다는 죄책감을 덜기 위해서는 많은 자기기만이 필요하다. 자기기만을 하면 남을 속이는 게 용이해진다. 기만의 성공여부는 거짓말하는 사람 스스로가 정말로 그것을 어느 정도 믿는가에 달려있다.

집단토론 참가자들이 솔직하게 자신의 불성실함과 그 책략들을 털어놓았다.

칼 솔직하게 관계하는 게 가장 어려운 일 같아요. 다른 데서는 솔직한 편이라고 해도 솔직한 태도로 관계를 지속해가는 게 정말 어렵습니다. 솔직하게 관계를 하기 위해서는 스스로 자신에게 솔직해야 합니다. 그렇지 않으면 상대방이 불안해하니까요. 어떤 식으로든 스스로 자신을 속이고 있으면 상대방이 그것을 따지기가 어려울 겁니다.

안드레아 사람들의 거짓말은 엄청납니다. 성관계에 대해서도 거짓말을 하죠. 새빨간 거짓말인데, 온갖 단계별로 세세하게 나눠져 있어요. 요즘에는 그런 책도 나와요. 남자를 얻기 위해 남자를 속이는 법을 알려주죠. 책의 내용은 모두 불성실함에 바탕을 두고 있어요.*

마크 상대방에게 어떤 목적이 있는 관계에는 온갖 종류의 속임수가 존재합니다. 관심 없는 척 행동하면서 남자의 관심을 끌려는 여자도 있고, 남자도 그렇습니다. 여자들이 얘기하는 걸 들은 적이 있는데 그런 계획을 세우더군요. 너무 관심이 많은 것을 티내고 싶지 않고 남자가 그걸 알게 되는 걸 원치 않아서라고 하더군요. 또 관심은 아주 많지만 처음부터 너무 많이 주어서는 안 된다고 했어요.

---

* 또 다른 예를 들면 최근 결혼생활의 거짓말이라는 주제로 열린 오후 토크쇼에서 부부가 거짓말하는 방법(오르가슴 가장하기, 부정 임신, 파트너 지갑에서 돈 빼내기, 비밀)에 관해 이야기했다. 거짓말하는 책략에 대해 토크쇼 주체와 청중은 모두 박수치면서 총명하고 재치 있는 행위라고 말했다. 초대된 심리학자 부부는 결혼생활의 조화를 유지하는 데 속임수가 필요하다는 설명을 했다. 이에 반대하는 한 남성 청중이 거짓과 속임수가 관계의 본질에 위배되는 것 같다는 말을 하자 청중은 야유를 보냈고 심리학자들은 그 말을 단박에 묵살했다.

도널드　제 생각에 사람들이 불성실한 것은 관계를 지키고 싶어서 그런 것 같아요. 그래서 자기 자신과 상대방에 대해 느낀 점을 용기 내어 솔직히 말하지 못하게 되죠. 서로 잃지 않으려고 사실을 좀 바꾸는 거예요.

마크　처음 교제순간부터 속임수가 시작되는 것 같아요. 남성이든 여성이든 좀 부유하고 근사하게 보이려고 하잖아요. 파트너를 만날 때는 당연히 제일 멋진 차림을 하죠. 심지어는 친구 차를 빌려 자기 것인 양 굴며 가장 멋진 인상을 주고 싶어 하잖아요. 실상은 친구 차가 가장 좋은 인상을 주는 셈이죠. (웃음) 어쩌면 남자나 여자에게 엄청난 과거가 있을 수도 있고 감옥에 갔다 왔을 수도 있어요. 그래도 그런 거는 말하지 않죠. 아니면 방탕한 생활을 했던 여성이 자신의 과거를 남자친구에게 속이기도 합니다. 제 생각에는 정말 많은 거짓말과 속임수가 존재하고 사실을 다 말하지 않고 빼놓는 경우도 허다합니다. 관계가 지속되는 동안 계속 그럴 거라고 생각합니다.

나탈리　당신(남편)과 만나 처음으로 속인 게 있다면 그 전에 5명의 남자를 만났다고 한 거였어. 더 많았거든. 그래도 그건 당신이 나를 선택해줬으면 하는 마음이었어.

토론 후반부에 여성들 가운데 몇 명이 똑똑하지 못하고 능력이 없는 척 하며 남자를 속인 적이 있다고 말했다. 반대로 남성중에는 솔직한 척 했다고 자백한 사람들이 있었다.

안드레아　저는 사실이 아닌데도 남자친구가 하는 게 재밌는 것처럼 행동했어요. 그가 하는 말은 무엇이든 대단하고 멋지다고 해줬어요. 그에게 반대한다거나 제 의견을 강하게 피력한 적이 한 번도 없었어요. 그게 저희 집안교육이었거든요.

캐롤린　남자 말이 재밌는 것처럼 행동하는 게 여자가 해야 할 일 가운데 하나예요. 별로 웃기지 않은 농담에도 많이 웃어줘야 합니다. 또 옛날에 알았던 건데요, 남자친구에게 저랑 다른 점이 보여도 지적하지 않는 거예요. 그냥 따라가며 똑같이 생각하는 것처럼 굴었어요.

도널드 옛날에 제가 쫓아다녔던 여자들은 솔직하기보다는 아첨하는 편이었어요. 정말로 제게 소중한 게 여성의 정직함과 솔직함이었는데도 말이죠. 저랑 교제했던 여자들은 저를 치켜세워주며 사실은 안 그런데도 제가 자신들에게 중요한 사람인 것처럼 굴었습니다.

마저리 아부에는 또 다른 방법이 있어요. 실제보다 똑똑하지 않고 능력이 없는 것처럼 구는 거죠. 남자를 치켜세워주려면 그보다 모자란 듯이 행동해야 되거든요.

진화 심리학자들은 성적 파트너 사이에 만연된 기만과 이중성에 관해 여러 가지 다양한 설명을 한다. 그들에 따르면 대략 2백만 년 기간의 진화적 적응환경EEA에서(볼비, 1982) 어떤 식으로든 속임수가 유전자 생존(라이트, 1994)에 선택이익을 제공했다.[4] 그 후 자연선택 과정의 주요소인 감추기와 기만의 메커니즘이 확산되었고 현대 남성의 보편적 형질이 되었을 것이다.[5] 예를 들어 교제중인 남성이 다른 여성과의 성적 관계를 숨길 수 있다. 이유는 그 관계가 자신에게 안정적으로 자식을 낳아주고 키워줄 것 같은 생각이 들지 않기 때문이다. 남자가 결혼한 상태라면 혼외관계를 숨기고 싶어 한다. 거짓말을 해서 자신의 짝은 붙들어 두고 자유롭게 다른 여성들에게 자신의 유전자를 나눠줄 수 있기 때문이다. 그렇게 함으로써 유전적 이득을 취할 수 있는 것이다. 마찬가지로 "부정한" 여성이 자신의 파트너 외에 다른 (더 힘 있거나 건강한) 남성과 성관계를 하면서 더 나은 유전자를 선택하려고 할 수 있다. 혼외행위에 관한 거짓말로 (결혼)관계를 유지하고 자녀 양육문제에 배우자의 지원을 보장받는다. 이렇게 도덕적으로 용인되는 범위를 넘어서는 속임수 패턴이 선택될 수 있다.

진화론적인 이론가들이 유전자 보존과 관련된 본능적 반응이나 성향을 밝혀주었다고 해도 인간존재가 반드시 그런 성향의 수동적인 희생자일 수 없다. 자신에게 그런 패턴이 있다는 사실을 자각하게 되면 부정적인 예측에 얽매이지 않고 더 자유롭고 진실해질 수 있을 것이다.

인간관계에 기만이 만연한 이유에 대해 수많은 설명이 주어졌다.[6] 사회학습 이론가들(반두라, 1971, 1977, 1986; 반두라 & 월터, 1963)과 여러 다른 연구가들(멜초프 & 무어, 1995; 뭘러, 헌터 & 스톨랙, 1995; 페리 & 볼지아, 1990; J.R. 로저스 & 카니, 1994)은 아이가 모방을 통해 학습한다는 사실을 강조한다. 그래서 어른이 되어서도 겉과 속이 다른 교류방식을 지니는데, 그것은 부모의 관계방식과 유사하다. 정신역동 상호작용 이론에 따르면 사회적 상호작용에 참여하는 많은 아이가 자신이 인식한 것을 불신한다. 가족관계에서 "이중 메시지" 로 인해 혼란스럽고 당황했던 경험이 있었기 때문이다(베이트슨, 잭슨, 헤일리, & 위클랜드, 1956/1972; 베이블라스, 1983; 험프리 & 벤자민, 1986; 모지르스, 그린블라트, & 태처, 1985; 월트라비크, 베이블라스, & 잭슨, 1967; 저크 & 저크, 1998a, 1998b).

커플관계에서 이중 메시지를 보내는 경우가 많다. 한 여성이 애인이 자신과 보내는 시간이 점점 줄어들고 있음을 느낀다. 그런데 애인은 여전히 자신을 사랑한다고 고백한다. 무엇을 믿어야할지 혼란스럽다. 판단을 위해서는 남자친구의 말을 액면 그대로 믿지 말고 그의 실제 행동을 읽어야 한다. 속임수에 속지 않으려면 언어적 메시지에만 의존하기보다는 행동에 나타난 단서나 신체언어를 읽을 줄 알아야 한다.

> 브래드 어떤 속임수도 아주 이른 나이에 시작돼요. 제가 어렸을 때 어머니가 그러셨어요. 어머니의 실제 마음과 상관없이 제가 좋은 척하셨어요. 솔직하게 "얘야, 나는 아가 너랑 여기 방에 앉아있는 것 말고 다른 것을 하고 싶어." 라고 말씀하지 않으셨어요. 어머니의 행동을 보면 저를 좋아하지도 존중하지도 않는 걸 알 수 있어요. 그런데 말은 사랑한다고 해요. 그렇게 오늘에 이르렀습니다. 지금 누군가 "사랑해"라는 말을 해도 그건 제게 별 의미가 없습니다. 그러는 척하는 거라고 생각합니다. 그런데 누가 사랑한다는 행동을 보이면 불안해요. 저는 진짜 사랑에 어떻게 반응해야 하는지 모르거든요.

관계는 보통 정서적 허기와 절박감에서 이뤄진다.

많은 사람들이 갈망과 절박감을 느끼는데 그것을 사랑이라고 착각한다. 어린 시절 정서적 박탈감으로 생긴 강한 욕구인 정서적 허기를(본스타인, 1993; 파이어스톤, 1985; 파커, 1983) 진정한 사랑, 관심과 구별하지 못한다. 정서적 허기는 내면 깊숙한 곳에서 느껴지는 감각이다. 그 강도는 무딘 통증에서부터 쑤시는 것 같은 아픔이나 극심한 고통까지 다양하다. 정서적 허기가 있는 사람과의 친밀한 관계는 양육의 역효과를 가져온다. 이런 사람과 많은 시간을 보내면 보낼수록 결과는 더욱 더 나빠진다. 반대로 진정한 사랑은 상대방의 행복을 지켜주고 배려하고 증진시켜준다(파이어스톤, 1985, 1987a, 1990b).[7]

사람들은 새로운 대상을 선택해 고통스러운 원초적 감정을 완화시키려고 한다. 그때 잠시 고통이 멎으면 사랑을 찾았다고 생각한다. 집단모임의 참가자들이 자신의 정서적 허기와 절박감의 근원에 대해 깨달은 점을 얘기했다. 과거에 그들은 자신의 빈곳이나

공허를 채워 줄 "잃어버린 반쪽"을 찾고 싶은 마음이 간절했었다고 했다.[8)]

도널드　저는 제가 근본적으로 문제가 있고 별로 근사하지 못한 사람이라고 생각해요. 그래서 저한테 듣기 좋은 말을 해주는 여자들을 쫓아다녔어요. …

나탈리　그건 가정환경 때문일 거라는 생각이 드네요. 관계를 바라는 많은 사람들이 전에 한 번도 가져본 적이 없는 걸 찾고 있는 것 같아요. 그러니까 자신이 찾고 있는 것을 머릿속에서 상상하며 환상을 그리죠. 그리고는 한 번도 가져보지 못했던 그것을 밖에서 찾는 거예요.

나탈리처럼 많은 참가자들이 정서적 허기와 강한 의존욕구를 채우기 위해 관계를 추구해왔다는 사실을 깨달았다. 그것은 공허감과 불만족만 더 해줄 뿐이었다는 사실도 알게 됐다.

레이먼드　저의 집은 엄청 허전했던 거 같아요. 그런데 저는 그것을 안 보려고 했어요. 그래서 저는 어렸을 때 "아, 우리 집은 허전해."라는 생각도 하지 않았어요. 대신에 한 5살인가 6살 때부터 나중에 커서 여자 친구를 만나 결혼하고 아이가 생겨 가족을 이루면 이러이러 했으면 좋겠다는 환상을 그리기 시작했어요. 그리고 집에서 느꼈던 모든 허전함을 환상 속에 집어넣었지요.

매번 관계를 시작하게 되면 그게 채워지기를 기대했어요. 새로운 관계를 맺을 때마다 "헌 가방"을 가져온다는 말이 있잖아요? 아휴, 저는 행복해지기를 기대하며 공허로 가득 찼던 저의 집안 전체를 가져갔습니다. 그건 그 상황에는 맞지 않고 채워질 수도 없는 건 데 말예요.

캐롤린　아버지와의 관계가… 아버지는 저에 대해 어떤 마음이 들던 표현하지 않으셨어요. 늘 그런 식이었어요. 그래서 저는 늘 제가 예쁘지 않다고 생각했고 아버지 마음을 얻고 싶어 했어요. 아버지가 줄 수 없는 걸 아버지에게 얻으려고 애썼죠. 그게 제 삶의 방식이 되었고, 저는 제가 원하는 것을 가진 사람을 찾아 다녔어요.

절박감과 정서적 허기는 절대 선택받지 못하거나 사랑받지 못할 것 같은 불안과 두려움의 원인이 된다. 많은 남성과 여성이 그런 마음을 없애고 싶어 조급하게 파트너에게 사랑과 헌신 그리고 약속을 얻어내려고 애쓴다. 그들은 상상속의 관계, 즉 환상연합을 형성하고 그 안에서 파트너를 과거의 정서적 허기와 갈망을 해결해줄 대상으로 이용한다. (파이어스톤, 1985, 1987a) 이런 태도는 관계에 부정적인 영향을 준다.

소수의 오래 지속되는 관계는 높은 수준의 선택으로 이루어진다.

사실상 자신이 좋아하는 파트너를 찾게 되는 경우는 극히 드물다. 따라서 장기적인 관계를 위해 누군가 자신을 선택해주기를 바란다. 짝을 고르는 데는 높은 수준과 낮은 수준의 선택이 있다. 사람들은 대부분 적은 수의 예상후보군 안에서 선택을 한다. 이것이 낮은 수준의 선택이다. 다른 말로 하면 기본적으로 "얻을 수 있는 것을 취한다." 많은 예상후보군에서 선택을 할 수 있는 사람은 많지 않다. 이것을 높은 수준의 선택이라고 표현할 수 있다. 하지만 대개 자신이 매력 있다고 생각하고 좋아하는 파트너가 역시나 자기를 선택해 주기를 바라며 결혼 파트너를 찾을 때 선택할 수 있는 예상후보군은 제한적이다.

매력 있고 활기 넘치는 35세 사업가인 미혼남 마크는 수년간 자신이 했던 선택에 대해 다음과 같은 평가를 한다.

마크 저와 사귀고 싶어 했던 여성은 많았습니다. 하지만 그들은 제가 오래 함께 하고 싶었던 사람들이 아니었어요. 돌이켜보면 그 당시 진지한 관계를 위해 제가 선택하고 싶었던 여성이 역시 저한테 관심이 있었던 경우는 얼마 되지 않은 것 같아요.

사람들은 낮은 수준의 선택을 정당화하기 위해 자신의 선택을 과장한다. 그/그녀가 금세 "백만 명 중의 한 명"이 되고, 두 사람은 "하늘이 맺어준 인연"이 된다. 낮은 수준을 높은 수준의 선택인 것으로 바꾸려면 환상연합에서처럼 상대방을 속일 수 있어야 하고 어느 정도의 자기기만이 필요하다.

루이스 마크, 당신이 얘기한 것에 따르면 저는 모두 낮은 수준의 선택을 했네요.

레이몬드 제 선택은 모두 중간 수준이었던 것 같아요. 하지만 관계가 시작되면 마음속에서 높은 수준의 선택인 것으로 여깁니다.

사람들은 의식적으로나 무의식적으로 자기가 파트너의 높은 수준 선택이 아니었을 거라고 생각한다. 그래서 불안하다. 어느 날 파트너가 좀 더 나은 선택을 하게 될까 봐 두렵기 때문이다. 그에 따라 파트너에게 모든 경쟁자들, 특히 성적 경쟁자들보다 자신을 더 좋아해 주기를 부단히 요구한다. 이것은 본질적으로 모순이다. 개인적으로 다른 사람보다 더 낫다고 느끼는지에 대한 질문을 받으면 사람들은 이렇게 대답한다. "아니요, 그냥 평범해요. 물론 잘 하는 것도 있고 좋은 점도 있기는 해요. 하지만 그냥 기본적으로 다른 사람과 비슷해요." 그런데 남성이나 여성이나 자신이 특별하다는 환상이 유지되기를 상대방에게 요구하고 그렇지 않으면 가혹해지는 경향이 있다.

여성이 가정이라는 폐쇄된 울타리를 벗어나 사회활동에 적극적으로 참여하는 현실로 인해서 남성들이 파트너의 사랑을 잃어버릴지 모른다는 두려움을 갖게 되었다. 개인 상담에서 얘기를 하다보면 집에 있던 아내가 학업을 계속하거나 일을 하게 되면 남성 대부분이 의심하고 경계한다는 사실이 드러났다. 아내의 독립적인 활동을 불안해하고 강박적으로 걱정하고 편집증적으로 의심했다. 정말로 아내가 다른 남자와 만날 기회가 생기면 반드시 성적 관계로 이어질 것 같아서이다. 처음에 나는 그들의 두려움과 불길한 예감이 편집증적인 추정에 불과하다고 여겼다. 실제로 그 당시 아내들에게는 그렇게 생각할 만한 현실적인 근거가 없었기 때문이다. 그런데 아주 흥미롭게도 거의 모든 사례의 여성이 자립하거나 자존감이 증가했을 때 실제 다른 선택을 했다. 그들은 자신감 있었고 매력적이었다. 그리고 때로는 성적인 관계에 빠져 배우자에게 고통을 안겨줬다. 돌이켜 보면 남성들의 의심은 나중에 심각한 현실이 될 거라는 예감이 들 때 편집적이 되었다.

이것은 결코 여성의 부정행위가 남성과 다르다거나 여성이 불성실하다는 것을 의미하지 않는다. 시간이 가면서 선호도가 바뀔 수도 있기 때문에 남성이든 여성이든 누구나 자유롭게 살다보면 성적인 관계를 갖게 될 수 있고 때로는 다른 선택으로 바꿀 수도 있다.

높은 수준의 선택은 긍정적인 이유는 물론 부정적인 이유 때문에 이뤄질 수 있다.

많은 예상후보를 지닌 강한 매력을 바탕으로 한 높은 수준의 선택이 반드시 긍정적인 선택은 아니다. 파트너를 선택할 때 무의식적으로 어린 시절 경험을 현재 관계에서 다시 체험하고 싶은 욕구의 영향을 받게 된다. 사람들에게는 부모나 다른 가족과 비슷한 파트너를 선택하려는 강박적인 성향이 있다. 많은 사람들이 이전에 문제를 일으켰던 것과 똑같은 (비생산적인) 방식의 선택을 계속한다. 안드레아는 이 사실에 주목했다.

안드레아 얘기 나눴던 대로 집에서 학습한 패턴을 똑같이 반복한다는 사실에 비춰보면 우리는 또 다른 형편없는 관계를 갖기 위해, 정말 형편없는 사람을 고르기 위해 엄청 애를 쓰고 있네요.

캐롤린 고등학교 때 일이 떠올랐어요. 제가 좀 유명했어요. 많은 남자애들이 데이트하고 싶어 했거든요. 괜찮은 애들도 있었지만 저는 걔네들을 선택하지 않았어요. 대신에 아빠와 비슷했던 한두 남자에게 마음이 끌렸어요. 나쁜 남자 스타일이었죠. 그런 애들과 데이트를 했어요. 그렇게 제 선택은 저를 위한 게 아니었어요.

안드레아 말하기 좀 쑥스럽지만 저는 선택할 사람이 없어서 고민했던 적이 없었어요. 정말 많았거든요. 무슨 이유때문인지 언제나 저를 집에 데려가 부모님께 소개시켜주고 싶어들 했어요. 그러니 그런 고민은 할 필요가 없었죠. 그런데 문제는, 제가 좋아하는 사람이 관심을 보이면 그걸 인정하는 게 힘들다는 거예요. 어떨 때는 너무 불안해 선택을 취소해버리기도 했어요.

결혼만족도 평가는 문제가 많다. 관계한 기간이 유익한 관계나 행복한 관계를 나타내주는 게 아니다. 강한 환상연합에 근거한 관계도 오래 지속될 수 있다. 하지만 그런 관계는 대개 두 사람의 영혼과 개성 그리고 정신건강을 서서히 무너뜨린다. 관계에서 중요한 것은 개인이다. 커플이나 가족 단위가 아니다. 그것은 추상적인 개념일 뿐이다. 실제 독립체가 아니다. 관련된 사람 개개인이 진짜 실제고 중요하다. 똑같이 사회체제나 사회의 가치는 사회구성원에 미치는 사회의 영향력 분석을 통해 평가될 수 있다. 구성원 개개인이 잘 지내면 그 사회는 건설적이다. 그러나 사회체제로 인해 해를 입거나 고통을 받는다면 그 사회는 분명히 파괴적이다.

나와 동료들은 성숙의 정도와 분리된 개인으로 관계하는 능력에 따라 어떤 성향의 짝을 선택할 지 달라진다는 점에 주목했다. 사람이 정서적으로 성숙하고 독립적이면 성숙한 동반자 관계와 우정, 공동 관심사를 좀 더 중요하게 생각한다. 반면에 성숙하지 못하면 의존적인 유대관계와 자신의 부정적인 특징이나 결점을 보상해줄 만한 특성을 찾는다.

칼 저는 우정을 바래요. 서로 동등한 진짜 우정이요. 가장 좋은 건 여성과 친구가 되는 겁니다. 또 지성, 유머감각이요. 그리고 다양한 것들을 하고 싶어 하는 활동적인 사람이 좋아요.

캐롤린 저는 가치관이 같은 사람을 찾습니다. 저랑 인생관이 같은 사람이요. 완전히 똑같지는 않더라도 중심 가치는 같아야죠. 그게 중요한 것 같아요.

안드레아 저는 이상하게 감사라는 단어가 생각났어요. 그 사람은 저를 감사하고 저는 그를 감사하고요.

쉬릴 감사는 사랑보다 한 단계 위인 것 같아요. 그건 자신이 인정받고 있다는 마음이 드니까요. 그런데 자신의 존재를 인정받는다는 게 좀 슬프네요.

안드레아 감사는 무슨 일을 하던 상관없어요. 그건 직업일 뿐이죠. 상대방이 자신에게 무엇을 얻는지도 상관없어요. 감사는 아무 조건이 없습니다. 완전히 다른 거예요.

참가자 몇 사람이 파트너의 바람직한 특성에 대해 말했다. 대부분 다른 사회에서도 선호되는 특성들이었다.

루이스 저는 매력이나 유머, 동반자 관계가 중요해요.

제프 활기 있고 삶에 기쁨이 있고 일을 정말 즐기는 사람 그리고 자신만의 관심분야가 있는 사람이요.

나탈리 아이랑 함께 있어주고 아이를 사랑하고 아이에게 아주 다정한 모습을 보인다면 플러스 점수를 줄 거예요. 제가 남자에게서 보고 싶은 모습 예요.

진화론적 심리학자들에 따르면 남성과 여성의 짝 찾기 전략은 주로 선택적인 적응과정을 통해 서서히 진화된 패턴에 의해 결정된다(버스, 1992, 1994; 버스 & 바네스, 1986; 버스 & 쉬미트, 1993; 사이먼스, 1979; 트리버스, 1985). 남성은 많은 출산능력을 나타내는 자질인 젊고 매력적인 여성을 찾는다는 주장이다. 또한 자신의 자식을 잘 양육해 줄 수 있게 오래 생존하는 데 필요한 체력을 나타내는 활발하고 생기 있고 건강한 여성에게 끌린다. 여성은 남성에게 (a) "좋은 유전자" 즉 특정 사회에서 힘과 권력의 표지로 평가받는 자질과 (b)아내와 자식 옆에 있고 싶어 하는 욕망과 아이들을 양육할 수 있는 능력을 찾는다(켄릭, 사아달라, 그로츠, 트로스트, 1990).[9)]

섹스와 사랑을 혼동하는 경향이 있다.

남성도 여성도 섹스와 사랑을 혼동하는 경향이 있다. 특히 관계가 시작되는 단계에서는 처음의 성적 끌림과 쾌락을 사랑이라고 착각한다. 처음의 강렬한 성적 끌림이 지나고 나서 고통이나 갈등이 이어진다면 적절치 않은 감정에서 시작된 관계일 수 있다. 이런 경우 처음에 유혹적이라고 느꼈던 파트너의 특성이 자신의 성격을 보상해주는 것이거나 또는 그 반대이기 쉽다. 예를 들어 수동적이고 내성적인 남자라면 외향적이고 사교적인 여성에게 이끌리기 쉽다. 그 반대도 마찬가지다. 관계가 발전하면 그런 특성이나 행동 패턴이 더 심해진다. 예를 들어 한쪽이 갈수록 지배하려고 들면 다른 한쪽은 더 공손하고 순종적이 된다. 이런 양극화현상이 중독적인 애착관계나 환상연합의 특징이다. 한때는 그렇게 매력적이었던 바로 그 특성이 짜증과 분노의 원인이 된다. "나와 반대인 사람에게 끌린다."는 오래된 속담도 있다. 그래도 그 유혹을 물리칠 수 있다. 서로 같은 긍정적인 특성 때문에 파트너를 선택한 사람이 만족스러운 관계를 오래 지속할 가능성이 더 크다.

마크 칼과 제프가 말한 것에 저도 관심이 있기는 해요. 그런데 저는 저를 당황스럽게 만드는 공격성이랄까, 그런 특성의 여성에게 끌리는 경향이 있어요. 그런 여자들에게 끌린다는 말을 하기 싫지만 제게 그런 경향이 분명 있나봅니다. 결국 공격적인 여자와 만나게 되니 말입니다. 성적으로 뜨거운 여자(웃음), 그런 식으로 아주 에너지가 넘치고 성생활에 열광하는 열정적인 여자를 만나게 됩니다. 어쨌든 그건 섹스를 좋아하는 것과는 판이하게 다릅니다. 저는 그 (성생활에 열광하는) 점에 끌립니다. 하지만 그렇게 할 때나 끝나고 난 후에 기분은 좋지 않습니다.

마크가 말한 것처럼 사랑과 섹스는 아주 다를 수 있다. 그래서 개인에게 미치는 영향이 다르다. 25세의 제인은 심각한 알코올 문제가 있는 남성과 몇 년간 만났다. 제인은 두 사람이 헤어지기 전에는 둘 사이의 강한 성적 끌림이 있었기 때문에 그를 많이 사랑한다고 생각했었다는 고백을 한다.

제인 저는 지난 마지막 관계가 좋은 관계였던 거 같아요. 성적인 면이 저랑 잘 맞았기 때문에 제가 잘 하는 것 같았거든요. 그래서 제가 좋아하지 않거나 제 기준에 못 미치는 점이 보여도 개의치 않았어요. 합리화를 하기도 했고요. 계속 괜찮다고 생각했습니다. 그 사람에게 이런저런 문제가 있고 저랑 아주 다르다는 게 뭐 그리 대수야? 섹스가 좋고 그게 중요하지. 이런 걸 말하자니 정말 쑥스럽네요. 그래도 정말 그것 때문에 4년을 만났습니다.

제인은 다른 모임에서 계속 자신의 성생활에 대해 말했다.

제인 성인이 되자 대체적으로 제 모습이나 성적 매력 때문에 저를 인정해 주는 남자들에게 마음이 끌렸어요. 다른 걸 인정해줄 때는 아무렇지 않았어요. 좋은 사람이다, 똑똑하다, 아니면 좋은 친구다, 이런 말에는 아무런 느낌이 들지 않았어요.

칼 매스컴은 섹스가 사랑과 별개라는 것을 보여주잖아요. 그래서 저는 그 둘이 완전히 다른 거라고 생각하며 자랐어요.

레이먼드 일도 잘 안 풀리고 만나는 여자랑 사이가 별로 좋지 않아도 성관계를 할 수 있으면 저는 그걸 이용해 아직도 사랑받고 있다는 확인을 할 겁니다.

칼이 언급한 대로 매스컴은 사랑과 섹스가 서로 구분된 별개의 범주라고 무심코 생각하게 만든다. 중요한 것은 아주 많은 사람이 관계를 오래 하면서 이 둘을 잘 결합하는 게 어렵다고 느낀다는 것이다. 어린 시절에 고통스런 경험을 했던 사람은 서로 사랑하며 다정하게 성관계를 하다보면 마음 깊이 슬픔이 느껴질 때가 있다. 그리고 슬픔을 회피하려고 한다. 그 좋은 느낌 때문에 원가족에서 형성된 정체성이 바뀔까 봐 두려워서 긴장하고 불안해한다. 이렇게 사랑과 섹스가 결합되면 분리 불안이 촉발될 수 있다. 섹스행위 그 자체는 진짜지만 즉각적인 분리가 뒤따르게 될 일시적인 신체 결합이기 때문이다. 친밀하고 다정한 육체적 관계 뒤에는 두 사람의 경계가 확실히 느껴진다. 둘 사이가 분리된다는 것 때문에 무의식적인 적개심과 분노가 일기도 한다 (파이어스톤, 1984).

메릴린　섹스와 사랑을 잘 결합하지 못하겠어요. 제게 그 둘은 다른 것이거든요. 저는 섹스를 제외하고는 아주 쉽게 사랑에 빠지고 연애감정을 즐깁니다. 하지만 남자친구와 성관계를 할 때는 사랑을 못 느끼겠어요. 무슨 이유 때문인지 친밀감이나 애정, 그런 게 두려워요.

칼　평생 저를 정말 좋아할 여자가 절대 없을 거라고 생각했어요. 그래서 지금 저를 사랑하고 저를 가엾이 여기는 한 여자 때문에 아주 골치가 아픕니다. 어떡해야 좋을지 모르겠어요. 아주 어렸을 적에 느꼈던 그 고통을 느끼고 싶지 않거든요.

사랑과 섹스가 조화를 이룬 친밀감에 의해 짝을 상실할 가능성과 여러 가지 실존적인 문제에 대한 걱정은 물론 과거의 고통스런 감정이 촉발되기도 하지만 또한 가장 큰 만족과 행복을 느끼게 될 수도 있다.

짝을 찾는 데 성공하지 못하면 자신이 실패자라고 느낀다.

보통 사람들은 자기를 하나의 전체로 인식하지 않는다. 자신이 원래 불완전한 것처럼 행동한다. 사람들은 "원죄"와 비슷한 결함이나 핵심적인 결여가 있다는 가정 하에 행동한다. 이곳 참가자들 가운데 많은 사람이 어린 시절에 내면화된 부정적인 정체성을 근거로 자신을 매력 없는 사람이라고 생각했다고 말했다.

캐롤린　저는 늘 관계를 통해 제 자신을 좀 바꿔보려고 했다는 사실을 깨달았어요. 이제는 변화하려면 다른 사람을 바라봐서는 안 된다는 것을 알았습니다. 그건 누군가에게서 얻는 게 아니군요. 제가 스스로 온전하고 괜찮다고 느껴야 하네요.

마크 저의 성생활, 남성성, 모든 게 엄청 불안합니다. 불안과 유약함, 절망감 같은 저의 결점을 채워 줄 사람을 간절히 바랍니다. 제 고통을 해결해주기를 애타게 고대하며 사람을 찾으려니 정말 어렵습니다. 저는 독립적이고 매력적인 사람을 찾지 않아요. 제가 약하다고 느끼지 않게 해 줄 사람, 그것을 덮어 줄 사람을 찾습니다.

사람들에게 짝을 찾고 결혼하는 일은 그 이상의 의미가 있다. 그 이유는 자신이 여러모로 불안정하고 부족하다고 느끼기 때문이다. 남성이나 여성이나 자신에게 주어진 사회적 기대 때문에 긴장을 많이 한다. 사회에서는 결혼한 상태를 관례적인 것이라고 여긴다. 그리고 정상이라는 표지가 되기도 한다. 서른 살 정도에 결혼이나 독립을 하지 않았다면 이상하거나 정상에서 벗어난 사람으로 간주될 위험을 각오해야 한다.

열등감과 자존감이 낮은 사람은 파트너를 찾아 관계를 유지해 그것으로 안정감과 신분 그리고 소속감을 갖는다. 반면에 독신이나 별거, 이혼은 실패를 의미한다. 파트너를 찾는 게 어려울 때, 파트너가 성실하지 못할 때, 별거나 이별로 관계가 끝났을 때 자신이 부족하고 사랑스럽지 못한 사람이라는 것이 사실이 되어버린다.

세미나가 진행되면서 친밀감에 대해 중요한 사실이 드러났다. 사람들이 가장 원하고 바라는 사랑과 친밀감을 받아들이기 어려워한다는 사실이다. 대부분 거부나 상실의 상처를 다시 입게 될까 봐 두려워서 의미 있는 관계를 유지하지 못한다.

메릴린 한 남자에게 그가 제게 정말 중요한 사람이고 정말 그를 사랑한다는 마음을 표현하려고 하면, 아니 그 생각이라도 하게 되면 제 마음 속에서 이렇게 말합니다. "말하지 마, 티도 내지마, 네 진짜 마음을 알게 해서는 안 돼."

제인 사람들은 자신이 사랑스럽지 않다는 생각을 붙들고 사는 것 같아요. 무슨 생명줄이라도 되는 듯이 말예요. 어떤 식으로든 그걸 놓아버릴 수 없다고 생각해요. 그런 생각을 바꾸려고 하면 깊은 고통 같은 슬픔이 느껴지잖아요. 마음이 아주 심란해져요. 괴롭고 고통스럽죠.

레이먼드 사람들은 결국 가족 안에 구석진 공간을 하나 마련해 놓고 그곳에서 자신에게 일어나고 있는 일을 느끼지 않고 살아가는 것에 만족하는 것 같아요. 그곳에서 아무런 방해도 받고 싶어 하지 않습니다. 누군가 자신을 정말 사랑하게 되면 과거의 영향을 그대로 받게 될 것 같아서죠. 아이였을 때 일어났던 경험을 느끼게 될 테니까요. 그래서 자신에 대해 부정적인 생각이라도 기꺼이 붙들고 있으려고 합니다. 그게 안전하니까요. 그게 여태까지의 생존방식이고 학습해온 삶의 방식이니까요.

결론

이번 1장에서는 관계에 대한 여러 가지 복잡한 문제를 간추려 서술했다. 이를 위해 대인관계 세미나 참가한 사람들이 생각하고 있는 관점들을 살펴보았다.[10] 다양한 관계에서 발생하는 문제를 탐색해 본 결과 이 주제를 새롭고 좀 더 정확하게 살펴보지 않을 수 없었다. 관계에 대한 "불편한 진실"이 있다고 해도 회의적이 될 필요는 없다. 진실을 똑바로 마주보면 방어기제를 사용하지 않고 사랑과 성적 만족감을 편안하게 받아들일 수 있게 될 것이다.

계속 이어서 1장에서 언급했던 친밀한 대인관계를 방해하는 핵심문제들을 검토해 본다. 분석을 한 다음에는 심리치료적인 관점과 사회적인 관점에서 문제 대처방법에 대한 설명이 이어질 것이다.

미주

1) 최근 인구조사 보고에 따르면 "가장 빠르게 변한 결혼 상태가 이혼자였다. 최근 이혼 성인 수가 1970년 4백 3십만에서 1994년 1천7백4십만으로 4배 증가했다." (살루터, 1996, p.vi). 버스와 슈미트(1993)에 의하면 "미국인 결혼 커플 가운데 불륜이 여성의 경우 26%에서 70%, 남성의 경우 33%에서 75%까지 이르는 것으로 추산된다." (p.204)

2) 가족체계 이론가인 머레이 보웬(케르 & 보웬, 1988)은 사람들이 비슷한 "자기분화 수준"의 결혼 파트너

를 선택한다고 주장했다. 그는 시간이 지나면서 한쪽 파트너는 좀 더 높은 수준의 자기분화 상태로 나아가는 반면에 다른 파트너는 그 수준 그대로 머물러 있는 게 보통이라고 설명했다. 이렇게 성장과 개별화의 차이로 인해 생기는 전형적인 결과가 갈등 또는 이혼이다.

3) 포드와 비치(1951)는 "표본 남성가운데(비산업)사회 185개국의 84%가 한 번에 한 명 이상의 파트너를 갖는 것을 관습적으로 허용한다."는 사실을 발견했다.(p.108) 포드와 비치가 연구한 한 산업사회는(미국 사회) "단 한 명의 배우자 관계"를 허용한다. 달리와 윌슨(1983)은 "대다수 인간 사회가 남성이 형편이 되는 경우에 한 명 이상의 아내를 허용한다."는 사실을 언급했다. (p.88) "일부다처제가, 그것이 허용되는 사회에서조차도 일부일처제보다 드물다." (p.282) 대개 엘리트 집단, 예컨대 부유하고/하거나 정치적으로 힘 있는 남성들만이 그 사회에서 합법적으로 일부다처제의 기회를 누릴 수 있다. "대부분의 회교 국가에서는 일부다처제 결혼이 상류집단에 제한되며 모든 결혼의 4에서 5%를 넘지 않는다." (터커, 1993, p.37)

   머독(1967)은 일부일처제 결혼생활을 하는 인간사회가 137개국이며 일반적이거나 특별한 일부다처제인 사회가 708개국이라는 것을 알아냈다. 또한 로카드와 아담스(1981)의 미국 4천 쌍 집단에 대한 남성과 여성의 선호 패턴(순차적인 일부다처제 또는 일부일처제) 분석도 참조할 것.

4) "특정 생물의 적응성은 다음 세대에 평균 이상의 유전자 수를 기여할 수 있는 능력에 따라 규정된다." (볼비, 1982, p.56) 관련 특정 진화시기를 "진화적 적응 환경EEA" 또는 조상 환경이라고 부른다. "조상 환경에서 여러 세대를 거쳐 내려온 유전형질들만이 원칙적으로 현재 인간 본성의 일부가 되었을 것이다." (라이트, 1994, p.38)

   슬라빈과 크리그만(1992)은 미첼(1985)과 트리버스(1985)를 인용해 다음과 같이 말했다.

   > 속임수는 모든 동물의 보편적인 의사소통의 고유 자질이다. 자신의 포괄적응도를 좇아 다른 생물들에게 사실을 전달하기 위해서만 의사소통하는 것이 아니다. 오히려 자기 자신과 현실세계의 적응이미지를 전달하려는 것이다. 그들은 어떤 형질은 감추고 다른 이들이 인식해주기를 바라는 형질을 선택적으로 강조한다. (p.151)

   슬라빈과 크리그만은 "아이는 무심코 한 거짓말이나 선의의 거짓말 외에도 의도적인 거짓말 같은 속임수를 관찰할 수 있고 성장기 동안 부모와 자식 간에 내재하는 갈등과 이중성을 처리할 수 있는 확실한 방법이 있어야 한다."고 주장했다.(p.150) 길버트(1989)는 자기기만과 속임수에는 적응성이라는 면이 있기는 하지만 심리적이나 생리적인 면에서 손실이 뒤따른다는 점을 언급했다. 이런 손실에는 파트너를 잘못 선택하게 만드는 "부정적인 정보를 방어적으로 차단"하는 것도 포함된다.

5) 자연선택 이론에서는 다음과 같이 말한다. 동종의 생물개체 사이에 유전적인 형질의 변화가 있고 어떤 형질이 다른 것들보다 생존과 재생산에 좀 더 유리하면 그 형질들이 (명백하게) 더 많이 퍼지게 된

다. 그 결과(명백하게) 유전 형질의 총합이 변형된다. (라이트, 1994, p.23) 대략 14 세대가 지나고 나면 특정(새) 형질이 "개체수의 99% 이상을 차지하게 된다." (달리 & 윌슨, 1983, p.6)

6) 다니엘 골먼의 <치명적인 거짓말: 단순한 진리>(1985)를 참조할 것. 이것은 가족과 집단 그리고 사회 조직에 나타나는 다양한 형태의 속임수(와 자기기만)에 관한 설명서다.

7) 파커는 <부모의 과잉보호>(1983)라는 책에서 과잉보호의 여러 구성요소에 대해 논의했다. 그것들은 개입이나 과도한 심리통제, 유아취급, 의존성 조장, 과도한 접촉, 독립적인 행동금지, 엄격함, 부모의 집착 같은 것으로 나의 정서적 허기 징후에 대한 설명과 여러 면에서 비슷하다. (파이어스톤, 1990b) 파커는 EMBU("own memories of child-rearing experiences")의 발달에 대한 페리스, 제이콥슨, 린스트롬, 폰 크노링, 페리스(1980)의 연구를 포함해 그 요소들을 밝혀낸 많은 조사연구를 인용했다. 파커, 튜플링 그리고 브라운(1979)은 다양한 과잉보호 요소를 측정하는 부모의 양육태도 척도PBI를 개발했다. 본스타인(1993)은 "청소년과 성인 표본조사에서 높은 수준의 부모 개입과 권위주의, 그리고 낮은 수준의 부모 양육태도와 긍정적인 관계가 정신 병리의 위험성 증가와 관련이 있다."는 사실을 알아냈다. (p.23) 이것은 부모 성향 척도POS(라이언, 디치 & 그롤닉, 1986)와 부모 행동 검사에 대한 아동 보고서 CRPBI(셰퍼, 1965)를 사용한 본스타인의 연구에 발표됐다.

8) 아동 도서 <어디 갔을까, 나의 한쪽은>(1976)에서 쉘 실버스타인는 느낌이나 상상 속 내 안의 빈자리를 메워 줄 사람을 찾고 싶은 욕구가 보편적이며, 또한 해로울 수 있다는 점을(유머러스하게) 강조한다.

9) 배우자선택을 할 때 추구하는 자질에는 의미 있는 성차가 존재한다. 예를 들어 켄릭(외) (1990)은 여성의 경우 파트너의 "가족 지향성"을 남성보다 더 지향하는 반면에 남성의 경우 파트너의 신체적 매력이 우선한다는 사실을 발견했다. 여성들은 야망 있고 정서적으로 안정감 있으며 힘 있고 사회적 신분이 좋고 인기가 있고 부유하며 건강한 유전 형질과 수입능력이 괜찮은 파트너를 추구한다. 그런데 성적 파트너의 "성향 요구조건"에서는 성차가 더 벌어진다. 다시 말해 장기적으로 만날 파트너의 자격조건을 고려해 선택할 때는 남성들도 여성과 거의 똑같다. 켄릭(외)은 버스와 반즈가 진행한 연구를 인용해 "남성들이 대개 신체 매력에 좀 더 선택적인 반면에 여성들은 자원 배분에 관련된 형질에 대해 좀 더 선택적"이라는 사실을 보여주었다. (켄릭(외), 1990, p.114)

10) 1장의 세미나(비디오 녹화) 인용부분은 다큐멘터리 <관계 탐구> (파르, 1997a)에서 발췌했다.

2
관계 실패의 이유

그 이론에 의하면 무의식적 차원에서 원초적인 환상연합에 근거한 방어적인 왜곡과 또 그로 인해 왜곡된 죽음 공포가 결합되면 우리가 아주 잘 해내고 싶은 삶과 일, 그리고 사랑 영역에서 성공할 기회를 빼앗아 갈 정도로 위력이 대단하다.

–스튜어트 보이드 (1982)

자기다움의 주된 특성은… 이성이 아니다. 그것은 분열된 인간본성에 대한 비판적 의식이다.

– 크리스토퍼 라쉬 (1984, p.258)

역사를 보면 인간이 전지전능하다는 믿음이 과학의 획기적인 발전과 함께 산산이 부서져내렸다. 지구가 우주의 중심이 아니라는 코페르니쿠스의 발견과 그 몇 세기 후 인간이 단지 진화한 동물이라는 다윈(1859/1958)의 주장이 인간의 자만심에 큰 타격을 준 것이다다. 그리고 이어진 프로이트(1924/1953)의 무의식이론은 그동안 동물과 인간을 구별해주는 인간의 본질적인 특성이라 믿어왔던 이성에 도전장을 내밀었다.[1)]

프로이트의 주장은 인간의 행동에는 무의식적이거나 부분적으로 의식적인 동기가 있으며, 사람들은 알지 못하지만 그 영향을 받고 있다는 것이다.[2)] 계속해서 프로이트는 자기와 타인에 대한 파괴성을 인간의 선천적인 자기파괴성향을 보여주는 것으로 기술했다(프로이트, 1925/1959). 이 죽음소망 이론은 사람 안에는 원래의 죽음상태로 돌아가려고 하고 타인에 대해 적대적인 힘이 있다는 주장이다. 이제 인간의 자신감은 더욱 훼손됐다. 나는 역사를 통틀어 널리 퍼져있던 자기와 타인에 대한 공격성을 설명한 프로이트에게 반대하지는 않는다. 하지만 그것을 죽음충동으로 개념화한 것은 거부한다. 나는 공격성이 좌절에서 파생된 것이라고 본다. 원인분석에 관계없이 인간의 공격성과 자기파괴성을 바라보는 것은 문제가 있다. 그렇게 하면 인간의 미래에 대해 비관적인 생각을 불러일으킬 가능성이 크기 때문이다.

나는 연구를 통해 자기구조가 건설적이고 목표지향적인 힘과 최선이익과는 동떨어진 파괴적인 사고과정으로 분열되어 있다는 점을 계속 강조해왔다(파이어스톤, 1984, 1985, 1988, 1997a, 1997b). 부정적인 사고과정은 목소리치료를 통해 표출될 수 있고 그것이 표현될 때는 자기를 향한 엄청난 공격성이 드러난다. 자신의 내밀한 적을 확인하는 것이 두렵고 안전과 자기 확신self-assurance에 또 다른 위협이 되기 때문이다.

자기와 타인에 대한 부정적인 태도는 대인관계에 엄청나게 파괴적이다. 가장 친밀한 관계방식에 깔려있는 정신역동을 이해하려면 이 사실을 깨닫는 것만큼 중요한 것은 아무 것도 없다. 자기 자신은 물론 자신에게 가장 중요한 사람을 향한 분노의 사고과정으로 관계가 소원해지기 때문이다(파이어스톤, 1990e). 파괴적인 생각에 대해 알게 되면서 나와 동료들은 사람이 자기와 타인에게 어떻게 상처를 주는지, 그리고 왜 그렇게 하는지에 대해 좀 더 깊은 이해를 해나가게 되었다.

사람이 부모의 파괴적인 사고방식과 방어기제를 토대로 한 부정적인 생각의 지배를 받게 되면 자기와 타인에 대해 심각한 왜곡현상이 일어난다. 특히 가까운 사이일수록 더 심하다. 더군다나 스트레스 상황이라면 자기구조가 붕괴된다. 사람이 "그 자신이 아닐 때" 자기 상태는 교류분석 모델에서 말하듯이 부모 같은 행동과 아이 같은 행동으로 나뉜다. 부모처럼 또는 아이처럼 행동하게 되면 배우자와 가족 구성원들에게 상처를 준다. 부모 같은 행동이나 아이 같은 반응, 특히 대응하지 않는 무반응은 심각한 불화를 일으키고 부부/가족 싸움의 원인이 된다.

요약해보면 모든 인간의 마음은 근본적으로 분열되어 있다. 한 부분은 그 개인과 그 자신의 목표와 일치한다. 그러나 또 다른 한 부분은 자신의 최선 이익에 맞지 않거나 반대된다. 이질적인 부분은 체계적인 파괴적 사고과정 또는 "목소리"로 이루어졌고, 의심이나 방어, 거리두기, 감정반응을 차단시키는 강박적인 습관패턴을 갖게 만든다. 그것은 모든 내향적인 생활방식에 영향을 준다.

관계 : 발달적 관점

살펴본 대로 대인관계의 주요 문제는 파괴적인 목소리과정과 왜곡에 기반을 둔 심리적 방어기제다(파이어스톤 1985, 1987a). 이를 제대로 이해하기 위해서는 인격 형성기에 아이가 스트레스와 고통에 어떻게 반응하는지, 그에 따라 장차 있을 상처와 취약함으로부터 자신을 보호하기 위해 어떤 해법을 찾는지 조사해볼 필요가 있다.

아이들에게 생기는 고통이나 불안은 기본적으로 두 가지 원인이 있다. (a) 정서적 박탈이나 거부, 그리고 부모나 가족 구성원 같이 아이에게 중요한 사람들의 공공연한 또는 은밀한 공격성 등 가족 내에서의 부정적인 경험과 (b) 외로움이나 노화, 죽음 등 인간의 근원적인 문제다(파이어스톤, 1994). 아이들은 이성과 통합성sense of unity을 잃지 않으려고 최대한 적응력을 발휘해 온갖 종류의 심리적 고통에 대응한다. 스트레스가 많을 때는 자아가 해체되거나 파편화되는 고통을 겪지 않으려고 감정을 차단해 자신을 비인격화하려고 노력한다. 아이들은 공격자나 부정적인 행위자와 동일시해 자기와 타인에 대한 외부의 이질적인 견해를 내면에 병합한다. 그리고 그것을 성인이 되어서도 유지한다(파이어스톤 참조, 1997a, 5장). 아이가 그런 방식으로 자신을 방어하게 되면 다시 감정을 되찾아 자기와 타인에게 감정을 투자하고 싶지 않게 된다.

심리적 방어는 폐렴의 신체 반응과 유사하게 기능장애를 일으킨다. 바이러스침입에 대응하기 위해 폐안의 유기체들이 세포 및 체액성반응을 일으킨다. 하지만 과도한 방어반응은 위험할 수 있다. 질병이 걸렸을 때 유기체의 방어반응이 원래의 공격보다 더 파괴적일 수 있듯이 취약한 상태의 아이가 유해한 환경에서 자신을 보호하려고 형성한 방어기제가 원 트라우마보다 더 해롭다. 고통스런 환경을 견뎌내기 위해 형성된 방어행위가 신경증이나 정신병의 핵이 된다(파이어스톤, 1997a).

환상연합 fantasy bond

초기 발달단계의 유아나 아이들은 정서적 박탈감을 보상하기 위해서 내가 환상연합이라고 부른 원초적인 방어기제를 형성한다(파이어스톤, 1984, 1985). 원래 환상연합은 어머니 또는 초기 양육자와의 상상적인 융합관계를 말한다. 인간의 상상능력을 통해 부분적인 욕구만족이 해소되고 긴장이 감소되기 때문에 그것은 아주 효율적인 방어행위다.[3] 이로 인해서 가짜독립성이 생긴다. 환상에 의존하면 의존할수록 더욱 더 실제 사람들과의 관계에서 만족을 얻으려고 하지 않거나 받아들일 수 없게 된다.

원초적 방어 primary defense

환상연합은 분리불안과 대인관계에 생기는 고통, 그리고 인간존재의 불안에 대한 원초적인 방어다. 환상연합이 형성되면 내향적인 행동패턴을 보인다. 내향적인 행동패턴이란 실제보다 환상에서 만족 추구하기, 진통제 같은 물질 의존성, 행동억제패턴, 고립, 수동성, 자기비판적 태도, 타인에 대한 냉소적이거나 적대적인 생각 같은 것이다. 가짜독립성이 커지면 친밀한 사람들을 왜곡하고 불신하는 자기방어적인 생활방식이 생긴다.

여러 해 전에 심리방어이론 발달사 개요에 관한 강의를 한 적이 있었다.* 그곳에서 나는 대인관계 문제에 관한 여러 이론들을 상세히 설명했다. 다음은 그 발췌문이다.

> 원초적 방어는 부모에게 유기된 아이가 아주 위험한 상황에 처했을 때 생긴다. 그 결과 아이는 다시 기회를 갖는 것을 두려워한다. 타인에 대한 기회를 갖게 되면 무력하고 의존적이었던 시절에 경험했던 불안, 공포, 고통에 다시 노출될까 봐 두렵다. 사람들은 보통 (현재에) 살기live 보다는 다시 체험하려는relive 경향이 있다. 즉 과거의 패턴을 반복하면서 원초적 환상을 방어하고 사람들에 대해 기회를 갖는 모험을 회피한다. 사람들은 새로운 기회를 갖기보다는 똑같은 패턴을 반복하고 싶어 한다. 그들이 진실한 마음으로 반응을 해도, 진짜로 울부짖고 진짜로 요구하고 진짜로 소리쳐 도움을 요청해도 이뤄지지 않을까 봐 두렵기 때문이다. 그렇게 하면 어릴 적과 똑같이 극심한 공황상태에 빠지게 될 것 같아서다.
>
> 하지만 어른이 되어 그때의 감정으로 돌아가 그것에 대한 통찰을 할 수 있게 된다면 어른이 된 지금은 내면화된 부모가 필요 없고 자신이 정말 자유로울 수 있다는 사실을 알게 될 것이다. 치료의 비결은 다시 그때의 기회를 갖게 해 주고 실제로 요구하게 하고 실제로 기회를 갖게 해주는 것이다. 그렇게 진짜로 요구하고 진짜로 고통을 느껴보면 자신이 상상했던 것과 같지 않기 때문에 편안해진다. 그는 이제 더 이상 무력하고 의존적인 아이가 아니다. 방어기제는 정말 무력하고 의존적인 아이였을 때 시작된 것이다.

* 여기서 "그"는 남성과 여성을 모두 포괄적으로 지칭한다.

자기양육 과정 self-parenting process

자기양육 과정은 환상연합의 징후다. 그 속에서 아이(후에 어른이 되어서도)는 내면적으로 자신을 돌보고 벌준다. 그 과정에는 자기처벌 표상작용과 행동뿐만 아니라 자기양육 사고와 습관도 포함된다.

자기양육 성향은 어른이 되어서도 자신을 칭찬하기, 위로하기, 자만심, 섭식장애, 흡연, 알코올, 약물중독, 강박적 자위행위, 비인격적이고 자기 충족적이고 강박적인 성 관계 방식과 같은 형태로 지속된다. 그리고 자기 비판적인 사고나 죄책감 반응, 자기에 대한 공격, 자기 파괴적인 행동 같은 것이 처벌의 예다(파이어스톤, 1990c, 1993).

자기양육과 자기처벌 행동은 내가 "목소리"라고 부르는 자기에게 해로운 내면의 사고과정의 통제를 받는다. 목소리는 사소한 자기비판부터 심각한 자기공격에 이르기까지 다양하며 자기양육 습관패턴과 고립 그리고 자기 파괴적인 생활방식을 갖게 만든다. 또한 목소리라는 개념은 원초적 방어를 정당화하고 지지하는, 대인관계 상황에 대한 부정적인 가설로 구성된 이차적인 방어라고 이해할 수 있다. 그것은 마음속 상상이다. "내가 나를 돌볼 수 있어. 다른 사람은 필요치 않아. 내가 나의 부모야." 목소리과정은 내면의 환상상태로 철수하게 만든다. 목소리는 방어의 언어다.

> 아이가 부모에게 거부당하거나 상처를 받아도 자신을 보호하기 위해서 파괴적인 부모와 자신이 하나라는 상상을 한다. 원초적인 융합 환상을 방어하는 것이다. 그러나 또 한편 부모의 거부적인 태도를 내면화한다. 다시 말해 아이는 그 상황에 부합하는 자기개념을 유지하려고 한다. 나중에 자기에 대한 정보가 부모의 거부로 인해 생긴 자기개념과 차이를 보이면 그것을 받아들이려고 하지 않는다.

자기와 타인에 대한 부정적인 사고, 감정, 태도의 체계인 목소리는 내면화된 부모의 이상화 이미지와 떼려야 뗄 수 없는 관계다(파이어스톤, 1985).

> 아이는 부모의 잘못을 찾을 수도 부모를 나쁜 사람이라고 볼 수도 없다. 그렇게 되면 자신이 진짜 무력한 상태가 된다. 고통과 절망으로부터 자신을 방어하기 위해서 아이는 자신을 나쁘다고 생각하고 부모를 이상화한다. 그가 비위를 맞추고 착하게 굴면 부모가 자신을 사랑해 줄까 걱정한다. 아이가 입장을 바꿔 부모가 잘못이라고 생각하면 상황이 더 불안해 보인다. 이런 이유에서 방어기제가 작동된다.

정도의 차이는 있지만 부모가 문제가 있거나 부족해서 사랑을 줄 수 없다는 것은 틀린 말이다. 그래서 아이가 필요한 것을 부모에게 얻을 수 없다는 것은 있을 수 없다. 아이는 사랑을 얻으려고 애쓰며 부모를 기쁘게 하거나 부모가 자신을 사랑하게 해 줄 거라고 생각되는 책략을 이것저것 써본다. 실제로 이런 행동은 나중의 대인관계에 좋지 않은 결과를 가져온다. 아이는 대인관계에 다소 편집증적 성향을 보이며 가까이 하기를 꺼린다. 좋은 관계는 피하고 나쁜 사람에게 매달리는 이해할 수 없는 자기파괴적인 행동을 보인다. 나중에 아이는 자신이 선택한 사람과 과거를 반복하는 좋지 못한 패턴을 보이며 그런 패턴에 갇혀버린 사람처럼 보인다.

가짜독립성 pseudoindependence

자기양육 과정은 자신이 혼자며 무기력하고 상처받기 쉬운 상태라는 것을 부인하려고 하는 아이의 필사적인 시도다. 그것은 내면에서는 환상, 그리고 밖에서는 대상이나 사람을 이용하는 모습으로 나타난다. 그 결과가 자기충족이라는 가짜독립적인 태도, 즉 다른 사람이 필요치 않고 혼자 살아갈 수 있다는 환상의 출현이다(파이어스톤, 1984).

원초적 환상에 대한 얘기를 많이 했는데, 그 정의를 내려야겠다. 아이는 거부감과 정서적 박탈감을 보상하기 위해 환상 속에서 전지전능한 부모와 하나가 되고, 그 안에서 가짜독립성을 키운다. 다른 말로 아이는 나쁘고 약하고 요구가 많은 아이인 동시에 또한 아주 힘 있고 전지전능한 모든 것을 주고 모든 것을 통제하는 신 같은 부모다. 아이는 가짜독립성을 위협하는 모든 것에 저항한다. 환상에서 "나는 네가 필요 없어"라는 독립적인 태도를 확립한다. 타인에 대한 욕구와 소망을 부인하고 독자적으로 하나의 체계가 된다.

장애나 상처가 크면 클수록 이런 환상을 더 많이 만들어내고, 진짜 관계나 진짜 친밀감, 현실의 사람들에 대한 진짜 감정에 저항한다. 이렇게 이중적으로 자신을 나쁘고 요구가 많은 아이와 강하고 전지전능한 부모로 인식하는 분열상태가 심하면 심할수록 사람들과의 실제 관계는 점점 더 역기능적이 된다. 다른 말로 부모를 함입하고 부모의 거부적인 태도를 내면에 병합해 마음의 구조가 형성되면 아이는 그것을 다른 경험으로부터 보호하려고 한다. 이것이 치료에 저항하는 이유이다. 즉 자신의 이미지가 변하고 다른 관계를 형성하는 것이 두려운 것이다.

그래서 자기 자신에게 파괴적으로 행동하는 것처럼 보인다.

원초적 환상, 그리고 그와 연관된 가짜독립성, 그에 수반된 수동성, 현실 부모의 내면화, 아이에 대한 부모의 평가, 즉 부모와의 상호작용을 통해 얻은 자기개념은 더 나은 건설적인 삶에 대한 근본적인 저항을 나타낸다. 사람들은 자신의 이미지가 바뀌는 것에 저항하고 그것과 다른 식으로 자기를 대해주는 사람과 관계를 형성하는 것에 저항한다.

커플관계의 환상연합

환상연합이라는 용어는 어린 시절에 형성된 원초적인 상상 속 결합상태와 성인이 되어서 반복적으로 환상 속에서 친밀한 관계를 그리는 태도를 설명하는 데 사용된다. 이 방어행위는 대인관계 악화의 원인이 된다(파이어스톤, 1987a).

인격형성과정 중에 만족을 얻기 위해 내면의 환상과정에 의존하는 것과 외부 현실세계에서 만족을 구하는 것 사이의 갈등이 해결될 때 심리적 평형상태가 이뤄진다. 평형상태는 대개 만족스러운 대상관계를 희생한 대가로 얻어지며 유아기 경험과 반대되는 따뜻하고 건설적인 사건으로 위태로워질 수 있다. 사람들은 대부분 "긍정적인" 침입으로부터 환상과정을 보호하기 위해 원 가족상황을 다시 만들어내려고 한다.

무엇보다도 사람은 어린 시절에 함께 했던 사람과 닮은 파트너를 고르려고 한다. 자신의 방어기제에 부합하는 사람이기 때문이다. 원 환상의 거울이미지가 되는 셈이다. 이는 원환상의 외재화로 자신의 방어체계를 건드리지 않는다. 파티나 사교모임에 가보면 자신에게 익숙한 특성을 지닌 사람들에게 끌리게 된다. 그게 편안하고 안락하기 때문이다. 과거의 사람과 닮은 사람을 찾아 과거를 재현하고 무엇보다도 왜곡을 통해 그가 과거의 사람인 것으로 생각한다. 그게 안 되면 과거를 재현할 수 있게 그를 자극하려고 할 것이다.

심리치료

어떤 치료적 접근을 하는가에 상관없이 환자는 자신의 욕구와 욕망을 인식하고 치료 상황을 이용해 자신의 가짜독립성을 없애야 한다. 그리고 자신이 원하는 것을 직접 요구하고 좌절에 대한 분노를 다룰 줄 알아야 한다(파이어스톤, 1985, 1990c, 1993). 환자가 관계에 대한 환상이나 가짜독립성, 자기양육 행동에 의존하지 말고 대인관계와 일에서 만족을 찾을 수 있도록 도와주는 치료과정에 중요한 것은 환자에게 원칙과 경계를 가지고 진정한 반응을 보이는 치료자의 태도다.

> 치료의 전반적인 목적은 환자가 다시 기회를 잡을 수 있도록 돕는 것이다. 즉 자신이 원하는 것을 실제 요구하고, 솔직하게 자신의 욕구를 알아내고 그것을 솔직하게 인정하고, 상처받지 않으려고 방어하지 않고, 좌절하고, 그리고 좌절이 그를 어떻게 하지 못한다는 사실을 깨달을 수 있게 도와준다. 환자는 솔직하게 좌절에 대한 분노를 마주 해야 하고 독립적인 성인이 되어야 하고 과거에 매달리지 않고 만족스러운 새로운 관계를 형성하려고 노력해야 한다. 상처받았던 사람이 타인을 향해 손을 내미는 것에는 상당한 용기가 필요하다. 상대방을 자극하거나 친밀하지 못하게 하는 책략을 피하고 불안을 유발시킬 수밖에 없는 방어기제를 내려놓을 줄 알아야 한다. 방어가 필요한 것이라고 믿는 정신분석 이론가나 다른 사람들과는 달리 나와 동료들은 방어를 병이라고 생각한다. 사람은 자기와 타인을 속이지 않고서도 살아갈 수 있다. 사람은 진실하고 솔직하게 방어하지 않고 불성실하지 않은 태도로 대인관계를 할 수 있다.
>
> 심리치료는 환자가 가짜독립성과 저항을 인식하고 그것을 행동화하지 않도록 도와줘야 한다. 행동화하면 좋아질 수 없다. 타인을 조종하고 자극하고 행동을 통제하면 과거를 다시 체험하는 것밖에 안되기 때문에 변화가 어렵고 방어기제도 포기되지 않는다. 방어기제를 내려놓고 자신이 원하는 것을 솔직하게 요구하고 솔직하게 기회를 잡을 줄 알아야 한다. 타인과 친밀한 관계를 하는 상황이 오면 그 상황을 애써 견뎌내며 사랑받는다는 것에서 오는 고통을 받아들여야한다. 사람들로 하여금 자신을 공격하게 해서 벗어날 구실을 만들지 않도록 해야 한다. 관계가 좋을 때나 자신이 괜찮다고 느껴질 때 그것을 받아들이는 게 힘들더라도 마약을 갑자기 끊은 중독자처럼 잘 견뎌내야 한다. 기회를 잡아야 한다. 그래서 관계를 위태롭게 하지 말아야 한다. 관계를 해치고 싶은 마음이 들거나 그것에 대해 말하고 싶을 수도 있다. 하지만 그러면 안 된다. 그러면 결국 원점으로 돌아가게 된다. 그러면 성장은 없다. 그 대신 잘 견뎌내면 성장하게 된다.
>
> 저항의 핵심은 원초적 환상을 포기하면 홀로 남겨질 것 같은 두려움이다. 부정적인 생각이나 목소리가 파괴적인 것이라고 해도 그것은 동반자와 같다. 따라서 저항은 그 동반자를 잃게 되는 두려움의 표현이다. 그러나 기회를 갖게 되면 그

것이 생각했던 것만큼 고통스럽지 않다는 것을 알게 된다. 오히려 기분이 더 좋아진다. 애써서 잘 견뎌내면 세상이 확장된다. 진짜 감정을 알게 되면 사랑할 수 있는 능력이 생긴다. 더 솔직해지고 진실해지며 행복해진다. 정말로 기분이 좋아진다.

하지만 특히 대화하는 형태로 정말 솔직하게 요구하려고 하면 엄청난 저항이 따른다. 부모를 소환해 원래 그때 주지 않았던 사랑을 다시 요구하고 부모에게 그것을 얻을 수 없다는 사실을 직면하도록 하는 것에 엄청난 저항이 따른다. 부모로부터 자신이 원하는 사랑을 절대 얻지 못할 것이라는 사실을 깨닫고 포기해야 한다. 그렇게 하면 그런 사랑이 더 이상 필요하지 않다는 것을 알게 된다. 그러면 처음으로 진짜 사랑과 친밀감을 받아들일 수 있게 된다.*

방어과정의 구성요소

중독과 자기만족 방식의 성생활

중독은 환상연합 또는 자기양육 과정에 필수적이다. 중독은 스스로 어머니가 되는 환상 속에서 자신에게 젖을 먹이는 것이다. 또한 관계를 피하는 근원적인 선택이기도 하다(파이어스톤, 1993).

자기양육 과정은 중독적인 심리적 양식 공급 체계라고 이해할 수 있다. 그 과정은 어린 시절의 박탈경험에서 비롯된 것으로 대인관계에서 얻을 수 있는 양식이 부족해 자신에게 스스로 영양을 공급하겠다는 상상을 하는 것이다. 아이(그리고 어른)는 무의식적으로 실제 만족을 거부하고 자신이 완벽하게 통제할 수 있는 환상세계의 안전함에 집착하기 위해 삶의 목표지향적인 활동을 포기한다.

만족을 위한 약물사용은 구순기 박탈경험과 부적응적인 양육태도와 밀접한 관련이 있다. 아이가 심한 좌절을 겪으면 보상적으로 자기수유 패턴에 의존하게 된다. 이런 아이들은 나중에 자신을 스스로 위로하면서 긴장을 완화하려고 애쓴다. 중독사례를 보

* 많은 집단치료에서 문제가 되는 것은 심리학자들 가운데 정직한 직면이 반드시 필요하다는 생각을 하는 것이다. 항상 그렇지는 않다. 예를 들어 직면이 경계성 인격 장애가 있는 사람에게는 도움이 될 수 있으나, 자기애적 인격 장애를 가진 환자에게는 매우 파괴적일 수 있다. 그리고 신경증 환자는 반복적인 행동화 때문에 공격을 받게 되면 좀 더 고집스러워지거나 당황한다. 단지 부정적인 행동이라고 비난하는 것은 치료에 도움이 안 된다. 환자가 자신의 고통을 직면하고 비합리적인 유아적 감정과 원초적 갈망과 절박감에 대해 이야기할 수 있게 도와줘야 한다. 어린 시절의 소망을 알아내고 그와 관련된 정서를 경험하면 좀 더 솔직해지고 비교적 방어를 덜 하는 독립적인 사람이 될 수 있다.

면 가짜독립적인 태도와 자급자족에 대한 환상이 발견된다. 성적 관계도 진정제 기능이 있다. 그것은 원초적인 갈망과 깊이 억압된 구순기 요구들을 부분적으로 만족시켜주는 수단이 된다.

나는 음식과 섹스의 관계 그리고 원초적 방어와 그것이 어떻게 대인관계를 어렵게 만드는지에 대한 설명을 하고자 한다. 우선 "나는 아무도 필요 없어. 나 혼자 나를 돌볼 수 있어."라는 생각을 하게 만드는 원초적 방어를 잊지 말아야 한다. 이것 때문에 구순기 욕구든 성적 욕구든 또는 사랑에 대한 욕구든 모든 욕구를 부인하게 될 수 있다.

이런 방어기제를 지닌 사람을 이해하려면 그 사람의 성생활과 성적 환상을 살펴보는 것이 좋다. 그것이 타인과 사랑을 주고받는 태도를 정확하게 드러내 보여주기 때문이다(표상체계로 보면 성적 태도는 잠재된 구순기 상징과 관련된다. 페니스는 가슴, 질은 입, 정자는 우유, 풍만한 배는 임신을 상징한다.). 강박적인 음식물 섭취, 강박적 자위행위, 강박적 음주를 하는 사람들은 모두 어떤 면에서 같은 것을 말하고 있다. "나는 네가 필요 없어. 나 자신에게 스스로 수유할 수 있어. 나 자신을 스스로 돌볼 수 있어." 섹스를 회피하면서 이렇게 말하기도 한다. "나는 섹스가 필요 없어. 나는 네가 필요치 않아. 나는 다른 사람이 필요 없어." 이것은 다른 사람과 관계하고 싶은 욕구를 외면하는 가짜독립적인 태도의 저항상태를 보여준다.

이는 자신을 스스로 "수유" 할 수 있다는 의미에서 스스로 성욕을 채울 수 있다는 환상이다. 어떤 정신분열증 남자는 유방을 상징하는 페니스에서 우유가 나온다고 생각했다. 그리고 자신만의 체계가 있기 때문에 외부에서 오는 음식은 필요 없다고 생각했다. 그러나 아이러니컬하게도 자립성과 자급자족에 대한 환상에 빠져있는 동안 완전히 무력해진 그는 다른 사람이 돌봐주지 않았다면 굶어 죽을 뻔했다. 그런데도 원초적 환상 속에서 그는 스스로 엄마가 되어 스스로 자기에게 수유하고 스스로 자기를 돌봤다.

참 흥미로운 사실이 사람 사이에 직접 체액을 주고받는 행위가 두 가지 있는데, 아기에게 수유하는 것과 페니스의 정자를 질에다 넣는 행위라는 것이다. 성행위의 기본인 주고받는 행위는 어렸을 적 모유 수유와 배변훈련의 느낌, 그리고 초기 구순기 경험과 관련이 있다. 특히 정신분열증 환자의 경우가 그렇다. 그들을 분석할 때 보면 구순기 상징을 상당히 많이 사용하는 모습이 보인다. 그러나 미묘한 차이가 있기는 하지만 다른 사람들에게도 그런 모습이 보인다.

조금 장애가 덜하긴 하지만 자신이 원하는 것을 요구하지 않고 자신의 욕구를 외면하며 관계나 친밀감을 회피하는 사람들에게 까다롭거나 거친 성격이 나타날 수 있다. 이곳 집단모임에서 사람들은 까다롭고 거친 성격에 대한 이야기를 나누면서 그것이 상처를 주는 파괴적인 방어적 관계방식의 하나라는 것을 알게 되었다. 예를 들면 어떤 남자가 마초처럼 행동하면서 사랑과 애정에 대한 자신의 진짜 욕구를 위장하고 상처받지 않으려고 불성실한 태도를 취할 수 있다. 어쩌면 그는 자신이 고갈될지 모른다는 두려움 때문에 사랑을 주거나 나누지 못하는 문제가 있을 수 있다. 거칠게 행동하거나 통제하거나 거세하려는 여성은 자신을 보호하려고, 또는 남자에게 뭔가를 소망한다는 것을 인식하지 않으려고 하는 것일 뿐 남자에게 상처 줄 마음이 아닐 수 있다. 그녀가 남자를 밀쳐내려고 하는 것은 만족을 얻기 위해 남자에게 엮이거나 의존하고 싶지 않고 또 다시 상처받게 되는 상황에 들어가고 싶지 않기 때문이다. 그녀의 강인함이나 자신은 상처받을 여지가 없다는 태도는 자신의 진짜 소원을 외면했기 때문에 나온 것이다.

이와 비슷하게 강박적으로 음식을 섭취하는 사람이나 약물 사용자, 알코올 중독자도 타인에 대한 의존성을 부인하며 "나는 스스로 수유할 수 있어. 나는 내 젖병이 있어."라는 가짜 독립적인 태도를 취한다.

존경받는 한 대학교수가 모든 걸 통제하려고 하는 편집적인 여성과 결혼했다. 결혼 생활 몇 년이 지나며 망상단계까지 가자 그녀를 병원에 입원시켰다. 매일 탐문하고 괴롭히고 공격하는 여자에게서 벗어난 남자는 앞으로 펼쳐질 미래가 기대되고 설레었다. 여자들이 그에게 다정하게 다가오자 성 문제가 해결되었고 또한 아주 만족스러웠다. 그런데 역설적이게도 만족스러움이 견디기 어려워서 회피하기 시작했다. 새로 찾게 된 독립성과 성생활, 여성들의 인기가 두려워졌다. 그는 두려움을 진정시키기 위해 사회생활에 필요한 그이상의 음주를 과도하게 하기 시작했다. 아주 흥미로운 사실은 매우 온화하고 온순한 성격인 그가 치료시간에 음주 얘기가 나오면 엄청 화를 내고 욕을 해대며 부정적인 전이를 행동화했다. 그가 화를 직접 표출한 것이 유일하게 그 때였다.

성적 문제라는 게 다른 사람에게서 만족을 얻거나 만족을 주는 것을 회피하는 징후로 나타날 수 있다. 남자들의 성적 문제는 조루나 사정지연, 발기부전 등의 증상으로 나타나며, 여성의 경우는 불감증이나 무반응으로 나타난다. 이런 증상이 있는 경우 친밀한 관계를 맺거나 진짜 감정을 나누려고 하지 않고 섹스를 자기만족수단으로 이용하며 의존한다.

많은 사례를 보면 오르가슴에 문제가 있는 여성들은 상대방을 의지하지 않고 자신이 아닌 다른 데서 만족을 느끼는 것을 회피한다. 그녀가 자유로워진다면 다른 사람이 자신을 만족시키도록 허용하고 그것을 적극적으로 수용할 것이다. 하지만 자신을 방어하고 다른 사람을 불신하고 자신에게 기회가 주어지는 것을 두려워하며 성적 만족을 허용하지 않으려고 한다. 만족을 위해 자신에게 없는 기관인 페니스에 기대려고 하지 않는다. 성교의 순간에 거부할 수도 있다. 다시 말해 느끼지 않으려고 할 수 있다. 대개 신뢰를 회복하면 오르가슴을 느낄 수 있다. 특정 성 치료법을 사용해 바로 성문제를 해결하려는 방법 대신에 기본적인 태도를 바꾸면, 즉 기본적인 방어인 원초적 환상을 내려놓으면 해결될 수 있다.

섹스나 남자를 회피하거나 짝과의 친밀함을 피하는 여성은 사실 "나는 수유 받을 필요가 없어."라는 말을 하는 것일 수도 있다. 유아기에 엄마가슴에 의존하며 많은 상처를 받았던 그때 상황으로 다시 돌아가고 싶지 않기 때문에 남자가 자신을 만족시키는 것을 원하지 않는다. 이것은 수유 받고 싶은 소망을 부인하는 것이다. 마치 강박적 섭식이 다른 사람에게서 만족을 얻고 싶은 소망을 부인하며 "나는 스스로 나에게 수유할 수 있어."라고 말하는 것과 같은 것이다. 성적으로 남자에게서 뭔가를 얻고 싶다는 마음이 드는 것 때문에 분노가 생길 수 있다. 살을 찌워 보기 싫게 만들어 남자가 다가올 생각도 하지 못하게 하는 여성이 많다. 만족을 위해 자기가 아닌 다른 사람에게 의존해야한다는 사실을 혐오하기 때문이다. 그래서 직접 자기에게 수유하면서 원초적인 자기양육 과정을 행동화한다. 이런 경우에 남자를 떠나게 하는 것은 실제로 몸무게 같은 게(아주 극도의 비만을 제외하고) 아니다. 오히려 그녀가 섹스에 대한 욕망을 버리고 파트너가 자신을 욕망하지 않게 만드는 것은 자기 몸에 대한 부정적인 생각이다.

남자의 경우도 비슷하다. 섹스 때문에 여자가 필요하다는 생각에 화가 날 수 있다. 그래서 종종 자위라는 방법으로 스스로 자신을 돌볼 수 있기 때문에 여자가 필요 없다는 유아기 환상을 유지한다. 또한 여성과 여성의 입과 질이 자신을 소모시키고 모든 것을 빼앗아가고 산채로 삼켜버릴 것 같은 두려움이 들 수 있다. 남자가 자신이 매력적이지 않거나 무능하거나 정서적으로 공허하다고 느낄 때는 여자와 성행위 하는 게 불편해 뒤로 물러설 수도 있다. 자신이 여자를 사랑하거나 만족시킬 수 없다고 느낄 수도 있다. 성관계를 피하고 대화를 하지 않거나 거리를 두고 여러 모로 그녀와의 상호작용을 제한할 수도 있다. 그녀가 성적 요구를 해오거나 뭔가를 원하면 더 억제하며 반응을 보이지 않을 수도 있다. 그는 아이가 되고 싶은 지도 모른다. 수유 받고 싶은 것일 수도 있다.

성적인 차원에서 원초적 방어인 가짜독립성 환상은 성적 관계에 의존하지 않겠다는 마음의 표현일 수 있다. 어떤 남자들은 강박적인 자위를 통해 환상을 유지하고 어떤 여자들은 실제로 페니스를 소유하는 환상을 그리며 자신이 페니스를 갖고 있다고 믿는다. 페니스가 있기라도 한 것처럼 자신이 거세위협에 노출되어 있다고 느끼기도 한다.

요약해보면 사람들이 자신의 반대 성과 관계하는 방식을 보면 심리적인 발달과 성장, 독립성, 삶에 대한 태도가 어떤 단계에 와 있는지 잘 알 수 있다. 대부분의 관계문제는 명백하게 신경증적 방어나 원초적 환상과 그것을 유지해주는 이차 환상을 나타낸다. 그래서 집단에서 성생활에 대한 이야기를 하다보면 결국 사랑을 주고받고, 인정하고 거부하는 것과 관련된 근본적인 문제로 돌아가게 된다.

공격성과 가짜공격성

진짜 공격성

교육목적을 위해 진짜 공격성과 가짜 공격성을 구별해보자. 인간존재는 선천적으로 공격적이거나 파괴적/자기파괴적이 아니다. 사람이 공격적, 적대적, 폭력적이 되거나 자살을 시도하는 것은 기본 욕구의 박탈감과 죽음공포와 관련된 고통이나 좌절감 때문이다.[4)]

나는 진짜 분노, 적대감, 공격성과 가짜 공격성을 구별하고 싶다. 진짜 분노와 공격성은 좌절로 인한 단순하고 비합리적인 감정반응이다. 사람이 원하는 것을 얻지 못하면 화난다. 자신의 소망을 부인한 경우에도 원하는 것을 얻지 못하면 화가 난다. 그런데 무엇에 화가 났는지 모른다. 혼란스럽고 모호한 상태에서 문제를 일으킨다. 분노는 단순히 좌절에 대한 반응이다. 이성을 강조하는 교육 때문에 이치에 맞지 않는 상황에서도 화를 부인하는 경향이 있다. 그래서 문제가 된다. 중요한 점은 소망이 좌절되면 그때마다 비이성적으로 화가 난다는 것이다. 원하는 것을 얻지 못하면 화가 난다. 화는 원하는 것을 얻었는지 못 얻었는지가 아니라 좌절감에 비례해서 일어난다.

감정 차원에서는 이게 전부다. 이 사실을 단순하게 받아들일 필요가 있다. 그러나 종교교리 옹호자들 가운데는 생각도 악한 것이라며 분노하는 마음조차

벌하는 경우가 있다. 하지만 그 반대로 자신이 화가 났다는 것을 느낄 수 있다면 그 마음을 견디며 통제할 힘과 용기를 낼 수 있을 것이다. 따라서 분노나 다른 감정을 온전히 느낄 수 있어야 한다. 하지만 행동은 선택해야 한다. 즉 도덕법에 따라야 한다. 우리의 감정은 어떤 제약도 받지 않아야 한다. 이런 원리를 알게 되면 자신의 삶을 좀 더 충만하고 솔직하게 살아갈 수 있게 될 것이다. 행동은 감정이 주도하기 때문이다. 그리고 자기 자신을 위해 행동하면서도 되도록이면 타인에게 파괴적이지 않은 행동을 보이게 될 것이다.

당연한 분노righteous indignation, 즉 희생당하거나 학대받는다는 마음이 부부 불화의 가장 중요한 문제 중 하나이다. 그것으로 분노를 정당화하고 결국 "자기가 파놓은 함정에 자신이 빠지는" 내적 과정을 겪게 된다. 심한 경우에는 애정과 사랑을 무참하게 짓밟는 과격한 분노를 터뜨린다. 당연한 분노와 희생자라는 마음은 관계를 갈라놓는다.

억제와 가짜공격성

분노나 불안 감정은 자기양육 과정이 위태로워질 때 일어난다. 이런 유형의 분노나 가짜 공격성은 가족 안에서 형성된 자기이미지에 부합되지 않는 긍정적인 체험을 밀어내는 역할을 한다. 연인과 행복하다는 마음이 들 때 불안 상태가 촉발되고 결국 공격을 하거나 반응을 억제한다.

사람들은 외부세계의 대상들과 주고받는 행위를 억제하거나 줄여 사람들과의 정서적인 상호작용을 제한하고 통제한다(파이어스톤, 1985). 연인은 파트너가 좋아하고 칭찬할 만한 특성을 무의식적으로 억제한다.[5] 예를 들면 교제할 때 남자친구가 모험심 있고 야외스포츠에 관심이 많아서 좋아했던 한 여성이 결혼과 동시에 스키를 포함한 육체활동을 그만 둔 남편에게 실망했다. 또 첫 번째 캠핑여행에서 싫은 내색 하나 않고 잘해낸 신부를 칭찬했던 한 남자는 휴가 때마다 날씨나 숙박문제로 불평해대는 아내를 보며 서서히 환상이 깨졌다.

가짜공격성은 진짜 분노가 아니다. 즉 그것은 좌절에 대한 반응이 아니다. 그것은 "나는 아무도 필요 없어."라는 원초적 환상을 위태롭게 하는 사람을 조종하고 밀어내고 통제하고 회피하려는 시도다. 우리는 유난히 다정하거나 친밀하게 다가오는 사람을 대개 밀어내며 거리를 두려한다. 그렇게 하기 위해서 방어적이 되거나 비난을 퍼붓거나 억제패턴을 행동화하거나 자극을 해서 상대방으로 하여금 떠나가게 만든다. 이런 책략은 실제로 효과가 있기 때문에 신경증적 평형상태가 다시 안전하게 유지될 수 있다. 다시 말해 가짜공격성은 거부를 유도하기 위해 사용되는 분노다. 타인과 거리유지를 하고 친밀해지지 않기 위해 분노감정을 이용한다. 누군가 우리에게 다정하면 그를 공격해 화를 내게 자극한다. 그러면 친밀감을 직면하지 않아도 된다. 파트너에게 거리를 두거나 성적 반응을 하지 않는 것도 진정한 관계를 차단하는 방법이다. 억제행위는 자기방어적인 자살시도며 자신을 격리시켜 가짜독립성을 유지할 수 있게 해주는 내향적인 과정이다.

또한 자신을 스스로 돌보는 자기양육적인 생활방식, 즉 자신의 공간을 과도하게 중요시하거나 염려하는 생활방식은 사회적으로 용인되는 것이지만 정말 해로운 내향적인 과정이다. 이와 반대로 건강한 사람은 경계가 있다. 그렇다고 상호교류작용을 배제하지도 않는다. 억제는 서로 마음에 들어갔다 나갔다 마음을 주고받는 정서적인 상호작용을 억누르는 것이다.

친밀해지고 진정한 사랑을 소망하고 사랑을 느끼고 가치 있다고 생각하는 것은 두려운 일이다. 모든 게 두렵지만 기회를 잡아야 한다. 좀 더 나아지기 위해서는 행동화로 가지 말고 과정을 극복하도록 노력해야 한다. 그런데 사람들은 대부분 가짜 공격성을 보이고 억제한다. 다시 말해 상대방의 마음에 거부와 거리감이 들게 자극하는 행동을 해서 떠나가게 만든다.

죄책감과 수치심

내면의 갈등은 원래 무의식적이기 때문에 죄책감과 수치심이 되풀이 되는 것을 자각하지 못한다. 죄책감과 수치심의 주된 차이에 대해서는 많은 책에 나와 있다. 수치심은 오이디푸스 전 단계와 관련이 있고 죄책감은 오이디푸스 단계와 좀 더 많은 관련이 있다. 수치심은 내가 말한 전前 오이디푸스 단계에 내면화한 부정적인 부모의 내사물introjects* 개념과 관련된 원초적인 정동이다. 반면에 죄책감은 자신의 행동과 관련해 느끼는 자기비판적인 감정이다(C. 골드버그, 1991, 1996, 카우프만, 1908, 루이스, 1971, 모리슨, 1989). 목소리에는 이 두 가지 유형의 공격성이 나타난다. 즉 행동에 대한 자기비난과 자신이 부족하다는 자각에

* 부정적인 부모의 내사물이란 아이가 인격형성 기간에 내면에 병합한 부정적인 부모의 태도와 적대적인 감정을 말한다.

서 오는 깊은 수치심이다. 수치심과 죄책감은 둘 다 관계 실패에 중요한 역할을 한다.

두 자기 유형의 죄책감

신경증적 죄책감

신경증적 죄책감은 자신의 만족이나 목표, 소망을 추구하는 것에 대해 자책하고 비판하거나 공격하는 감정이라고 정의할 수 있다. 베커(1964)는 신경증적 죄책감을 "새로운 경험을 제한하거나 다양한 선택 가능성을 차단시키려는 행동구속action-bind"(p.186)이라고 설명했다. 개인의 소망이나 욕망이 이기적인 것이라는 교육을 받은 아이는 그에 따라 죄책감을 갖고 이타적인 경향이 있다. 하지만 개인의 소망과 욕망은 그/그녀의 정체성의 중요한 부분이다. 따라서 그것이 억압되면 자신이 누구인지 모르게 된다. 자기감이 없다면 타인에 대한 연민도 없다(파이어스톤 1987a, 1997a).

> 죄책감과 수치심에 대해 얘기하고 싶은 게 있다. 죄책감과 수치심은 아이의 단순한 신체적인 욕구와 감정을 거부하는 부모의 태도를 내면화한 것이다. 부모가 사랑이나 친밀감에 대한 아이의 욕구를 거부할 때 그것을 소망하는 아이가 "이기적"이거나 나쁘다는 의미를 은연중에 내비친다. 아이는 자신이 나쁘고 자신의 욕구가 잘못된 것이라는 이미지를 갖게 된다.
>
> 아이에게 정말로 사랑을 줄 수 없는 미성숙하거나 무력한 부모는 아이에게 사랑을 받으려하며 아이를 어른처럼 행동하게 만들고 아이로 하여금 기본적인 욕구를 부인하게 만든다. 이런 유형의 부모는 진정한 사랑이나 긍정적인 애착을 정서적 허기나 불안정한 애착과 구별하지 못한다.
>
> 건강한 사람이 되려면 다시 "이기적"이 되는 법을 배워야 할 필요가 있다. 솔직하게 이기적이 될 줄 알아야 한다. 다시 말해 솔직한 마음으로 자신의 욕구와 감정을 마주할 필요가 있고 타인에게 원하는 것이 정말 무엇인지 똑바로 마주봐야 한다. 자신의 소망을 직시하면 할수록 가장 가까운 사람들과 자기에게 그것을 좀 더 똑바로 표현할 수 있게 된다. 자신의 소망과 감정에 대해 거부하고 비판하고 평가하는 부모 같은 태도를 버려야 한다. 자신의 소망에 대해 생각하고 뭔가를 소망하는 것이 아기 같은 일이라며 자기를 비난하지 말아야 한다.
>
> 기만하지 않고 솔직하게 직접적으로 자신의 목표를 추구할 때 더 윤리적인

사람이 되고 타인을 존중하고 공감할 수 있다. 그리고 자기와 타인에 대한 소중함이 생긴다. 자신의 동기와 성향을 따른다고 해도 (타인의 경계를 침범하지 않는) 용인된 범위에서라면 혼란이나 비도덕적인 행동이 일어나지 않는다. 반면에 자신의 욕구를 외면하면 거기에 내재한 위선적인 태도나 불성실함 때문에 친구와 사랑하는 사람들에게 파괴적이고 적대적인 사람이 된다.

실존적 죄책감 existential guilt

실존적 죄책감은 본성을 참거나 억제할 때 촉발된다. 대개 자신의 목표를 외면하고 현실에서 도피하거나 환상만족을 추구할 때 나타난다(파이어스톤, 1987b, 1994, 매슬로우, 1968, 메이, 1958, 앨롬, 1980).

적절한 죄책감이 있다. 그것은 현실에서 도피할 때, 자신의 존재에 역행할 때, 자신의 본성을 거스를 때 드는 실존적 죄책감이다. 우리는 자기나 타인과 소원해지는 느낌이 들 때 고통스럽다. 죄책감이나 고통의 출현은 정도를 벗어났다는 경고와 같다. 우리는 자기와 단절된다. 자신의 육체 본성을 거스를 때나 자신의 "이기적인" 충동과 감정에 따르지 않을 때 감정과 단절된다. 이것을 실존적 죄책감이라고 부른다. 우리의 모든 솔직한 경험에서 벗어나는 것에 대한 죄책감이다. 그것이 우리의 삶이고 생명력인데 말이다.

실존적 죄책감은 자기를 외면하면 반드시 일어나며 "나쁜 종류의 죄책감"이 아니다. 그에 따라 자신의 개성과 감정, 소망을 존중하면 동일시 과정으로 타인도 존중하게 된다. 다른 말로 윤리적으로 행동하게 된다. 그렇게 하도록 강요받을 필요가 없다. 외부에서 강요하지 않아도 자신의 소망과 욕구를 인식하는 사람이라면 타인과의 관계에서도 윤리적이고 존중하는 태도로 행동할 것이다. 다시 말해 자기를 거스르는 것에 따른 자연적인 죄책감이다. 자연스런 죄책감은 확대되어 타인을 무시하고 타인의 권리를 침범할 때 생긴다. 당연한 결과다.

하지만 신경증자들이 장황스럽게 늘어놓는 죄책감, 그들이 겪는 괴로운 고통, 자기비판적 사고, 이런 모든 것들은 부모의 거부적인 태도를 내면화한 것이다. 즉 어린 시절에 비난받았던 것처럼 자신의 감정과 소망 때문에 자기를 처벌한다. 이런 의미에서 신경증적 죄책감은 언제나 부정적이다. 누구나 신경증적 죄책감에 잘 대처해야 하며, 그러기 위해서는 자신의 욕구와 욕망에 따라 자신의 통합성을 지키려고 열심히 노력해야 한다. 솔직한 태도로 치료과정을 따라간다면 점차적으로 죄책감과 두려움을 극복하면서 그것을 다시 회복할 수 있게 될 것이다. 그러나 굴복한다면 그 기반을 잃게 될 것이다. 따라서 잘 견뎌내면서 보통은 다들 아니라고 해도 자기가 괜찮다고 생각하는 대로 행동한다면 멀지 않아 삶이 확장되고 더 많은 성취감을 느낄 수 있게 변화될 것이다.

죄책감과 자기파괴적인 책략패턴을 행동화하면 파트너와 사랑하는 사람들에게 피해를 주게 된다. 결혼생활의 말다툼은 대개 인생과 관계를 회피하게 만드는 파괴적인 패턴 때문이다. 파트너의 자기파괴적인 패턴을 보게 되면 엄청난 증오심과 싸움이 일어난다.

요약해보면 환상과 자기양육 행위, 내향성은 친밀한 관계에서 철수하는 데 중요한 역할을 한다. 유아기에 아이는 심리적 고통을 덜기 위해 내면으로 철수해서 점차 환상을 사용하고 자기양육적인 행동을 보이는 자기방어적인 태도를 취한다(파이어스톤, 1990b). 그리고 어른이 되어서는 실제 관계에서 만족을 추구하기보다는 내면에서의 만족 추구를 더 원하게 될 수 있다.

친밀감에 대한 두려움은 일반적인 개별화에 대한 공포와 죽음불안과 밀접한 관련이 있다. 부모나 초기 양육자와의 상상 속 결합을 형성한 아이는 다음 발달단계에서 쉽게 분화할 수 없다. 개별화가 일어나지 않으면 결국에는 친밀한 관계 형성과 유지에 심각한 문제가 발생한다.

개념적 관계모델

친밀한 관계 문제에 관한 이해와 해결방안을 위해 건강한 관계모델을 개발할 필요가 있고, 비슷한 방식으로 문제 있는 관계방식을 규정할 필요가 있다. 나는 커플/가족관계의 정신역동에 관한 심층연구를 통해 모든 사람이 대인관계에서 실제 만족을 추구하려는 성향과 약물사용이나 내향적 습관패턴과 같이 내적인 것에 의존해 만족을 취하려는 성향 사이에서 갈등을 겪는다는 결론에 도달했다(파이어스톤, 1997a).

우리가 주장하는 것은 환상연합이나 연합에 대한 상상, 그리고 원초적 환상을 방어하는 내향적인 생활방식이 관계의 고통과 불화의 주원인이라는 것이다. 앞에서 설명했던 것처럼 억제나 내향적인 행동패턴, 고립이라는 특징의 환상 수준은 건강한 기능이라는 한 점에서부터 그 반대편 정신분열증까지 이어진 하나의 연속선 개념으로 나타낼 수 있다. 관계의 범위는 성숙한 상호작용과 사랑하는 관계로부터 신경증자나 "정상" 개인의 중독적인 애착관계로 나타나는 부분적인 철수, 그리고 정신분열증 환자의 완전한 철수까지 다양하다.

내향성 정도는 물론 자기방어적인 행동패턴을 통제하는 목소리의 빈도나 강도는 자기보고 설문지를 사용해 평가할 수 있다. 또한 이것을 사용해 사람이 관계하며 보이는 정서적 건강상태뿐만 아니라 관계의 질과 방식을 예측하는 능력을 확인할 수 있다. 나는 이미 자기 파괴적인 사고에 관한 파이어스톤 평가척도FAST (파이어스톤 & 파이어스톤 1996)를 개발했다. 이것은 커플의 행동과 어느 정도 일치하는 자기 파괴적인 사고를 예측하기 위한 것이다.* 최근에 부정적인 사고와 태도를 나타내는 항목으로 구성되고 특별히 내향적인 행동패턴과 관계 형성능력 부족 측정을 위해 고안된 또 다른 평가척도 개발을 위한 예비 연구가 계획 중이다. 이것은 앞으로 심리치료에 중요한 도구가 될 것이다.

커플은 각자 자신의 목소리과정의 영향을 많이 받는다. 부정적인 사고와 태도에 의해 가짜공격적인 행동이나 억제 행동패턴, 정서적인 거리두기, 그리고 때로는 폭력이 일어난다. 임상연구를 통해 목소리의 근원이 어린 시절 가족의 상호작용에 있다는 것을 추적 조사할 수 있었다(파이어스톤, 1988, 1990b). 인간존재는 자기를 대상이라고 생각할 수 있기 때문에 스트레스 상황에서는 자기에 대한 주변 사람들의 비판적이고 공격적인 태도를 내면에 병합할 수도 있다. 사람은 아이일 때 자기와 타인에 대한 부정적인 사고로 이루어진 심리내적인 의사소통 방식을 배운다. 그에 따라 어른이 되었을 때 사랑과 친밀감을 받아들일 수 있는 능력이 상당히 위축된다.

결점을 보상하려는 목적에서 파트너를 선택한 경우에 그 결점과 관련된 내용의 부정적인 목소리가 지속된다는 점에 주목해야 한다. 각자 자신의 적대적인 태도나 "목소리"를 상대방에게 투사하거나 외재화하면 커플 사이에 불화가 일어나고 두 사람은 친밀한 원수가 된다. 이런 유형의 투사행위가 관계를 파괴하는 주된 원인이다.

마지막으로 친밀한 커플관계에 커다란 위협이 되는 것은 파트너 개개인의 발달사를 거슬러 올라가 추적할 수 있다. 두 사람의 부모 내면에 작동하는 심리적 방어가 무의식적으로 아이였던 그들에게 전수된다. 그렇게 자기와 자신의 반대 성性에 대해 부모와 비슷한 태도를 갖게 되고 부모의 내향적인 행동패턴과 생활방식을 모방한다(파이어스톤,

* FAST는 86항목의 자기 보고 설문지다. 이것은 치료계획을 세우기 위한 일환으로서 환자의 자살 가능성을 평가하고 다른 자기 파괴적인 사고들을 확인하고 그 결과를 측정하기 위해 사용된다.

1990b). 우리의 치료목표는 사람들이 친밀한 관계에서 보다 건설적이고 건강한 형태의 상호작용을 해나갈 수 있게 돕는 것이다. 각 개인의 정신이 더 건강해지고 친밀감을 방해하는 강력한 방어기제를 포기함으로써 파트너와 가족 구성원들과 보다 나은 삶을 향해 나갈 수 있도록 돕는 것이다.

미주

1) 토머스 쿤(1970)은 "과학 혁명"이라는 개념으로 사람들의 자기관과 세계관의 변화 및 발달을 설명했다. 그는 코페르니쿠스, 뉴턴, 라부아지에 그리고 아인슈타인의 발견으로 "양립 불가능한 새로운 이론을 위해 시대를 누려오던 과학 이론에 대한 사회공동체의 거부가 뒤따랐고... 과학적 상상력이 변화됐다.....그것을 과학이 이뤄낸 범위 안에서의 세상의 변화라고 설명해야 한다. 그런 변화들은 거의 항상 그에 동반되는 논란과 함께 과학혁명을 규정하는 주요 특징들"이라고 말했다.(p.6)

2) 프로이트(1924/1953)는 "정신분석의 불쾌한 명제 중 첫 번째는 정신과정이 본질적으로 무의식적이라는 것이다... 하지만... 무의식적인 정신 과정을 받아들이는 것이 새로운 방향의 세상과 과학을 향해 결정적인 발걸음을 내딛는 것"이라고 말했다. (pp.25-26)

3) 물질적 박탈 상황에서 환상이 보상적이 될 수 있다는 연구 결과가 있다. 한 연구에 의하면 (키즈, 브로젝, 헨셀, 미켈슨 & 테일러, 1950) 음식을 박탈당하고 생명유지에 필요한 최소 식사만을 유지한 연구 지원자들이 몇 시간씩 음식에 대한 백일몽을 꾸었고, 그것이 긴장과 배고픔을 일부 감소시켜주었다는 결과를 보고했다. 실버만, 라흐만, 밀리치(1982)가 주도한 임상 연구에서는 "엄마와 난 하나다"라는 메시지에 의해 정신분열증 환자와 정신병자가 아닌 사람의 증상이 알지 못하는 사이에 (순간노출기에) 감소되었다.

4) 몇몇 이론가들(프로이트, 1920/1955, 1925/1959, 1923/1961; 클라인, 1932; 메닝거, 1938)에게서 잠재적인 공격성을 선천적인 충동으로 혼동하는 경향이 보인다. 공격적인 감정을 공격적인 행동에 대한 충동이라고 오해해서는 안 된다. 이 둘의 구별은 이론적으로 중요하다. 프로이트는(1920/1955) 죽음본능에 따른 공격 충동(이드)이 너무 강해서 결국 이성(에고)이나 양심(초자아)을 이기게 된다고 주장했다. 나는 공격성이 기본적으로 좌절에서 파생되었고 인간존재는 본성상 공격적이거나 파괴적/자기 파괴적이 아니라는 견해를 (N.E. 밀러 & 달러드, 1941) 지지한다. 인간의 공격성에 대한 나의 해석에는 사회 학습이론이 반영되었다. (반두라, 1973, 반두라 & 월터스, 1963, 베르코비츠, 1989) 공격적 행동의 이론적 접근에 대한 오키의 논평과 로어와 슐츠(1993) 그리고 이론(1989)의 개요를 참조할 것.

5) 관계에 나타나는 억제 행동패턴 사례들은 조지 바흐와 로날드 도이치(1979)의 <그만! 너 땜에 미쳐 버리겠어.>에서 찾아볼 수 있다. 또한 세미나(비디오 녹화)에서 나온 추가 사례를 위해서는 <친밀감의 두려움: 억제 행동패턴 조사>(파르, 1997b)를 참조할 것.

3
윤리적 관점: 인간관계의 인권 문제

인간을 노예로 만드는 것이 힘과 강요만이 아니라고 하면 인간을 타락하게 만드는 뭔가가 인간 본성에 있음이 분명하다. 그렇다면 국가가 인간의 첫 번째이자 유일한 적이 아니다. 인간은 스스로 자신의 내부에 적을 품고 있다.

– 어니스트 베커 (1975, pp.39-40)

인간관계를 좀 더 깊이 이해하기 위해서는 커플, 가족 그리고 더 큰 집단의 정신역동의 유사성을 조사하는 것이 의미가 있을 수 있다. 정치와 가족체제 그리고 대인관계 간에 중요한 유사성이 도출될 수 있을 것이다. 이 모든 사회현상에는 인권문제가 적용되는 까닭이다.

기본적인 집단역동을 이해하려면 구성원 개인이 드러내는 심리적 방어패턴을 검토해보는 것이 좋다. 사람은 성장하면서 과도한 스트레스 상황에 대처하기 위해 방어기제를 형성한다. 방어기제가 형성되면 자기와 타인을 제한하고 제약하고 해가 되는 행동을 하게 된다. 집단이나 사회공동체가 형성되는 과정에 개인들의 방어패턴이 한데 모여 결합됨으로써 문화 방식과 사회 관습이 확립된다. 이렇게 구축된 문화적 특권은 다시 사람들에게 반영되면서 그들의 자율성에 깊이 개입하고 그들이 자신의 잠재력을 발휘하는 데 필요한 중요한 경험을 박탈한다(파이어스톤, 1985, 1996).[1]

사회구조와 대인 관계의 윤리학

권력과 통제, 인권 문제는 대인관계에서도 존재한다. 윤리적 관점에서 개인의 권리를 어느 정도까지 보장해주는가 혹은 침해하는가에 대해 사회/정치체제와 커플/가족의 기능을 비교할 수 있다.

사회체제

> *좋은 사회는 존재의 질서에 대한 배려를 원칙으로 한다. 이때 인간은 침범할 수 없는 존재라는 것이 가장 중요하다.*
>
> *– 월터 립만 (1955, p.165)*

사회체제의 기능을 분석할 때 우선적으로 고려해야 할 것은 국가가 국민에게 무엇을 제공하는가이다. 즉 국가가 어느 정도 구성원들의 복지를 대비하고 있는가? 이상적 국가는 구성원들의 경제적 안정뿐만 아니라 개인의 자유와 기본적인 인권에도 관심을 갖는다. 철학적으로 이런 유형의 정부는 체제 자체의 생존보다 각 개인의 삶에 더 가치를 두려고 한다. 개인을 "본래의 목적"으로 생각하며 결코 체제에 이익을 제공하는 목적을 위한 수단으로 간주하지 않는다(칸트, 1781/1965). 국가나 다른 기관보다 개인에게 우선권을 부여하는 것이 합당하고 또한 윤리적이다. 앞에서 살펴본 바와 같이 체제는 그저 추상적인 것인 반면에 사람은 실제고 살아있는 개체다.

반대로 국가나 정치체제의 보호가 개인보다 우선하면 시민 대부분의 욕구가 배려되지 않는다. 대신에 시민들은 경제적, 정치적, 개인적인 고통을 겪게 되어있다. 이런 전제 아래 작동되는 정부는 인권문제에 낮은 우선순위를 둔다. 그럼으로써 억압과 독재의 장이 마련된다. 플라톤의 <공화국>(번역 1955)에 그려진 이상적인 체제와 토마스 모어경의 <유토피아>(1551/1949)는 헉슬리의 <용감한 신세계>(1932), 오웰의 <1984>(1949/1954)와 대조를 이룬다.

모든 사회체제는 개인의 권리에 대해 상당 부분 타협한다. (롤스, 1971) 분명한 것은 사회 질서 안에 살기 위해서는 어느 정도 개인의 자유가 희생되게 마련이다. 그러나 정도가 문제다. 전체주의 또는 권위주의 국가에서는 엄청나게 많은 규칙과 금지가 시민들에게 부가된다. 그 반면에 민주주의 국가는 개인의 자유와 이동성 그리고 경제적 상태를 향상시킬 수 있도록 구성원들에게 보다 많은 가능성의 기회를 열어준다.

개인보다 체제가 더 중요하다는 것을 가장 잘 보여주는 것이 전체주의 국가다. 전체주의 정부는 순응과 복종을 요구한다는 점에서 그 본성상 압제적이다. 그곳의 정치지도자들은 통제와 조종의 목적으로 사람들을 분류하고 집단화한다(마르쿠제, 1955/1966, 터너, 1978). 하벨(1990)은 독재주의체제가 보여주는 비인격적 권력의 "그 자체의 추진력self-momentum"을 맹목적이고 무의식적이고 무책임하고 통제 불가능하고 억제되지 않는, 더 이상 사람이 아니라 그 자체가 사람을 끌고 가며 조종하는 추진력이라고 묘사했다(p.166). 유감스럽게도 이런 정권 아래 살고 있는 시민들 대부분이 책임감이 뒤따르는 자유가 두려워 정권에 기꺼이 복종하려고 한다. 말하자면 사회체제와 결탁한다고 할 수 있다. 19세기 제국주의 러시아의 상황에 관해 글을 썼던 도스토예프스키(1880/1958)는 자유를 포기하고 권력조직의 조종에 복종하려는 인간의 성향에 관해 말했다. "인간이 불운의 피조물로 태어날 때 받은 자유라는 선물을 최대한 빨리 넘겨줄 사람을 찾아야 하는 고통보다 더 고통스러운 것은 없다"(p.298).[2)]

부패와 조종 그리고 다른 부당한 요소는 민주주의 사회에도 존재한다. 전통적으로 모든 사회는 구성원들을 통제하기에 효율적인 수단과 관습을 확립한다. 대개 이런 관습적인 태도와 정형화된 시각들이 사람의 생각을 제약하고 적개심을 키우며, 타인에게 부정적인 행동을 하게 만든다. 사회적 관습은 집단의식을 강화하고 사회적 관계의 토대를 이루는 의례적인 방식이 되고, 일상생활 곳곳에 스며든 그 의례적인 방식이(뒤르켐, 1912/1965, 고프만, 1967) 우리를 제약하고 억압한다.

사회제도와 관습은 개인의 자유에 대한 위협이다. 그리고 사회적 행동에 또 다른 부정적인 영향을 미치기도 한다. 예를 들어 개인의 권리는 법에 명시되어 있고 사회기관인 법원은 아동의 안전을 위해 학대와 방치, 폭행에 관한 정의를 규정하고 강화한다. 아동복지기관은 정부의 아동지원 사회조직의 연장선에 있다. 그런데 이 기관이 아동 돌봄 기능의 우선권이 생물학적인 가족에게 있다고 주장하며 아동복지를 소홀히 하는 경우가 있다. 가족의 역기능 정도와 상관없이 가족의 이상화도 가족 구성원들로 하여금 정신건강에 대단히 중요한 문제들을 외면하게 만드는 데 일조한다.[3)] 우리 사회는 파괴적인 가족생활에 과감히 맞서는 대신에 커플이나 가족의 환상연합이 형성되도록 장려하고 돕는 형국이다. 가족이나 관계라는 외형 유지를 강조하면서 그 본질과 질에 문제가 있다는 사실은 감춘다. 어느 정도 그런 담화는 정상적인 것이 되어버렸다. 그 결과 역기능이라고 여겨졌던 것이 일반적으로 인정받는 규범이 되고 생산된 진리가 된다(푸코, 1975, 1980). 이 진리가 인간의 경험을 형성한다. 인간 경험이 진리를 생산하는 게 아니다. 사회체제의 구속적이고 무책임한 관행만이 아니라 이상화도 모든 사람에게 매우 해롭다.

그에 따른 의미 상실로 인해 살인과 자살, 약물중독, 우울증 그리고 청소년들 사이의 묻지마 폭력 등의 발생비율이 높아지고 있다.[4] 과거에 그 현 상황에 대해 엄청난 비평가였던 많은 젊은이들이 이제는 무관심하고 무력한 태도를 보인다. 사회구성원 대부분이 자신에게 상처를 준 사회화과정을 계속 강화해나가면서 내면에 입력된 프로그램에 갇힌 포로가 된다. 시대의 사회적 관례는 대개 개인의 자유와 건강한 성생활, 개인의 통합성, 그리고 타인과 연합하고 싶은 자연스런 충동을 강력하게 제한한다.

그런 관례는 예외가 아니라 기대규범이 되고 그 영향을 받는 개인이 이의를 제기하지 못하는 제도화된 일상이 된다. 실질적으로 자기 충족적 예언이 된다. 머튼(1957)이 제기한 자기 충족적 예언은 "만일 상황을 사실인 것으로 규정하면 실제 결과가 사실인 것으로 나타난다."는 W.I. 토마스(머튼의 인용, 1957)의 주장을 바탕으로 하고 있다. 자기 충족적 예언은 부정확한 상황 규정이 그것을 사실인 것으로 만드는 행동을 야기할 때 이뤄진다.

커플과 가족체계

이상적인 커플/가족은 구성원 개개인의 육체적, 경제적, 정서적 욕구를 만족시키며 아이들의 성장을 위해 노력한다. 그리고 최적의 자유와 독립성을 허용하고 규범과 제약은 최소화한다.

이와 반대로 이상적이지 않은 커플/가족은 선택보다는 의무를, 본모습보다는 이미지를 우선시하는 규범과 의식을 통해 구성원들에게 과도한 통제를 행사한다. 불필요한 제약이나 조종행위, 파워게임 뿐만 아니라 그런 통제가 있다는 사실을 부정하려는 신비화 과정도 상당히 해롭다. 커플이든 가족이든 개개인의 행복을 고려하지 않고 추상적인 사회제도에 우선가치를 두는 것은 어리석은 일이다.

최근에 개인의 행복보다 한 쌍을 이루는 양자관계나 체제의 생존에 더 가치를 두는 특정한 형태의 대인관계에 관심이 집중되었다. 임상가와 이론가들이 많은 점에서 전체주의 국가와 유사한 가족체제에 관한 글을 썼고 이런 체제의 억압적이며 사이비종교집단 같은 행태에 대해 말했다. 비버스(1977)는 역기능적인 가족과 "정상적인 가족", 그리고 최적의 가족에 대한 표본조사 결과를 발표하며 다음과 같이 말했다. "심각하게 역기능적인 가족은 개인의 현실을 침범하고 왜곡하려고 한다. 두 유형의 중간인 가족은 외부세계의 절대적인 것을 믿으며 위협과 강압의 힘으로 통제하려고 한다. 최적의 가족만이 많은 영역에서 사고의 통제를 하지 않는다는 것을 보여주었다"(p.147).[5] 터데스키와

펠슨(1994)은 다음과 같은 주장을 했다. "다른 사람에게 힘을 행사한 적이 거의 없는 사람도 자녀의 경우는 예외다"(p.287). 두 사람은 미국가정의 "언어 및 신체 폭력과 체벌, 격리, 자원박탈 등 높은 수준의 강압적인 행동"(pp.290-291)을 지적했다. 두 사람은 상호작용 모델을 제시하며 부모의 강압적인 행동이 "아이들에게 영향을 주고 인과응보의 이치를 장려하고 (부모가) 선호하는 정체성을 내세워 옹호하도록 만든다"(p.290)고 주장한다.

또 다른 이론가들은 그 자격이 있든 없든 충성을 요구하는 커플/가족체계에 대해 말했다. 이런 관계의 특징은 죄책감과 의무감을 이용해 구성원들이 서로 통제한다는 것이다. 그것을 통해 파괴적인 가족연대를 계속 유지하고자 한다. <보이지 않는 충성심>이라는 책에서 보스조르메니 나지와 스파크(1984)는 "가족뿐만 아니라 다른 집단에서" 가장 기초가 되는 충성서약은 집단 그 자체의 유지와 관련 있다"(p.40)는 사실을 강조했다. 두 이론가는 충성과 정의라는 단어의 의미가 가장 전통적인 가족관계안에서 변질되고 있다고 지적했다.[6] 그리고 충성에 대한 의문을 제기하면서 가족의 마음에 죄책감을 불러일으키기 위해 사용하는 조종행위의 유형에 대해 설명했다.

> 구속이나 자유의 진짜 힘은 눈에 보이는 파워게임이나 조종전략을 능가한다. 가족에 대한 보이지 않는 충성서약은 역설적인 법칙을 따른다. 다른 가족 구성원들에게 죄책감을 "해소하지" 못하게 만드는 순교자가 요란스럽게 요구가 많은 "박해자"보다 훨씬 더 강력한 통제력이 있다. (p.xiii)

가족체계 이론가인 머레이 보웬(케르 & 보웬, 1988)은 대부분 관계나 가족의 불안이 커질 때마다 "구성원 개개인은 애착관계를 지키는 행동을 해야 할 것 같은 압박감을 느낀다(p.84). 고 주장했다. 전통적이거나 "정상적인" 핵가족 기능에 대한 설명을 하면서 R.D. 랭(1967)은 "가족의 기능은 에로스를 억압하는 것이다. 그리고 안전하다는 잘못된 믿음을 갖게 만들고, 삶을 회피하여 죽음을 부인하고, 초월성을 차단하고, 신을 믿고, 공허함을 느끼지 않도록 하는 것이다. 간단히 말해 일차원적인 사람을 만들고 존경과 순응, 복종을 장려하는 것이다"(p.65).라고 말했다.

인간경험에 파괴적인 영향이 있는 사회와 가족생활의 면면들을 알아보기 위해서는 감정을 깊이 느끼거나 합리적인 사고를 할 수 있는 능력이나 추상적인 상징을 사용할 수 있는 능력 등과 같이 본질적으로 인간적인 속성 개념을 먼저 이해해야 한다. 또한 자기와 타인에 대한 애정과 의미추구가 매우 중요하다. 어떤 방식으로든 이런 속성을 제한하거나 왜곡하는 문화적 영향이나 가족의 영향에 민감해야 한다. 사회나 가족에 의해 근본적인 인간속성이 훼손된다면 그런 사회화 과정은 억압적이고 폭력적인 것으로 간주해야 한다.

요약하면 사회체제와 기관들은 어느 정도 인권이라는 중요한 문제를 외면한다. 그와 유사하게 많은 가족이 구성원들의 인권, 즉 개인으로 살고 성장할 권리를 침해하고 위반한다. 이를테면 많은 부모가 아이들의 진짜 개성과 특별한 자질을 발견할 수 있게 해준다며 "아이들을 그냥 놔두지" 않는다. 부모의 침범 때문에 자녀의 영혼과 개성이 훼손된다. 개인의 자유를 남용하면 결국 인권 문제로 발전할 수 있다. 학대받은 아이는 계속해서 그와 같은 방식으로 자기 자신을 학대한다. 그러고 나서 다른 새로운 관계에서 상처가 지속된다. 자신의 아이들과의 관계에서 지속되는 게 가장 고통스러울 것이다. 그렇게 악순환이 된다(파이어스톤, 1990b).

결론적으로 커플/가족 관계 그리고 사회구조를 분석할 때 인권문제나 가치, 윤리의 문제를 피해갈 수 없다. 하지만 전통적인 접근방법에서는 이런 문제들이 외면당하고 있다. 실제로 그것은 많은 정신건강 전문가들에게 경시되거나 아예 간과되고 있는 문제들이다.*

어째서 대부분의 사람들이 파트너나 가족, 또는 정치체제의 억압과 폭정이라는 교묘한 책략에 약할까? 의문이 생긴다. 다른 사람에게 굴복하려는 성향에는 많은 사회적, 심리적 원인이 있다고 알려져 있다. 대답은 복잡하고 다양하기 때문에 이 문제에 접근하기 위해서는 사회 구성원들이 기본적으로 갖고 있는 철학적 추정들을 고려해 볼 필요가 있다.

관계에 해로운 철학적 추정

사회 비평가들이 충분히 강조하지 못한 중요한 문제 가운데 하나가 인간 본성은 악하며 그것이 관계에 부정적인 영향을 준다는 추정이다. 이런 추정이 은연중에 많은 사람들에게 받아들여지면서 거의 "상식" 처럼 되어버렸다. 이에 대한 분석이 중요한 것은 인간본성에 대한 추측이 상당히 자기충족적 예언이 된다는 사실 때문이다. 예를 들면 인간본성이 근본적으로 파괴적이라는 주장 때문에 국가의 절대적인 통치가 없다면 전쟁을 피할

* 전통적인 접근법을 취하는 많은 결혼/가족 치료자들은 "이 사람을 도울 수(또는 구할 수) 있을까요?" 보다는 "이 결혼 또는 이 가족을 구할 수 있을까요?" 라는 관점을 암암리에 지지하는 질문을 던진다

수 없을 거라는 믿음이 생긴다(홉스, 1651/1909). 이런 것을 믿는 사람은 다른 해결방법을 찾는 것이 수치스럽기 때문에 스스로 무장하며 공격적인 방어 자세를 취한다. 결국 편집증과 반反 편집증counterparanoia이 생기며 폭력사태가 발생한다.

일반적으로 알려진 인간본성에 대한 기본적인 추정은 다음과 같다.(이탤릭체로 표시)

인간은 원래 본성상 부족하거나 결함 있는 존재다. 사람들은 대부분 성장하면서 선천적으로 자신에게 뭔가 부족함을 느낀다. 그래서 온전한 사람이기를 상상하면서 빈 공간을 채워줄 사람을 필요로 한다. 인간이 혼자 뭔가를 하면서 결함이 있다고 느껴질 때 세상에서 자신을 완전하게 해 줄 특별한 "솔메이트soulmate"를 찾아야겠다는 생각을 한다. 이런 믿음은 대중문화나 현대음악, 문학의 영향으로 강화된다. "당신이 날 완벽하게 해주지."란 <제리 맥과이어>의 주인공 대사가 이를 잘 말해준다. 이런 주장을 믿을 때 짝을 찾는 남녀의 절망은 깊어져 미성숙한 선택을 하게 되고 또 그 선택은 균형이 맞지 않는 관계로 발전한다. 자신의 욕구를 관계를 통해 만족시키려고 하기 때문에 커플관계나 결혼생활에 너무 많은 기대를 하게 되고, 그로 인해 많은 불행을 겪게 된다.

개인은 자신보다 커플이나 가족 또는 사회규범을 먼저 생각해야 한다. 그렇지 않으면 비정상적인 사람이다. 만일 사회체제에 적응하지 못하면, 예를 들어 관습에 따라 결혼하고 아이를 갖아야 한다는 사회의 기대에 부응하지 못하면 특이하거나 미성숙하고 심지어는 심리적 장애가 있는 사람으로 간주된다. 일상적이고 관습적인 생활방식에서 벗어나는 것은 모두 의혹을 사며 사회에 순응하고 적응하는 태도를 도덕적이고 건강한 것으로 여긴다. 사회의 기대에 부합하지 않는 태도는 비정상적이고 사회에 대한 위협이라고 인식된다.

피터 쉐퍼(1974)의 희곡 <에쿠우스>가 이 점을 잘 보여준다. 정신과의사인 다이사트는 한 소년의 아픔과 고통을 없애 "안전하고" 정서적으로 안정된 구성원으로 다시 사회에 되돌려 보내겠다는 굳은 맹세와 소년을 자신의 개성 그대로 고통과 함께 살게 해야 한다는 충동사이에서 딜레마에 빠진다. 그는 소년의 고통을 없애주는 쪽을 선택하는데, 이때 치료와 더불어 소년에게 가장 중요한 개성도 제거된다. 이에 대한 죄책감으로 다이사트는 괴로워했다. 분노로 가득 찬 다이사트가 소리치는 장면이 있다. "소년을 봐라!... 나는 이 소년을 열성적인 남편이자 자애로운 시민, 그리고 모든 것을 하나로 통합하는 관념의 하나님을 경배하는 자로 만들려고 한다. 하지만 그 결과 유령이 탄생될 것 같다" (p.123-124).

비록 극단적인 상황이라고 해도 이 연극은 모든 심리치료자가 당면한 딜레마를 보여준다. 다이사트의 선택은 현 시대가 추구하는 치료목표다. 즉 환자의 표면적인 증상을 치료해 얼른 사회에 다시 적응하도록 하는 것이다.*

인간의 본성은 악하다. 따라서 재교육과 정화작업이 필요하다. 생명의 기원이 더럽다거나 죄로 물들어 있기 때문에 깨끗해지도록 정화해야 한다는 믿음을 갖게 되면 삶의 과정들, 특히 성생활을 규정하고 제한하는 조건들을 만들게 된다. 원죄라는 개념은 인간의 육체와 성이 나쁘고 더러운 것이라는 추정이다.[7] 유아기에 형성된 부정적인 태도는 나중에 어른이 되어 성생활을 할 때도 이어진다. 성에 대한 수치감과 죄책감, 그리고 성을 제한하는 관념들로 인해서 성이라는 것이 불안과 고통, 그리고 죄책감이 따르는 영역이 된다.

아이들 중에 배변훈련 기간에 항문의 기능과 성적 기능을 혼동하는 경우가 있다. 아이들은 부모가 기저귀를 갈 때 보이는 혐오감과 불쾌감의 언어적, 비언어적인 표현들을 흡수한다. 사람들 대부분이 일생동안 기본적으로 자신이 어느 정도 나쁘거나 더럽다는 생각을 한다. 인간의 청결함과 질서를 과도하게 강조하는 사회체제는 아주 위험하다. 민족의 우월성을 강조해 사람들에게 증오심을 불러일으키고 조성한다. "인종청소"는 이런 왜곡된 견해를 논리적 극단까지 몰고 갔다는 것을 의미한다. 그에 따라 "그 집단" 구성원들은 "집단에 속한 것이 아닌 것"에 대해 폭력을 행사한다. 이런 편견과 인종차별주의 태도를 바탕으로 사회에서 권리가 박탈되고 억압당한 집단의 사람들은 자신에게 부여된 부정적인 편견을 그대로 행동화하려는 경향이 있다(파이어스톤, 1996). 어떤 사람을 근본적으로 "나쁘고" 흠이 있고 사악하다고 인식하면 그 사람은 그에 부합하는 행동을 하게 된다. 예를 들면 아이의 본성에 대해 부정적인 생각을 하며 자녀를 양육한 부모의 "나쁜" 아이는 대개 부모가 부과한 자기충족적 예언에 따라 그렇게 살게 된다.

원죄 개념과 유사한 또 다른 중요한 주장은 유아에게는 선천적인 공격성이 있다는 것이다. 이는 프로이트의 "죽음충동" 개념을 반영한 주장이다. 클라인(1948/1964)은 아이가 자신의 분노를 부모에게 투사하고 자신이 박해받는 피해망상을 갖는다는 점을 강조함으로써 아이의 심리장애에 미치는 부모의 역할을 간과했다. 이에 반해 우리는 아이의

---

* 환자의 개인적인 관심보다 사회 적응을 더 우선시 하는 치료자들은 상당히 해를 끼치는 것이다. 의사가 히포크라테스 선서를 지키는 것처럼 치료자들은 어떤 다른 대상보다도 환자의 개인적, 사회적인 면들을 고려해 치료에 헌신해야한다. 주목해봐야 할 예외가 있다면 환자가 육체적으로 자신이나 다른 공동체 구성원들에게 위해가 된다고 여겨질 때다. 그런 경우에 치료자의 우선적인 의무는 다른 사람들의 권리를 보호하는 것이다.

공격성이 소망과 욕구의 좌절에서 나온다고 생각한다. 그것은 타고난 공격성 충동에서 나온 것이 아니다.

자유는 필연적으로 무정부상태와 혼돈상태를 낳을 수밖에 없다. 그런 까닭에 제약이 꼭 필요하다. 많은 사람들이 엄격한 규범과 규제, 그리고 성에 대한 금지령이 없다면 가족이나 공동체에 대한 기본적인 책임을 소홀히 하고 부모는 아이들을 포기하게 됨으로써 미래 세대를 위한 사회화과정의 가장 중요한 동력인 가족이 사라질 위험에 처해질 것이라고 믿는다.

이런 사회통념의 대표적인 예는 알몸노출에 대한 규제나 법이 없다면 성적 문란을 막을 수 없고 위험스런 성충동이 촉발되며 성폭행사고와 성행위로 인해 전염병이 통제할 수 없이 증가할 것이라는 예측이다. 실제로는 알몸상태에 관해 제약이 심하지 않은, 예를 들면 강가에서 상반신 노출이 허가된 많은 유럽 국가들에서는 기준이 관대하다고 해서 발생하는 소동이 거의 없다. 반면에 도덕적인 율법이나 관습 또는 왜곡된 견해를 부과하면서 사람들의 성생활에 불필요하게 엄격한 제약을 가하는 경우는 개인의 실현과 성숙한 성생활이 이뤄지지 못한다. 억압적인 도덕적 율법 때문에 생긴 좌절감으로 인해 적개심이 커지고 도착적인 성생활이 확산된다.[8)]

사랑이 영원불변한 것이라고 생각한다. "오래오래 행복하게 살았답니다." 라는 말처럼 사람들은 사랑이 더 좋아지지는 않더라도 항상 같을 것이라는 믿음이 있다. 보통 다른 감정처럼 자연스럽게 생겨나는 사랑도 한결같지 않으며 외부상황과 내면의 상태에 따라 영향을 받을 수 있다. 좋은 관계에서도 사랑이란 감정은 언제나 조수 간만처럼 주기적으로 변한다.

더군다나 사랑의 불변성을 믿게 되면 한 사람에 대해 사랑과 미움이 양립할 수 없을 것 같다. 하지만 모든 관계에는 상충되는 태도가 공존하기 때문에 놀라지 말고 여러 감정이 뒤섞여있다는 사실을 인식하는 게 좋다. 그런데도 사람들은 양가감정이 비논리적이라는 생각 때문에 현실을 무시하고 하나의 감정만을 가지려고 애를 쓴다. 부정적인 감정을 의식에서 몰아내는 과정에서 겉으로 드러나지 않게 적개심을 행동화한다. 그러나 그 감정을 인식하게 되면 상대방에게 투사하지 않고 공격적인 반응을 잘 조절할 수 있다.

양가감정을 받아들이는 게 어려운 사람들은 자기와 타인을 한쪽이 모두 좋거나 한쪽이 모두 나쁜 것으로 나누려고 한다. 그런 사람들은 인간이 양면성을 지녔고 긍정적인 특성과 부정적인 특성을 둘 다 소유하고 있다는 사실을 무시한 채 흑백논리로 생각한다.

부모는 자식에게 무조건적인 사랑을 한다. 사람들은 부모는 본능적으로 아이들을 무조건 사랑하고, 그런 까닭에 존경과 사랑을 받아야 마땅하다고 생각한다. 특히 어머니를 이상화하며 (바던터, 1980/1981) 부모의 반응은 모두 순수하고 이타적이라고 생각한다. 하지만 정확하지 않은 추정일 뿐이다. 일상 상황에서 부모의 행동을 보면 다정한 모습을 찾기 힘들다는 점에서 부모에 대한 이상화이미지가 잘못된 것이라는 점이 분명해진다. 많은 부모들이 아이가 말을 안 듣고 공손하지 않다고 불평한다. 하지만 아이들이 자신을 잘 대해주는 부모를 사랑하고 존경하는 게 당연하지 어떻게 행동이 파괴적이고 많은 심리적인 고통을 주는 부모를 좋아하고 존경할 수 있겠는가?

부모의 사랑이 무조건적이라는 가르침은 우리 사회의 기본 믿음이다. 그래서 이런 신화 때문에 어떤 종류가 됐든 아이들에게 나쁜 마음이 드는 부모는 상당한 죄책감을 느낀다. 죄책감은 자녀 양육 문제를 복잡하게 만들 뿐이다.

끝으로 지금까지 살펴본 추정들을 의식적이든 무의식적이든 인정하는 사람들은 전반적으로 세상에 대해, 그리고 인간관계에 점점 냉소적이 되거나 무관심해지고 불성실해진다. 이렇게 자기와 타인에 대해 근시안적인 생각을 하게 되면 좀 더 넓은 사회에 나갔을 때 마음이 편하지 않고 공격성이 강해지고 자기파괴적인 모습을 보인다. 마지막으로 이런 그릇된 추정을 기반으로 한 사회관습과 기대에 부응해야 한다는 사회적 압력으로 인해 부정적인 그 상태가 그대로 유지되고, 그럼으로써 건강한 원칙에 따른 정신건강 예방책이 도입될 수 없게 된다. 따라서 잘못된 사고방식에 대한 통찰이 현대 사회와 대인관계에 존재하는 권력남용에 과감히 도전하는 데 도움이 될 것이다.

관계에 작동하는 권력과 통제의 정신역동

대인관계에서 권력과 통제의 조종행위가 어떻게 작동되는 것일까? 어떻게 그것이 대부분 효과가 있을까? 어떻게 커플의 방어기제와 개인적 특성이 권력투쟁과 갈등 관계를 형성하는 데서 서로 맞물리게 될까? 대답은 아주 복잡하다. 하지만 그 근본적인 역동은 방어기제 형성의 근원인 어린 시절 환경을 주의 깊게 객관적으로 분석해보면 가장 잘 알 수 있고, 성인관계에서 그 방어기제가 반복되고 있는 것을 볼 수 있다.

조종행위는 대개 커플과 가족 안에서 잘 통한다. 왜냐면 어른들 대부분이 어린 시절에 경험했던 두려움과 고통에서 벗어나지 못했기 때문이다. 상처 입은 아이가 모든 사람 안에 어느 정도 남아있다. 어느 누구도 성격발달시기에 경험했던 원초적 두려움과 사랑에 대한 갈망, 무력감 그리고 죄책감에서 완전히 벗어나지 못했다(파이어스톤, 1990b). 아이러니하게도 원래 고통에서 자신을 보호하려고 형성했던 방어기제로 인해 나중에 많은 문제가 발생하고 학대받기가 더 쉽다. 방어에 내재한 자기와 타인 그리고 세상에 대한 왜곡이 가장 중요한 사람들과의 상호작용에 영향을 주고 현재의 관계에도 개입한다. 결국 사람들은 대부분 개인적인 만족과 자기실현이라는 근본 문제와 씨름하기보다는 유령과 싸운다(블로흐, 1978, 1985, 캐스피, 1993, 크리텐던, 1985, 프레이버그, 1982, 프레이버그, 아델슨 & 사피로, 1980, 뮐러, 바흐만 & 뮐러, 1993, 노이만, 후스켐프, 폴락 & 브리에르, 1996).

죄책감을 불러일으키는 조종행위의 영향력은 강력하다.[9] 책략이 "효과가 있는" 이유는 사람들 대부분이 어릴 때 자신을 희생하고 이타적이 되도록 불필요한 금지를 따르라는 교육을 받았기 때문이다. 자신의 소망이나 욕구를 표현하면 "이기적"인 사람이라고 생각하도록 학습 받았다. 근본적으로 자신의 욕망에 대해 우회적으로 표현해야 하며 솔직해서는 안 된다고 배웠다. 사람들은 어른이 되어서도 계속 자기를 왜곡하기 때문에 타인의 조종을 받기 쉬운 상태가 되고 스스로 조종을 잘 하는 사람이 된다.

통제 방법

대인관계에서 조종행위나 권력게임은 (a)약자 괴롭히기, 지배하기, 물리적인 힘 사용하기 (b)공포심을 불러일으키는 위협행위 (c)죄책감을 촉발시키는 책략이라는 세 가지 방식으로 나타난다.

1. 지배적이거나 권위주의적인 사람은 공공연하게 공격적인 부모 같은 행동, 즉 상주고 벌주고, 찬성과 반대 표현을 하고, 경우에 따라서는 진짜 체벌을 가해 사람들을 통제한다.
2. 보복이나 경제적인 손실에 대한 협박은 확실히 위협적인 방법이다. 특히 유기 협박은 효과적인 통제수단이다. 많은 사람들이 유기 공포의 경험이 있기 때문에 책략이 통한다. 심지어 나쁜 관계를 벗어나고 싶은 마음이 있다고 해도 파트너가 떠난다는 위협을 하거나 정말 떠나버리면 대부분 정서적인 충격에 휩싸인다. 이런 역설적인 현상이면에는 혼자 남겨지게 되면 자기에 대한 부정적인 내면의 사고와 감정이 입증되는 셈이 되기 때문이다. 즉 자신이 사랑스럽지

않고 나쁘고 부족하고 가치 없는 사람이라는 생각이 사실이 되어버린다. 많은 부모들이 내다버린다거나 쫓아낸다는 위협을 하면서 아이들을 복종하게 만든다(볼비, 1973). 말할 필요도 없이 이것은 생존을 위해 부모에게 의존적일 수밖에 없는 어린아이들에게 극심한 공포와 불안감을 일으키므로 파괴적이다.

3. 철저한 조사를 통해 밝혀진 사실은 많은 결혼과 가족관계에 노골적이지는 않아도 위협적인 통제행위가 존재한다는 것이다. 가족 구성원에게 죄책감을 불러일으키는 반응은 상당히 좋지 못한 행위다. 상대방의 불행에 한 사람이 책임을 지도록 만드는 대인관계는 일종의 테러행위다. 피학적이거나 자기를 부인하거나 자기파괴적인 사람이 연약함과 질병을 무기로 행사하는 횡포는 아주 강력한 조종효과를 지닌다. 예를 들어 여자의 눈물이 자신의 뜻대로 하려고 복종시키기 위한 복종의 수단이 되는 경우가 있다. 비합리적이거나 사소한 자살충동 행동도 위협적이다. 아버지의 습관성 음주가 아내와 가족 전체의 행동을 통제하기도 한다. 자해나 실제 자살행동 위협은 효과가 아주 크다. 많은 사람들이 무의식적으로 파트너나 가족 구성원들에게 영향력을 갖기 위해 자기 파괴적인 책략을 사용한다. 이런 조종행위가 효과가 있을지는 몰라도 아무런 유익도 가져다주지 못한다.

파트너나 가족 구성원이 불안하면 할수록 더욱 통제하려고 든다. 마찬가지로 통제에 얼마만큼 복종하는지는 그들이 느끼는 불안과 공포, 죄책감 정도에 비례한다. 커플은 어느 한쪽이 지배적이거나 부모처럼 행동하고 다른 한쪽이 복종하거나 아이처럼 행동하면서 심리적인 균형, 즉 평형상태를 이루려고 한다(윌리, 1975/1982). 커플 두 사람은 직면한 문제에 따라 역할을 바꾸기도 한다. 두 사람은 그런 관계를 유지하려고 서로 결탁하며 어떤 변화도 거부한다. 균형상태가 깨지려 하면 그 현 상태를 유지하기 위해 어느 한 쪽이 상황을 조종하려고 한다(케르 & 보웬, 1988).[10]

불안 성향을 만드는 어린 시절 환경

관계에 파괴적인 통제나 조종행위에 대한 윤리적 문제와 생애 초기의 불안애착 패턴 간에는 직접적인 관련이 있다.[11] 부정적인 환경조건을 조사해 보면 앞의 2장에 소개한 개념적 관계모델이 좀 더 명확히 설명될 수 있을 것이다. 초기의 방어과정 징후는 유아나 아동이 양육자와 형성하는 애착의 특성을 보면 알 수 있다. 대부분의 유아는 근본적인 신뢰와 안정감보다는 불안과 불안정한 느낌에 근거해 부모나 양육자와 애착관계를 형성한다는 연구가 보고되었다(에인스워스, 블레하르, 워터스 & 월, 1978, 볼비, 1973, 1982, 메인, 1996, 메인 (외), 1985, 러터, 1997, 스틸, 스틸 & 포니지, 1996). 그것이 사실이라면 불안애착 패턴은 나중에 어른이 되어 관계의 질을 저하시킬 수 있다(바르톨로메이, 1990, 브렌넌 & 셰이버, 1995, 피니 & 놀러, 1990, 커크패트릭 & 데비스, 1994, 래티멘 & 데비스, 1996, 셰이버 & 클라크, 1994, 심슨, 롤스 & 필립스, 1996).

안정애착과 불안정애착 패턴 형성을 촉진하는 조건을 상세히 기술해보자(벨스키 & 이사벨라, 1988, 치체시 & 토스, 1998, 파이어스톤, 1990b, 스피커 & 부스, 1988, 스틸(외), 1996). 이상적인 것은 엄마나 양육자가 세심하게 돌보며 과잉보호하지 않고 유아의 불안을 덜어주는 것이다. 아이가 성장하는 동안에 엄마는 자연스럽게 아이와 접촉했다 떨어졌다하기를 반복하면서 적절한 반응을 보일 것이다. 애착이론에 따르면 이런 아이는 부모나 양육자와 안정애착 관계를 형성하게 될 것이다(크리스홀름, 1996).

안정애착 관계에 유리한 이상적인 조건이란 것은 거의 존재하지 않는다. 아이들은 모두 정도의 차이는 있지만 방어기제를 형성하게끔 되는 정서적인 고통과 불안을 겪는다. 유아발달 초기단계에 때때로 참기 힘든 불안과 고립감이 어머니와 아이의 신체접촉을 통해 전달된다. 불안한 어머니가 자신의 두려움과 불안을 아이에게 감추기는 어렵다(제이콥슨, 1964, 말러 & 맥데비트, 1968, 말러, 파인 & 베르그만 1975, 스턴, 1985). 이 저자들과 또 다른 관찰자들은 아이에게 젖을 주거나 아이를 돌보는 것에 아무런 감정이 없어 보이고 아기와 눈을 마주치지 않는 어머니에게서 일종의 철수반응을 목격했다(볼튼, 1983, 웰돈, 1988). 부적절하거나 세심하지 못한 양육으로 유아가 보이는 증상은 과도하게 칭얼거리거나 소리 지르거나 엄마 몸에 편안하게 기대지 못하거나 필사적으로 엄마에게 매달리거나 엄마를 밀쳐내는 모습으로 표현되는 불만족스러움이다(캐시디 & 코박, 1988, 메인, 1990, 메인 & 헤세, 1990). 불안 양가감정형이나 불안 회피형에 분류되는 영유아들은 이런 징후만이 아니라 여러 다른 증상들도 보인다(조지 & 메인, 1979, S. 골드버그, 1997, 그린스판 & 리버만, 1988, 리버만 & 폴, 1990, 메인, 1990).

부모와 아이사이에 안정애착관계를 형성하느냐 불안애착관계 또는 회피형 애착관계를 형성하느냐에 기여하는 주된 요인을 이해하기 위해서는 부모의 사랑과 정서적 허기를 구별하는 것이 중요하다.[12] 몇 가지 예외의 경우를 제외하면(파커, 1983, 트로닉, 콘 & 쉬어, 1986, 웨스트 & 켈러, 1991) 이 두 가지 마음상태나 그와 관련된 행동에 관해 발달이론가들의 의견에는 별 큰 차이가 없다. 미숙하고 정서적으로 허기진 부모나 과잉보호하는 부모는 유아에게 강한 영향력을 행사함으로써 건강한 인성발달에 필요한 정서적 자질을 고갈시킨다.[13] 아이가 어떤 형태의 양육 경험을 하는가에 따라서[14] 양육자에게 매달리거나 (불안 양가감정형 애착관계) 또는 회피하는 (불안 회피형 애착관계) 증상이 나타날 수 있다.

성인 관계에서 심리적 평형상태를 유지시키는 목소리의 역할

연구 배경

우울과 학습장애 그리고 다른 정서장애에 따라 초기 애착관계의 특징과 소아청소년에게 미치는 불안애착관계의 영향을 조사하는 애착이론 연구가 상당히 많아졌다.[15] 또 다른 연구들에 의해 애착패턴이 성인이 되어 연인관계에서 대개 반복된다는 사실이 밝혀졌다.[16] 지난 10년간 연구자들은 시종일관 근본 메커니즘, 즉 비정상 애착패턴이나 부적응 애착패턴이 일생동안 반복되는 원인의 "내적 작동모델" 또는 사고 과정을 심도 있게 조사해볼 필요성을 강조했다(비노, 파커 & 제나, 1997, 조지, 1996, 조지 & 홀로몬, 1996, 메인 & 골드윈, 1984, 오웬 (외), 1995, 피안타, 이글랜드, & 아담 1996, 셰이버, 콜린스 & 클라크, 1996, 스페어링, & 버먼, 1995, M.J. 워드 & 칼슨, 1995).[17] 애착이론가들에 따르면 (베커멘스-크란넨버그 & 반 이젠도른, 1993) 내적 작동모델이나 "애착관계와 관련된 '현 마음상태'가 유아의 애착행동에 대한 부모의 민감성을 결정하고, 결국 그것이 유아의 애착관계 내적 작동모델"을 형성한다(p.870).

우리는 "목소리"를 대인관계에 작동하는 역동을 설명해주는 기본적인 "내적 작동모델"로 정의한다. 부정적인 사고과정이나 목소리의 구조와 기능 그리고 원인을 조사한 임상연구를 통해 부정적인 부모의 태도와 행동 그리고 방어기제가 세대와 세대를 거쳐 전수되는 데 기여하는 목소리의 역할을 밝혀냈다(파이어스톤 참조, 1990b, pp. 88-89). 부모의 방어기제가 다음 세대에 보전되는데 우선적으로 책임 있는 심리내적 메커니즘인 목소리는 커플이 형성한 애착유형과 그 특징에도 영향을 미친다(파이어스톤, 1997a). 여기(그리고 2장)에 설명된 정신역동을 통해 목소리의 통제를 받는 어린 시절의 방어기제 형성과 자기양육과정을 지키고 심리적 평형상태를 유지하려는 커플의 상호작용 간에 중요한 연관성이 있다는 것이 확실해질 것이다.

자기양육 과정에 의존하는 것과 현실세계에서 만족을 추구하는 것 사이에서 안정적인 균형이 획득되고 난 뒤에는 자기양육 과정이나 대상의존성이 위협받는다면 불안해질 것이다. 다시 말해 불안은 개인의 심리적 평형상태가 방해받을 때마다 일어난다. 불안상태의 인과관계에 대해서는 양극단의 설명이 주어질 수 있다. 불안은 개인적인 성장을 할 때나 관계가 점점 만족스러워질 때 일어날 수 있다. 그런 좋은 경험에 의해 자신이 방어하는 정체성이 위험해지면서 핵심 방어기제나 환상연합이 흔들리기 때문이다.[18] 그 반대로 대인관계의 실패나 좌절, 육체적 질병, 분리, 상실, 죽음불안으로 인해 불안이 생길 수도 있다. 불안이 커지면 공격적 반응뿐만 아니라 퇴행적 반응도 나

타난다(파이어스톤, 1997a).[19]

다음은 프로이트의 "반복강박" 개념(1920/1955)에 근거한 정신역동과 그 주된 기능인 심리적 평형상태에 대해 (a) 일시적 정체성 개념과 (b) 목소리의 외재화 과정, 그리고 (c) 새로운 관계에서 과거를 반복하는 방어 책략의 측면에서 논의한다.

"일시적 정체성": 가족 내에서 형성된 정체성

아이는 대부분 가족체계 안에서 일시적인 정체성을 부여받는다. 아이들은 부모가 규정하고 분류해준 꼬리표를 어른이 되어서도 지닌다. 이렇게 부여받은 특성의 정확성이나 사실에 대해 이의가 제기되거나 객관적인 검토를 받은 경우가 거의 없는데도 불구하고 아이의 인생에서 중요한 역할을 한다. "조용한 아이" "예쁜 아이" "사나운 아이" "총명한 아이" "자기밖에 모르는 아이" "나쁜 종자" 등으로 입력되고 내사되어 다른 대상과의 관계방식이 결정된다.[20]

일시적 정체성의 부여과정은 부모 자신의 자기혐오와 부정적인 목소리를 아이에게 투사하는 부모의 성향으로 인해 일어난다. 그러고 나서 부모는 투사한 특성 때문에 아이를 비판하고 벌준다. 투사과정에서 아이는 기본적으로 쓰레기 처리장으로 이용된다. 부모는 자신의 약점과 불편한 특성을 내다버리고 그것을 아이의 것이라고 생각한다.(보웬, 1978) 대부분의 사례를 보면 아이들은 이상화한 부모이미지를 유지하고 부모가 붙여준 속성을 받아들여 자신에게 부여된 부정적인 정체성을 떠맡는다. 그것이 부정적이거나 모멸적인 것이라고 해도 어른이 되어 그 정체성을 벗어나려고 하면 불안감과 죄책감이 든다.

여기에 서술된 일시적 정체성은 부모와 다른 가족 구성원들이 아이에게 부과하거나 또는 유도한 정체성을 가리킨다. 이 꼬리표가 한 개인의 "진짜" 자기나 정체성을 말해주는 것이 아니라는 점을 주목해야만 한다. 그런데도 많은 사람들이 그렇게 부여된 정체성을 실제 자기라고 혼동하고 그에 맞춰 행동한다.

아이는 공격자와의 동일시 방어기제를 통해 자기에 대해 파괴적인 태도를 자신의 것으로 받아들인다. 스트레스가 극심한 상황에서 아이는 자신이 약하고 상처받기 쉬운 아이라는 고통을 느끼는 대신에 힘세고 공격적인 부모와 동일시한다. 개인의 자기개념은 이런 적대적인 사고와 태도의 통제를 받기 때문에 방어적인 방식을 쓰지 않거나 자신의 부정적인 자기이미지를 긍정적으로 바꾸려고 할 때면 자기공격적이 된다.[21] 일시적 정체성이 그것을 받쳐주는 습관패턴이나 생활방식과 결합되면 사람이 원래 자유롭게 발달해 갈 수 있었던 길과는 아주 다른 길을 따라 가게 될 수 있다.

대인관계에서 목소리의 외재화

목소리의 기능은 일시적 정체성을 성인 관계에서도 지속적으로 유지시키는 것이다. 사람들은 관계가 더 좋아지고 만족스러워질 때 생기는 긍정적인 불안을 다스리려고 하기보다는 대개 자신의 목소리를 외재화해서 심리적 평형상태를 보존하고 일시적 정체성을 유지하려고 애쓴다. 좋지 않은 관계에 그렇게 많은 사람들이 그대로 머무르려고 하는 이유가 바로 이 때문이다.

목소리의 외재화 과정은 그 자체로 중요하다. 왜냐하면 각자 자신의 부정적인 정체성을 확인하기 위해서 상대방을 비판적이었던 부모라고 여기며 불안을 회피하거나 줄일 수 있기 때문이다. 커플은 두 사람 모두 상대방을 이용해 자신의 부정적인 생각을 표현하게 만들고, 그렇게 함으로써 부정적인 자기 이미지를 유지하려고 한다. 예를 들면 자신의 외모에 대한 자기비판적인 목소리 때문에 늘 자신이 매력 없다고 생각하는 한 여성이 결혼 몇 달 후에 몸무게가 많이 늘었다. 그 때문에 남편이 화를 내며 빈정거렸고 서서히 성관계가 뜸해졌다. 그렇게 그녀는 사랑스럽지 못하다는 자신의 이미지를 다시 확인할 수 있었다. 다른 사례의 한 남성은 여성들이 자신을 진정한 남자로 보지 않는다는 자신의 부정적인 목소리를 확인했고 자신의 신체와 외모 그리고 성적 능력을 폄하하는 생각들을 드러냈다. 여자 친구는 그의 간절함과 수동적 공격성 그리고 보상적인 음식공급행동 때문에 갈수록 화를 냈고 결국 그녀도 그의 생각대로 그를 보게 되었다.

사람이 자책감에 휘둘리기보다는 파트너를 공격자로 이용하게 되면 불안감과 자기혐오감이 줄어든다. 때로는 마음속의 적을 인식하며 고통과 분열을 느끼는 것보다 외부 공격에 대해 자신을 방어하는 것이 고통이 덜하다. 마지막으로, 목소리를 외재화함으로써 커플은 자신의 가족 내에서의 부정적인 경험을 부인하고 그것을 현재 관계에 전치하거나 투사하면서 상호작용하는 가운데 과거의 고통을 다시 체험할 수 있다.

현재 관계에서 과거를 반복하는 방어 전략

사람들은 자신의 일시적 정체성을 유지하기 위해서 심리적 평형상태를 이루고 긴장과 불안을 완화할 수 있도록 사랑하는 사람의 반응을 "뒤엎는다"는 의미로 바꾸려고 한다. 새롭고 더 긍정적인 방향으로 나아가는 것을 받아들일 수 없기 때문에 결국 파트너의 마음이 완전히 바뀌도록 행동한다. 2장에 언급한 대로 사람은 현재의 관계에서 자신의 원가족상황을 다시 만들어내려고 한다. 이때 사용되는 주된 방어방식에는 (a) 선택 (b) 왜곡 (c) 도발이 있다.

선택. 사람들은 부모 중 한 사람 또는 가족 구성원과 비슷한 파트너를 선택하려고 한다. 그것이 익숙하고 편하기 때문이다. 사람은 자신의 방어체계에 잘 맞아떨어질 때 편안함을 느낀다. 방어적인 사람은 좋은 부모와 나쁜 아이라는 구조를 유지하기 위해서 파트너를 이용해 내사된 부모 이미지를 외재화한다. 그래서 사람들은 육체적으로 자신의 아버지나 어머니 또는 삼촌이나 이모 등을 닮은 사람에게 매력을 느끼는 경우가 많으며 가족구성원과 행동패턴이나 방식이 비슷한 파트너를 선택한다.

왜곡. 현재 대상을 원가족 구성원과 아주 가깝게 부합되는 방향으로 바꾸고 왜곡해서 인식한다. 모든 왜곡이 부정적인 것은 아니다. 과거의 긍정적인 특성과 부정적인 특성 둘 다 현재 중요한 사람에게 부여된다. 훌륭한 특징을 과장하거나 또는 좋아하지 않는 특징을 과장하거나 어느 것이 됐든 잘못된 인식은 마찰을 불러온다. 사람들은 그 자신으로 이해받고 봐 주기를 바란다. 그런데 왜곡되면 상처 받고 분노하게 된다.

왜곡과 관련된 또 다른 중요한 문제는 이상화한 부모이미지를 유지하고자 하는 욕구다. 그로 인해서 부모의 바람직하지 못한 자질을 다른 사람에게 투사한다. 새로운 대상에게 부모 가운데 한 사람 또는 두 사람 모두와 비슷한 부정적인 특징이 있다는 것을 확인하기 위해서 자신의 짝에게 일종의 선택적인 관심을 집중한다. 과거의 관계에 근거해 자신의 짝에게 과도하게 부과한 환상의 이미지는 대부분 문제의 소지가 있고(잘못 적용된 것이다) 역기능적인 관계방식을 갖도록 만든다.

도발. 위의 두 책략으로 과거를 재생산해 방어체계를 유지하려는 게 성공하지 못하면 커플 남녀는 자신에게 익숙한 부모 같은 반응을 이끌어내기 위해 연인을 조종하려고 한다. 대개 분노와 처벌 반응을 유발하는 행동을 한다. 예를 들면 남편이나 아내가 원래 좋아했던 다정한 애정반응을 억제한다. 또 잊어버리거나 무신경한 태도를 보이거나 적대심을 직간접적으로 표현하면서 상대방의 분노나 적개심을 이끌어낸다. 결국 도발에 분노한 파트너가 상대방의 "목소리"를 말하고 있게 된다. 사람들 대부분이 자신의 행동이 타인의 공격성이나 철수행위를 유도하려는 특정목적이 있다는 사실을 별로 의식하지 못한다. 일반적으로 이런 도발에 의해 거리가 생긴 다음에 두 사람은 아주 다정해진다. 각자 덜 상처받을 수 있는 방어적인 위치로 돌아가 심리적 평형상태가 다시 확립됐기 때문이다. 많은 결혼이 실패하는 이유가 각자 "안전한" 거리를 유지하기 위해 상대방이 화를 내도록 유도하기 때문이다.

선택, 왜곡, 도발이라는 이 세 가지 책략은 부모의 가치관을 현재 관계에 외재화해서 내사된 부모를 보호하려는 것이다. 환상연합이나 자기양육과정을 잃어버릴 수 있다는 두려움 때문에 사람은 자신에게 익숙한 비인격적 관계방식으로 철수하지 않을 수 없게 된다. 그것을 통해 원래 부모와 형성했던 애착관계를 다시 찾을 수 있을 것 같기 때문이다. 이런 방식으로 두 사람은 각자 방어기제가 설정되었던 환경에 좀 더 부합하도록 현재의 상황을 바꾼다.

결론

자연과 역사에 목적과 의미를 부여하는 것은 우리 자신이다. 인간은 동등하지 않다. 하지만 동등한 권리를 위해 싸우겠다는 결정은 할 수 있다. 국가와 같은 인간 제도는 합리적이지 않다. 하지만 좀 더 합리적이 되도록 싸울 결심은 할 수 있다.

(포퍼, 1966, p.278)

사회체제에 존재하는 폭정과 조종행위는 개인에게 심각한 해를 끼치는 대인관계 현상과 유사하다. 미성숙함과 적대감, 표리부동, 가족체계 안에서의 역할놀이, 가족구성원간의 연합에 대한 환상, 그리고 억제행동은 어린 아이의 정신과 감정에 엄청난 영향을 미친다. 이런 행동은 모두 윤리적으로 또 도덕적으로 아이의 기본 인권을 침해하는 행위로 간주될 수 있다. 어느 정도의 좌절감은 인생에서 불가피하다. 그래서 심리적 방어가 생기는 것을 피할 수는 없다. 다만 그것이 있나 없나 보다는 정도가 문제다. 좋은 가족이라고 해도 가족구성원 간의 상호작용뿐만 아니라 분리, 소외, 노화, 죽음 같은 고통스러운 실존적 문제 때문에 좌절감이 생긴다. 좌절과 불안을 야기하는 가족의 상호작용이 아이의 심리발달을 심각하게 방해하는 정도가 되면 그것은 폭력이라는 인식을 해야만 한다. 우리는 반드시 개인에게 아주 파괴적인 영향을 미치는 커플/가족 간의 상호작용 문제를 인식해야만 한다. 그래야만 자신의 패턴을 바꿀 수 있다.

대부분의 사람들이 정도는 다르지만 가족 내에 작동하는 파괴적인 측면을 인식하는 것에 강한 저항을 보인다. 대개 핵가족이 사회에 대한 방어벽이라는 인식이 있다. 그래서 모든 것을 희생해서라도 그 이미지를 보호하려고 한다. 아이들의 고유한 권리를 인식하지 않으려는 저항은 부모라면 아이를 무조건적으로 사랑해야 하며 그렇기 때문에 아이양육법은 부모가 가장 잘 안다는 신화와 관련된다. 가족 체제와 아이들에 대한 부모의 권리를 보호하게 되면 무의식적으로 부모 "자신의 이익을 위해" 아이들에게 행해지는 위해를 용납하게 된다.

우리는 커플과 가족생활에 대한 편견과 좁은 소견을 극복하고 비인격적인 행동들을 객관적으로 조사하려고 노력해야만 한다. 이를 위해 사회와 가족의 우선권에 대해 심사숙고해봐야 한다. 아이들은 그들만의 특성을 침해하지 않고 개별인격체로서 존중되어야 한다는 사실을 알아야한다. 각 개인이 번창하는 삶을 살 수 있는 커플관계를 만들어 나가야 한다. 해가 되는 커플/가족의 상호작용을 하게 만드는 정신역동에 대한 교육과 이해를 통해 긍정적인 방향으로 관계가 나아갈 수 있도록 한다. 우리의 목표는 제도로서의 결혼을 거부하려는 것도 가족을 해체하려는 것도 아니다. 진정한 또는 "이상적인" 민주주의 체계처럼 개인의 욕구에 부합하고 자기실현화를 이룰 수 있게 지지해주는 건설적인 관계를 형성하는 것이다.

미주

1) 마르쿠제(1955/1966)도 자유를 두려워하는 개인들과 그들을 억압하는 사회의 유착관계에 관해 비슷한 말을 했다. "자유에 반대하는 투쟁은 억압된 개인의 자기억압 형태로 인간 마음속에 재생산된다. 그리고 다시 자기억압을 통해 자신의 주인과 관습을 지킨다." (p.16)

2) 올슨(1962)은 실존적인 관점에서 "자유의 고통"이란 문구의 뜻을 설명했다. "소위 자유의 고통이란 말은 좀 더 정확히 말하면 '선택의 필연성 앞에서의 고통'이라고 해야 할 것이다. 자유의 고통은 실제로 사람이 선택해야 한다는 사실에 대한 고통이다." (p.51)

3) 가족 이상화로 인해 나타나는 또 다른 결과가 아이들 개인의 권리보다 부모(와 가족 단위)의 권리를 보호하고 훈육이라는 명분으로 아동학대를 용인하는 법적 제재다. 가바리노와 길리엄(1980)은 1974년에 텍사스 주의회가 다음과 같은 지시가 담긴 법안을 제정했다고 말했다. "18세 이하의 어린이에게 무력 사용은, 단 치명적이지 않은 무력 사용은 다음과 같은 경우 정당하다. (1) 행위자가 부모나 양부모일 경우... (2) 행위자가 아이의 훈육에 필요한 정도의 무력이라고 생각할 때" (p.32) 맥팔레인과 반데르 콜크(1996b) 또한 <외상과 그것의 사회에 대한 도전>에서, 좀 더 큰 규모의 사회는 "외상이 실제로 피해자 고통의 원인이 아니라고 굳게 믿는다."는 점을 주목했다.(p.27) 맥팔레인과 반데르 콜크는 다음과 같은 결론을 내렸다.

> 최근에... 피해자에 대해 사회에 만연한 태도는 피해자가 진실을 말하지 않으며 욕심이 많고 원한을 품고 있다는 것이었다. 이렇게 외상의 원인인 환경보다 외상 피해자에 대한 편협한 태도로 인해서 외상의 원인이 되는 불가피해 보이는 상황(범죄, 전쟁, 가난, 가정 폭력)을 자발적으로 받아들이게 된다. (p.573)

4) 자살은 15~24세 젊은이들의 세 번째 주요 사인이다. 이 나이 집단에서 발생하는 한 번의 자살성공에 100번의 자살시도가 있다. (매킨토시, 1998)

5) 비버스(1977)는 "아무리 느슨한 규정을 적용한다고 해도 중간정도의(가족) 집단이 건강한 가족을 포함한 다른 집단들보다 더 많을 것"이라고 했다. "평균... 중간정도의 가족은 [건강한 가족들]보다 정상 가족에 좀 더 가까울 것이다." (p.124)

6) 보스조르메니 나지와 스파크(1984)는 가족 충성심의 원래의 윤리적 근거를 인용하고 나서 다음과 같이 말했다.

> 충성심의 윤리적인 책임 요소는 우선 충성심에 묶여있는 구성원들 마음에 의무감과 공정성, 정의감을 불러일으키는 것과 결부되어 있다. 의무를 준수하지 못하면 죄책감이 들게 만든다. 이것이 이차적인 통제력이다. 그런 까닭에 의무나 충성심의 항상성은 죄책감을 잘 조절해 개입시키는 것에 달려있다. (pp.37-38)

한 가지 덧붙여 말하면 많은 사람이 컬트cult에 대해 비난하며 두려움을 느낀다. 그럴 만한 이유가 있다. 컬트가 순응과 복종의 극단적인 예를 보여주기 때문이다. 그곳에서 행해지는 사상 통제와 여러 종류의 위협행위는 위험하며, 심지어 집단자살이나 폭력으로 끝날 수 있다. 하지만 컬트와 유사한 관습이 정도의 차이는 있지만 대인관계와 가족관계안에도 존재한다. 정신건강에 위해한 것은 둘이 똑같다.

7) 일레인 파젤(1988)의 <아담과 이브, 그리고 뱀>을 참조할 것. 파젤의 초기 그리스도교에 대한 학자다운 이야기는 사람들이 악한 존재로 태어난다는 주장의 근거가 4세기에 창조신화를 재해석한 아우구스티누스의 가르침에 있다는 것을 보여준다. 아우구스티누스는 아담과 이브가 하느님의 말씀에 복종하지 않았기 때문에 그 죄로 인해서 인간이란 종은 되돌릴 수 없이 본성에 해를 입게 되었다고 믿었다. 자의적인 성적 흥분은 "살" 또는 육체가 언제나 의지를 배반한다는 증거일 뿐만 아니라 불복종의 죄에 대한 처벌이다. 파젤스는 성욕을 원죄의 증거이자 원죄에 대한 형벌이며, 모든 인류가 연류된 것으로 규명한 아우구스티누스의 말을 언급했다.

8) 미셸 푸코는 <성의 역사>(1990)에서 우리 문화의 성과 권력의 "부정적인 관계"에 대해 설명했다.

> 성과 쾌락에 대한 관심이 있는 곳에서 권력은 안 돼 라고 말할 뿐 아무 것도 "하지" 않아도 된다. 권력이 생산하는 게 있다면 그건 결핍과 차이뿐이다. 그것은 구성원을 배려하지 않고 단절을 이끌며 함께 있는 것을 갈라놓고 경계표시를 한다. 그 결과 한계와 결핍을 만든다. (p.83)

푸코는 나중에 같은 책에서 좀 더 미묘한 형태의 성적 "억압"에 관해 설명했다.

> 그리스도교가 한때 육체를 혐오하도록 만들기 위해 사용했던 수많은 방법이 종종 떠오른다. 그런데 지난 수세기 동안 섹스를 사랑하고 섹스에 대해 알고 그것을 얘기하는 게 의미 있는 일이라고 생각하게 만들기 위해 사용된 책략들을 곰곰이 생각해보자. 우리가 가진 모든 기술을 적용해 섹스의 비밀을 파헤치도록 유도하고, 그 진실을 끌어내야 한다는 의무감에 매달리게 했고, 그렇게 오랫동안 알지 못했던 것에 대한 죄책감을 갖게 했던 계략들을 곰곰이 생각해보자. (p.159)

9) 패트리시아 크리텐던(1995)은 "애착 & 정신병리학"에서 어린 아동이 부모의 관심과 죄책감을 불러일으키기 위해 어떻게 강압적인 조종행동을 배우는지에 대해 논의했다. (pp.375-376)

10) 보웬의 관계 균형에 대한 개념 설명과 그 균형이 깨지려할 때 분화가 덜 되었거나 어느 정도 분화가 된 파트너가 보이는 다양한 무의식적인 책략에 대한 설명을 위해서는 커와 보웬(1988)의 "개별성과 유대감" 3장을 참조할 것.

11) 제레미 홈즈(1995)의 애착이론사 "그곳에 벽을 좋아하지 않는 누군가가 있다."를 참조할 것. 바트고스와 리드비터(1994)는 "아기에게 보호와 양육을 제공하는 목적을 지닌 아기와 양육자간의 지속적인 애정관계"라는 애착에 대한 존 볼비의 개념을 인용했다. (p.161)

12) 애착 이론가들(애인스워스 (외), 1978 참조)은 처음에 두 가지 형태의 불안 애착패턴, 즉 불안 양가감정형과 불안 회피형을 발견했다. 그 뒤에 연구자들(메인 & 솔로몬, 1986)에 의해 세 번째 형태인 장애가 심한 아동의 장애 애착패턴이 발견됐다. 또한 "정상적인 유아와 비정상적인 아동의 상호작용과 애착관계"에서 필드(1987)가 요약한 애착 연구에 대한 램의 비평(1987)을 참조할 것.

13) 비디오 다큐멘터리 <허기와 사랑>(파르, 1987)에 이 개념이 자세히 묘사되었다. 비디오는 부모와 아이 사이에 불안 애착패턴을 형성하게 만드는 부모의 정서 상태를 그리고 있다. 메인과 헤세(1990)를 참조할 것. 이 책에서는 "공포 상태에서는 심지어 안전의 피난처로 유아에게 도망가는 성향이 부모에게 미묘하게 나타날 수 있다"는 것을 말하고 있다. (p.177)

14) 불안한 애착관계의 유아가 형성한 특정 방어에 대한 볼비의 설명이 이 가설을 뒷받침해준다. 셰이버와 클라크(1994)는 볼비의 개념을 해석하면서 "만일 일련의 반복된 애착행동으로도 불안이 감소하지 않으면 인간의 마음은 최소한 어느 정도 애착 행동체계를 정지시키거나 '억압하거나' 또는 방어적으로 좀 더 독립적이 되려고 하는 것처럼 보인다는 사실을 언급했다. (p.112)

15) 볼비(1979)를 참조할 것; 브레즐튼과 크래머(1990); 브레즐튼과 요먼(1986); 브로디(1956); 콜-디트케와 코박(1996); 크리텐든(1995); 데 용(1992); 포나기 (외)(1995); 그로스만, 프레머-봄빅, 루돌프, 그로스만 (1988); 케스텐바움, 파르버, 스로우페(1989); 메인(1990); 릭스(1985); 로젠스타인과 호로비츠(1996); 스로우페(1985); 스턴(1985)

16) 다음을 참조할 것. 바르톨로메이(1993); 바르톨로메이와 호로비츠(1991); 브레더턴, 리지웨이, 캐시디(1990); 리나, 놀러, 한라한(1994); 힌디과 슈바르츠(1994); 샤르페와 바르톨로메이(1994); 셰이버와 하잔(1993).

17) 애착관계 연구자들(바트고스와 리드비터, 1994; 볼비, 1973, 1980, 1982; 브레데턴, 리지웨이와 캐시디, 1990)은 "내적 작동 모델"이 자기 자신과 인간관계에 대한 아이들의 신념을 나타내고 그들의 애착 행동에 영향을 준다는 내용을 제시했다. 이 개념 규정은 본질적으로 우리의 연구결과와 두 가지, 성인관계 방식에 영향을 주는 목소리 과정과 정서적으로 허기진 부모의 개입에 대한 아이의 반응과 관련된 점에서 일치한다.

브레데턴(1996)은 어린 시절의 중요한 사건에 대한 내러티브나 "원고"에 관련된 작동 모델개념에 대해 논의했다. 또한 하프트와 슬레이드의 논문(1989) <정동조율과 모성애착: 사전 연구>을 참조할 것.

18) 여기서 연합bond이란 단어의 특별한 사용을 다른 문헌의 사용과 구별하는 것이 중요하다. 긍정적인 의미에서 결속bonding(안전한 엄마-유아 애착관계)이 아니며 또한 진짜 충실함, 헌신과 진정한 사랑의 특징을 지닌 관계를 가리키는 말도 아니다. 우리의 환상연합이란 개념에서 연합은 속박된 상태나 자유 제한의 의미로 사용된다. 그 말은 진정한 애착이라기보다는 부모와의 상상적인 관계를 나타낸다. (파이어스톤, 1985)

19) 나는 다른 논문에서(파이어스톤, 1997a) "치료현장 안이나 밖의 저항 행동이 부정적인 불안 상태나 긍정적인 불안 상태 모두를 최소화하거나 회피하여 심리적 평형상태를 유지하려는 시도"라고 말했다. (p.76)

캐스피(1993)는 "왜 부적응적인 행동이 유지되나"라는 부분에서 "내적 작동모델"이 변화에 엄청나게 저항한다고 주장했다. 만일 이런 내적 작동모델이

구조적인 평형상태를 유지하기 위해 경험으로 걸러내고 선택하고,... [그때] 스키마가 잘 조

직되면 경험을 걸러내면서 자신의 경험과 견해에 맞아 떨어지는 정보에 선택적으로 반응하게 된다. 그래서 성격 발달과정이 보수적이 되기 쉽다. 왜냐하면 그런 인지체계로 인해서 자신의 신념과 자아개념에 반대되는 새로운 것에 반응하며 변화할 수 없기 때문이다. (pp.349-350)

스로우페(1988)는 내적 작동모델 역할에 대해 논의하면서 "불안 애착이 나중에 무능력과 불안, 반사회적 행동 또는 우울의 원인이 되지는 않지만 그런 문제를 일으킬 가능성이 있는 발달상의 조건이 될 수 있다."고 주장했다. (p.30)

20) M. 메인과 동료들의 연구결과로 상당한 잠재성이 있는 연구 영역이 나타났다. 그들은(조지, 카플란 & 메인, 1985) 성인 애착관계 인터뷰AAI를 사용해 애착 패턴의 세대간 전수가 애착 경험에 대한 내러티브의 일관성, 한결같음 그리고 솔직함과 상당한 상관관계가 있다는 것을 보여주었다. 일관성이 없고 한결같지 않은 내러티브를 하는 성인의 아이들에게서 불안 애착관계 패턴이 보이는 것을 발견했다. 내러티브가 마음 상태, 특히 "내적 작동 모델"(생각, 감정, 믿음과 애착에 관한 기대)의 영향을 받는다는 가설이 제기되었다. AAI의 타당성과 신뢰성 연구에 대해서는 반 이젠도른(1995)을 참조할 것. AAI에 개연성 있는 경험과 마음 상태 평가 척도를 부여한 포나기, 스틸과 스틸(1991)의 상관연구도 참조할 것. 여기에는 마음상태를 이해하는 부모의 능력이 반영됐다.

부모의 성인 애착관계 운용에 관한 96명의 초산모의 인터뷰에 근거해 우리는 1세 때 유아가 낯선 상황에서 엄마와 안전하게 또는 불안전하게 애착관계를 맺었는지 (기호화했는지 아닌지) 사례의 75%를 성공적으로 예측할 수 있었다. (p.900-901)

21) 불안 애착패턴에 관해 에인스워스(외)(1978)에 의해 진행된 연구는 내면화된 부모 태도가 불안 애착형 아이의 부정적인 정체성을 형성한다는 우리의 연구결과를 뒷받침해준다. 바트고스와 리드비터(1994)는 에인스워스(외)(1978)가 "사랑스럽지 못하고 위로받을 만한 가치가 없다고 생각하는 것이 불안/양가감정의 애착관계를 분명히 보여주는 특징이라고 설명한다."고 말했다. 그래서 자기에 대해 처벌하고 비난하는 태도가 관계에 대한 불안과 함께 존재한다. (p.172)

4
이상적인 커플관계

사랑은 어렵기 때문에 좋은 것이기도 하다. 인간이 다른 인간을 사랑하는 것, 그것은 우리에게 맡겨진 가장 어려운 과제일 것이다. 다른 일들은 그것을 위한 준비일 뿐, 사랑이 궁극적인 과제이자 마지막 시험이고 증거다.

–라이너 마리아 릴케 (1908/1984, pp.68-69)

남녀 대부분이 사랑과 우정을 찾아 지속적인 연인관계에서 만족을 얻는 것이 목표라고들 말한다.* 행복하기 위해서는 사랑을 주고받을 줄 알아야 한다. 그건 인간에게 근본적인 일이기 때문이다. 일반적으로 사랑을 받는 것에 대한 자연스런 반응이 사랑이기는 하지만(잔인한 대우에 대한 자연스런 반응이 분노나 적대심인 것처럼) 사랑을 잘 하기 위해서는 다른 것들과 마찬가지로 배워야 할 필요가 있다. 아동기 때 거절이나 미묘한(또는 그렇게 미묘하지 않은) 형태의 적대심을 경험한 사람에게는 사랑을 배워나가는 과정이 복잡하고 좌절감이 든다. 특히 사랑을 받아들이는 것이 어렵다. 사랑에 마음을 열게 되면 과거의 고통이 반복될까 두렵기 때문이다. 원초적인 아픔이 있었기 때문에 마음의 양식인 사랑을 주고받는 일이 억제된다. 내향성 inwardness과 방어심리로 인해 감정의 흐름이 제한된다.

처음으로 사랑하는 젊은이들은 보통 관계가 앞으로 어떻게 될 지 예측하기 어렵다. 그런 젊은 연인들은 절박감과 불안 애착패턴으로 미성숙한 관계를 하게 되고, 결국

* 여기서 논의되는 커플이란 단어는 여성과 남성, 남성과 남성, 여성과 여성, 남성과 여성과 아이들, 그리고 그 밖의 다른 유형의 우정관계를 포함한 모든 관계를 가리킨다. 여기서 사용하는 남성과 여성이란 용어는 단순히 배타적인 성 범주가 아니라 서로 상호작용하는 모든 유형의 관계를 지칭한다. 따라서 관계에 대한 나의 태도와 통찰은 모든 형태의 관계에 적용되는 것임을 밝힌다.

불만족한 관계로 이어진다. 루빈(1983)은 사랑에 빠진 젊은이의 감성에 대해 다음과 같이 말했다.

> "나 너 사랑해!" 말은 외로움이 종식되고 마침내 삶이 완전해질 거라는 약속의 의미다. 바로 얼마 전까지만 해도 이 말을 들으면 영원히 그럴 것이라고 생각했다. 한 때 이 말은 찾아 헤맴이 끝났음을 알려주고 결혼해서 오래오래 행복하게 살았다는 의미를 내포했었다. 그러나 이제는 그렇게 확신할 수 없게 되었다. (p.1)

더구나 관계 초기에 호감으로 느껴졌던 특성이 점점 달갑지 않게 여겨질 수 있다. 아이같이 순진하게 의지하면서 사람의 정신을 빼놓는 여성에게 반했던 남성이 결혼 후에 자신의 몫을 잘 해내지 못하는 아내의 모습을 보면서 매력으로 느껴졌던 특성이 결혼생활에 해가 된다고 느낄 수 있다. 또 남성의 단호한 태도와 거침없는 의견표현이 매력적이라고 생각한 여성이 나중에는 끊임없이 자신이 옳다고 주장하며 군림하려드는 남성을 원망하게 될 수 있다.[1] 우리 사회에서 정말 성공적인 좋은 관계를 이루기는 그 복잡성으로 인해 어렵다. 그렇지만 그것은 우리가 가장 바라는 것이다. 친밀한 관계를 성공하느냐 실패하느냐의 여부는 짝을 선택하는 문제에 달려있다. 어쩌면 자신과 맞는 특성을 가진 사람을 선택하는 것이 이상적인 관계를 이루기 위해 제일 중요한 필수조건일 것이다.

한 가지 개인적인 언급을 하자면 긍정적이거나 이상적인 자질이 어떤 것들이라고 규정하는 게 내게 썩 내키는 일은 아니었다. 임상과 수년간 참조집단에서 커플들을 관찰하고 그들과 토론하면서 얻은 막대한 양의 정보를 요약한다는 것이 관계라는 복잡한 문제를 너무 단순화시키는 결과가 될 수 있기 때문이다. 그런 설명이 다소 통속적으로 들릴 수도 있고 대중적인 글이나 상담 칼럼 같은 곳에서 흔히 봤던 것이라는 생각이 들 수도 있다. 그럼에도 불구하고 이 작업이 긍정적인 관계를 이루는 데 도움이 될 수 있는 주요 자질들에 대한 개요를 제시하고 명료하게 하려는 목적에 도움이 될 것이다.

짝 선택 시 고려해야 할 자질

쉬나흐에 따르면(1991)

> 또한 사랑이 경이롭고도 놀라운 것은 사랑을 하게 되면 사랑하는 능력이 더 커지

> 고 상대방을 무엇과도 바꿀 수 없는 소중한 사람으로 만들어준다는 것이다. 그래서 불가피하게 파트너를 잃게 될 경우 상실감은 그만큼 더 커진다. 그래서 사람은 신중해야한다. 사랑한다는 것이 약한 자를 위한 것이 아니기 때문이다. (p.594)

배우자 선택이나 장기적인 관계가 모든 개인에게 중요한 일임에 틀림없다. 한 사람의 행복을 보장해줄 수 있는 긍정적인 자질을 모두 갖춘 완벽한 짝은 존재하지 않는다. 그건 틀림없는 사실이다. 그럼에도 불구하고 이상적인 사람의 자질이 어떤 것인지 살펴보는 것도 의미가 있다. 커플관계가 부정적인 결말을 맞지 않도록 해 주는 것은 무엇보다도 커플 개개인의 긍정적인 자질과 성향이다. 즉 건강한 정신, 다른 사람에게 방어하지 않는 열린 태도, 각자의 경계를 분명하게 지킬 수 있는 능력과 같은 것이다.

짝 선택이 중요한 결과를 가져온다. 왜냐면 짝의 개인적 자질이 예측하지 못한 방식으로 사람의 인생을 결정하기 때문이다. 미래 파트너의 자질을 평가할 때는 인간관계 윤리의 기초가 되는 다양한 근본원리들이 있기 때문에 그 원칙들을 신중하게 고려해봐야 한다. 짝을 선택할 때 보아야할 긍정적인 특성을 규정하는 데는 어려움이 따른다. 우리가 선택한 언어표현이 원래 의미를 상당 부분 잃어버렸기 때문이다. 많은 것들이 상투어구가 되어버렸다. 사랑의 미묘한 부분들을 묘사하는 단어들이 잘못 사용되고 조작과 남용으로 인해 통속적이 되어버렸다. 특히 광고문구나 미디어, TV 등으로 인해서 단어들의 의미 가치가 추락했다.

솔직함 같은 것이 미래의 파트너에게 확인해 봐야할 중요한 특성이라는 것에 누구나 동의할 것이다. 그런데 솔직함이란 정말 무엇을 의미하는 것일까? 어떤 것이 솔직함과 진실성을 나타내는 행동일까? 솔직한 사람은 말을 할 때 항상 숨김없이 자신을 드러낼까? 진실성 있는 사람은 다른 사람에게 전혀 거짓을 말하지 않고 속이거나 기만하지 않고 오해하게 만들지 않을까? 이 단어의 의미가 무엇인지 정확하게 정의를 내려 보자. 웹스터 사전(3권)(고브, 1976)에 의하면 솔직함이란 "바르고 곧은 태도"다(p.1086). 이런 태도는 관찰 가능한 행동으로 나타난다. (a)속임수나 거짓이 없고 (b)표리부동하지 않고–말과 행동이 일치하고 (c)대화를 함에 단순명쾌하며 솔직하고 (d)진실하고–자신의 가치와 원칙에 한결같고 (e)신뢰할만하고–사실을 고수하고 (f)성실하고 진실하다.–자신의 본래 모습을 보인다.

앞에서 살펴본 대로 선택이 관계의 성공과 실패의 문제에 가장 중요한 요소일 수 있다. 비록 긍정적인 성격을 확인하고 가늠하는 게 어렵기는 해도 교제하면서 평가해 볼 수 있는 자질들이 있다. 대개 이상적인 파트너는 (a)마음을 열어놓고 자기방어를 하지 않으며 (b)솔직하고 표리부동하지 않으며 (c)다정하고 편안하며 (d)정신적, 육체적으로 건강하며 (e)자신이 택한 일과 생활에서 독립적이고 성공적이며 (f)인간의 가치를 포함해 의미 있는 존재에 대해 알고 있다.

정서적으로 건강한 개인은 상호 교류하는 방식이 분명하고 편안하고 여유가 있으며, 기본적으로 자기와 사회에 대해 편안하다. 짝에게서 찾아야 할 긍정적인 자질은 확실한 정체성과 강한 의지다. 변화에 대한 유연성과 적응성은 완고함과 편협함과 대조되는 좋은 자질이다. 이상적인 미래의 사랑대상은 신체적인 애정표현에 편안해하고 대화할 때 시선을 피하지 않을 것이다. 또한 개인의 육체적 건강도 중요한 문제다. 파트너의 마음과 몸의 질병 모두 결혼과 가족생활에 큰 타격을 줄 수 있기 때문이다.

일반적으로 일과 대인관계에서 능력을 보이는 사람을 짝으로 선택하는 것이 좋다. 그런 사람은 수행능력으로 자존감이 높아지고 인생을 긍정적으로 바라볼 수 있게 되기 때문이다.

자기와 타인의 권리에 대한 존중과 함께 성숙함과 진실성도 추구해야 할 긍정적인 자질이다. 이런 자질을 소유한 사람들은 삶에 도덕적이거나 철학적인 의미를 부여하고 제한된 존재영역을 초월한 목적을 위해 자신을 쏟아 붓는다.

반면에 비판적이거나 적대적인 행동, 가혹하고 판단하는 태도, 중독, 또는 실패 신드롬은 고통스러운 관계로 이끄는 부정적인 패턴이다. 속이거나 불성실한 태도는 부정적인 결과를 가져다 줄 것이다. 행동과 말이 같지 않은 사람은 근본적으로 믿을 수 없고 신뢰할 만한 가치가 없다. 잘난 체하거나 거만하고 적대적이거나 잔인한 태도는 파괴적이다. 특이한 행동, 극적인 반응, 위선행동을 보이는 사람은 심각한 적응문제를 보일 수 있다.

중독적인 성격, 특히 과도하게 음식이나 약물, 알코올 등 물질에 의존하는 사람은 중독이 감정을 차단시키고 삶에 방어적 태도를 갖게 한다는 점에서 친밀한 관계에 파괴적인 영향을 미친다. 만일 중독패턴의 파괴성에 대해 알게 되면 사람은 자신의 중독패턴을 초기에 감지할 수 있을 것이다. 중독적인 습관뿐만 아니라 자기양육에 대한 환상도 현실에서 욕구를 충족할 수 있는 기회를 갖지 못하게 방해한다. 자신의 목표나 미래 계획을 수행하지 못하고 계속 실패하는 사람은 관계를 오래 지속하는 데 문제가 있을 수 있다.

마지막으로, 앞으로 관계가 어떻게 될지 알고 싶으면 파트너의 같은 성 부모(여자의 어머니, 남자의 아버지)의 특성, 특히 부모의 부부 상호작용방식을 면밀하게 조사해볼 것을 권고한다. 성장기의 동일시 과정의 영향으로 부모와 자녀의 인생에 대한 접근방식은 연관성이 있기 때문이다. 이것을 알게 된 많은 심리치료사들이 환자들에게 "비공식적으로" 미래의 짝이 될 사람의 같은 성 부모를 잘 살펴보라는 충고를 건네기도 한다.

사람들은 부모의 성격을 좋아하지 않고 거부할 때조차도 그것을 무의식적으로 모방하고 되풀이하는 경향이 있다. 대개 엄마와 딸, 아버지와 아들 사이에 강한 환상연합이 존재하며, 이를 통해 생활방식이 반복된다. 그런 특성이 처음에는 나타나지 않을 수 있지만 관계를 시작하고 결혼하고 아이를 낳고 살아가다보면 점점 강하게 드러난다.

진화론적 이론에 따른 선택

안타깝게도 많은 사람들이 위에 설명한 긍정적인 특성과 부정적인 특성을 구별해 짝을 선택하지는 않는다. 진화론적 심리학자들에 따르면 선택은 수백만 년 동안 이어져 온 자연선택 과정에서 진화된 짝짓기 전략과 기호를 따라 이뤄진다. 그들은(버스 & 쉬미트, 1993) 짝 선택에 있어서의 특정 기호나 전략을 "무의식적으로 또는 은연중에 적응문제를 해결하기 위해 진화된 방법"이라고 정의했다(p.206).

인간의 진화역사를 보면 남녀가 모두 적응문제를 해결하는 데 필요한 단기/장기 짝짓기전략을 추구해왔다. 미래 배우자의 좋은 자질에 대한 선호도는 번식 제한 문제를 가장 잘 해결해 주는 전략, 특히 유전자 생존에 유리한 전략에서 진화되었다.[2)]

예를 들면 원시인은 여성의 생산능력을 확인하기 위해 젊음과 신체 건강을 나타내는 "두꺼운 입술, 맑은 피부, 부드러운 피부, 맑은 눈, 빛나는 머리카락, 균형 잡힌 몸매, 발달된 근육, 손상되지 않은 피부… [뿐만 아니라] 활기 넘치고 힘찬 걸음걸이, 활동성"(버스 & 쉬미트, 1993, p.208) 등의 표지를 좇았다. 오늘날도 남성들은 여전히 장기적인 짝이 될 여성에게서 번식능력을 보여주는 특징을 찾는다. 즉 젊고 육체적으로 매력적인 여자, 그리고 부계혈통을 보장해줄 수 있는 충실하고 믿을 수 있는 여성을 선호한다(p.226).

진화론적 논리와 일치하는 또 다른 전제는 다음과 같다. "오래 함께 할 짝을 선택할 때 남성보다 여성이 높은 수입능력, 전문 학위, 부를 포함한 자원을 획득할 수 있는 미래 배우자의 능력을 더 많이 원한다. 이것은 많은 사회에 공통적으로 나타나는 현상이다"(p.223).

버스와 쉬미트(1933)는 진화론적인 예측에 따른 선호도가 "환경적 맥락에 전혀 영향을 받지 않는 것"(p.230)으로 잘못 이해되는 경향이 있다고 지적했다. 두 사람은 연구를 통해 현대인간에게도 이런 선호도가 지속되고 있다는 것이 보이지만 그것이 결코 불변한 것은 아니라고 말한다. 또한 짝 선택에 있어서 호감 가는 자질을 고려하지 않고 어떤 자질에 대한 본능적인 반응에 따른다는 것이 현대 사회에 반드시 부합하지는 않는다. 오늘날에도 많은 남성이 결혼 만족도 예측을 더 잘 해 줄 수 있는 특성은 무시한 채 여성의 육체적인 매력을 중요하게 생각한다. 여전히 많은 여성들이 남성의 부나 성공, 신분에 많은 기대를 걸고 있는 반면에 따뜻하고 온화한, 아이들에게 관심이 있는 미래의 파트너는 간과한다.

자신의 선호도가 어디에서 비롯된 것인지에 대한 통찰을 얻게 되면 짝 선택과 관련해 현명한 결정을 내릴 수 있을 것이다. 짝 선택에 있어서 유전적, 진화론적으로 결정된 성향이 어떤지 알게 되면 그것을 교정해 보다 이성적으로 짝을 선택할 수 있게 될 것이다.

이상적 커플 관계

짝 선택의 문제를 어느 정도 강조했으니 이제 건강한 커플관계 정신역동을 살펴보면서 부정적이거나 파괴적인 책략의 정신역동과 비교해보자. 우리의 우선적 관심은 이 패턴이 커플 각 개인들의 자기실현과 성취도는 물론 그들 삶에 미치는 긍정적이거나 부정적인 영향이다. 관계의 수명이 반드시 이상적인 커플을 측정하는 데 적당한 척도는 아니다. 파괴적인 관계를 장기간 유지하려는 경우도 있기 때문이다. 관계는 유지되고 있으나 개인은 고통스러운 경우도 많다. 월러스타인과 블레이크스리(1995)는 커플관계 연구를 하면서 이 점을 강조했다.

> 사람들은 무기력과 공포, 상호 무력감, 경제적 의존성 때문에 오랜 세월 함께 결합할 수 있다. (p.14) 이런 관계는 두 사람의 신경증 증상이 잘 맞물려 계속 결혼생활이 유지되도록 하는 그저 빈껍데기나 결탁 관계일 수 있다. (p.23)

커플 개개인이 삶을 잘 살아갈 수 있게 서로 마음을 나누는 행위에는 어떤 것들이 있을까? 관계를 성공이나 실패로 이끄는 커플의 긍정적 또는 부정적인 상호작용 방식을 그 기능에 따라 살펴보자(자료 4.1참조).

〈자료 4.1〉 커플 상호작용

이상적 관계	환상연합 관계
무방어, 개방성	피드백에 분노반응 새로운 경험에 폐쇄적인 태도
솔직함과 진실성	거짓과 표리부동
상대방의 경계/선호도/목표 존중	경계 침범, 자신의 이익과 관련된 타자 인정
스킨십과 인격적인 성생활	애정결핍. 부적절하거나 비인격적인 상투적 성생활
이해심－상대방을 왜곡하지 않음	오해－상대방 왜곡
통제도 조종도 위협도 하지 않음	조종행위로 지배/복종 관계

무방어와 개방성

관계 만족과 성취감을 얻기 위해 꼭 필요한 두 가지 자질은 무방어와 개방성이다. 무방어란 자기와 타인에 대해 객관적이고 균형 잡힌 태도를 보이고 피드백을 수용한다는 것을 의미한다. 이와 반대로 방어적인 성격은 피드백에 대해 폐쇄성과 비수용성을 보이는 행동패턴이다. 방어적인 사람은 대립상황이 되면 적대적인 반응을 보인다. 자신을 돌아보며 이성적으로 진실이나 잘못을 찾기보다는 반격하려고 하는 경우도 있을 것이다.

방어적인 태도는 다른 사람으로 하여금 아무 말 하지 못하게 만드는 위협적인 방식으로 표현된다. 예를 들면 주제 바꾸기나 의사진행 방해, 반격하기, 무산시키기, 과장된 분노나 울음 등이 그것이다. 자신을 보호하고 방어하는 사람들은 비판을 불합리할 정도로 과장해 생각하는 경향이 있다. 그에 대한 보복으로 파트너에게 "그래, 그게 그렇다면 말이지..., 그게 정말로 당신이 나에 대해 생각하는 거라면..., 당신이 말한 대로 내가 그렇게 끔찍하다면..." 등과 같이 패배감과 무력감을 내보여 파트너로 하여금 자신이 한 말이나 행동을 후회하게 만든다.

사람들은 어떤 사안에 대해서는 극도로 예민하게 반응하기도 하지만 다른 부분의 피드백에 대해서는 열려있을 수 있다. 커플은 대화를 해 나가다가 피해야 할 주제가 뭔지 재빨리 알아챈다. 하지만 이런 검열로 인해 두 사람 사이에 긴장이 커질 수 있다. 금기시되는 주제와 비밀이 지닌 부정적인 영향력은 관계를 점점 위태롭게 만들며 결국 그 영향이 다른 데로 확대된다.

결혼갈등의 정신역동에 관한 조사연구를 통해 방어적인 태도가 여러모로 관계에 해가 된다는 사실을 알아냈다. 파트너의 방어적인 태도로 인해서 상대방의 마음이 철수되는 경우도 있고, 다른 경우에는 갈등이 급속도로 증폭되기도 한다. 두 경우에 커플 한 사람이나 두 사람의 성격적 특성 또는 전형적인 방어적 행동이 낮은 결혼 적응도(커네리, 큐패치 & 메스맨, 1995)와 깊은 연관성이 있는 것으로 나타났다. 고트만과 크로코프(1989)는 언어적 대화의 내용을 분석하면서 "방어적 태도(칭얼대기를 포함), 완고함, 상호작용 철수의 세 가지 패턴이 점차적인 관계 악화를 초래하는 역기능적인 태도라고 설명했다(p.47).

자신의 감정과 생각과 꿈 그리고 열망을 표현하는 데 있어서 개방적이고 솔직한 사람들이 관계에 좋은 영향을 미친다. 그들은 대화를 하는 데 있어서 솔직하고 단도직입적이고 비밀스럽거나 자기방어적이 아니다. 개방성은 또한 자신의 방어체계와 자기방어적인 일상을 뛰어넘어 배우고 성장하는 데 진정한 관심을 나타낸다. 열린 마음을 지닌 남녀는 인생을 외부에서 부과된 규정과 신념체계를 따르는 것이라기보다는 개인적으로 의미를 발견할 수 있는 모험이며 특별한 기회라고 생각한다. 그들에게는 좀 더 많은 모험을 해보려는 자발성과 자신의 경계를 확장하고 경험의 범위를 확대하고 싶은 욕망이 있다.

반대로 새로운 것에 열려있지 않은 사람들은 억제하거나 완고한 경향이 있다. 그들은 확실성, 습관, 통상적인 일상에 높은 가치를 두고 주어진 역할 노릇에 따르는 태도로 반응한다. 빌이 관계 초기에 발생했던 사건에 대해 얘기했다. 나중에 그것이 자신의 닫힌 마음과 경직성, 성격적 특성을 보여준 사건이었고, 결국 그것으로 인해서 관계가 파탄에 이르렀다는 사실을 알게 됐다.

> 빌 저는 관계가 불안해지면 그것을 회피합니다. 상황을 이해하고 견뎌내면서 제 자신을 확장시켜보려고 하지 않습니다. 캐럴과도 그랬어요. 관계가 막 시작되었고 제 생애 처음으로 진짜 사랑에 빠진 것 같았어요. 어느 날 밤 그녀가 수영하고 싶다고 말했습니다. 달이 떠 있는 밤에 수영장에 아무도 없었으니, 참 낭만적일 수 있는 상황이었지요. 근데 저는 그녀의 말을 깔아뭉개며 바보 같다고 놀리고 말았습니다. "밤이야. 너무 늦었잖아. 물이 차가울 텐데, 지금 수영하자고?" 그때는 그게 정말 바보 같은 생각 같았어요. 인정해요. 캐럴은 실망한 듯 했지만 그럼, 혼자 수영하겠다고 말하더군요.
>
> 그렇게 저는 좋은 기회를 놓쳤습니다. 자신을 확장시킬 수 있

는 기회를 잡지 못한 거죠. 그녀와 뭔가 새로운 것을 해 볼 수 있는 기회였는데 말이죠. 그녀가 뭔가 즐기는 모습을 보지 못했고, 뭔가를 함께 한다는 것 때문에 고마워할 그녀의 마음을 놓쳐 버렸어요. 그냥 그녀를 막고 말았지요. 이제야 그런 비슷한 상황에 긴장하는 제 성향이 관계악화의 주원인이었다는 걸 알게 됐습니다.

돌이켜보니 저는 뭔가 좀 다른 일을 하는 것에 대한 불안을 회피하고 있었습니다. 사실 다른 사람을 정말로 사랑하는 법을 배우기보다는 제 자신의 일상과 안위가 우선이었습니다.

솔직함과 진실성

타인의 현실감을 방해하는 것은 아주 해가 되기 때문에 솔직함과 진실성은 커플 두 사람의 건강한 관계는 물론 행복을 위해서도 중요하다. 솔직하지 않고 진실하지 않으면 성숙한 대화를 할 수 없다. 겉치레나 기만, 주어진 역할노릇, 강요와 같은 행동의 끝은 대개 불행이기 쉽다. 거짓과 기만은 타인의 현실, 즉 그들이 지각하고 주관적으로 경험하는 진실에 대한 믿음을 산산이 부서뜨린다. 뒤섞인 메시지로 인해 혼란스런 분위기가 조성되고 커플 사이가 소원해진다.

솔직한 사람의 중요한 특징은 행동과 말의 불일치를 참지 못한다는 것이다. 솔직하고 신뢰할 만한 사람들은 타인뿐만 아니라 자기 자신에게도 자신을 정확하게 표현한다. 이렇게 진실하려면 자신을 알게 되는 고통을 겪어야 한다. 자기이해를 추구하기 위해서는 불쾌할 수 있는 자신의 성격과 기꺼이 마주할 수 있어야 한다. 방어적인 태도와 개인적인 한계를 극복할 때 진실한 사람이라면 약점이나 결점 때문에 자신을 미워하기보다는 잘못된 점이나 불성실한 부분에 대해 자각하며 고쳐나간다.

사람들이 객관성을 가질 수 있다고 해도 대부분 개인적이고 친밀한 관계에서는 현실감이 떨어질 때가 많다. 대화의 드러난 내용과 잠재된 의미의 불일치가 크면 클수록 문제가 생길 가능성은 더 많아진다. 게다가 커플사이에는 보통 암묵적으로 이런 불일치에 대해 말하는 것이 금지되어있기 때문에 상황은 더 악화되고 결국 관계는 더 소원해지게 된다.

많은 연구를 통해 말과 비언어적 표현이 모순되는 의사소통을 하는 커플의 결혼 불만족도가 높다는 것이 보고되었다. 이런 관계는 이중 메시지의 의사소통을 하지 않는 사람들보다 더 많은 고통을 겪는다(커네리(외), 1995, p.46).[3] 이 연구들은 "찡그림, 비웃음, 다양한 특징의 목소리(긴장하거나 짜증나거나 겁에 질린 목소리 등), 몸을 돌리거나 물러서는 행동(예: 넌더리나서 손사래를 치거나 무관심)" 등을 통해 비언어적인 부정적 메시지가 전달된다고 설명한다(커네리(외), 1995, p.46). 덕(1994a)은 고트만(1979), 그리고 고트만과 크로코프(1989)를 인용해, 이중구속의 상호작용을 할 때 비언어적으로 표현되는 부정적인 정동이 결혼파탄의 징조라는 사실을 보여주었다.

타인의 경계에 대한 존중

> *이 발달단계(단계 1: 통합)에 이른 개인은 심리내적으로 또 대인관계에서 독립성 욕구와 함께함에 대한 욕구가 서로 상충되는 것이라고 생각하지 않는다. 이 단계에서는 융합이 아니라 함께함과 실존적 분리에 대한 진지한 인정이 이뤄진다. 이것이 개별화와 분리의 단계다. 하지만 여기까지 온 사람은 거의 없다.*
>
> *–존슨(1987, 개인적인 의사소통, 쉬나흐의 인용, 1991, p.222)*

진짜 사랑하는 커플은 상대방의 동기와 욕망, 열망이 자신의 것만큼 중요하다는 인식을 한다. 실제로 이상적인 파트너는 자신과 상대방의 자유가 대립되는 것이 아니라 동일한 것이라는 개념이 있다. 사랑한다는 것은 한 개인으로서의 타인의 출현에 대한 기쁨과 그/그녀의 소망과 동기에 대한 민감성을 포함한다. 두 사람은 각자 상대방의 포부에 대해 마음을 같이 하고, 지배하거나 통제하려고 간섭이나 개입, 조종을 하지 않는다.

자립적이고 독립적인 사람은 파트너의 경계와 소망, 선호도를 진짜 존중한다는 것을 말과 행동으로 보여준다. 타인과 친밀해지기 위해서는 분리되고 자율적이어야 한다는 것을 알고 있다. 사실 가장 친밀한 사람이라면 상대방이 분리된 존재라고 생각할 수 있어야 한다. 그것이 상대방에 대한 세심함과 애정의 핵심이다. 사람이 자기에 몰두할 때, 즉 자기에게 집중하고 진정으로 개인주의적일 때만이 커플 두 사람 모두가 개인의 자유가 최우선이라고 생각하는 건강한 관계를 유지할 수 있다.

자신의 정체성이 분명한 사람들이 자기긍정을 위해 타인에게 의존적인 사람들보다 친밀한 관계를 이룰 가능성이 더 많다. 가족체계이론에 따르면 독립적인 사람이 자기분화 단계에 더 많이 도달한 것으로 본다(보웬, 1978, 케르 & 보웬, 1988).[4] 그리고 자신을 짝에게서 점진적으로 해방시킬 수 있다.[5] 그에 따라 자신의 가치체계를 지니고 스스로 자신의 인생방향을 정한다.

그러나 대개 이런 결별을 이루지 못하고 커플 두 사람은 자신과 상대방의 부모를 현 관계에 투사한다. 그래서 네 명이 추가되어 함께 한 방에서 캐묻고 지시하면서 두 사람 사이에 개입한다.

커플 가운데 한 사람 또는 두 사람 다 독립성이 없다면 순수하게 사랑하는 관계보다는 중독적인 애착관계를 형성한다. 의존적인 유대관계를 형성하려는 성향은 관습적인 사고방식에 의해 촉진된다. 우리 사회의 사람들 대부분이 커플관계와 결혼생활에서 실제보다 훨씬 더 많은 안정을 기대한다. 결혼을 하면 모든 욕구가 충족될 거라는 비현실적인 희망을 갖는다. 이런 기대는 관계에 상당한 부담이 된다. 분명한 것은 그런 비현실적인 기대를 충족시키거나 그런 이상화된 이미지에 부응할 수 있는 사람은 아무도 없다는 사실이다.

사람들은 대부분 자신을 지배적인 사람에게 양도하고 자신의 독립성과 자신의 의견을 포기함으로써 어느 정도 안정과 불멸을 획득할 수 있다는 믿음을 보여주는 행동을 한다. 다른 한편으로는 이런 불균형적인 생각을 하게 됨으로써 지배적인 사람으로 하여금 자신은 상처받을 수 없고 자신이 통제해야 한다는 잘못된 생각을 하게 만든다. 그런 관계에서는 평등과 진정한 우정, 자발적인 애정이 가능하지 않으며 각자의 독립성에 대한 노력과 활기가 느껴지지 않는다.

스킨십과 성생활

언어표현과 스킨십은 둘 다 커플관계에 도움이 되는 요소들이다. 서로 애정표현을 한다면 그것은 관계가 장기적이 될 거라는 좋은 징조다. 특히 성생활에 대한 열정이 좀 사그라지면서 성관계가 커플의 중심 생활이 아니게 될 때 애정표현이 더욱 중요하다. 애정표현과 스킨십을 통해 시간이 흘러도 원래의 친밀함을 유지할 수 있기 때문이다.

건강한 관계라면 자발적이고 정서적으로 친밀한 성관계를 한다. 결코 중독성향을 보이거나 비인격적이거나 기계적이지 않다. 두 사람 모두 성에 대해 성숙한 태도를 보이고 그것이 다른 생활과 분리된 행위라고 여기지 않는다. 삶에 섹스의 역할이 중요하다는 인식을 한다. 그렇다고 그 의미를 과장하지는 않는다. 성적인 관계가 두 사람에게 긍정적인 기쁨을 주고 삶을 충족시켜주는 것이라고 여긴다. 성생활에 대한 자연스러운 표현이 한 사람의 행복과 전반적인 삶의 즐거움에 끼치는 영향력은 상당하다. 남성 또는 여성으로 자신을 느끼는 방식이나 자신의 육체에 대한 생각, 섹스에 대한 태도에 따라 자기감과 행복이 커질 수 있기 때문이다.

그런데 많은 부부가 무의식적으로 성욕에 대한 자연스러운 마음과 표현을 억제하거나 망설인다. 이것은 유아기에 뿌리를 둔 깊숙이 억압된 공포와 분노감정 때문이다. 이들은 건강한 성생활은 물론 스킨십이나 매력도 억제한다. 이런 경우에 성 억제 문제가 커플문제의 핵심을 차지하며 두 사람 모두에게 상당한 고통을 안겨준다. 습관적인 억제 패턴은 "목소리"의 파괴적인 사고과정에 의해 조종되거나 많은 영향을 받는다. 시간이 지나면 자동적으로 성적인 반응이 억제되고 파괴적인 태도는 깊숙이 억압되기도 한다.

사람들은 서로 애정과 감정을 주고받고 본능적인 신체반응을 하게 되는 가장 친밀한 관계에서 가장 많은 왜곡을 할 수 있다. 가장 이상적인 상태인 애정과 섹스의 결합을 회피하면서 두 영역 중 하나에서 철수하는 경향을 보인다(파이어스톤, 1985).

애정 어린 성생활이 서서히 진통제나 마약처럼 습관적이고 의례적인 행위로 변해가면서 점차적으로 친밀감이 떨어질 수 있다. 이런 비인격적이거나 기계적인 방식은 성관계의 질을 손상시키며 두 사람의 앞날이 부정적일 것을 암시한다(9장 참조).

개방적인 관계와 배타적인 관계

커플의 성적 관계가 개방적인가 배타적인가 하는 문제는 어떤 원칙이 주어진다고 해도 상당히 복잡하다. 일반적으로 친밀한 대인관계에 제한이 있는 것은 바람직하지 못하다. 그것 때문에 파트너의 마음에 화가 생길 수 있기 때문이다. 그러나 성적 자유로움도 파트너에게 상당한 고통을 안게 주게 마련이다. 이것은 커플들에게 심각한 딜레마다. 커플은 처음에 각자의 감정과 욕망을 존중한다는 기본 원칙에 서로 동의한다. 합의된 원칙을 어겨서는 안 된다. 뭔가를 바꾸려면 그전에 두 사람이 상의해야 한다. 이 점에 대해 한 환자가 다음과 같이 말했다. "나는 열린 관계를 지지한다. 하지만 최후까지 계속 내가 선택되기를 희망한다."

깊고 친밀한 관계는 제약이 없을 때 가장 만족스러울 수 있다. 서로의 독립성과 자유를 존중하는 친밀한 관계는 정적인 상태에 머물지 않고 계속 발전해나간다. "이상적인" 관계라면 배타적이거나 닫혀있지 않은 열린 관계일 것이다.

다른 성적 관계를 배제하는 배타적인 관계는 본인의 성생활을 파트너에게 맡기겠다는 헌신적인 관계에 합의함으로써 성적인 매력의 감퇴라는 부정적인 결과를 가져올 수 있다. 자신의 성생활을 한 사람에게만 제한하는 배타성은 어쩌면 자연스런 본능에 역행하는 것이 될 수 있고 그에 따라 성욕이 감소되고 서서히 성생활을 함께 하지 않게 된다. 실제로 많은 커플들에게 일어나는 현상이다.

좀 더 복잡한 문제는 많은 사람들이 배우자에 대한 신의 원칙에 동의하지만 나중에 위반한다는 사실이다. 기만하고 신뢰를 저버리는 행동이 성적인 부정 그 자체보다 관계에 더 나쁜 영향을 끼칠 수 있다. 이런 의미에서 커플이 서로 열린 태도로 솔직한 관계를 하고 있고 상대방에게 지나친 고통을 주지 않는다면 불륜사건이 도덕적으로 "잘못된" 것이라고 볼 수 없을 지도 모른다. 그러나 비밀스럽고 기만적인 불륜은 도덕적으로 잘못된 것이라고 간주할 수 있다. 왜냐면 파트너 개개인의 진실성이 성적인 문제보다 더 중요하기 때문이다.

우리 사회에서는 일부일처제 관계가 "개방결혼"보다 좀 더 많은 안정과 확신을 주고 사랑이 오래 지속될 수 있을 것이라고 생각한다. 많은 남녀가 경쟁에 대한 무능함과 두려움을 보상하기 위해서 자신의 짝을 소유하고 통제하려고 한다. 보통 사람들은 소유라는 단어의 의미 그대로 자신이 가족의 소유라는 것을 생애 초기에 학습 받았기 때문에 가족은 서로에게 "속해있다"는 전제하에서 행동한다. 그래서 사람들은 나는 나 자신의 소유라는 말이나 나는 내 자신의 삶에 대한 권리가 있다는 말을 이해하지 못한다. 사람들은 자기 자신이나 자신의 짝이 독립적인 존재라는 생각을 하지 못한다. 그에 따라 사람은 죄책감을 이용한 조종을 당하기 쉽다.

배타적인 관계가 부과하는 제약들을 고려해보면서 다음과 같은 질문을 해봐야 한다. "어디까지 선을 그어야 할까? 다른 여자(또는 남자)랑 커피를 마시거나 점심 먹는 것이 잘못된 일일까? 동료를 다정하게 포옹하는 것은? 성교는 하지 않고 성적 유희를 하는 것은?" 다양한 모습으로 성이 만연해있는 현대사회에서는 삶의 어느 부분을 차단하지 않고서는 성을 배제할 수 없다는 사실은 누구나 잘 알고 있다.

자유로운 선택을 하게 하지 않고 의무로 바꿔놓는 것은 삶의 한 부분을 포기하게 만드는 것이고, 비교적 낮은 단계의 자기분화 모습을 보여주는 것이다(케르 & 보웬, 1988). 한 사람의 소망과 욕망을 다른 한 사람에게 양도하거나 포기하는 행위는 분리나 소외, 죽음과 같은 실존적인 문제를 인식하지 않으려는 절박한 시도라고 볼 수 있다. 자신의 기호와 선택권을 부인하면서 삶의 한 부분을 포기하면 소외되고 분리되었다는 마음은 줄어들 수 있다. 하지만 그 결과 삶의 활기를 잃게 된다.

하지만 자유를 포기하거나 양도한다는 것이 제약이 되기는 하지만 그런 희생이 가치가 있는 경우도 있다. 자신의 불륜이 상대방에게 과도한 고통을 안겨준다는 사실을 인지하는 파트너라면 배타적인 관계에 머물고 싶어 할 수 있다. 보통 가장 좋은 경우는 선택의 자유를 유지하면서도 규범과 제약으로 서로를 제한하거나 요구하지 않는 것이다. 결혼이 지닌 배타성이 자유와 독립성을 보장한다는 정책을 위반하고, 그런 의미에서 관계에 해로운 영향을 줄 수 있다고는 하지만 그래도 기본원칙에서 출발하는 것이 여전히 유용할 것이다. 두 사람 사이에 다른 긍정적인 것들이 잘 작동되고 그 밖의 다른 자유를 존중하는 관계에서는 양해나 타협이 잘 이루어질 수 있다.

공감과 이해 Empathy and Understanding

공감과 이해는 진짜 친밀한 관계에 필수적인 요소다. 공감은 상호주관적인 경험이다. 상호주관적인 경험이란

> 다른 사람을 그의 마음이 되어 느껴보는 것이다. 즉... (그것은) 너의 경험 x가 나한테 일어난다면 나는 어떤 마음이 드는가가 아니라 x가 너에게 일어났을 때 너는 어떤 마음인가를 느껴보는 것이다. (덕, 1994b, p.90)

아이크스, 투크, 스틴슨, 베이커, 비소네트(1988)에 의하면 이해는 상호주관성과 관련이 있다.

> 상호작용하는 두 행위자는 그들의 공통된 경험을 구성하게 될 물리적 사실(특히 말과 행위)을 능동적으로 결정할 능력을 공유한다. ... 그들은 성공적으로 의사소통하기 위해 노력함으로써 상호주관성을 발전시켜나가고자 하는 결정에 대해 책임을 공유한다. (p.81)

이 저자들은 "둘 이상의 마음이 '만나고' 상호작용하게 하는 "상호주관적인" 현상에 좀 더 주목할 것을 제안했다(p.82).

이해의 기능은 두 사람 사이에 어느 정도 공통성을 갖게 하는 것이다. 그러나 차이의 기능이 될 수도 있다. 이에 대해 콜맨(1995)은 다음과 같이 말했다.

> 두 사람이 서로의 박탈감이나 곤경에 대해 공유된 이해를 바탕으로 서로를 선택하면 곧바로 그 "어떤 것인지 안다"는 상대방의 능력 때문에 다른 경험을 할 수 없게 된다. (p.61)

서로 좋은 마음으로 상대방을 존중하면서 공유된 사고방식이나 가치에 대해 얘기할 때 자신이 이해받거나 인정받는 것 같은 마음이 든다. 좋은 관계에서는 커플 구성원이 차이

도 솔직하게 표출한다. 이런 자기노출은 자신이 이해받고 특별한 사람이라는 느낌을 주는 긍정적인 효과가 있다. 커플사이의 이해를 촉진하기 위해서는 유사성은 물론 차이에 대해서도 지속적인 대화를 해나가야 한다. 그러면 친밀감이 쌓일 수 있는 바탕이 마련된다.

반대로 두 사람사이에 공감이나 이해가 부족하면 상호작용과 관계가 어려워진다. 파트너가 자신의 말을 듣고 있지 않거나 진지하게 받아들이지 않거나 이해하지 못할 때 상처 받고 적대심이 커진다. 오해받는 느낌은 부모의 왜곡된 생각을 경험한 어린 시절에서 비롯된다. 많은 부모들이 자신의 방어 때문에 자식에게 좋은 감정을 느끼지 못하거나 자식의 마음을 공감해주기 힘들어한다. 무시와 무관심으로 인해 아이들의 마음에는 관심 받지 못한다는 고통스러운 감정이 생기고 그 마음은 어른이 되어서도 지속된다. 많은 부모들이 자녀의 동기를 오해하고 자녀의 행동에 자신이 모르는 의도성이 있을 수 있다고 생각한다. 예를 들면 부모들은 독립하려는 청소년의 행동을 탈선이나 거부라고 잘못 해석할 때가 많다(리치맨, 1986). 생애 초기 부모와의 상호작용에서 셀 수 없이 많은 "공감의 실패"(코헛, 1977)로 아이는 나중에 커서 많은 오해를 하고 예민해진다.

우리 사회에는 아이의 본성에 대해 기본적으로 잘못된 인식이 폭넓게 존재한다. 이런 오해가 아이에게 미치는 영향은 파괴적이다(파이어스톤, 1990b). 보통 어른들 대부분이 아이를 실제보다 능력이 부족한 지소형으로 생각한다. 아이들은 자신의 실제 능력과 잠재성에 대해 전반적으로 인정받지 못한다고 느낀다. 나중에 어른이 되어서 자신의 짝에게 인정받지 못하거나 오해받고 있다고 느낄 때 고통스러워한다.

커플관계의 만성적인 오해패턴은 자기나 파트너에 대한 왜곡된 사고에서 생겨난다. 왜곡된 사고 또는 "목소리"는 두 가지 주요 방법으로 그 모습이 드러난다. 첫째는 (a)잘못 판단 받고 있다는 느낌을 갖게 하는 부정적인 추측이나 사고방식이다. 이 경우에는 마치 자신에게 누군가가 말하고 있는 것처럼 내적 대화를 따라 생각한다. "그/그녀가 정말 너를 알게 되면 떠날 거야." "아무도 너를 사랑하지 않아." 두 번째는 (b)오해받거나 희생당하고 있다는 감정에 사용되는 파트너에 대한 부정적인 인식과 왜곡이다. "그/그녀는 너를 잘 대해주지 않아." "그/그녀는 너를 이해 못해." "아무도 네 마음을 이해하지 못해." 자신과 다른 사람에 대한 부정적인 공격인 이 두 유형의 목소리는 고립감을 가져온다.

오해받고 있다고 느끼며 자란 사람들은 자신의 분노감정을 파트너에게 투사하고 과잉 반응한다. 자신의 분노를 짝에게 투사해놓고 상대방의 짜증이나 분노를 왜곡하고 과장한다. 상대방이 보이는 약한 정도의 분노도 심한 적대심의 표현으로 잘못 해석하고 아주 모욕적으로 받아들이며 파트너의 기분변화에 과잉 반응한다. 이때 싸움이 벌어질 수 있다.

불합리하게 오해받고 있다고 느끼는 성향은 자신의 부모에 대해 현실적이고 객관적인 생각을 하지 못한 것과도 관련이 있다. 대개 목소리가 조장한 타인에 대한 부정적인 기대감은 원가족에 대한 이상화 이미지를 유지시켜준다. 아이들은 특히 자신을 위협하는 부모의 특성을 알려고 하지 않고 가족 밖의 사람에게 그것을 투사하려고 한다(파이어스톤, 1985). 부모가 옳고 우월하고 타인이 틀렸고 열등하다고 판단함으로써 아이들은(나중에 성인이 되어서도) 원가족에 대한 환상을 보존한다. 자신을 희생해서 가족을 보호하는 행위는 나중에 파트너의 반응을 왜곡하는 결과를 낳는다.

위협과 조종을 하지 않는 행동

종종 커플 구성원들은 상대방을 조종하고 통제하기 위해서 다양한 게임이나 계책을 사용한다. 지나치게 의존적인 행동이나 감정 붕괴, "묵살이나 무시"로 상대방 벌주기, 또는 언어폭력이나 물리적 힘으로 위협하여 제압하기 등 다양한 전략이 사용된다. 대화의 주요 세부사항을 누락시켜 상대방을 조종하기도 한다. 좋은 관계를 위해서는 어느 정도 솔직하게 정보를 나누는 것이 필요하기 때문에 어떤 문제를 누락시키는 것도 일종의 거짓이고 기만이고 속임수다. 어떤 경우에는 노골적으로 거짓말을 한다. 그러는 과정에 파트너의 현실을 부인함으로써 그/그녀의 인식을 왜곡한다. 대개 의도적으로 조종하거나 기만하는 행위는 신뢰감을 떨어뜨린다.

수동성이나 연약함, 수동적인 공격성, 그리고 다른 부정적인 힘을 통한 약자의 횡포는 상당히 효과가 있다. 이것을 이용해 "상대방을 동조하게 만들 수 있다." 이것은 실제로 결혼생활에서 흔하게 발견된다. 사람들은 바람직한 행동을 하도록 잔소리를 듣거나 추궁을 당하거나 위협당할 수 있다. 하지만 효과는 별로 없고 또 금방 사라진다. 사람들은 서로를 성공적으로 속박할 수 있다. 하지만 그 과정 중에 자기 자신과 상대방에게 상처를 주게 된다. 죄책감을 자극해 타인을 조종하면 분노와 긴장감을 조성하고 마음에 있을 수 있는 진짜 감정을 뒤집어 놓는다.

반대로 조종하지 않고 위협하지 않는 커플 관계는 그 결과가 긍정적이다. 통제나 조종, 위협행위가 없으면 좋은 감정이 유지되고 그에 따라 커플 사이에 신뢰감과 안정감이 쌓인다.

건강한 관계의 다른 특징

성공적이고 건강한 관계의 특징은 두 사람 모두 좋은 관계 건설에 높은 가치를 둔다는 것이다. 두 사람 모두가 친밀한 관계를 이루는 과정에 자연스럽게 생기는 스트레스를 기꺼이 받아들이려고 한다. 그리고 슬픔도 건강한 관계를 이루는 한 부분이라고 인식할 것이다. 사랑하는 사람과 애정을 주고받다보면 가슴 저린 슬픔이 일어난다는 사실도 알고 있을 것이다.

의무보다는 자유로운 선택이 건강한 관계의 특징이다. 두 사람은 욕구가 아니라 사랑 때문에 상대방을 선택한다. 습관이 아니라 지속적인 선택을 통해 처음의 설렘을 유지한다. 두 사람 모두 서로 사이가 무뎌지고 무감각해지거나 일상적이 되는 것을 기본적으로 달가워하지 않을 것이다. 선택이 별로 없는 습관적인 관계방식을 고수하기보다는 낭만적인 불꽃이 계속 일어나도록 노력할 것이다. 자기 자신뿐만 아니라 파트너의 개인적인 성장과 행복에 관심을 가질 것이다. 두 사람 중 어느 누구도 상대방을 당연하다고 생각하지 않는다. 대신에 상대방의 애정과 관용, 성적 쾌락을 주는 행위를 감사하고 솔직하게 인정한다. 이런 커플은 서로 지속적으로 애정과 관용, 사랑을 나눈다는 특징이 있다.

성공적인 관계를 하는 사람들은 대개 보상적인 특성보다는 비슷한 특성을 근거로 짝을 선택한다. 하지만 자신의 공허나 결핍을 채우기 위해 선택이 이루어진 경우에는 관계가 만족스럽지 못하거나 문제가 있을 수 있다. 두 사람이 서로 기본적인 가치나 신념, 인생철학을 공유하고 또 대인관계에 대해 비슷한 목표를 가지는 것이 좋다. 또한 파트너가 된 그/그녀의 새로운 관심사나 관점, 경험에 마음을 열어놓는다. 전반적으로 정치나 종교에서도 차이에 대해 관용적인 사람들이 독단적이거나 편협한 사람들보다 만족스러운 관계를 가질 수 있다.

의사소통

진정한 우정은 서로를 존중하고 이해하며 역동적이고 솔직한 대화를 나눈다는 특징이 있다. 우정관계에서는 서로 자신의 생각과 의견을 말하도록 장려한다. 좋은 친구라면 자신의 문제나 불만을 "떠넘기지" 않고 자신의 불안과 어려움에 대한 책임을 모두 스스로 진다.

우정관계처럼 이상적인 커플의 의사소통도 상대방의 감정에 대해 공감하고 배려하며 솔직하고 단순명료하고 표리부동하지 않은 태도를 보인다. 어느 누구도 상대방을 대신해 말하지 않고 각자 자신의 생각과 감정, 포부를 자유롭게 표현한다. 상대방이 저녁에 뭘 할 것인가와 같은 아주 단순한 질문을 물어볼 때도 상대방을 존중하는 태도를 보인다. 그것은 상대방의 의지와 기호, 목적을 인정하는 행위다.

각자의 감정을 표현하도록 하는지 아니면 방해하는지에 따라 두 사람의 상호작용을 분석해볼 수 있다. 언변이 좋고 빈정거리거나 잘난 체하거나 인정을 요구하는 의사소통은 친밀감을 해치며 두 대화참여자의 내향성과 가짜독립적인 성향을 촉진시킨다. 반면에 솔직하고 열린 마음의 대화는 서로를 더 가깝게 해준다. 진짜 친구관계는 적대심이나 분노를 행동화하지 않고 지속적인 대화로 표출한다. 부정적인 인식이나 실망, 상처받은 감정을 처리해 나가다보면 불만을 깨끗하게 해소할 수 있게 될 것이다.

나는 상담을 하면서 관계를 막 시작했거나 배우자 없이 혼자 상담을 하러 온 남녀가 대체로 대화를 할 때 솔직하고 단순명료하다는 사실을 발견했다. 반면에 전문적인 도움을 구하러 합동치료를 찾는 장기 커플의 경우는 대개 그렇지 않았다.

대개 관계를 시작한 커플들은 속이거나 조종하려고 하지 않았고 위협적인 말을 사용하지 않았다. 상대방이 자신을 오해하거나 비난하고 있다는 느낌을 받지 않았고 자신의 문제를 상대방에게 투사하는 일이 거의 없었고 상대방의 피드백에 대해 비평받았다고 느끼거나 방어적이 되지 않았다. 그들은 좋은 마음뿐만 아니라 부정적인 정서에 대해서도 솔직하게 대화하려고 노력했다. 또한 그들의 대화는 재밌고 개인적인 내용이었고 나를 대화에 참여시켰다. 반면에 이미 관계가 지속된 커플의 대화는 지루하고 반복적이었고 나를 배제시키는 경향이 있었다.

커플 구성원들 간의 대화를 분석하는 과정에 나와 동료들은 눈에 띄는 빈정거림이나 적대적인 비평, 충고하기 같은 언어적 폭력 외에도 연합 상상이나 환상연합 상태를 유지하려고 사용하는 미묘한 방식을 발견했다. 예를 들면 서로에 대해 좋은 얘기를 하면서 자신들이 하나라고 표현하기 위해서 "우리"라는 인칭대명사를 사용한다. 이들은 대개 서로 상대방에 대한 소망을 직접 말할 기회를 잃어버렸고 점점 자신의 마음을 나누려고 하지 않았다. 특히 방어의 문제에 대해 서로 도전해보려고 하지 않았고 솔직한 피드백을 받으면 앙갚음을 하는 경우도 있었다.

"최적의" 커플이나 아주 건강한 커플에 대한 연구를 한 월러스타인과 블레이크스리(1995)는 관계가 시작될 때 두 사람이 나눴던 솔직한 의사소통 방식을 계속 유지한 소수의 커플들에게서 다음과 같은 점을 발견했다.

> 이런 남녀의 일상적인 상호작용에 대해 말할 때 흔히 놓치는 부분이 있다. ... 두 사람은 상대방의 말을 주의 깊게 경청했고 솔직하면서도 지혜롭게 말하려고 노력했다. 하지만 그들은 진정한 의사소통이란 언어 그 이상이라는 사실을 직관적으로 알았다. 그래서 대화할 때 기분의 변화나 얼굴표정, 신체언어 등 마음 상태를 드러내주는 다른 표현수단에 주목한다. (p.335)

결론

커플관계 성공에 영향을 주는 가장 중요한 요소는 선택과정이다. 그때 선택된 파트너는 마음이 건강하고 되도록 방어를 하지 않는 사람이다. 정서적으로 건강한 사람들은 삶에 많은 투자를 하고 좋고 나쁜 것에 대해 적절한 감정 반응을 한다. 자신의 감정조절을 할 수 있는 사람들은 삶을 활기차고 신나게 산다. 감정을 느낄 수 있는 능력은 자발성과 창조성을 갖게 해주어 개성의 영역을 넓혀준다(파이어스톤, 1988).

반대로 방어적인 사람들은 마음 속 깊은 감정에 접근할 수 없게 되어 점점 더 피상적이 되고 위축되고 자기 부정적이며 적대적이 된다. 친밀한 관계에서 방어를 유지하려면 사랑하는 사람에게 파괴적인 영향을 주지 않을 수 없다. 자신에게 주어지는 배려를 받아들이지 못하면 상대방에게 상처를 주게 될 것이다. 그래서 자신이 부족하거나 나쁜 사람이라고 생각하게 되고 그 생각에 맞춰 행동하게 될 것이다. 그렇게 되면 함께 행복하게 살고자 하는 노력이 수포로 돌아가게 될 것이다. 자신이 사랑받을 만한 사람이라는 이미지를 받아들이지 못하는 여성이 그녀에게 사랑을 건네는 남성을 처벌할 수 있고, 자신이 차갑고 매력이 없다고 생각하는 남성이 자신에게 관심을 보이는 여성을 의심하고 거부할 수 있다. 실존의 고통과 슬픔, 친밀한 관계에서 생길 수밖에 없는 감정으로부터 자신을 보호하려고 하면 자신을 가장 좋아하는 사람을 밀어내게 된다.

그런 까닭에 친밀한 관계를 유지하기 위해서는 상대방의 호의적인 태도에 자신의 방어체계가 위험해질 수 있다는 두려움을 기꺼이 마주해야 한다. 진정한 애정과 사랑을 받아들이기 위해서는 자발적으로 부정적인 목소리에 도전하고, 가족 안에서 형성된 자신의 부정적인 이미지를 바꾸고, 놓아버리면 죽을 것 같이 느껴지는 오래된 방어기제를 포기해야 할 것이다. 덧붙여 누군가 자신을 특별하고 매력 있는 사람으로 봐주고 자신이 괜찮은 사람이라는 생각이 들 때 슬픔이라는 고통스러운 감정이 일어날 수도 있다. 사랑하고 사랑을 받아들이고 인간과 인간의 경험을 소중히 여기는 과정이 기쁨과 행복을 가져다주기도 하지만 그로 인해서 실존에 대한 걱정이 많아지고 삶 그 자체의 허무함과 소중함에 가슴 저린 아픔이 일어나기도 한다.

미주

1) 제이콥 아로우(1986)는 "대상 개념과 대상 선택"이라는 논문에서 다음과 같은 결론을 내렸다.

> 임상에서는 한 개인이 사랑할 사람을 어떻게 선택하는지 그리고 사랑이 어떻게 표현되는지에 관한 문제가 다뤄진다. 그것은 한 개인의 모든 경험을 통합하는 복잡한 과정이다. 그 과정은 대개 한 개인의 세상에 대한 인식을 지배하고 경험을 인지하고 해석하는 정신적인 틀을 만들어내는 몇 가지 주요한 무의식적 환상에 따라 이루어진다. (p.145)

머레이 보웬(1978)은 자기분화 수준이 낮은 사람은 자신과 비슷한 수준의 짝을 선택하는 경향이 있고 그 결과 심각한 역기능의 결혼과 가족 체계를 이룬다는 사실을 알아냈다. 이런 사람들의 선택은 불안이 따르더라도 좀 더 높은 수준의 자기 분화를 향해 나아가려는 것이 아니라 욕구나 결핍을 채우기 위한 시도였을 것이다.

2) 버스와 슈미트(1993)에 의하면 전체 짝짓기 중에서 여성보다 남성의 단기 짝짓기 비중이 더 크다. 두 사람은 남성과 여성이 직면한 차별적 번식제한에 대한 논의를 하면서 다음과 같이 말했다.

> 남성들은... 주로 자신이 수정시킬 수 있는 가임 여성 수에 따라 번식성공에 제한을 받았다. 그 반면에 여성들은 자신이 성적인 접근을 할 수 있는 남성수가 아니라 첫 번째는 자신과 아이들을 위해 확보할 수 있는 외적 자원의 양과 질, 그리고 두 번째는 남성 유전자의 질에 따라 번식성공에 제한을 받았다. (p.206)

<쿨리지 효과>에서 윌슨(1981)은 전반적인 선택과정의 남녀 차이에 대해 설명했다. 남성들은 자신의 기호가 있기는 있다. 그런데 선호도 순위가 낮은 여성과의 섹스를 아주 싫어하지는 않는다. 반면에 말 그대로 꽤 많은 여성들이 "그 남자가 이 지구상의 유일한 남성이라고 해도" 그와 자고 싶어 하지 않는다. (p.114)

3) 커네리(외)(1995)는 "언어기호의 의미를 해석하는 데 비언어적인 기호가 도움이 된다. 예를 들어 부정적인 정동이 수반된 동의는 야유나 의견 차이를 나타낸다." (p.46) 고트만(1979)은 "그런 까닭에 언어적 행위의 긍정적/부정적인 측면보다 비언어적 행위의 긍정적/부정적인 측면으로 고통 받는 커플과 고통

받지 않는 커플을 더 잘 식별할 수 있다."는 결론을 내렸다. (p.108)

커플의 방어에 대한 연구에서는 비언어적인 행위가 불만스러운 커플을 더 잘 식별해내는 것으로 사용되었다. 두 사람이 대립과 대립, 대립과 방어, 불평과 방어 그리고 방어와 불평의 상호작용을 하면서 비언어적으로 소통되는 부정적인 정동이 가장 중요한 요인인 것으로 여겨졌다. 일반적으로 특정한 메시지에 담긴 의미는 대부분 비언어적으로 전달된다. (뉴튼 & 버균, 1990; 와츨라윅(외), 1967)

4) 보웬(1978)은 그의 최고의 연구 <가족 치료 임상 현장>에서 전형적인 커플을 다음과 같이 묘사했다. "원가족과 떨어져 사는 보통 핵가족 부부는 서로 그리고 자녀들과 정서적으로 '융합' 되어있다. 그들은 융합을 벗어나기 어렵다." (p.545)

5) 월러스타인과 블레이크스리(1995)는 "좋은 결혼생활"을 하는 커플의 첫 번째 과제가 원가족과 분리하는 것이라고 주장한다. "심리적 분리란 서서히 가족과의 정서적인 유대관계에서 분리되는 것을 말한다. 아들 또는 딸에서 아내 또는 남편으로의 정서적인 자리바꿈은 부모와의 애착관계와 갈등을 *내면적으로* 해결할 때 이뤄진다." [이탤릭체 추가] (p.53)

5
이상적인 가족의 특징

아기는 충분히 잘 안아주는 환경에서 유전적인 성향에 따라 발달하면서 존재의 연속성을 갖는다. 그것은 존재한다는 느낌, 즉 자기감이며 궁극적으로 자율성을 이룬다.

–*D.W.* 위니캇(1986, p.28)

오늘날에는 가족에 대한 이상화와 냉소주의가 대립한다. 그런데 우리 사회의 가족생활과 그 영향에 관한 통계를 보면 "정상"이라고 여겨지는 것이 병리적이 될 수 있다는 사실을 인정하지 않을 수 없게 된다.[1] 예를 들어 "1997년(미국) 소비자가격조사CPS 보고에 따르면 아동학대 희생자라고 보고된 아동이 3백19만5천명이라고 추정했다"(웽 & 다로, 1998, p.3). 국가적 조사 응답자의 거의 50%가 "최소한 생애 한 번의 심리장애를 보고했고 30%에 가까운 사람이 12개월의 장애를 보고했다"(케슬러(외), 1994, p.8). 17분마다 자살이 일어난다고 추정되며 일 년에 7십7만5천명의 자살시도가 일어난다. 15세에서 24세 젊은 이들의 두 번째 사인이 살인이다(매킨토시, 1998).

아이들이 평균이나 "정상" 가정에서 성장하는 과정에 받는 여러 가지 피해를 알기 위해 굳이 통계에 의존할 필요는 없다. 부정적인 부모의 행동은 공공장소에서 쉽게 목격되고 청소년 문제 또한 미디어를 통해 지속적으로 조명되고 있기 때문이다.

나의 임상연구 결과도 다른 사람들(브리에르, 1992; 헤슬러, 1994; A.밀러, 1980/1984)과 같다. 즉 신체적, 성적, 정서적 아동학대가 만연해있고 그 영향이 오래 지속된다는 것이다. 200명이 넘는 환자와 연구 참가자들에게 집중적인 감정방출 치료법을 적용하면서 동료들과 나는 한 사람도 예외 없이 모두들 이전에 억압했던 정서적 고통을 표현해내는 것을 보았다. 참가자들 대부분이 아동기의 고통스런 사건과 현재 문제의 연관성을 확실히 이해했다. 그들은 회기를 통해 다시 경험하기 전에는 과거의 심리적 고통을 생각나게 해주는 것을 회피하려고 방어적인 태도를 유지했었다. 나는 어떤 아동도 인격발달 과정에서 상처를 입지 않고 성인이 될 수 없고 그로 인해서 심리적 기능에 장애가 발생하고 대인관계의 질이 저하된다는 결론을 내리지 않을 수 없었다.

우리가 규범의 병리적인 면을 강조하는 이유가 여기에 있다. R.D. 랭(1990)은 다음과 같이 말했다. "병적인 측면이 (우리가) 살고 있는 사회의 기조를 이루는 규범이며 기준이 되었다. …"(p.xi) 어떤 의미로는 규범이 병을 일으키는 원인이 되었다. 그래서 그렇게 많은 결혼이 실패하고 그렇게 많은 가족이 역기능적이며 정신질환 발병률이 높아지고 있는 것이다. 그렇다고 해서 회의적이 될 필요는 없다. 파괴적인 패턴과 그 근원을 인식하게 되면 그것에 대처하고 변화시킬 방법을 찾을 수 있고, 그 결과 아이들을 양육하기에 좀 더 건강한 가족을 이루려는 목표를 향해 나아갈 수 있을 것이다.

건강한 가족의 기능

가족의 주된 목적은 아이의 잠재성을 키우고 성장하도록 해주며 가능한 자율성과 자기감이 최대한 발달할 수 있게 해주는 것이다. 최적의 성장에 이바지하는 것은 어떤 것들이 있을까? 아이의 발달과 동·식물 발달의 유사성을 말하는 사람도 있다. 식물과 동물이 생존하고 성장하기 위해서는 당연히 필요한 기본적인 요소들이 있다. 마찬가지로 인간이 자신의 최대 잠재성을 발휘하려면 특정한 환경조건이 필요하다. 유아는 음식과 물, 온기와 보금자리, 그리고 생존하기 위한 최적의 시청각, 촉각의 자극이 필요하다. 인간은 사회적 동물이기 때문에 누구나 타인과의 유대관계에 대한 기본적인 욕구가 있다. 성장하는 아이에게는 공감적이고 다정한 성숙한 어른이나 긍정적인 롤모델이 되어줄 어른이 필요하다. 이상적인 조건이라면 대인관계를 통해서 행복과 삶의 의미추구를 촉진시켜 줄 친밀하고 진정한 경험을 하게 될 것이다.

사랑 양식Love-Food 개념

부모가 유아나 아동에게 적절한 정서적 자양분을 제공하기 위해서는 세심하게 먹이고 돌봐줄 수 있고 적절한 통제와 방향을 제시해 줄 수 있어야 한다(위니캇(1960/1965b).* 일차 양육자의 기능은 사랑 양식을 제공하는 것이다. 사랑 양식은 마음의 자양분이라고 정의

할 수 있다. 그것은 성장하는 아이의 욕구를 충족시켜주고 특정문화에서 아이가 성장하는 데 필요한 사회화과정에 적응할 수 있게 해주려는 부모의 의지와 능력에서 나온다. 정서적 자양분은 아이의 신체를 넘어 마음(자기구조)에 전달된다. 심리적 자양분에는 두 가지 본질(산출물과 지향성)이 있다. 이론에 의하면 사랑 양식은 단어의 의미대로 육체와 마음 둘 다의 생존에 꼭 필요한 것이다(파이어스톤, 1957, 1984, 1985, 1997a).†

사랑 양식의 공급에는 부모의 의지는 물론 동기부여도 필요하다. 의지가 약한 부모의 사랑만으로도 강한 부모의 사랑 없는 통제로도 아이에게 정서적 안정을 주기에는 충분치 않다. 예를 들어 부모가 따뜻한 사람이기는 하나 미성숙하거나 무능력하면 아이들에게 자기통제나 자기조절을 가르칠 수 없다. 아이가 자신의 분노감정 표출을 통제하는 법을 배우지 못하면 지나치게 불안해하고 심한 고통을 느끼며, 그 결과 반복해서 적대심을 행동화하고 자신에 대해 부정적인 태도를 취하게 되고 심한 자기혐오감을 보인다. 무능한 부모의 과도한 회의주의는 아이를 적절하게 사회화할 수 없게 만든다. 즉 아이는 자신의 경계와 타인의 경계에 무감각한 사람으로 성장한다.

반대로 과도하게 권위적이고 다정함과 따뜻함을 주지 못하는 부모는 아이가 긍정적인 인생경험을 하는 데 필요한 요소를 제공해주지 못한다. 사랑을 밖으로 표현해주지 않으면 아이는 자신이 인정받지 못하고 사랑스럽지 않다고 생각한다. 많은 사람들이 자신을 위한 여지가 거의 없는 엄격한 초자아 구조를 형성한다. 성인이 되어서는 자신에게 다정하고 부드럽게 다가오는 사람들을 의심하고 피하려고 한다.[2)]

사랑 양식을 제공하는 부모는 아이와 천성 그대로, 즉 "부모 자신의 모습 그대로" 상호작용하는 정서적으로 성숙한 단계에 도달한 사람이다. 반대로 방어적인, 즉 자신의 일시적 정체성이나 부모역할을 행동화하는 부모는 아이가 부모를 인간적이고 다정하다고 느낄 수 있는 기회를 무심코 거부한다. 아이는 부모역할 뒤에 있는 진짜 부모를 사랑하고 싶어 한다. 그 기회를 박탈당하면 많은 고통을 겪는다. 그래서 소위 좋은 부모가 되는 법을 가르치는 책은 위험할 수 있다. 특히 부모 행동목록에 삽입된 반응들은 대부분 진짜가 아니며, 그래서 아이의 현실검사 능력을 손상시키는 엇갈린 신호가 된다.

불행하게도 대부분의 부모가 아이에게 사랑 양식을 제공할 정도로 정서적으로 충분히 성숙하지 못했다. 아이의 물리적 생존을 위해 돌봐주기는 하지만 아이의 특별한 관

---

* 위니캇(1960/1965b)은 유아의 자아발달에 필요한 "안아주기 환경"을 설명하기 위해 충분이 좋은 모성 돌봄이라는 용어를 사용했다.

† 나는 정신분열증 환자 치료 프로그램 작업을 하면서 이 개념을 발전시켰다. 사랑 양식 개념은 환자들이 표현하고 만들어낸 말을 구두로 해석한 것으로, 양육과정에서 발생한 근본적인 박탈감과 관련이 있다.

심과 욕망, 자기존중감과 개별화를 향한 욕망에 좋은 영향을 미치지 못한다. 특히 마음은 그럴 의도가 없는데도 부모는 자신이 성장하면서 겪었던 학대를 행동화하게 된다. 아이에게 신체학대를 하는 부모가 어렸을 때 학대받은 경험이 있다는 사실은 심리학에 널리 알려진 사실이다(브리에르, 1992, 스트라우스, 1994).[3] 하지만 어릴 때 정서적인 학대를 경험한 많은 부모가 계속 자기 자신과 타인, 그리고 나중에 자신의 아이에게 정서적인 학대를 행동화한다는 사실은 상대적으로 많이 알려지지 않았다(파이어스톤, 1990b, 가바리노, 거트맨 & 실리, 1986, 셴골드, 1989, 1991).[4]

이머징 가족에 대한 커플관계의 영향

아이를 갖기 전 커플 사이에 전개되는 관계방식이 자녀와의 애착관계의 질과 유형을 결정한다.[5] 커플사이에 보이는 태도와 방어기제는 이제 탄생하는 가족의 사고방식과 생활, 그리고 상호작용을 예측하는 주요 인자가 된다. 사랑이 변한 것도 모르고 서서히 퇴색해가는 대로 내버려둔 커플에게 아이가 태어났다는 것을 상상해보자. 그런 상황에서 아이는 자신의 고유성과 활기, 그리고 자기감을 잃어버리게 될 것이다. 그리고 상대방에게 종속되지 않고 서로 사랑하는 독립적인 개인으로 두 사람이 만든 가정환경에서 성장한 아이를 상상해보라. 아이가 안전함과 자율성, 그리고 독립적인 사고방식을 갖게 될 기회가 훨씬 더 많을 것이 분명하다. 이상적으로 말해 모든 긍정적인 가족의 상호작용 핵심에는 정서적으로 건강한 부모가 서로 존중하고 사랑하여 함께 존재하는 방식이 있다. 두 개인이 서로 사랑하고 만족하는 관계가 어쩌면 태어날 아이의 건강한 발달에 기여하는 중심요소일 수 있다.

현재 서양 사회는 한 부모 가정이 통계의 기준이 되고 있다.[6] 의붓아버지/어머니, 아버지/어머니가 다른 의붓형제로 구성된 "혼합" 가정의 수 또한 증가하고 있다. 1990년에 아이의 11.3%(7백2십만)가 결혼한 의붓가정에 살았다(시오노 & 퀸, 1994). 그러나 많은 연구를 통해 한부모 가족이 갈등커플이나 불행한 커플보다 때로는 아이의 삶에 좀 더 많은 안정과 정서적 자양분을 제공한다는 사실이 드러났다. "갈등이 깊은 온전한 가족의 아이들이 이혼한 한부모 가족의 아이들보다 더 낫지 않다. 때로는 더 나쁘다는 사실을 보여주는 연구도 있다"(아마토, 1994, p. 151). 그런 까닭에 (전통적 가족이던 한 가족이던 혼합 가족이던 간에) 가족은 그 자체가 문제가 아니다. 가족 구성원 개개인의 방어기제와, 부정적인 태도, 그리고 성향이 문제다(존스톤, 1994).[7]

아이 발달에 영향을 주는 기본 사안들

가족 구성원의 정서 발달을 방해하는 행동을 지속시키는 강력한 방어기제가 부모에게 작동하고 있다는 사실을 명심하면서 이상적인 가족 상호작용 모델을 생각해보는 것도 의미 있는 일이 될 수 있다. 건강한 또는 최적의 가족의 부모는 아이가 행복하고 자율적인 사람으로 성장하는 데 도움이 되는 인성을 많이 보여준다. 특별히 두 가지 중요한 자질을 살펴본다. (a)아이를 대상이나 소유가 아니라 분리된 사람으로 생각할 수 있는 부모의 능력과 (b)아이를 가깔보거나 전략적 또는 가식적인 태도로 상호작용하지 않고 인격적으로 대응하는 부모의 능력이 그것이다(파이어스톤, 1990b).

아이를 자신의 확장으로 여기는 부모가 대개 아이의 경계를 침범한다. (아이에 대한 소유를 나타내는) "우리"라는 복수 대명사를 사용하며 아이를 대신해 말하는 것부터 청소년인 자녀의 개인 소지품을 검색하는 것까지 침범의 범위는 넓다. 때로는 스스로 자신을 비판하고 무시하는 마음을 아이에게 넘기는 부모도 있다. 이런 투사 행위를 기반으로 부모는 아이를 벌한다.

자녀에게 아기를 다루듯이 말하거나 환자에게 지시하는 간호사처럼 말하는 부모들이 많다. 어떤 부모는 피상적이고 무감각한 질문을 아이에게 퍼부어대는 경우도 있다. 사무적이고 무심한 질문을 하면 아이와 인격적인 관계를 맺지 못하게 된다. 아이를 고유 권리를 지닌 분리된 사람으로 간주해야 하며 아이에게 마음으로 직접 다가가야 한다. 아이는 자신의 말에 귀를 기울여주고 세심하게 현실적으로 의사소통할 사람이 필요하다. 자신의 생각과 감정에 대해 솔직하게 말해줄 수 있는 어른이 필요하다. 아이의 성격발달은 부모의 기본적인 태도의 영향을 받는다.

이번 5장에서는 긍정적 또는 부정적인 결과를 낳는 아이양육의 중요한 측면으로 (a)부모의 양가감정 (b)정서적 허기와 사랑 (c)훈육과 사회화 과정 (d)열린 의사소통과 닫힌 의사소통 (e) 대가족의 장점에 대해 논의한다.

부모의 양가감정

자녀에 대한 부모의 감정과 태도는 좋기도 나쁘기도 하다. 거의 모든 부모의 마음이 모순된다(파이어스톤, 1990b, 로흐너, 1986, 1991). 로흐너는 부모의 태도를 따뜻함과 수용적인 태도에서 시작해 무관심과 거절, 적대심에 이르는 하나의 연속선 개념으로 설명했다. 로흐너는 35개 문화 간 비교연구를 토대로 부모의 거부적인 태도가 아이에게 영향을 주고 세대에 걸쳐 (부모와 아이 둘 다) 측정될 수 있다고 판단했다. 로흐너와 그의 동료들에 의해 평가된 부모의 거부유형은 적대심, 공격성, 의존성, 정서적 무반응, 부정적인 자기 평가(부정적인 자존감과 부정적인 자기 적합성), 정서 불안정 그리고 부정적인 세계관 등이 있다.*

부모가 자녀양육에 강한 욕망이 있다고 해서 아이에게 적대심이 있다는 사실을 부정하지는 못한다. 또한 자식에 대해 파괴적인 감정을 가진다고 해서 아이에 대한 사랑과 애정이 변하지도 않는다. 하지만 부모가 자신의 양가감정을 인식하지 못하면 자식에게 부정적인 영향을 미칠 수밖에 없다.

아이에 대한 부정적이거나 적대적인 감정은 사회에서 용인되지 않는다. 그런 까닭에 부모는 드러나던 드러나지 않던 아이에 대한 공격성을 의식하지 않거나 부인하려고 한다. 부모가 자신의 양가감정에 저항하는 것은 당연한 일이다. 자신이 아이에게 못되게 굴고 화를 낸다는 사실을 알게 되면 고통스럽기 때문이다. 이것은 부모가 자기 자신에 대해 갖는 모순된 마음과도 유사하다. 자신의 부정적인 마음을 알게 되면 더욱 그렇게 행동할 것 같은 두려움이 무의식적으로 들기 때문이다. 하지만 부정적인 마음을 인식하면 공격적인 감정에 좀 더 적절하게 대응할 수 있게 되므로 사실 긍정적인 효과가 있다.

부모 양가감정의 정신역동: 핵심 갈등

모든 사람의 내면은 자기 자신을 존중하고 가치 있게 생각하는 마음과 비판적이거나 비하적인 마음으로 분열되어 있다. 내향적이고 자기 양육적인 습관이 점점 더 많이 몸에 밴 사람들은 심한 죄책감과 자기비난의 성향이 있다. 그러나 실제 세상에서 자신이 관심 있고 좋아하는 것을 솔직하게 추구하는 사람들은 존엄성과 통합성, 자존감을 느낀다. 아이들은 부모가 부모 스스로에 대해 갖는 감정과 태도에 아주 민감하며 그에 따라 반응한다. 부모가 자기 자신에 대해 긍정적일 때 아이는 편안해하고 안심한다. 하지만 부모가 자기 자신에 대해 심한 열등감이 있고 대체로 자기비판적이거나 자기혐오적인 경우에 아이는 안전하지 않다고 느낀다.

자기 자신을 소중히 여기지 않고 배우자와 친밀한 관계를 회피하는 부모일수록 부

---

* 자기와 아이에 대한 부모의 양가감정 측정을 위한 자기보고 설문지는 성인 PAQ와 부모(엄마) PARQ 척도다.

모의 역할에 더 제한적이다. 자기혐오가 있는 내향적인 어른이라면 아이에게 진정한 애정과 사랑을 줄 수도 없고 또한 아이가 안정감을 느낄 수 있을 만한 힘과 보호를 제공해줄 수도 없다. 하지만 자립적이고 비교적 방어가 덜한 어른이라면 아이의 개성을 진심으로 존중하면서 아이를 훈육하고 적절한 사회화과정으로 이끌 수 있는 좋은 환경을 제공해줄 수 있을 것이다.

정서적 허기

정서적 허기는 아동기 박탈감에서 비롯된 강한 욕구상태를 말한다. 이것은 원초적인 고통과 갈망의 상태로 종종 사랑이라고 오인된다. 부모는 과거부터 지속된 의존욕구에서 비롯된 행동과 아이에 대한 진정한 관심에서 나온 행동을 혼동한다. 정서적 허기는 아이에게 착취적이고 파괴적인 영향력을 지닌 감정이다. 앞에서 살펴본 대로 정서적으로 허기진 부모와의 관계는 아이의 자율성 발달을 방해한다.

정서적 허기는 부모의 행동에 드러난다. 그것은 불안에서 나오는 과잉걱정과 과잉보호, 아이의 기량을 이용한 착취, 아이의 생활부터 아이의 외모에 대한 과잉집중, 부모봉양을 암암리에 요구하는 부모화 과정까지 다양하다. 자신이 받고 싶었던 공감과 관심을 받는 자녀를 보고 분노하는 미성숙한 부모도 있다. 때로는 배우자의 관심을 독차지한다는 이유로 아기를 경쟁자로 여기는 부모도 있다.

임상가들이 연구조사를 수행하면서 다양한 정서적 허기의 모습을 기록했다. 말러는 정신병 아동의 개별화 실패에 관한 연구에서 다음을 지적했다(1955/1979).

> 상호보완적인 발병요소 중 하나는 잘 알려진 기생충 같은 엄마다. 그녀는 필요한 단계가 지났는데도 아이를 계속 자신의 과잉보호 아래 두고 어린아이 취급한다. 이런 태도는 매우 위험하며 2세부터 진행되는 아이의 정상적인 분리와 개별화 과정에 해가 된다. 또 다른 공생하는 기생충 같은 엄마 유형은 지금까지 식물상태의 부속물이 떨어져나가는 것을 참을 수 없어한다. 하지만 최소한 정서적으로라도 확 떼어 내야만 한다. (p.116)

셴골드는 <영혼 살인자>(1989)라는 책에서 말러의 이론을 확장시켜 정서적으로 허기진 부모와 그들이 정신병에 걸리지 않은 자녀들에게 미치는 영향을 설명했다.

> 말러는 정체성이 전혀 확립되지 않은 정신병 아동에 대해 설명했다. 나의 임상자료는 개별화가 일어난 다음에... 퇴행을 유도하는 정신병 부모에 의해 영향 받고 유린당하고 학대받는, 정신병에 걸리지 않은 아동들에 관한 것이다. 아동에게 불가항력적인 자극은 그것에 대한 보호막을 뚫어버릴 정도로 위협적이다. 그리고 이 두려운 '너무 지나침'에 대처하기 위한 방어조치로 부분적인 공생관계가 다시 확립되고 만다. (p.64)

보웬(1978)은 "분화되지 않은" 부모 쪽에서의 과잉보호나 과잉 염려가 "가족 투사과정"과 연관이 있다는 점에 주목했다.

> 그 과정은 엄마의 불안으로 시작된다. 아이가 엄마에게 불안한 반응을 보인다. 엄마는 그것을 아이의 문제라고 잘못 이해한다. 불안한 부모는 아이를 동정하고 염려하고 과잉보호하는 데 에너지를 쏟는다. 이것은 아이의 실제 욕구보다는 엄마의 불안에 따른 것이다. 이에 따라 아이를 어린애 취급하는 패턴이 확립되고 아이는 점점 제 구실을 하지 못하고 요구가 많아진다. (p.381)

정서적 허기와 구별되는 사랑의 징후들

부모 사랑은 "자녀의 행복을 촉진시키고 아이의 자기감을 파괴하는 활동을 차단시키는 행위다. 부모는 사랑으로 아동의 고유한 인격발달을 돕고 지원한다"(파이어스톤, 1990b, p.51).

정서적 허기와 반대로 진정한 사랑은 아이를 양육하고 아이가 자신의 개성을 펼쳐나가도록 지지한다. 아이와 진짜 정서적인 관계를 하는 부모의 사랑표현은 겉으로 드러난다. 자주 눈을 마주치거나 자연스러운 스킨십을 하고 아이와 함께 있는 것을 즐거워하는 모습이 눈에 띈다. 이런 부모는 대개 다른 사람을 배제한 채 아이하고만 있는 것을 삼간다. 사랑이란 감정의 용량이 제한되어 있지 않다는 것을 알기에 사랑을 주고받음이 넉넉하다.

사랑에서 나왔는지 정서적 허기에서 나왔는지를 객관적인 관찰자는 식별할 수 있지만 부모 스스로 구별하기는 어렵다. 그것을 구별하기 위해서는 부모 감정상태가 어떤지, 아이와 함께 있을 때 실제 행동은 어떤지, 아이의 태도와 행동에 대해 어떤 영향이 나타나는지 고려해봐야 한다(그린스팬, 1981, 파커, 1983, 스턴, 1971).

사랑을 줄 수 있는 부모는 긍정적인 자기 이미지와 아이에 대한 이해심이 있고, 또한 둘 사이에 경계가 있다는 인식이 있다. 그들은 아이를 존중하며 학대도 과잉보호도 하지 않는다. 그런 부모는 자연스럽고 편안한 어조와 방식으로 의사소통을 하고 아이의 개성에 대한 이해심을 보인다.

부모가 주는 진정한 사랑이야말로 아이에게 미치는 가장 중요한 영향력일 것이다. 사랑받는 아이는 실제로 사랑받는 것처럼 보인다. 아이는 활기 있고 자신의 나이에 맞는 정도의 독립성을 보이고 진정한 의미로 자신에게 몰두한다. 반대로 정서적으로 허기진 부모의 아이는 몹시 의존적이며 감정의 굴곡이 있다.

부모의 정서적 허기가 아이에게 미치는 영향

정서적으로 허기진 부모에게 양육된 아이들은 상호적으로 부모에 대한 허기가 생긴다. 그런 아이들은 부모에게 매달리고 자신의 세계를 찾는 것을 두려워하는 모습을 보임으로써 부모의 근원적인 절망감에 반응한다. 또 다른 경우는 부모가 안아주면 긴장해서 몸이 뻣뻣해지거나 스킨십에 저항하는 아이들도 있다. 이렇게 부모와의 접촉을 밀어내거나 피하는 반응은 아이를 통해 자신의 성취를 이루려는 부모의 엄청난 욕구에 아이가 대처하는 방식이다.

우리는 부모가 안았을 때 "딱 달라붙는" 모습과 표정을 보이는 아이들에게서 눈에 띄는 특징을 하나 목격했다. 그것은 마약하는 사람처럼 약에 취한 듯 멍하고 불안한 표정이었다. 이것은 퇴행상태를 나타낸다. 부모와 떨어져 있을 때나 함께 있을 때나 아이가 나타내는 불만족이나 불안감은 정서적 박탈감의 징후다. 정서적으로 허기진 부모와 지속적인 관계가 정신병 발병의 주요 조건이라는 점을 명심해야 한다.

볼비(1973), 에인스워스(외)(1978) 그리고 메인(1990)은 아기와 불안정한 회피형 애착관계를 갖는 부모는 우는 아기를 보고 불안해하며 머뭇거리고 아기의 반응에 일관되지 않은 반응을 한다고 말했다. 정서적으로 허기진 부모에 의해 양육된 아이들이 좀 더 크거나 청소년이 되거나 성인이 되면 신체 접촉을 꺼리고 친밀한 관계가 자신을 옭아매는 것 같은 느낌을 갖게 된다. 아동기 때 진취성과 에너지가 고갈되어버렸다고 얘기하는 성인 환자들은 실제 상황과 상관없이 그런 마음을 커플관계에 투사한다. 성인의 마음에 느껴지는 성공에 대한 두려움과 불안감 고조, 그리고 어린 시절 고갈되어버릴 것 같은 공포에서 비롯된 억제성향은 부모의 정서적 허기의 영향이다.

정서적 허기라는 개념이 심리학에서 충분히 연구되지는 않았지만 아동의 개별화 과정에 부정적인 영향을 주는 주된 요소 중 하나다.[8] 가족의 상호작용에 관한 장기연구를 통해 우리는 초기 유아시절에 형성된 엄마와 유아의 연합관계의 질에 대한 질문을 시작했다. 인간행동의 연구자로서 우리는 엄마와 아이의 연합 또는 애착관계가 어느 정도까지 자식에 대한 진정한 관심 또는 애정과 반대되는 상상적 유대관계를 형성하려는 미성숙한 부모의 정서적 허기와 욕구에 근거하고 있는 것인지 확인하고 싶었다.

건설적인 훈육과 사회화 과정*

아이 양육은 상당히 창조적인 과제며 다른 창조적인 시도들처럼 많은 심사숙고가 필요하다. 대부분의 부모들이 자식이 자신이 바라는 대로 이런 사람이 됐으면 좋겠다, 이런 좋은 특징을 지녔으면 좋겠다, 이런 가치를 심어줘야겠다고 상상한다. 세심한 부모라면 자신의 이미지에 맞춰 아이를 만들어가려는 융통성 없는 기대를 하는 대신에 아이의 타고난 자질과 아이만의 방식대로 세상에서 삶을 펼쳐나갈 수 있도록 이끌어주려고 노력할 것이다.

훈육의 첫 번째 목적은 아이가 그 사회의 사회화 과정에 분별없이 따르거나 복종하지 않고 자신에게 맞는 사회 환경에서 살아갈 수 있는, 품위 있고 호감 있는 성인으로 성장하도록 돕는 것이다. 나는 이전 연구에서 이 목적을 달성하기 위해 부모가 따라야 하는 가이드라인을 제시했다. 이상적인 부모라면 (a)불필요한 제약이나 규칙, 규범을 피한다. (b)긍정적인 롤 모델로서 행동한다. (c)벌보다는 보상을 한다. (d)체벌을 피한다. (e)나쁜 아이라는 생각이 가슴에 박히는 냉소적이고 판단적인 태도를 피한다. (f)아이가 적대적이고 조종하려는 행동을 자제하도록 가르친다. (g)아이가 편견이나 고정관념을 갖지 않게 한다. (h)아이의 독립성을 지지해준다(파이어스톤, 1990b).

불필요한 제약, 규칙, 규범 만들지 않기

진짜 다정한 가족은 아이를 제대로 사회화시키겠다는 부모의 목적을 이루기 위한 규칙이나 제약이 거의 필요 없다. 신체의 안전과 건강에 필요한 규칙 같이 중요한 규칙들은 일관되게 지킨다. 이상적인 부모는 아이들에게 최적의 양육에 반드시 필요하다고 믿는 규칙과 규범들은 분명하게 제시한다. 분명한 규칙이 적용되는 상황이라면 부모는 선택

* 이 부분의 자료 일부는 <자애로운 자녀 양육: 최적의 양육에 대한 심층적 접근>(파이어스톤, 1990, 뉴욕: 플레넘 출판)에서 가져왔다. (사용승인)

을 하게 만들지 않을 것이다. 대신에 단도직입적으로 권위 있게 방향을 제시할 것이다. 아이가 결정하기에 적절하지 않은 상황이라면 아이에게 무엇을 하고 싶은지 반복해서 물어보지 않을 것이다. 대신에 무슨 일이 일어나고 있는지 말해줄 것이다. 가령 "이제 집에 가지 않을래?" 라고 묻기 보다는 "이제 우리는 집에 갈 거야." 아니면 "이제 목욕할 시간이다." 라고 말할 것이다. 부모는 나중에 아이가 크면 부모가 세워놓은 규칙과 제한의 이유를 설명해 줄 것이다. 그 과정에 부모는 아이가 규범을 지키고 자신의 목표를 이루기 위해서는 자기주도적인 삶을 살아가는 법을 배우는 것이 중요하다는 점을 강조할 것이다.

아이의 롤모델인 부모

아이에게 가치를 가르칠 때는 자신의 삶에서 통합성과 책임감을 갖고 행동하는 부모가 단순히 특정 훈련이나 규율을 적용하는 부모보다 더 영향력이 있다. 동일화와 모방 과정이 교육이나 규범, 보상과 체벌보다 더 효과적이기 때문이다. 예를 들어 너그러움을 가르치려면 부모가 아이나 배우자 또는 타인에게 너그러운 모습을 보이는 것보다 더 좋은 방법은 없다.

반대로 부모가 부정적이거나 위해한 행동을 한다면 아이에게 부정적인 영향을 미칠 것이다. 부모의 좋지 못한 특성이 아이에게 직접적으로 영향을 줄 뿐만 아니라 또한 아이가 어떤 사람으로 성장할지 영향을 미치면서 아이의 인성에 통합된다. 부모 자신의 삶이 무미건조하고 감정이 없다면 아이가 모방할 만한 적극성을 보여주지 못한다. 부모의 삶이 피상적이고 격리되고 자기 방어적이면 아이에게 도전과 혁신, 모험에 대한 영감을 불어넣어주지 못한다. 아이가 삶에서 자기실현과 성취를 해 나가도록 격려하기 위해서는 부모가 진정으로 자신을 존중하고 자신의 감정과 소망을 인정하고 자기 자신의 삶에 적극적으로 임해야 한다.

사회화 촉진을 위해 벌보다는 보상

영향력 있는 부모는 바람직한 행동에는 상을 주고 벌과 같은 부정적인 강화행위는 최소화하며 아이의 긍정적인 자질들을 강화시킨다. 미소, 아이와 함께 있음을 즐거워하는 모습, 칭찬, 스킨십과 같은 긍정적인 강화행위가 학습에 미치는 영향이 크다. 이때 긍정적인 반응을 철수하고 불만족스러운 표시를 하면서 아이의 바람직하지 못한 행동을 수정할 수도 있다. 사랑이 있는 가정에서 자란 아이들은 부모가 기뻐하기를 바라고, 부모는 대개 아이들을 징계할 일이 거의 없다. 하지만 계속 잔소리를 듣거나 설교를 듣는 아이는 부모에게 문제를 안겨준다. 부모의 훈육과 잔소리, 꾸짖음은 별로 효과가 없다. 아이에게 분노만 생기게 할 뿐 그것으로 아이의 행동을 통제할 수 없기 때문이다.

체벌하지 않기

건강한 또는 최적의 가족이라면 부모가 매질 같은 것을 하지 않으면서 아이의 부정적인 신체 행동을 통제하고 교정해줄 수 있을 것이다. 제약이 필요한 경우에는 아이를 때리지 않고 아이를 꽉 붙잡고 단호하게 말을 하거나 다른 곳으로 아이를 데려갈 것이다. 이런 부모는 자신의 화를 잘 다스릴 수 있기 때문에 표현을 자제할 수 있고, 그런 까닭에 규칙을 지키는 데 단호하고 강경한 입장을 취할 수 있다. 징계를 할 때는 자신의 기분에 따르지 않고 아이의 행동에 따라서 한다.

가혹하고 잔인하고 가학적인 체벌은 아이에게 오랫동안 두려움을 갖게 하고 사람들에게 체벌 받을 것 같은 마음이 들게 한다. 그런 고통스런 마음은 성인이 되어서도 유지된다. 대개 신체학대를 받은 아이들이 마음 속 예기불안을 해소하기 위해서 사람을 자극해 나쁜 대우를 받으려고 한다. 또한 나중에 자신의 아이를 그렇게 같은 식으로 학대한다는 사실이 밝혀졌다(스트라우스, 1994).

판단하는 태도 피하기

아이가 잘못됐다거나 나쁘다고 보는 도덕적인 교육방법은 아이에게 대단히 부정적인 영향을 준다. 체벌은 아이의 마음에 상처를 주고 부모의 가혹하고 판단적인 태도는 아이의 자존감을 해친다. 사실 아이들 대부분이 자신이 "나쁘다"고 느끼며 자란다. 자신이 가치가 없고 사랑스럽지 못하고 인정받을 만하지 않거나 열등하다는 마음이 깊이 자리 잡고 있어서 그에 대한 이유를 찾으려고 한다. 많은 아이가 울기 때문에, 또는 슬프기 때문에, 소망이나 욕망을 갖기 때문에, 화가 나기 때문에 자신이 나쁘다고 생각한다.

앞에서 설명한 것처럼 부모는 아이의 행동에 "좋은" 또는 "나쁜" 이라는 꼬리표를 붙이는 경향이 있다. 예를 들어 "학교에서 착했니?", "말 안 들으면 나쁜 아이야." 좋고 나쁜 행동이라고 평가하는 말을 계속 퍼부어대면 아이는 삶을 일차원적으로 생각하게 되고 부정적인 일시적 정체성을 형성하게 되며, 그것은 어른이 되어서도 지속된다.

부모의 판단하는 태도 아이로 하여금 자신의 기준과 가치를 형성하지 못하게 만든다.

반대로 품위 있고 진실한 부모를 가진 운 좋은 아이는 도덕적 금지나 규칙 교육을 받을 필요가 없다. 아이들은 부모를 보고 모방하면서 가치와 윤리원칙, 그리고 품위 있는 행동을 배운다. 세심한 부모라면 자식에게 벌이나 책망을 준 다음에는 나쁜 아이가 아니라고 안심시켜 줄 것이다. 아이의 행동이 마음에 들지 않거나 공격적이었다고 해도 아이가 나쁜 사람이 아니며 그런 행동이 변화될 수 있다는 점을 분명히 말해 줄 것이다. 이런 부모는 아이가 좋지 않은 기분에서 빠져나오게 하거나 잘못된 행동을 그만두게 하기 위해서 유머를 사용하기도 한다. 그들은 아이를 훈육하는 데 유머가 유용하다는 사실을 알고 있을 뿐만 아니라 아이들도 장난스럽고 자연스러운 부모의 모습을 재밌어한다.

인생에서 자신의 목적을 추구하는 부모라면 아이가 욕망과 소망을 갖는 것이 나쁘지 않고 이기적인 것도 아니라는 사실을 알려줄 것이다. 이런 부모는 아이 개인의 동기부여가 정체성에 중요하며 아이가 자신의 소망을 외면한다는 것은 삶의 중요한 부분을 놓치게 되는 것이라는 사실을 안다. 사람은 자신의 감정과 지각, 사고, 소망, 그리고 좋아하는 것을 추구하면서 세상을 살아가는 자신만의 방식이 있고 그것으로 규정된다. 만일 아이가 암묵적으로 자신의 소망을 부인하고 욕망을 억제해야 된다는 교육을 받으면 어른이 되어 자신의 목표를 추구해나가는 데 제약이 따를 것이다.

적대적이고 조종하려는 아이의 행동 통제하기

일반적인 규율은 폭력적이 아니라 단호하게, 비난이 아니라 이해심을 지니고 실행해야 할 것이다. 그리고 아이가 자기 자신을 좋아할 뿐만 아니라 또한 사람들이 자신을 좋아하고 존중하고 자신과 함께 있는 것을 즐거워하는 그런 사람이 될 수 있게 하려는 동기에서 실행돼야 한다.

영향력 있는 부모는 아이가 조종하려는 행동이나 부정적인 힘을 보이면 단호하고 신속하게 그 점을 다룬다. 부정적인 힘이란 연약함을 보여 통제하려고 하는 것을 말한다. 즉 계속 울고 징징거리고 짜증부리고 희생자 역할을 하거나 자기파괴적인 행동을 하는 것을 말한다.

성숙한 부모라면 아이를 비하하거나 순응과 복종을 강요하는 불필요한 파워게임을 – 힘겨루기 – 피한다. 그들은 최후통첩을 말하거나 독단적으로 엄격한 입장을 취하지 않으며, 그렇게 함으로써 권력 투쟁으로 이어지는 상황을 만들지도 않는다. 또한 성숙한 부모라면 자녀의 퇴행적인 행동이나 파괴적인 행동화, 또는 중독으로 가게 만들 정도로 그저 관대하기만 하지도 않다. 좋은 부모라면 가족끼리 적대적인 비난을 행동화기보다는 아이의 고통이나 바람직하지 못한 행동의 원인을 알아내려고 할 것이다. 실제로 여기서 설명한 훈육과 사회화 원칙은 아이의 개성과 활력, 그리고 삶에 대한 열정을 점차적으로 펼쳐나갈 수 있게 한다는 철학을 바탕으로 한다.

편견이나 고정관념 금지하기

자신과 다른 사회나 인종, 종교 집단의 사람에 대해 편견을 가진 태도는 아이를 인간본성과 사회에 대한 좁은 시각에 갇히게 만들고 불신과 의심을 하게 만든다. 그런 태도는 "아웃사이더"에 대한 공포심을 일으켜 불안을 조성하고 다른 배경의 사람들과 편안함을 느끼지 못하게 만든다. 인종주의나 민족주의나 성차별주의나 어떤 것이 됐든 부정적인 태도는 아이의 앞으로의 관계에 좋지 않은, 자기방어적인 내향적 태도를 키운다.

따라서 세심한 부모라면 자녀들의 편견과 고정관념을 깨기 위해 모든 노력을 다할 것이다. 그런 부모라면 남성은 못됐고 거칠고 감정이 없고 여성처럼 결혼과 가족에게 헌신하지 않는다는 성차별주의적인 주장을 포함한 속설과 고정관념에 이의를 제기할 것이다. 그리고 여성을 지적으로 열등하고 유치하고 변덕스럽다거나 남성보다 섹스에 관심이 없고 안전을 위해서라면 기꺼이 자신을 저버린다는 견해에 반대할 것이다. 남성과 여성이 이런 편견과 성차별적인 생각을 깬다면 서로애 대한 적대심에 좋은 영향을 주어 "남녀투쟁"이 사라질 수 있을 것이다.

아이의 독립성 지지해주기

부모가 아이에게 줄 수 있는 가장 가치 있는 선물은 자율적이고 독립적인 성인으로 자라도록 도와주는 것이다. "자녀가 떠나가게" 하면서 주도권을 갖게 해주고 능력에 따라 차츰 자신의 삶을 책임질 수 있도록 해준다. 그런 부모는 책임질 수 있는 아이의 능력을 과소평가하지 않고 어린 나이에도 집에서 생산적인 일을 할 수 있다고 생각할 것이다. 그리고 아이가 성장하는 것에 맞춰 점점 비중 있는 일에 참여시킨다.

많은 아이들이 집에서 대부분의 여가시간을 배울 것도 없고 잠재성을 키워주지도 않는 비생산적인 활동을 하며 보낸다. 집에서 별로 하는 일 없이 가만히 있게 되면 무가치하다는 생각이 든다. 많은 시간을 제멋대로 보내게 내버려 둔 많은 청소년들이 마약이나 패거리 생활에 눈을 돌리고 최소한의 건설적인 일을 하는 생활습관에도 부정적인 태도를 보인다. 때때로 이렇게 양육된 아이에게 아주 적은 집안일이라도 부과하면 엄청나게 화를 낸다.

마지막으로 좋은 부모라면 자신의 이익을 위해 아이에게 짐을 지우지 않을 것이다. 대신에 많은 경험을 할 수 있는 기회를 주려고 하고 아이가 자신의 재능과 관심사를 발견하도록 도울 것이다. 가족이 상호작용하는 데 있어서 부모는 아이가 자신의 생각을 거리낌 없이 말하고 감정을 표현하고, "금기" 주제에 관해 질문하는 것을 칭찬할 것이다. 나이에 맞는 최대한의 독립성을 허락해주면서 자녀가 좋은 선택을 할 것이라는 믿음을 말없이 표현할 것이다.

열린 의사소통과 닫힌 의사소통

> 친밀감을 추구하고, 대개는 찾게 되는 그런[최적의] 가족에서는... 개성과 개인적인 생각을 존중하는 것이 가족의 규범이다. 그 결과 협의가 가능하고 명확한 의사소통이 이루어진다. 또한 분명한 경계를 지닌 개별화에 대한 의식이 강하다. 그에 따라 갈등과 양가감정(개인의 수준에서)이 솔직하게 공개적으로 다뤄지며 (대개) 효율적으로 협의가 이뤄진다. (비버스 & 햄프스, 1990, p.48)

비록 아이의 감정을 다치지 않게 보호하려는 것이 부모의 자연스런 마음일지라도 아이를 보호하려는 시도가 때로는 그 문제를 직면하는 것보다 더 많은 피해를 줄 수 있다. 삶의 현실은 물론 어른들의 부족한 점도 아는 아이들이 삶의 스트레스에 대처할 수 있다. 그런데 부모가 자녀와 솔직하게 신뢰를 갖고 토론하기에 기본적으로 어려운 주제가 상당히 많다. 예를 들면 부모가 자신의 두려움과 개인적인 부족함을 솔직하게 인정하기가 어렵다. 아이에 대한 부정적인 감정을 부인하려고 하고 실망감을 감추기 위해 입에 발린 소리나 거짓 칭찬을 하기도 한다. 대개 부모는 "가족의 비밀"을 잘 숨겨두려고 한다. 그리고 성에 대한 주제는 가급적 피하고 싶고 아이와 함께 죽음의 문제에 대해 의견을 나누길 꺼린다.

열린 토론을 통해 부모에 대한 이상화 깨기

특별한 가족문제나 부모의 개인적인 삶에 대해 아이를 속이지 않는 것이 중요하다. 가족 구성원의 바람직하지 못한 특성이나 신체 또는 정신적 지병, 재정 손실, 사업실패, 중독, 자살, 범죄행동 또는 죽음에 대한 비밀, 그리고 "백색 거짓말"은 아이에게 영원히 해로운 영향을 줄 수 있다. 부모가 자신의 한계를 숨길 필요가 없다. 이상적이지 않은 정서적 환경에서 성장한 아이가 자신의 가족이 멋지다고 하는 주변 사람들의 말에 혼란스러울 수 있다. 반면에 아이가 부모에 대해 객관적이고 현실적인 그림을 그릴 수 있게 도와준다면 아이는 자기 자신에 대해서도 현실적인 생각을 하면서 방어하지 않을 것이다. 그런 아이는 나중에 자기 자신이나 사랑하는 사람들의 성격에 결점이 발견되더라도 두려워하지 않을 것이다.

성과 죽음에 대한 열린 태도

부모가 아이에게 육체와 성에 대해 건강한 태도를 가질 수 있게 해 주려고 할 때 사회의 제한되고 왜곡된 관점 때문에 어려움에 부딪힌다. 하지만 부모 스스로가 성을 자연스럽고 단순한 것이라고 생각한다면 아이와 함께 성적인 감정이 괜찮은 것이라는 대화를 할 준비가 된 셈이다. 아이들이 나중에 다른 생각을 할 수 있을 규칙에 순응하라는 교육을 하지 않아야 한다. 예를 들면 누드에 대해 아이와 얘기를 나눌 때 성숙한 부모라면 공공장소에서는 분명한 제약이 따르겠지만 알몸이 부끄럽거나 보기 흉하거나 본질적으로 잘못된 것이 아니라고 확실하게 말해줄 것이다.

자신이 사랑받고 인정받고, 특히 자신의 몸과 그 기능에 대해 존중해주는 정서적 환경에서 성장한 아이는 어른이 되어 성기능 장애를 일으키거나 성정체성에 대해 혼동을 느끼지 않을 것이다. 성문제와 관련해 정서적으로 성숙한 부모는 성과 직접적으로 연관되지 않은 다양한 대화와 행동을 통해 은연중에 개인의 정신과 육체를 근본적으로 존중하는 건강한 태도가 어떤 것인지 알려준다.

이상적으로는 아이가 적당한 나이가 되어 알아들을 수 있게 될 때 죽음에 관해서도 얘기를 나눌 것이다. 하지만 대부분의 부모들은 죽음이나 소멸과 같은 주제를 들어내놓고 얘기하려 하지 않고 회피한다. 아이가 점점 죽음의 필연성에 대해 알게 되면서 느끼는 고통을 없애주려고 진부한 말로 아이를 안심시키려한다. 아이들이 죽음에 대해서 점점 더 많이 알게 되는 발달단계(3-7세)를 거친다는 것을 보여준 많은 연구가 있었다(S. 앤소니, 1971/1973; 호프만 & 스트라우스, 1985; 잭슨, 1965; 스피스 & 브렌트, 1984). 두건(1977)은 이 시기를 통과하는 아이를 지켜보는 부모의 마음에 불안과 예기 슬픔이 일어난다는 사실을 발견했다.

방어적으로 죽음을 부인하지 않는 부모라면 아이와 슬픔을 나누려고 할 것이다. 아이에게 불필요한 불안감이나 두려움이 들지 않도록 하면서 모든 답을 알지 못하는 죽음의 신비에 대해 아이와 얘기를 나눌 것이다. 부모가 자신의 시간적인 한계성뿐만 아니라 아이도 죽을 수밖에 없는 존재라는 사실을 인정하는 데 따르는 슬픔과 고통을 기꺼이 참아낸다면 아이와 진정한 공감을 할 수 있게 될 것이다. 부모가 삶과 죽음이라는 실존의 문제를 마주하고 진실을 얘기한다면 아이에게 잘못된 확신을 주려고 하거나 대화를 그만두려고 할 때보다 좀 더 많은 안도감을 줄 수 있을 것이다. 죽음을 합리화하고 안심시키려하는 것은 아이로 하여금 그 주제와 관련된 고통과 슬픔의 감정 반응을 억압하게 만들고 그 부정적인 결과를 가져오게 될 것이다.

이상적인 가족의 특징(요약)

아이에게 불필요한 고통을 야기하는 환경조건에 대한 이해를 바탕으로 구성원 개개인의 잠재성을 최대한 끌어내는 곳인 이상적인 가족의 개념을 설명해볼 수 있다. 이런 가족의 구성원들은 인정받고 그들이 하는 말은 경청되고 각자 고유한 정체성을 지닌 존재라는 느낌을 받을 것이다. 또한 각자의 성정체성을 인정받을 것이다. 각 개인의 본질에 대한 인식과 인정이 수행능력에 대한 인정보다 먼저고 중요하게 여겨진다.

이런 가족은 주어진 역할 노릇이나 불필요한 권력과 조종행위를 하지 않는 상호작용을 한다는 게 특징이다. 그곳에는 힘에 의한 규율이 아니라 진정한 권위에 대한 존중이 있을 것이다. 구성원 개개인의 아이디어나 전문 지식, 또는 친절하고 관대한 행위에 대한 감사가 있다. 그리고 자신의 소망과 좋아하는 것을 추구하고 개인적인 목표를 달성하려는 가족들에 대한 강한 믿음이 존재할 것이다. 솔직하지 못하고 이기적이지 않은 것보다는 솔직하게 자기를 생각하는 편을 선택할 것이다. 가족 구성원들이 서로 존중하고 소중히 여기는 것을 보면서 자신도 자연스럽게 다른 가족들과 그들의 목표를 존중하고 배려할 것이다.

건강한 가족이라면 구성원에게 고정된 정체성을 부여하지 않을 것이다. 그보다는 변화하고 있고 능동적으로 성장해나갈 수 있다고 여길 것이다. 그래서 가족공간은 낙관적이고 희망적인 분위기가 될 것이다. 또한 일상의 나눔 정신과 무소유의 마음, 감정, 생각, 아이디어, 좋은 시간과 유머를 포함한 유형, 무형의 것들을 열린 마음으로 편안하게 나누려고 할 것이다. 감정과 인간적인 정서표현이 용인될 뿐만 아니라 존중받고 지지받는 생활양식과 공간을 지키기 위해 모든 노력을 할 것이다. 분노와 적대심을 행동화하는 대신에 가족 구성원들은 서로 솔직하게 대화할 것이다. 남의 시선을 의식하지 않고 자유롭게 자신의 의견을 표현하고 감정을 느낄 것이다. 그들의 유머는 빈정대거나 냉소적이기보다는 서로에 대한 좋은 감정을 반영할 것이다.

전반적으로 이상적인 가족이라면 구성원들에게 특별한 이점들을 제공할 것이다. 풍요롭고 따뜻하고 만족스러운 생활방식과 경제적인 안정, 우정, 개인적인 성취에 대한 감사, 각 구성원의 성정체성 인정, 독립에 대한 격려, 각 개인의 독특한 가능성과 재능, 경력개발에 대한 지지, 자유롭고 열린 대화에 대한 기회 등, 한 마디로 말하면 "좋은 삶"을 이루는 모든 좋은 특성을 제공할 것이다.

확대가족extended family의 장점

이상적인 가족은 다른 사람들을 포함시켜 가족을 확대함으로써 그 장점이 더 커질 것이다. 아이에게 건강한 환경을 마련해주고 싶은 부모는 아이의 미래에 의미 있는 사람들을 가족에 합류시킬 것이다. 확대가족이란 아이의 생물학적 부모이외에 아이에게 관심을 갖고 평생 관계를 유지하는 성인 한 명이상으로 구성된 가족을 말한다. 가까운 친구나 친척, 대부/대모, 선생, 또는 카운슬러 등이 확대가족의 일원으로 간주될 수 있다. 아이의 부모나 형제자매이외에 다른 청년이나 어른과 친밀한 관계를 갖게 되면 부모의 두려움과 부족함을 채워주고 아이의 세계를 확장해줄 수 있는, 부모와 다른 생각들을 제공해주고 인생에 대한 좀 더 현실적인 그림을 제시해줄 수 있을 것이다. 이렇게 폭넓은 견해를 지니게 되면 부모에 대한 이상화를 깨는 데 도움이 되어 아이가 좀 더 확고한 기반에서 활동할 수 있게 될 것이다.

확대가족관계는 아이에게 진정한 친구 또는 협력자를 갖게 해준다. 그 사람은 아이가 신뢰할 수 있는 사람이며, 아이의 부모 관계에 대해 비교적 편견을 갖지 않고 객관적인 성인이다. 확대가족의 아이들은 많은 다른 부모들과는 다르게 자식을 소유의 관점으로 보지 않는 부모와의 관계를 경험한다. 그들은 부모에게 많이 의존하려고 하기보다는 어른들과 상호작용하면서 점점 더 자립성을 키워나갈 것이다.

확대가족 구조는 지속적인 애정과 아이의 사회화 과정, 위기에 가능한 재정적인 자원과 정서적인 지지와 지도 등 전통적인 핵가족의 기능을 모두 제공할 수 있다. 좀 더 많은 사람들안에서 지혜와 이해를 끌어 모으는 것이 핵가족 안에서 할 수 있는 것보다 훨씬 더 다양하고 풍부할 것이다. 타인들을 포함한 배타적이지 않은 열린 가족 구조는 모든 구성원들에게 유익할 것이다. 예를 들면 심각한 학대와 무시를 경험했지만 잘 기능하는 어른으로 잘 성장한 "회복력 있는" 아이들을 보면 대개 그들에게 관심을 주고 지원을 해준 친척이나 가족의 친구, 손위의 형제자매나 선생이 있었다(E.J. 앤소니 & 코흘러, 1987; 메이스텐 & 코츠워스, 1998; 맥로이드, 1998; 워너, 1990).

토론

역기능적인 가족생활과 연관된 역동을 보이는 사람이 당면하는 문제 중 하나는 그/그녀가 "가족의 가치"에 반하는 사람으로 간주된다는 것이다. 많은 사람들이 핵가족의 광범위한 파괴적인 실상에 대한 나의 비평을 전반적인 가족생활에 대한 공격으로 오해했다. 하지만 오히려 그 반대다. 아내와 아이들과의 삶이 내게 최고의 가치다. 그래도 나는 가족구성원의 행동이 심각한 해를 일으킬 정도로 위험하고 불안을 주는 가족은 반대한다. 수년 동안 "정상적인" 가족 구조에서 정서적으로 불안하고 학대받은 아이의 수가 더 많다는 사실이 계속 입증되는 것을 보면서 핵가족의 구조와 기능면에 대한 질문을 하게 되었다. 부모에 대한 나의 개인적인 생각과 방어적인 태도에도 불구하고 나는 가족 내의 파괴적인 술책에 의해 초래되는 인간의 한계와 정신 병리의 연관성을 보여주는 설득력 있는 임상자료의 내용에 저항할 수 없었다.

가족 내의 에너지는 확대가족을 향해, 그리고 가족구성원들의 삶을 향상시켜줄 수단을 향해 흐를 수 있지만 아이들에게 상처를 주거나 발달을 방해하는 가족 간의 상호작용을 증진시키는 쪽으로 더 잘 향하게 되어 있다(미뉴힌, 리, & 시몬, 1996; 미뉴힌 & 니콜스, 1994). 마지막으로 아이들과 개인적으로 마음을 다해 한결같은 친밀한 관계를 대신해 줄 수 있는 조직이나 기관은 없다는 사실을 말해야만 하겠다.

가족의 정신건강에 이상적인 좋은 특징과 효과적인 심리치료법 사이에 흥미로운 유사성이 도출될 수 있다. 좋은 심리치료에서 환자는 자신의 말이 경청되고 깊은 수준에서 이해될 수 있는 특별한 기회를 갖는다. 보기에 따라서는 치료 상황이 "다시 양육"되는 특별한 기회가 된다. 치료자는 공감과 연민을 갖고 경청하면서 환자가 생산해내는 말의 "표면적인 내용과 잠재적인 내용" 둘 다를 이해하려고 노력한다. 치료과정은 일종의 질문이다. 치료자는 환자와 함께 장애의 근원에 관해 질문하고 탐색하는 동안 판단은 유보한다. 같은 의미로 아이와 관련해 탐구정신을 가진 부모라면 아이의 독특한 특성과 행동의 출현에 대해 궁금해 하고 민감할 것이다. 아이의 행동이 잘못된 경우라면 자동적으로 벌을 주기보다는 무엇이 아이를 괴롭히는 것인지에 대해 고민해볼 것이다.

일반적으로 좋은 치료자는 환자와 거리를 두려고 하지 않고 중립적이거나 공감적인 자세를 유지하려고 노력한다. 성숙한 임상가는 환자의 말이 아무리 왜곡되거나 부정적일지라도 나무라거나 거부하지 않는다. 이 작업은 치료 상황보다는 양육 상황에서 훨씬 더 어렵다. 성숙한 부모라면 한결같은 관계를 유지하면서 불안감을 촉진시키는 자신의 퇴행적인 성향에 저항할 것이다.

효과적인 심리치료는 자유로운 말과 감정표현을 많이 강조한다. 예를 들어 정신분석의 자유연상법은 환자에게 논리나 검열규칙에 구애받지 않고 의식의 흐름에 생각이 흘러가는 대로 내버려둔다. 환자는 새로운 시각으로 생각하는 법을 배울 뿐만 아니라 정서적 수준에서 생각이나 감정이 수용될 수 있다는 것을 이해하게 된다. 동시에 숙련된 임상가는 환자가 자신의 행동 결과를 똑바로 마주하고 확인할 수 있도록 알려준다. 유사하게, 좋은 부모라면 바람직하지 못한 공격적이거나 도발적인 행동을 통제하는 법을 가르치는 한편 아이의 감정과 생각, 의견을 비판하지 않고 허용하며 받아들인다.

좋은 치료자는 우월적인 태도를 취하지 않고 독특한 해석으로 환자에게 인상을 남기기 위해 전문적인 기술을 사용하지 않는다. 좋은 치료관계를 위한 조건들이 부모와 아이 관계에도 똑같이 적용될 수 있다. 비록 아이가 신체의 크기와 힘, 지식이나 능력 면에서 부모와 동등하지는 않더라도 부모는 이런 차이를 이용해 아이가 자신이 열등하다거나 약하다고 느낄 수 있게 아이를 착취하거나 힘을 행사해서는 안 될 것이다.

심리치료의 또 다른 중요한 측면은 침범하지 않는 태도다. 즉 환자의 기본적인 가치와 개인적인 존재의 권리에 대해 치료자가 인정하는 태도를 말한다. 좋은 의미로 "아이를 혼자 있게 해줌" 으로써 아이의 자기감을 지켜주는 것이 건강한 양육을 위해 필수적이다.

효과적인 치료자는 특정한 이론에 환자를 적용시키지 않는다. 그보다는 열린 태도로 환자의 말을 들으면서 환자가 내보이는 고통스러운 진실을 경험한다. 같은 이유에서 아이와 자신을 차단시키지 않는 어른은 아이가 어때야 한다는 기대를 하고 다가가지 않으며 진정한 공감과 이해심을 갖고 관계하려고 할 것이다. 그런 태도를 지닌 부모는 자녀의 행동과 개성에 대해 판단적인 평가를 하지 않는다. 그렇게 인정받는 아이는 성장하면서 이해받지 못하는 상황에 부딪힐 때도 고통스러운 마음을 갖지 않을 수 있게 된다.

치료의 궁극적인 목표는 환자로 하여금 자신의 내적 환상세계를 버리고 목표지향적인 행동을 통해 만족을 추구하려고 애를 쓰도록 설득하는 것이다. 같은 의미로 자녀양육의 궁극적인 목표는 아이가 자신의 목표를 향해 노력하고 좀 더 독립적인 삶을 살도록 해 주고 융합관계로부터 분리할 수 있도록 아이를 사회화시키는 것이다. 좋은 임상가처럼 좋은 부모라면 아이가 의존상태에서 벗어나 자율성을 향해 나가면서 자신의 개성을 펴나가는 모습을 볼 때 기쁨을 느낄 것이다.

미주

1) 지난 10년 동안 심리학에서는 해가 될 가능성이 있는 부모 행동이 아이의 정서 발달에 중대한 영향을 미친다는 주장을 반박하고 그것을 합리화하는 경향이 있었다. 우리는 그것이 가족에 대해 객관적인 정밀조사를 하지 못하도록 부모를 보호하고 가족을 이상화하려는 시도라고 생각한다. 그런 경향은 1950년대에 유행했던 불필요하게 부모에게 상처를 주는 전문성이 떨어지는 "부모 탓하기"에 대한 과잉반응일 수 있다. (파이어스톤, 1990b)

2) 샐리그먼(1975)은 부모의 사랑과 지도를 박탈당한 아이는 "사태를 통제할 수 없을 거라는 예감"을 갖는다는 사실을 언급했다. (p.60) 그들은 부모처럼 자신도 행동을 통제할 수 없다고 믿는다. "학습된 무력감"이라는 개념을 만든 샐리그먼은 부모가 "좌절과 갈등을 해결할" 준비를 해주지 않으면 아이가 자기를 통제하지 못하고 무력감을 갖게 된다고 주장했다.

3) 존 브리에르(1992)는 아동기 외상의 영향에 대한 연구 결과를 보고하면서 다음과 같이 말했다. "성, 나이, 인종, 사회계급에 상관없이 북아메리카지역에서 자란 성인 대다수가 아동기 때 어느 정도의 학대를 경험했을 가능성이 있다." (p. xvii) 부모들은 거의 강박적으로 자신이 아이였을 때 경험했던 학대를 아이들과의 관계에서 다시 재현하려고 든다. 그렇게 하지 못하는 상황이 되면 (이를테면 가족치료현장) 상당한 고통과 불안을 느끼고 여러 가지 증상을 보이기도 한다. 이렇게 태도와 행동을 바꾸는 데 따르는 부모의 고통은 부모와 아이가 서로 신경증적으로 강하게 연결되어 있다는 것을 보여준다. 아이가 좋아지면 아이가 아프지 않게 됨으로써 부모가 아프게(불안하게) 되는 것 같다. 이것은 많은 가족치료자에 의해 보고된 사실이다. (커 & 보웬, 1988; 미누친, 1974; 팔라촐리, 보스콜로, 체친 & 프라타, 1975/1978)

4) 나는 다른 연구에서 (파이어스톤, 1997a) 정서적인 아동학대를 "주로 부모나 일차적인 양육자의 미성숙함, 방어적인 생활방식, 아이에 대한 의식적, 무의식적 공격성 때문에 초래된, 아이의 심리발달과 싹트고 있는 정체성에 대한 손상이라고 규정했다. 어린 시절 가족들과 생활하면서 각인된 것이 자기감

과 대인관계에 오래 도록 좋지 않은 영향을 주기 때문에 학대는 사람을 불행하게 만들고 성생활을 고통스럽고 불안하게 만들며 사회생활과 원하는 일을 추구하지 못하게 만든다."는 점을 생각해야만 한다. (pp.19-20)

5) 일반적으로 커플을 이룬 사람들 대부분이 과장된 과거의 원초적인 감정을 지닌 채 계속해서 현재 사건과 상대방에게 반응한다. (파이어스톤, 1985, 1987a, 1990b) 보웬(1976)은 두 사람이 어린 시절에 갖지 못했던 사랑을 얻지 못하면 " 사랑과 인정을 얻고 사이좋은 관계를 유지하기 위해 많은 에너지를 쓰게 된다. 그래서 인생의 목표를 위해 쓸 에너지가 없게 된다."고 말했다. (p.70) 보웬(1978)은 다음과 같은 주장도 했다.

> 두 사람은 불안에 대한 참을성이 낮기 때문에 관계가 불안정하다... 불안이 고조되면 두 사람의 정서 기류 변화가 심해지고 관계가 불편해진다. 일정 수준 정도에 이르면 두 사람은 예측한 대로 자동적으로 그 문제로 상처받기 쉬운 제 삼자를 개입시킨다. (p.400) 대부분 제 삼자는 커플의 자녀다.

6) "요즘 태어난 아기들의 거의 절반이 미혼부/미혼모 또는 이혼으로 생겨난 한부모 가정에서 지내게 될 것"으로 추정된다. (시오노 & 퀸, 1994, p.15) 1992년에는 "18세 이하 아이들의 25%가 한부모 가정에서 살았다." (여성 국제 네트워크 뉴스, 1993, p.75)

7) 월러스타인과 블레이크스리(1989), 월러스타인과 켈리(1980)의 이혼이 자녀에게 미치는 영향에 관한 10년 장기연구 결과를 참조할 것. 또한 이혼 가정이나 양부모 가정 자녀들의 적응도 기여 요인에 대한 논의는 헤더링턴, 브리지스 그리고 이사벨라(1998)를 참조할 것.

8) K.S. 로젠과 로스바움(1993), 벨스키, 테일러와 로비네(1984), 레비(1943) 파커(1983), 트로니츠크(외)(1986)는 부모의 과잉보호와 "정동 허기affect hunger"라는 개념을 포함한 정서적 허기의 징후들에 대해 논의했다. 스턴(1985)은 "엄마의 "과잉 조율" 과 "그 반대의 물리적 개입...에 대해 설명했다. 엄마의 마음이 아이 곁을 맴돌고 아이가 그런 엄마를 따르면 아이의 독립성 발달이 느려질 수 있다." (p.219) 정서적 허기의 또 다른 징후인 신경과민의 과잉염려증은 "심리적 문제가 있는" 가족에서는 흔한 일이라는 것이 임상가들에 의해 확인되었다. 미뉴힌, 로즈만, 베이커(1978)는 이런 부모들이 가족의 건강과 행복에 대해 과장되게 많은 두려움과 관심을 보인다는 사실을 발견했다. "그 결과 아이들, 특히 심신이 허약한 아이가 가족을 보호해야 한다는 책임을 크게 느낀다." (p.31)

II

대인관계의 정신역동

II

6
내향성: 감정교류를 제약하는 자기방어 패턴

인생은 우리에게 사랑이란 서로를 마주 바라보는 것이 아니라 같은 방향을 함께 바라보는 것이라는 사실을 알려주었다. —앙투안 드 생텍쥐페리(1939, p.288)

내향성inwardness은 내면으로 철수하려는 성향이라고 정의할 수 있다. 그에 따라 자기 자신과 타인에 대한 마음이 감소하고 고통을 느끼지 않게 해주는 습관이나 물질에 의존하고 자기양육적인 태도를 보이는 비인격적인 마음상태와 생활방식을 갖게 된다. 이런 성향이 한 사람의 성격을 지배하면 여러 가지 정신 병리가 일어날 수 있으며 대인관계에도 해롭다. 내향적인 태도는 감정을 주고받는 능력에 심각한 장애가 있다는 것을 나타내며, 특히 사랑을 주고받는 능력에 치명적이다.

내향성은 어린 시절에 좌절과 정서적 고통을 회피하려던 시도에서 비롯된 내면으로의 철수성향을 말한다. 그때는 생존기제 기능으로 작용했던 것이 역기능적인 중독성 습관패턴을 보이는 성격적 특성이 된다. 내향성은 자기반성이나 성찰, 독서, 사색 또는 창조적인 작업을 위한 혼자만의 시간, 명상 그리고 다른 영적 추구와는 다른 것이다.

내향적인 마음 상태에서 응시gaze는 타인을 향해 밖으로 나가지 않고 내면으로 향하며 자기 자신에게 집중된다. 이때 사람과의 상호작용은 목소리가 들려주는 부정적인 의미가 내포된, 자기에게 몰두된 왜곡 렌즈를 한번 거쳐 이뤄지므로 부적절한 반응이 일어나고, 그로 인해서 관계에 균열과 갈등이 발생한다. 내향적인 성향이 심해질수록 친밀한 관계 맺기는 점점 더 어려워진다.

내향성 징후와 관계에 미치는 영향

내향성의 주요 특징은 다음과 같다. (a)고립성향 (b)자기부인과 환상 만족추구 (c)자기와 타인에 대한 혹평 (d)억제패턴 (e)진통물질과 패턴 사용 (f)비인격적 관계 맺기 (g)자위 또는 중독적인 성생활 (h)융합 정체성과 융합상태(표 6.1 참조). 그 정도가 심한 경우는 에드윈 슈나이드맨과 대비드 쉐퍼(멕닐-레흐러 프로덕션, 1987)와 같은 자살연구가들이 언급한 자살위험 임박상황의 특징과 일치한다.

내향성은 긴장을 완화해주는 속성인 고립과 환상만족을 추구하기 때문에 중독과정이라고 할 수 있다. 방어적인 사람은 정서적 고통을 느끼지 않게 해주는 자신만의 즉각 가능한 효율적인 처리수단을 갖고 있다. 가족과 친구들로부터 자신을 고립시키는 성향의 여성은 그것이 한번 들어가면 밖으로 나오고 싶지 않을 정도의 강렬한 마음상태라고 설명

〈표 6.1〉 개방적/외향적인 생활양식과 내향적/자기 양육적인 생활양식 비교

항목	외향성	내향성
사교성	사교적; 친밀함 추구; 다름에 대해 긍정적	거리유지; 혼자 있는 시간추구; 다름에 대해 냉소적
만족방식	목표 지향적; 자기충족; 자기긍정	환상 속 만족 추구; 자기부인; 자기파괴성
자기 개념	현실적인 자기평가; 자기주장성	자기에 대한 비판적 태도; 수동성과 희생자적 입장
억제	높은 수준의 감정 교류; 자연스럽게 사랑 주고받기	제한적인 감정 교류; 사랑 주고받기를 힘들어함; 긍정적인 반응과 좋은 특징 거부하기
중독	적절한 정동과 반응으로 고통과 불안에 직면하기	진통물질과 틀에 박힌 습관 사용
정서적 관계	정서적 반응; 인격적 관계	감정 차단 또는 철수; 비인격적 관계
성생활	성기적인 생활; 인격적 관계	자위 또는 중독적인 성생활; "기계적인" 성 관계
개인 정체성	개별 정체성 유지	융합 정체성과 융합 상태

했다. 그녀에게는 그 과정이 편안하고 익숙하며 자식이나 사랑하는 사람들보다 더 가치가 있는 것처럼 느껴졌다고 했다.

관계 친화력과 성장을 조성하려면 내향적인 성향에 맞서 도전하는 것이 중요하다. 반면에 내향적인 패턴을 행동화하면 적개심과 악감정을 일으킨다. 남편의 만성적인 TV 시청 습관 때문에 늘 화가 난 여성이 있었다. 남편은 아내와 얘기하기보다는 매일 TV 앞에 자정까지 앉아 있었기 때문에 사랑을 나누고 싶었던 그녀는 늘 마음이 상해 있었다. 이렇게 내면으로 철수하는 남편의 생활방식이 이 커플 갈등의 주된 원인이었다. 다른 사례의 남성은 몇 년 동안 지속된 아내의 강박적인 쇼핑 때문에 심기가 불편했다. 남편의 반복적인 애원에도 불구하고 아내는 변화하기를 거부했다. 그 결과 재정적인 문제와 쇼핑으로 계속된 불화로 인해 결혼생활이 깨졌다. 알코올 중독이나 약물중독으로 파트너의 신뢰와 사랑을 산산조각 내어버린 커플관계 사례는 너무나 많다. 이런 방어적인 행동은 다른 내향적인 패턴들과 더불어 관계에 심각한 해가 된다.

외향적/열린 생활방식과 내향적 마음상태

외향적인 생활방식과 내향적인 생활방식에 대해서는 <표 6.1> 에 건강한 기능부터 심각한 부적응 상태까지 하나의 연속선개념으로 기술되었다. 2장에서 설명한 것처럼 이런 패턴은 관계를 맺지 못하거나 병리적 관계라는 극단의 상태를 보이는 정신분열증 환자부터 친밀한 관계를 이용해 자아를 실현하려고 하는 개인까지 환자나 일반인 모두에게서 관찰된다. 정신분열증 환자는 의미 있는 관계라고는 전혀 없는 고립된 생활방식으로 철수하는 반면에 신경증자나 "정상적인" 사람은 친밀감과 사랑을 거부 하지는 않는다. 신경증이나 정신병의 퇴행 수준은 양육과 심리적 생존에 대한 환상 의존도가 어느 정도인지를 보여준다. 다시 말해 그것은 어린 시절의 박탈감과 부모의 거부행위의 수준을 말해준다(파이어스톤, 1957).*

현실세계에서 목표를 추구하는 외향적인 생활방식의 여러 모습들은 내향적인 생활방식과 구분이 될 수 있다. 내향성의 징후들은 서로 별개로 분리되어 있지 않다. 그것들은 정도의 차이는 있지만 서로 겹친다. 하지만 명료성을 위해 한 사례연구를 들어 그

* 불안정한 내향성향의 정신병 징후가 있는 사람은 단 하나의 외상사건이나 스트레스를 주는 대인관계에 의해서도 정신병 삽화psychotic episode에 시달리는 공황상태나 혼란 상태에 빠질 수 있다. 이때 환자는 이전의 자아발달단계로 퇴행을 하고 가장 원초적인 심리적 평형상태에 도달할 때까지는 인격을 통합시킬 수 없다.

것들을 각각 별도로 구분해본다.

내향성 사례 연구 : 개요

지적이며 매력적인 프랭크와 자넷은 관심과 가치, 목표가 비슷해 서로 잘 맞았다. 지난 18년 동안 두 사람과 (이제 성인이 된) 세 자녀가 머리말에 설명했던 장기연구에 참가했다.[†] 연구에 앞서서 프랭크와 자넷은 심리치료를 받았고 심리학과 철학 토론에 관심이 많았으며 가족생활에 대해 객관적으로 표현할 줄 알았다.

프랭크와 자넷이 만나 사귀기 시작했을 때는 모든 세상이 자신들을 위해 있는 것 같았다. 하지만 곧 두 사람의 방어행위와 내향적인 행동으로 사이가 소원해졌고 그 영향은 아이들에게도 파괴적이었다. 사례분석을 통해 두 사람의 부적응적 습관패턴이 어떻게 일상적인 상호작용을 방해했고 23년의 관계를 파경에 이르게 했는지 자세히 살펴보자.[‡] 이 커플의 상호작용을 관찰해보니 개인의 성격적 특성과 방어기제가 어떻게 관계 갈등과 불만족을 일으키는지 명확히 보이기 시작했다. 나중에 자녀들을 알게 되면서 가족의 역동이 아이들 삶에 어떤 영향을 미치는지에 대해서도 알게 되었다. 자녀들이 성장하면서 부모의 자기방어적이고 내향적인 패턴을 모방했다는 사실도 관찰할 수 있었다. 다른 말로 장기연구를 하는 동안에 프랭크와 자넷의 부정적인 성격과 행동이 다음 세대에 전수되었다는 사실을 확실하게 파악할 수 있었다. 그런데 이 가족은 역기능적인 면이 많았음에도 불구하고 정상적인 가족처럼 보였다. 그런 면들이 겉으로 드러나지 않았으며 아이들이 자랄 때 살았던 지역의 다른 가족들과 별다른 부정적인 행동패턴도 보이지 않았다. 표면적으로 가족은 잘 통했고 집안 분위기가 좋아서 아이들 친구들이 자주 찾아와 시간을 보냈다.

프랭크와 자넷은 대학에서 만나 곧 친구가 되었다. 연인사이가 되고 성관계를 한 지 몇 달 만에 임신이 되었다. 두 사람은 도망쳤고 아들 돈이 태어났다. 인터뷰에서 자넷이 밝힌 임신 동기는 부분적으로 의식적이었다.

---

† 이번 연구범위 안에서 우리는 커플과 가족의 일상적인 상호작용을 관찰할 수 있었다. 또한 그들이 토론집단과 일지에 밝힌 개인적인 통찰과 고백을 들을 수 있었다. 연구사례에 포함된 자료는 자넷의 인터뷰와 프랭크가 참여한 비디오 그리고 자녀들의 메모에서 발췌한 것이다.

‡ 프랭크와 자넷이 처음 장기연구에 참여했을 때가 결혼 19년차였고 아이들은 십대 후반이었다.

저는 그 당시 왜 결혼을 하고 싶어 했는지 그 이유를 알고 있었어요. 할아버지가 돌아가시자 집에서 도망치고 싶어 미칠 지경이었거든요. 그때 저희 집은 엄마와 할머니, 여자 아이 둘, 온통 여성 천하였어요. 제가 5살 때 아버지가 집을 떠나신 후 할아버지가 오신 16살 때까지 엄마는 늘 저를 비판했고 때로는 육체적인 학대도 했어요. 할아버지는 저희 집에 오신 후 엄마와 저 사이에 윤활유 역할을 해주셨거든요. 그래서 그만 집을 떠나야겠다고 생각했어요.

저는 프랭크를 탈출구로 "이용했어요." 우리는 연인관계가 되기 전 2년 동안은 친구로 지냈어요. 그러다가 정말 사랑에 빠졌다고 생각했어요. 그는 매력적이었고 성실했고 지적이었고 아주 따뜻했고 유머감각이 좋은 다정한 사람이었어요. 저랑 관심분야가 같았고 예리한 분석정신을 지녔지요. 성관계를 하기 전까지는 좋은 친구였어요. 사실 저는 임신한 것을 알기 전에도 혼전 성관계에 대한 죄책감으로 괴로웠어요. 그런 마음이 우리 우정에 영향을 미치기 시작했어요. 그리고 프랭크도 섹스에 대해 죄책감을 가지고 있다는 것을 알게 됐어요. 임신에 대해 말하니까 모든 것에 책임을 느끼는 것 같았거든요. 당장 결혼하자고 하더라고요.

프랭크 가족의 정신역동은 많은 점에서 자넷과 비슷했다. 그가 어렸을 때 어머니는 늘 우울했고 막내인 그가 아프다는 것을 핑계로 모든 신경을 그에게 쏟으며 그를 제약하고 어린아이 취급했다. 아내가 아들을 너무 약하게 키우는 것이 늘 못마땅했던 아버지가 청소년기 아들의 생활을 통제하기 시작했다. "아들을 강하게 키우고" "남자로 만들어야 한다고" 하면서 프랭크를 모욕하고 비하했다. 그의 아버지는 남성성에 대한 두려움을 아들에게 투사하고 아들의 약한 면을 보면 가차 없이 벌을 주었다. 또한 성에 대한 왜곡된 시각을 무의식적으로 행동화하며 막내아들에게 전수했다.

한 번은 프랭크의 농구 경기를 보기 위해 아버지가 고등학교에 찾아온 적이 있었다. 경기 중간에 경기장 쪽으로 걸어오던 아버지가 셔츠를 갈아입던 아들의 모습을 보고 공공장소에서 "깡마른" 몸을 보인다며 팀원들과 관람객들 앞에서 소리를 질렀다. 프랭크는 아버지의 괴팍스러운 공격에 심한 모욕감을 느꼈다. 이 사건의 영향력은 대단히 컸다. 프랭크는 자신의 외모와 성에 대해 수치심과 혐오감뿐만 아니라 자신의 남성성에 대해서도 강한 의구심을 갖게 되었다.

프랭크는 자신의 남성성에 대한 불안감을 잠재우기 위해 결혼이라는 기회를 붙잡았다. 아내와 아이를 가져 자신의 의구심을 누그러뜨리고 마음속으로 자신의 남성성을 확인할 수 있기 때문이었다. 하지만 결혼을 이용해 어린 시절의 부족함을 보상하려는 시도는 두 사람의 습관적인 방어태도로 인해 시작부터 삐꺽대기 시작했다.

<표 6.1>에 설명된 내향성의 항목에 따라 사례를 검토해보자. 그리고 관계가 발전했을 때 미치는 영향에 대해서도 살펴보자. 사례 커플은 금전문제나 아이 양육방법의 차이, 정치적 입장에 관해 논쟁을 벌이기도 했지만 중요한 것은 두 사람이 내향적인 습관패턴을 행동화함으로써 서로 친밀해질 수 없게 자신을 방어한다는 게 문제였다. 그런 행동을 하지 않고 변화하고자 노력했었다면 상당히 많은 고통과 불안이 발생했을 것이다. 그래도 그에 맞서 도전을 했었더라면 관계가 좀 더 좋아졌을 수도 있었을 것이다.

고립과 거리두기

고립은 주요한 내향적인 자기방어적 생활방식이다. 강박적으로 고립상태에 있고 싶어 하는 사람은 파트너에게서 철수하려는 자신을 합리화한다. "혼자 충분히 생각해 볼 시간이 필요해." "나만의 공간이 필요해. "너무 바빠서, 피곤해서, 너무 신경 쓸 게 많아서 지금 그 얘기를 나눌 수 없어. 정리 좀 하게 잠깐 혼자 있어야겠어." 이런 목소리들이 내향적인 사람에게 사회적 관계나 친밀한 관계에서 철수해 혼자 시간을 보내라고 부추긴다. 이렇게 혼자 있는 시간은 휴식을 취하거나 자기 성찰, 또는 건설적인 세획이나 창조적인 시도를 하며 보내는 시간과는 차이가 난다. 그 방식은 자기와 타인에게 비판적이고 부정적인 생각과 자기파괴적인 습관패턴이 많아진다는 게 특징이다.

첫 아이가 생기면서 프랭크와 자넷은 처음에 느꼈던 친밀감에서 서서히 철수하기 시작했다. 서로 대화가 줄어들었고 각자 일에 빠져들었다. 아이가 또 생겨나자 서로 떨어져 혼자 있는 시간이 더 많아졌다. 두 사람 모두 어린 시절에 고통스런 상황을 피하기 위해 사용했던 방식대로 혼자 하는 수동적인 활동에서 위안을 얻었다. 두 사람은 아이였을 때 혼자 있는 것을 좋아했고 가족이나 친구와 떨어져 고립된 활동을 했었다. 외아들이었던 프랭크는 독서에 탐닉하면서 혼자 시간을 보냈다. 누이들의 간섭이나 부모의 긴장과 갈등에서 벗어나 방에 혼자 틀어박혀 있는 것이 더 편안했다. 자넷도 어머니의 쉴 새 없는 잔소리와 비난 투의 말에서 벗어나 강박적으로 독서와 공부, 잠에서 피난처를 구했다. 어머니가 신체적인 학대를 할 때는 마음속으로 자신을 그 자리에서 사라져버리게 "찰칵 꺼버리는" 법을 익혔다.

자넷은 남편과 아이들과의 상호작용을 하면서 자신을 없애기 위해 비슷한 방법을 사용했고 틀에 박힌 일상생활에 매달렸다. 독서와 산책에 지나치게 많은 시간을 보냈고, 우울감에 빠져있을 때는 하루에 12시간에서 15시간씩 잠을 자기도 했다. 밤에는 보통 책을 읽다가 남편이 오기 전에 잠들어버렸다. 심지어 가족에게 시간을 쓸 때도 무관심하고 냉담한 모습이었고, 인격적이거나 마음을 담은 반응보다는 현실적인 반응이었다. 그녀는 자신의 고립을 합리화하곤 했다. 예를 들어 너무 책을 많이 읽는다는 지적을 들으면 자신을 방어하며 속으로 말했다. "독서가 뭐가 어때? 정신을 일깨워주고 재밌는 사람으로 만들어주잖아. 게다가 너만큼 남편도 책을 읽는데, 뭘" 또는 섹스를 회피하는 것과 관련해서는 "남편이 이제 매력 없어. 왜 잠자리를 원하는 거야? 하루 종일 너를 거들떠도 안 봐. 그건 정말 관심 없다는 표시야."

프랭크의 경우는 공부 때문에 오랜 시간 혼자 있어야 했고 자넷과 아기랑 함께 있을 시간이 거의 없었다. 나중에 엔지니어가 되고 나서는 주중 저녁이나 주말에도 사무실에서 문을 걸어 잠그고 그 안에 혼자 있었다. 그가 사람들과 어울리는 시간은 가끔씩 동료들과 한차례술자리를 갖는 게 전부다. 따라서 두 사람 모두 사회생활을 하기보다는 고립상태를 추구하려는 성향이 강했고 그 탓에 결혼생활은 활기가 없고 갈수록 메말라갔다. 두 사람의 가정은 아이들에게 따사로움이나 삶의 활력 같은 걸 공급해주지 못했다. 게다가 자신을 고립시키는 성향이 자식들에게 영향을 주었고 그것을 본받은 아이들도 비슷한 도피 패턴을 갖게 되었다. 아들 돈은 그를 사로잡는 강렬한 매력의 고독에 대해 개인일지에 다음과 같이 적었다.

> 우리가 밸리를 떠날 즈음 나는 내가 뱀파이어가 되어가고 있다고 확신했다. 탁 트인 장소가 두려웠다. 해가 있으면 노출되어 상처받을 수 있을 것 같았다. 나는 숨을 수 있는 집안의 어두운 비밀 방을 찾아 꿈을 꾸며 위로를 찾았다. 학교에 갔다 오면 어둑어둑한 거실에 방어벽을 치고 들어앉았다. 주말에는 절대 밖에 나가지 않았다.
>
> 말리부로 이사를 가게 되면서 조심스럽게 만들어놓은 나의 안전한 생활방식에 문제가 생겼다. 몇 시간동안 커튼을 단단히 쳐놓고 새 집 거실에 앉아 밸리에서 몇 년간 잘 작동됐던 무감각한 상태를 다시 만들어내고 싶었다. 하지만 더

> 이상 작동되지 않았다. 우리가 집을 찾아 포인트 듐에 처음 도착한 순간부터 나는 그 곳에 매료당했던 것이다. 커튼 뒤에 숨어있는 매순간이 낭비라는 느낌이 들기 시작했다. 시간이 그저 지나가버리는 그런 것이 아니라 뭔가 의미를 지니기 시작했다.

돈이 청소년기에 잠시 혼자만의 껍질을 벗고 나와서 (친구들과 스키나 서핑 같은) 스포츠를 시작하기는 했지만 고립을 추구하는 패턴 때문에 비극적인 결말을 맞았다. 18살 때 여자 친구에게 거부당하자 다시 내향적인 고립된 상태로 철수했던 것이다. 그 당시의 상태에 대해 다음과 같이 일지를 썼다. "나는 혼자 지내면서 자기공격에 심하게 휘둘렸다. 그것 때문에 결국 진지하게 자살 시도를 하게 됐다. 그 시점에 치료에 참여한 나는 점차 외향적이고 능동적인 삶을 향해 움직이기 시작했다." 돈의 부모가 이와 같은 내향성 패턴에 대한 위험성을 인식했었더라면, 또 자신들이 아이들에게 영향을 주는 방식에 대해 좀 더 많은 것을 알았었더라면 그때 잘 대처할 수 있었을 것이다.

환상의 만족추구 선택

내향적이고 자기방어적인 사람은 깨어있는 시간의 대부분을 일상을 왜곡하게 만드는 의식적이거나 무의식적인 환상의 지배를 받는다. 이것은 단순한 백일몽 이상으로 범위가 광범위하다. 내향적인 싱태에서는 생각이 감정보다 우세하고 환상만족이 있기 때문에 사람들과 진정한 관계를 할 수 없다. 환상을 통한 만족을 더 좋아하는 원인은 어린 시절에 있다. 정서적 자양분을 박탈당한 아이는 서서히 환상 만족을 통해 보상받으려고 한다. 환상세계는 아이가 완전히 통제할 수 있다. 욕구가 일어나면 언제든지 환상으로 들어가 고통스럽고 좌절감을 주는 세상에서 탈출할 수 있다.

많은 사람들이 현실세계에서 만족할 만한 관계를 적극적으로 찾기보다는 환상이라는 손닿는 곳에 있고 즉시 보상받을 수 있는 자기위로 메커니즘을 더 선호한다. 그런 사람들은 가장 관심 있는 것을 하고 있다는 환상을 유지하면서 자신의 꿈과 욕구를 채워줄 대인관계나 환경에서 철수하는 경향이 있다. 수동적인 태도로 일상을 사보타주하고 있으면서도 여전히 자신이 현실 목표를 추구하고 있다고 상상한다.

프랭크와 자넷은 둘 다 행동형이라기보다는 지적인 편이었다. 그들은 머리로 생각하고 상상 속에 사는 경향이 있었다. 두 사람은 문제가 있고 관심을 가져야할 집안일들을 모르는 척 하며 미래의 행복을 꿈꿨다. 결혼과 더불어 두 사람은 다시 환상에 의존하기 시작했다. 예를 들어 부모님의 이혼 후 갈수록 우울해졌던 자넷은 아버지의 상실을 보상하기 위해서 2차 세계대전 맥아더 장군의 조교가 되는 환상에 집중했었다. 그녀는 상상 활동을 통해 견디기 어렵게 되어버린 현실에서 벗어날 수 있었다.

거의 비슷하게 프랭크도 완벽한 가정과 가족에 대한 환상을 통해 위로를 찾으며 외로운 생활에서 벗어났다. 역설적이게도 어린 시절 갖지 못했던 행복과 안전을 지금 가족을 위해 이루려는 환상 때문에 진짜 자신의 목표를 달성할 수가 없게 되어버렸다. 돈은 꿈을 이루려는 아버지의 헛된 노력을 일지서문에 다음과 같이 묘사했다.

> 아버지는 샌 페르난도 밸리에 새집을 샀다. 그리고 우아한 테라스와 작은 정원, 멋진 울타리, 깨끗하게 가꿔진 잔디밭을 갖추기 위해 집 단장을 시작했다. 아버지는 구석구석 강박적으로 그 일에 집착했다. 완성된 집에서 조화롭게 사는 가족의 모습을 꿈꾸는 것 같았다. 그 꿈이 아버지의 열정을 불태웠다. 집이 완성되면 모든 문제가 해결되기라도 할 것처럼, 마치 과거의 창문이 다 닫히고 새 삶으로 향하는 문이 열리기라도 할 것처럼 말이다. 집의 완성에 무수히 많은 희망이 주렁주렁 매달려 있었다.
>
> 집이 완성되자 아름다운 집의 모습은 우리 가족의 불행을 전면에 드러냈다. 집의 안주인은 마음 깊은 곳에 자신만의 세계를 만들어 놓고 점심 전에 침대에서 일어나는 적이 거의 없었다. 그리고 꼭 필요한 일상적인 것만 하고는 다시 그 안으로 철수했다. 아들과는 전쟁 중이었고 딸과는 의사소통이 되지 않았다. 아버지는 존재하지 않는 가족을 위해 집을 단장했던 것이다. 집이 아버지를 지옥에서 해방시켜 줄 거라는 소망은 결코 회복되지 못할 잘못된 생각인 것 같았다. 그와 반대로 집이 지옥이 되었기 때문이다.
>
> 말리부로 이사 가면서 우리는 좀 더 큰 집을 샀다. 그곳에는 수풀이 우거진 큰 정원이 있었다. 남아있는 오래된 잿빛 울타리는 골짜기 아래까지 이어진 우리를 둘러싸고 있기보다는 경계를 짓고 있었다. 아버지는 다시 한 번 아름다운 가정을 꿈꾸었다. 이곳을 변화시킬 수많은 그림을 그리기 시작했다. 어떤 것은 크게, 어떤 것은 섬세하게... 변함없이 열정적으로 새 프로젝트를 시작했지만 일부만 완성한 채 포기했다. 아주 빨리 그만 둔 부분도 있었다. 사용하던 도구들은 그 자리에 그대로 놓여있었다. 잔디밭을 지나갈 때 높이 자란 잔디에 놓인 녹슨 렌치나 플라이어에 걸려 넘어지는 일이 예삿일이 되었다. 계획은 있지도 않았던 것처럼 외면당했고 아버지가 또 다른 계획에 빠지면서 산산조각 나버렸다. 우리 집 정원

은 수없이 잘못 시작된 흉물들로 어지럽혀져 있었다.

이런 방법으로 아버지는 가정이 다시 완벽해지고 모든 게 잘 될 거라고 항상 믿었다. 불완전성이 그의 안전구역이었다. 밸리집 완성과 더불어 드러났던 고통스런 진실은 결코 사라질 것 같지 않았다. 원 가족과는 다르게 가족을 이루려던 계획이 실패로 돌아갔고, 그 사실이 점점 아버지를 괴롭혔다. 아버지는 매일 조금씩 마음부터 의기소침해졌고 시간이 흐르면서 고통을 해결할 방법을 강구하기 시작했다. 이때부터 아버지에게 사회 활동보다 음주행위가 더 많아지기 시작했던 것 같다.

부정적인 자기개념

앞서 설명한 것처럼 많은 사람들이 부정적인 자기관에 집착하고 가족 내에서의 모습이었던 일시적 정체성에 매달리면서 보다 긍정적이거나 현실에 맞는 관점에 적응하기가 힘들어진다. 사람들은 자신의 자기관과 다르게 긍정적으로 자기를 봐주는 파트너의 얘기를 받아들여보려고 노력하고 잠시 그렇게도 해보지만 곧 내향성으로 철수해 원래 습관적인 방식대로 자기 자신을 바라본다. 사람들은 파트너를 왜곡해 부정적이거나 걱정스런 예측을 지닌 채 파트너에게 반응한다. 프랭크와 자넷의 결혼생활에도 이런 역동이 분명히 작동하고 있었다.

두 사람 모두가 비판적인 자기관을 갖고 있으며 그것을 서로 상대방에게 투사한다. 프랭크는 자넷을 우울감에서 벗어날 수 있게 해주지 못한 것에 대해 상당한 죄책감이 있었다. 그의 죄책감 반응은 자기비난과 목소리공격 형태로 나타났다. "그녀가 행복하지 못한 건 네 탓이야. 그녀는 캘리포니아로 이사 오고 싶어 하지 않았어. 너 알고 있었잖아. 그녀가 친구를 사귀기 시작했는데, 너는 왜 그녀가 좋아하는 곳을 떠나게 한 거야? 너는 무감각하고 자기밖에 모르는 놈이야!" 비록 그가 가족을 위해 식사준비를 하고 그녀의 기분이 "쳐져있을 때" 침대로 아침을 가져다주는 등 기분을 맞춰주기는 했지만 그가 어렸을 때 어머니의 우울증에 대해 책임을 느꼈던 것처럼 아내의 불행에 대해 계속 자신을 비난했다.

자넷이 프랭크를 배우자로 선택한 것은 어린 시절 비판적이었던 가정환경을 그대로 유지하는 것이었다. 긴장상황이 되면 프랭크는 판단하는 부모처럼 되었다. 자넷이 무능력하게 굴면서 프랭크에게 결정권을 양도함으로써 그의 가혹하고 비판적인 반응을 끌어내었다.

근본적으로 자넷은 비판적이었던 어머니 이미지를 프랭크에게 투사했고 자신은 똑똑하지 못한 열등한 아이 역할을 맡았다. 결혼생활이 거의 끝나갈 무렵에는 가짜독립적인 태도를 취하고 적대적인 역할을 맡았다. 그리고 두 사람은 몇 시간, 때로는 밤새 다투곤 했다. 자넷은 프랭크의 공격과 현실 인식에 대해 자기 자신과 자신의 생각을 당연하다는 듯이 방어했다. 이혼을 하고 난 후 더 이상 프랭크가 비판적인 부모 역할을 하지 않게 되자 자넷은 자신의 자기공격성과 자기증오의 강도에 놀랐다. 남편의 공격에 대항하면서 자신을 방어한 것이 그녀에게 힘을 주었다는 사실을 깨달았다. 그 반면에 이제는 혼자가 되어 그녀를 비하하는 어머니의 생각을 나타내는 파괴적인 생각과 목소리공격을 격렬히 받았다.

억제 Withholding

억제는 감정을 철수하고 긍정적인 반응이나 재능, 능력을 보여주지 않는 것이다. 억제는 타인이 좋아하거나 칭찬하는 자신의 특성을 서서히 보여주지 않거나 금지함으로써 거리를 두는 것을 말한다. 억제를 하는 사람은 대인관계에서 감정을 주고받기를 저항하고 파트너나 아이들의 사랑을 받아들이거나 그들에게 사랑을 주는 것을 거절한다. 억제는 사람의 행동을 지시하는 내면의 목소리의 통제를 받는다. 다음과 같은 파괴적인 사고패턴에 의해 자연스런 감정반응이 억제된다. "너는 왜 항상 관대하거나 사려 깊은 사람이어야 하는데? 최근에 그 사람이 너를 위해 해준 게 뭔데?" "그 사람은 너를 진정으로 사랑하지 않아." "도대체 누가 그 사람이 필요할까!"

억제와 같이 수동적인 공격성은 타인에 대한 위장된 분노며 피곤함과 무능력, 소홀함, 꾸물거림, 오만함, 또는 냉소적인 태도로 표현되기도 한다. 이런 행동은 다음과 같은 목소리의 지시를 받는다. "심부름은 내일 언제라도 할 수 있잖아. 그렇게 중요한 것도 아니잖아. 도대체 그 사람은 자기가 뭐라고 생각하는 거야? 네가 여기에 있는 게 당연히 자기를 위해 있다고 생각하잖아." 또는 "너는 콩을 팥이라고 해도 믿을 사람이야! 너는 항상 여자가 원하는 대로 져주잖아. 그녀가 너에게 이래라 저래라 하게 하지 마!"

자넷의 억제패턴은 집안 청결유지를 거절하는 것과 가족 식사 준비에 무관심한 것과 같은 것들이다. 아이를 돌볼 때 규율은 가르치지 않고 대신에 "아빠 오시면 다 이를 거야." 라고 겁을 준다. 프랭크를 벌주는 사람으로 만들어 놓고 자넷은 어머니가 했던 신체적인 학대를 자신이 아이들에게 반복하는 것을 회피한다. 그러나 그녀는 자신이 양육되었던 것과 비슷한 체벌환경을 만들고 있었다.

억제와 자기부인은 성관계에서도 나타났다. 자넷이 성에 대해 관심이 줄어든 것은 부분적으로는 남성에 대한 편견 때문이었다. 남성은 열등하고 성욕이 강한 피조물이라는 남성관은 그녀 어머니의 왜곡된 고루한 사고방식을 그대로 답습한 것이었다.

> 저희 엄마는 남자와 관련된 일이 생기면 비꼬는 어조로 "남자들... 나는 남자를 증오해." 라는 말을 아마 하루에 10번 정도는 하셨을 거예요. 우월적인 태도였어요. 자신은 우월하고 남자들이란 개똥처럼 하찮고 약해빠졌고 역겹다. 그런 엄마의 생각을 저는 프랭크에게 그리고 돈에게 투사했어요.

자신의 남성성과 부양자로서의 적합성에 대한 프랭크의 의심은 자넷의 남성관에 의해 강화됐다. 한번은 꽤 많은 월급이 인상되자 프랭크는 쏜살같이 집으로 달려가 흥분한 모습으로 자넷에게 자랑스럽게 소식을 전했다. 그때 그것 갖고는 인플레이션과 물가상승을 따라가기 어렵다며 아직도 부족하다는 자넷의 냉소적인 반응에 프랭크는 깜짝 놀랐고 깊은 상처를 받았다.

여기서 두 사람이 보인 억제패턴과 내향적인 행동들이 각자 같은 성의 부모를 똑같이 모방하고 동일시한 것을 나타낸 것이라는 사실에 주목해야만 한다. 자넷이 의지할 수밖에 없는 방어기제는 그녀의 어머니가 사용했던 것이며, 프랭크의 방어는 자신의 아버지의 것을 복제한 것이었다. 게다가 각자의 방어기제가 상대방의 것을 보완해주는 것 같았다. 예를 들면 자기 자신은 소홀히 하고 자넷을 행복하게 해주려는 프랭크의 보호자 같은 태도와 노력은 남편이 임신에 대해 책임이 있기 때문에 마땅히 자신을 돌볼 "의무"가 있다는 자넷의 비현실적인 기대와 맞아 떨어졌다. 이런 상호적인 패턴은 여러 대인관계와 결혼에서 흔히 볼 수 있는 것이다. 이렇게 두 사람의 방어기제는 각자 어린 시절 경험과 비슷한 양육환경을 새로 만들려고 함께 작동된다.

진통물질 사용과 판에 박힌 습관

자기양육 성향은 거부나 박탈 경험을 한 아이들에게 자기만족적인 중독성 행동패턴의 형태로 생애 초기에 나타난다. 자기부양 체계에 대한 의존도는 박탈정도에 비례한다. 이런 패턴은 섭식장애나 물질 남용, 판에 박힌 일상, 습관적인 반응, 강박 행동들로 나타난다. 반복적인 행동과 의례적인 행위는 중독 성향이 있다. 그것이 고통스러운 감정에 대한 민감성을 무디게 해주고 삶에 대한 확신과 영속성의 느낌을 주기 때문이다. 일시적으로 불안을 감소시키려는 강박적인 패턴이 습관이 되면서 나중에는 좀 더 많은 불안을 일으키게 된다. 많은 사람들이 "정상적인" 작동 범위 내에서 늘 똑같은 일상과 과도한 TV시청, 비디오게임, 컴퓨터사용, 독서, 쇼핑, 강박적인 일중독과 같은 개인적인 습관에 중독되어 있다.

프랭크가 일중독을 정당화하려는 합리화기제를 사용하고 있지만 강박적인 일중독이 그의 삶을 좌지우지하게 되면서 결국 가족과 친밀감을 나눌 시간이 희생되었다. 그는 다큐멘터리에서 자신의 내향적인 패턴을 설명했다.

> 아기였을 때 아장아장 걸어 다니면서 세상을 탐색하며 감지하고, 물건들을 만지고 냄새 맡으며 감지하고, 그런 다음에 다시 엄마가 나를 잡아들어 올리는 꿈이 반복되었다. 그 당시 우울증이 심했던 엄마는 침대에 누워있었다. 엄마는 내가 문제를 일으키지 않도록 어두운 방안 아기침대에 나를 뉘어놓고 잠깐씩 졸거나 잠을 자며 어둠이 깔릴 때까지 침대에서 시간을 보냈다. 나는 밖에 해가 있어도 문제를 일으키지 않게 그 방 아기침대 속에 가만히 있어야만 했다.
>
> 그리고 나이가 들면서 아버지가 나를 맡았지만 마찬가지였다. 나는 방과 후에 일을 해야만 했다. 내게는 할 일들이 생겼다. "해야 할 일이 있었다." 어느 날 방과 후에 많은 애들이 다니는 음료수 가게에 갔다. 딱 몇 분 지났을 때였다. 아버지가 황소처럼 씩씩대며 오더니 내 옷깃을 잡고, 아니 말 그대로 목덜미를 움켜잡고 밖으로 끌어냈다. "감히 해야 할 일을 하러 오지 않아? 여기서 뭘 하고 있는 거야?"
>
> 그렇게 항상 나에 대한 요구가 생겼다. 그건 나를 위한 게 아니었다. 그게

반복되는 것 같았다. 나중에는 내 자신에게 스스로 그렇게 했다. 여자 친구를 임신시켜 23살이 되기도 전에 세 아이가 생겼다. 이제 가족을 부양하면서 학교를 마쳐야 한다는 요구가 생겼다. 그래서 나는 일을 하면서 25시간의 공학수업을 받았다.

그러고 나서 엔지니어 경력이 잇따라 거대한 계획을 창출하는 일이 되었다. 나는 일속에서 뒹굴었다. 온 마음을 빼앗길 정도로 일에 빠졌다. 나는 부동산 개발회사를 다니기 시작했고 일이 재밌었다. 그 일을 사랑했다. 그러나 또 다시 재정적인 압박과 시간에 대한 압박이 나에게 강렬한 악몽이 되었다. 지난 2년여 동안 마음을 빼앗기는 문제들을 반복해 만들어내면서 나는 내 삶을 살지 못했다.*

감정억제와 비인격적인 관계

이미 언급한 대로 내향적인 방어 상태는 그 반대의 감정을 느끼는 상태와 하나의 연속선을 이루고 둘은 그 양쪽 끝을 나타낸다. 이 극단 사이에 대부분의 사람들이 살고 있는 중간지대가 있다. "정상적인" 사람들은 끊임없이 목소리와 씨름한다. 그들은 비판적인 목소리에 완전히 사로잡혀있지도 감정을 완전히 차단하지도 않은 상태다. 그래도 정신과 민감성은 상당히 무뎌있다. 자기와 타인에 대한 마음이 시들해졌기 때문에 자기 자신이나 사랑하는 사람들에게 무의식적으로 파괴적인 행동을 할 수 있다.

감정억제는 어린 시절에 시작된다. 체벌이나 좋지 않은 가성환경에서 벗어날 수 없는 아이는 두려움에 떠는 상처받은 자신을 서서히 분리해 자신이 아닌 다른 사람이 된다. 그러면서 자기 자신에 대한 연민과 타인에 대한 민감성을 차단한다. 자기 자신을 확인하기를 중단하고 겉모습이나 사회적인 이미지를 구축한다. 그 후 점점 더 진짜 감정과 합리적인 사고, 열린 감정표출 대신에 정해진 역할에 부합하는 정서나 관습적인 생각을 하며 비밀이 많아진다. 내향적인 사람의 사고를 지배하는 자기공격적인 목소리와 강박적인 사고는 느끼고 있는 감정 상태를 유지하지 못하게 한다.

내향적이고 감정반응을 억제하는 사람은 자기 자신이나 파트너를 사람이 아니라 대상으로 여기는 경향이 있다. 자기 자신에게도 그런 식이기 때문에 자신의 경험을 거의 존중하지 않고 육체적인 건강과 정서적인 행복에 무관심할 때가 많다.

---

* 인용부분은 <파괴적인 사고과정과 싸우기> (파이어스톤, 1997a)와 다큐멘터리 비디오 <보이지 않는 아동 학대>(파르, 1995)에서 문서로 작성된 것이다.

프랭크와 자넷은 어느 정도 감정을 차단한 채 비인격적으로 일상적인 상호작용을 해나갔다(그들의 성격은 히스테리라기보다는 오히려 강박적인 것으로 분류될 수 있다). 가끔씩 프랭크가 자넷과 아이들에게 따뜻함을 보여주기는 했지만 그의 일상적인 태도는 사람에 대한 일종의 객관적인 호기심과 그들의 동기가 무언지 알아내려는 집착에 가까웠다. 그는 자넷의 문제와 우울증의 원인을 밝혀내려고 자신의 비판적인 분석방법을 적용해 보기도 했다. 하지만 두 사람 사이에 거리와 적대감만 만들고 말았다.

두 사람 모두 다 감정 반응이나 단순한 개인적인 교류보다는 이미지나 외모, 수행능력을 더 중요시했다. 두 사람은 아이였을 때 그들의 성과를 본인들의 것으로 여기며 진정한 인정이나 감사의 말보다는 부적절한 칭찬과 비위맞춤을 해주던 부모에게 부당하게 이용당했었다. 어른이 되어서는 어린 시절에 부족했던 사랑을 보상받기 위해서 계속 그와 똑같은 격려를 하거나 받아내려고 했다.

프랭크는 아들에 의지해 살아가는 어머니에게 지적 능력에 대한 칭찬을 받아왔기 때문에 그와 똑같이 자넷이 직장 일에 대해 칭찬해 주기를 원했다. 자넷은 격려를 요구하는 그에게 마음이 점점 사라졌고 결국 미워하게 됐다. 자넷은 진짜 마음을 감추려고 그의 앞에서는 비위를 맞췄지만 뒤에서 친구들과 얘기할 때는 그를 비방했다.

엄마로서 자넷은 아이들이 아플 때만 자신이 가치 있고 필요한 존재라고 느꼈다. 돈이 태어나자마자 중병에 걸렸을 때 특별한 존재이고 싶은 욕구에서 아기와 배타적인 애착관계를 형성했다. 그녀는 돈의 회복에 필요한 돌봄을 줄 수 있는 사람이 오직 자신밖에 없다고 생각했다. 그것을 딸에게도 똑같이 반복했다. 비벌리가 3개월 때 백일해에 걸려 여러 달 동안 지속적인 관심을 필요로 했었다. 그녀의 관심은 자신이 특별한 존재라는 것과 자기 존중감에 대한 욕구에서 비롯된 것이기 때문에 진짜 사랑이나 다정함과는 거리가 있었다.

세 자녀들은 모방을 통해 감정을 차단하는 부모의 방식을 배웠다. 그래서 성인이 되어 그들이 선택한 사람들과 개인적으로 관계하는 것이 힘들었다. 돈이 자신의 일지에 감정을 억제하고 삶에 고유한 고통과 절망감을 무디게 하려는 성향을 어떻게 극복했는지 설명했다.

몇 년에 걸쳐 나는 슬픔을 회피하기 위해 사용해왔던 과도한 무의식적 책략에 대해 알게 되었다(명백한 이유 없이 사람들은 자신을 방어하기 위한 자신만의 장치를 구축하는 것 같다.). 너무 슬퍼서 피부가 짓물러 버릴 것 같은 느낌이 들 때가 종종 있다. 그럴 때 그 마음을 없애기 위해 대체하는 나만의 장치가 불안감이다. 그것으로 슬픔을 깊이 묻어버린다. 그 후에 장치 표면에 조그만 틈이라도 벌어진 듯 슬픔이 튀어나올 때가 있다.

나를 슬프게 하는 것이 무엇이었든 상관없이 슬픔 뒤에는 평화가 찾아온다. 마음이 맑아지고 마음에 시끄러운 소리들이 꺼진다. 슬픔을 피하면 다른 감정도 모두 사라진다는 것을 깨달았다. 슬픔을 체험하고 나면 모든 게 소중해진다. 그것은 깨끗한 벽장을 보고 기분이 좋은 것부터 누군가를 사랑하는 것까지 다양하다. 삶은 내가 뭔가를 원할 때마다 내 자신과의 싸움터가 되었다. 무엇보다도 꿈이 실현될 때가 제일 위협적이고 어김없이 슬픔이 복받친다.

비인격적인 성관계

많은 사람들이 어린 시절에 만족을 외부에서 찾지 않고 내면에서 찾게 되었기 때문에 지금의 관계에서 성적 만족을 얻고 유지하려고 할 때 어려움에 부딪힌다. 그들은 환상을 선택하고 친밀한 상호작용을 회피한다. 커플은 초기 단계의 설렘과 낭만이 사라지면서 어느 정도 거리가 생기고 성적 끌림이 줄어든다. 친밀감이나 거부반응, 이별의 가능성에 대한 두려움이 의식되기도 전에 삼성적으로 거리를 두는 커플 사례가 많이 있다. 불안이나 두려움을 느끼기 전에 진짜 다정한 성적 반응을 억제하고 무의식적으로 자기양육적이거나 내향적인 성관계방식으로 대체한다. 이후 성관계는 기계적이 되고 행위에만 집중하게 되면서 대개 공허하고 불만족스러워진다.

자위를 이용해 파트너와 성관계를 피하려고 하고 친밀한 성적 경험보다는 자기만족 수단을 선택하려는 남성과 여성도 있다. 때로는 강한 죄책감 때문에 자위에 집착하고 성행위동안 환상을 과도하게 이용하기도 한다. 이것은 파트너와 진정한 인격적인 관계로부터 철수하는 행동이다. 인격적인 성관계와 중독적인 비인격적 성관계 방식의 근본적인 차이는 파트너를 원초적인 욕구와 갈망을 달래주고 고립과 분리, 그리고 죽음에 대한 공포를 해소해주는 수단으로 생각하는지, 아니면 파트너를 분리된 한 개인으로 인식하는지에 달려있다.

프랭크와 자넷의 성관계는 두 사람 모두가 정서적으로 친밀해지는 것에 대한 두려움과 프랭크 마음에 허기를 느끼게 만드는 자넷의 억제성향의 영향을 많이 받았다. 두 사람은 모두 성숙한 성기적 성생활로부터 중독성향의 미성숙한 자위행위로 철수했다. 자넷은 처음 프랭크와의 성관계에 대해 다음과 같이 말했다.

> 처음 성관계를 가졌을 때는 프랭크에게 뭔가를 주고 있다고 생각하면서 그가 전보다 더 제게 관심을 갖기를 기대했어요. 저는 섹스에 대한 죄책감이 많았기 때문에 그의 공감과 배려가 필요했던 것 같아요. 저는 성교는 좋아하지 않았지만 키스와 애무는 좋아했어요. 되돌아보니 작은 소녀가 되고 싶었나 봅니다. 그냥 프랭크가 저를 안고 사랑한다는 말을 해주기를 바랐습니다. 제가 아빠와 하지 못했던 것을 프랭크가 보상해주길 바랬던 게 틀림없네요.

프랭크와 자넷은 성장기 때 불안감을 해소하고 그들 가정에 부족했던 따뜻함과 자양분을 보상하기 위해서 자기만족 수단으로 자위를 사용했다. 십대에 강박적으로 자위에 몰두했던 프랭크는 너무 치욕스럽고 통제가 불가능해 자살을 생각했던 적이 있었다. 자넷은 성인이 되어 섹스를 하는 동안 흥분상태를 고조시키려고 환상을 사용했고 프랭크와 성관계를 하는 것보다 자위를 선호했다. 그녀에게는 성적 희열을 느끼는 데 있어서 자위가 우선이었다. 두 사람의 결혼생활에 성생활이 부족했던 것은 상당부분 자넷의 자위에 대한 중독과 직접적인 관련이 있었다.

융합 정체성과 융합상태

새로운 연인관계에서 상처받을 수 있다는 불안감 때문에 많은 사람들이 무의식적으로 연인과 하나가 되려는 시도를 한다. 엄격한 의미에서 이런 융합이나 환상연합은 사람의 상상에서만 존재한다. 즉 실제 융합이라는 것은 분명히 없다. 하지만 다른 사람과의 유대나 소속에 대한 환상을 지원해주는 다양한 행동에서 그 모습이 드러난다. 다른 사람과 상상적인 유대관계를 형성하려는 남성과 여성은 진짜 친밀감과 애정을 회피한다. 감정이 결핍된 현실을 받아들일 수 없기 때문에 지속적인 사랑에 대한 환상을 유지하려고 노력한다. 두 사람 간에 융합된 정체성은 다음과 같은 것들로 나타난다. 희미해지는 각 개인의 정체성, 틀에 박힌 반복적인 일상에 의존, 고정된 역할 수행, 상대방의 기대에 부합하는 대우, 상대방을 이상화하거나 폄하하기, 상대방이 좋아하는 특성 억제하기, 강한 질투심과 소유욕.

프랭크와 자넷은 결혼 1년 만에 함께 사는 판에 박힌 일상에 젖어들었다. 그런 태도는 한때 함께 느꼈던 흥분이 현저히 감소했다는 사실을 은폐했다. 즉흥적이었던 행위들이 서서히 예측 가능한 것이 되었다. 토요일 아침은 침대에서 보냈고 일요일 오후는 차를 타고 집을 보러 다녔고 기념일은 화려한 나이트클럽에서 저녁을 먹었고 연례행사로 할아버지 댁을 방문했다. 이 모든 것들은 실제 사랑이라는 본질이 사라진 후에도 여전히 사랑하고 있다는 두 사람의 환상을 유지시켜주었다. 프랭크가 인터뷰에서 얘기했던 것처럼 커플이 서로 파괴적인 책략을 행동화하는 와중에도 이런 편안한 일상이 존재했다.

> 그것이 밸리와 말리부에 살던 몇 년 동안 자넷과 저의 패턴이 되었죠. 자넷이 일주일에 한 번 이상 성관계를 원치 않았기 때문에 저는 가끔 다른 여성들과 데이트했어요. 금요일 밤에는 밖에서 술을 마시고 2시쯤 고주망태가 되어 비틀거리며 집에 돌아왔고, 그리고는 횡설수설 말도 안 되는 끔찍한 언쟁을 했습니다. 토요일 아침이 되면 두렵고 후회스러운 마음에 용서를 구했죠. 침대에 있는 자넷에게 아침을 가져다주고 화해하고 사랑을 나누며 오전 시간을 보냈습니다. 모든 상황이 사실 엉망인데도 서로 괜찮다는 확인을 하려고 했죠. 아이들은 정오가 지날 때까지 거실에서 만화를 시청했어요. 아마 아이들은 혼란스럽고 우리의 삶에서 완전히 배제된 것 같은 느낌이 들었을 겁니다.

환상연합을 이룬 커플에게서 태어난 아이들은 자신들이 배제된 느낌을 받고 충분한 정서적 공급을 받지 못한다. 게다가 부모의 상상과 가면의 세상에 끌려들어가게 된다. 부모들 대부분이 자신의 억제성향이나 내향성, 갈등이 자신들만이 아니라 아이들에게도 해가 된다는 사실을 알게 된 뒤에도 여전히 파괴적인 패턴을 포기하기 힘들어한다. 또 부모 중 한 사람이나 두 사람 모두가 특정 아이를 선택해 두 사람관계와 같은 배타적 애착관계를 형성하는 가족도 많다.

자넷은 어릴 때 아팠던 비벌리와 강한 애착관계를 형성했는데, 그 이유는 외모나 관심사 등 그녀와 모든 것이 유사한 딸을 갖고 싶다는 욕망 때문이었다. 어린 딸이 그녀의 한결같은 친구가 되었다. 자넷은 쇼핑, 미술 클래스, 대학 확장강의 등, 가는 곳마다 그녀를 데리고 다녔다. 나중에 성인이 된 비벌리가 가족에 대해 다음과 같은 글을 썼다.

> 나는 집에서 늘 혼자라고 느꼈다. 엄마가 나의 "보호자"였지만 한 개인으로 엄마가 누구인지 정말 잘 모르겠다. 나는 "말없는 그림자" 처럼 엄마 곁에 있었고 모든 걸 함께 했던 것을 기억한다. 아주 융합된 관계였다. 거의 보이지 않는 탯줄로 연결된 관계였다. 엄마의 우울증도 함께 했다. 집에 있으면서 엄마가 돌볼 수 있게 나는 늘 아팠다. 그 당시 우리 집은 대체로 활기가 없었고 어두웠다. 죽은 집 같고 우울한 분위기였다.
>
> 오빠와 언니인 돈과 사라는 나를 배제하고 둘이 연합했다. 내가 엄마와 "친밀하다는" 이유로 둘은 분노가 많았다. 나에게 육체적인 공격을 하기도 했다. 돈은 나를 쫓아다니며 "못난이, 못난이, 못난이!" 라고 소리쳤고 이름이 아니라 이상한 별명으로 나를 불렀다. 나는 언제나 그들에게 좀 이상하고 별난 아이 같았다.
>
> 말리부에서 돈과 사라가 파티를 열면 나는 방으로 가 문을 잠갔다. 사라와 내가 서로 나눴던 것은 오직 소유에 대한 격렬한 말다툼뿐이었다. 아빠는 내 존재를 완전히 잊어버렸다. 아빠가 집에 온 손님에게 집 구경을 시켜줄 때 나는 아빠의 무지 때문에 깜짝 놀랐다. 그 당시 집에는 내가 옷을 많이 만들던 재봉틀이 있었다. 아빠가 "집 구경"을 시켜주다가 재봉틀을 발견하고 자랑스럽게 말했다. "아, 이 재봉틀 좀 봐요. 이걸로 사라가 옷을 만들어요." 나는 깊은 상처를 받았다. 재봉질을 많이 하는 사람이 나라는 건 모두 다 아는 사실이었다. 아빠가 생각하는 사라의 재능은 실제와는 달랐다. 그러나 내게 더 상처가 된 것은 그런 분명한 것도 모르고 있다면 아빠에게 나는 정말로 없는 존재라는 사실이었다.
>
> 나는 거의 주말마다 집을 탈출해 친구 줄리의 집에 갔다. 그곳에서 나는 인정도 받고 사랑도 많이 받았다. 나에게 친절했던 사람은 줄리의 아버지였다. 그는 드러내놓고 따뜻하게 대해줬고 신체적 접촉을 했고 내 삶에 관심을 보였다. 그는 난폭한 정신분열증 여자와 결혼한 경험이 있었기 때문에 가정생활의 위해한 면

을 잘 알고 있었다. 우리는 항상 캠핑이나 피크닉 등, 즐겁고 생기 넘치는 것을 함께 했다. 항상 주말이 끝나고 집에 돌아가야 할 때가 되면 슬펐다

결론

내향적이고 방어적인 습관패턴은 정서가 황폐한 존재로 철수하게 만드는 중독 성향의 방어방식이다. 내향성과 자기양육이라는 방어적인 태도는 사람들을 믿지 못하고 사랑을 표현하거나 나누지 못하는 모습으로 나타난다. 그 반면에 깨어있는 자기관심과 사랑을 주고받을 줄 아는 능력은 그 반대되는(외향적) 태도다. 자신을 방어하며 삶에서 철수하고 환상이나 자기양육적인 행동과 틀에 박힌 일상에서 만족을 찾게 되면 앞에서 살펴봤던 것처럼 관계에 심각한 결과를 가져올 수 있다. 내향적인 패턴은 성공적인 관계에 정말 아주 위험하다.

그때 개인에게는 자유와 중요한 경험의 상실이 뒤따른다. 그리고 삶의 영역이 축소된다. 자기 자신에서 분리됨으로 인해 자기 삶을 부인하고 사랑하는 사람들로부터 철수하게 되면서 근원적이고 실존적인 죄책감을 갖게 된다. 자기부인 행위는 자기비판적인 목소리를 활성화시키고 사기를 몹시 저하시키며 자기구조의 분열을 극대화한다. 좌절에 대한 정상적인 반응인 분노가 사라지면서 내면화되거나 가장 친밀한 관계에 투사될 수 있다. 선자는 자기 폄하적인 반응을, 후자는 파트너와의 관계에서 희생자 느낌과 때로는 그 반대로 공격자 입장을 취하게 만든다. 그런 까닭에 인간은 "순수하게" 방어할 수 없다. 왜냐면 내향적인 자기방어적인 삶을 살겠다는 선택으로 인해서 사람들과의 상호작용에 치명적인 영향을 줄 수 있기 때문이다. 다음 7장에서는 가족 구성원들에게 긍정적인 영향을 주고 자신의 내향적인 습관패턴에 도전해 그것을 바꾼 친구 같은 집단 모임의 안과 밖에서의 치료과정을 논의한다.

7

치료 과정: 커플/가족의 내향적 패턴에 변화를 가져오는 경험

우리 안에 존재하는 옛날 방식의 깊이를 들여다보고 우리가 처음 배운 생존방식이 나중에도 오랫동안 우리 자신의 삶과 행동에 미치는 영향력을 파악하고 그 근원을 철저히 이해하려면 어린 시절로 돌아가 봐야 한다.

– 릴리안 루빈 (1983, p.37)

6장에서는 내향적인 성향과 방어기제가 가족생활에 얼마나 심각한 해를 끼치는지 자세히 살펴보았다. 이번 7장에서는 가족관계의 역기능적인 측면에 맞서 도전하고 그것을 교정하는 데 도움이 되는 특별한 환경과 과정에 대해 설명한다. 우리의 방법은 부정적인 생각과 행동패턴을 확인하고, 그것에 맞서 도전하며 새로운 생활방식을 익히는 것이었다. 그 목표는 머리말에 인용했던 집단모임의 구성원들이 다양한 치료법을 경험하면서 서서히 변화하는 모습을 보여주면서 달성됐다.

우리는 정해진 프로그램을 사용하지 않았다. 우리가 사용한 치료법은 참여한 사람들의 개인적인 자기이해와 자기실현 추구였다. 이곳에서는 마음속의 감정을 느끼며 서로 행복에 상처가 되고 해가 되는 행동을 피하고자 하는 은연중의 도의적인 움직임이 있었다. 이것을 통해 친절과 너그러움, 그리고 개인의 권리 존중에 대한 성향이 정신 건강의 기본 원리임이 입증되었다. 그런 태도와 노력으로 정신건강이 향상되었고 자존감이 높아졌기 때문이다.

치료과정은 일반적인 치료과정처럼 시작됐지만 나중에는 책임 있는 치료법으로 개선되어 나갔다. 그 과정은 고립성향과 중독성 물질의 사용, 감정을 차단시키는 틀에 박힌 습관패턴의 사용을 감소시켜 주었다. 그리고 솔직함과 통합성, 사회성 향상, 그리고 좀 더 나은 대상관계와 목표지향적인 직업을 추구하려는 행동을 지지했다. 사람들은 자기실현에 필요한 정서적인 위험을 감수할 수 있도록 격려를 받았다.

우리는 집단모임의 구성원으로서 이번 탐색과정과 교정 제안이 구성원들에게 미치는 영향을 관찰할 수 있었다. 구성원들에게 여전히 남아있는 한계만이 아니라 그들이 이룬 변화를 살펴보면서 다음과 같은 치료과정의 기본 요소들을 이해하는 것도 독자들에게 의미가 있을 것이다. (a)개별 토크, 세미나, 마라톤식 대화 (b)감정방출 치료 탐색 (c)환상연합의 해체 (d)예비적 목소리 치료법에 대한 탐색, 그리고 나중에 (e)커플과 부모의 합동 목소리 치료법 적용*

이 과정은 관계문제에 대한 일종의 특별한 포괄적 접근법이라는 조건하에서 진행되었다. 아래 설명된 여러 과정들은 심리치료 프로그램에서 사용가능한 특별기법이 되었다.

장시간 대화와 마라톤식 대화

배경

머리말에서 설명한 집단이 형성되기에 앞서 우리 가족과 전문가들, 그리고 친구 같은 내담자들이 함께 모여 다양하게 교제를 하며 철학과 심리학 개념에 대한 토론을 했다. 모두들 도시를 떠나 긴 시간 모임을 갖는 것에 관심을 가졌다. 1972년 10월에 시작된 주말모임을 통해 다들 방어기제를 극복해가면서 내면 깊숙한 감정을 만날 수 있었다. 서로 자발적으로 상대방의 부모나 가족 역할연기를 해줌으로써 그 결과 원초적인 수준에 근접한 강렬한 감정을 방출해냈다. 그리고 어린 시절의 고통스러웠던 경험이 현재의 행동과 대인관계에 미치는 영향에 대해 상당히 많은 통찰을 하게 되었다.

* 점점 변화된 치료법은 가설을 세우기 위한 예비연구로 쓰였고, 나중에 좀 더 공식적인 치료 상황에서 시험해볼 수 있었다. 책의 III부, 내면의 목소리 반박하기: 치료법 설명을 위한 방법과 이론을 참조할 것. 치료기법과 근본 사상에 대해서는 여러 전문 잡지와 서적 (예를 들어 환상연합, 목소리 치료, 일상적인 심리 방어기제, 자애로운 자녀 양육, 파괴적인 사고과정과 싸우기, 자살과 내면의 목소리), 그리고 정신건강 전문가 교육에 사용되는 38개의 비디오에 나와 있다.

프랭크와 자넷은 장시간 토론에 참석했다. 첫 번째 주말모임에 참석했던 자넷은 자신이 한 개인으로 분리된 존재라는 느낌이 들었다고 말했다. 그녀는 사람들이 자신을 한 사람의 여성으로 인정해주고 활기 있고 지적 매력이 있다고 봐주는 게 좋았다. 그녀는 자신의 여성성에 대해 예전에 생각했던 것 보다 많이 알게 되었다. 자넷은 서서히 자신의 감정에 다가갈 수 있었고 아이였던 자신에 대해 연민을 가지게 되었다. 또한 고통스런 경험을 고백하는 참가자들의 얘기에 공감했다.

> 금요일 늦은 저녁에 몇 시간째 이야기를 나누고 있었을 때였어요. 좀 내성적인 한 분이 자신이 그렇게 감정이 없는 사람인 것에 아주 놀랐다는 말을 했어요. 그러면서 그의 반응 없는 태도에 힘들어했던 멤버에게 자신을 차갑고 감정이 없다고 비난했던 새어머니 역할을 해달라고 부탁하더군요. 그렇게 자신의 모습을 직면하는 그 사람을 보면서 사람들은 같은 얘기를 해 줬어요. 그러자 여태까지 울어본 기억이 없다던 남자가 감정을 주체 못하고 꺼이꺼이 울기 시작했어요.
>
> 처음에는 그게 자신한테서 나오는 소린지 몰랐다고 하더라고요. 어디 다른 데서 울음소리가 나는 줄 알았대요. 그동안 감정을 묻어버리고 지냈던 사람이 자기 자신과 타인에 대해 감정을 느끼는 모습을 보고 가슴이 뭉클했어요. 그걸 보며 저도 제 자신에 대해 여러 가지 마음이 들더군요. 저도 어린 시절에 감정을 차단해버렸다는 걸 깨달았어요. 그리고 제 자신을 방어하기 위해 얼마나 머리를 쓰며 살았는지를 알게 되자 마음이 너무 아팠어요.

한번은 각자 가장 부끄럽게 생각하는 것을 하나씩 털어놓는 시간을 가졌다. 그때 성적 환상이나 성적 무능함, 성에 대한 죄책감을 터놓고 얘기하는 사람들을 보면서 프랭크는 그동안 자위행위에 대해 느꼈던 죄책감과 혐오감에서 좀 해방되는 마음이 들었다.

> 그 전에는 섹스가 없다면 삶이 훨씬 단순할 거라는 생각을 자주 했었습니다. 갑작스런 성충동이 일어나지 않았다면 자넷과도 잘 지낼 수 있었고 인생도 편했을 것이고 죄책감도, 성실하지 못한 것에 대한 자책감도, 말다툼도, 죄책감을 덜기 위해 술에 취하고 싶은 마음도 없었을 테니까요.
>
> 그런데 그날 남성분들이 하는 얘기를 들으며 성이 자연스러운 거라는 사실을 깨달았어요. 그렇다는 걸 알고 있기는 했었어요. 성이 자연스러운 것이라고 머리로는 알고 있었지요. 하지만 마음 깊숙이 성욕에 이끌리는 자신에 대해 엄청난

죄책감과 수치심을 느꼈어요. 집단모임에서 제가 놀란 사람이 두 사람(남성)이 있었어요. 그들은 힘이 있었고 따뜻했고 자기 자신과 자신의 성적 감정을 잘 받아들이더군요. 내가 항상 감추려고 했던 것에 대해 두 사람은 전혀 그렇지 않았어요. 그렇다고 마초 같은 스타일의 남자들처럼 허풍 떨거나 섹스를 더럽고 은밀한 것으로 만들지도 않았어요. 이제는 깨끗하고 자연스런 성적 감정과 성을 죄책감이 드는 불결하고 지저분한 것이라는 생각을 구별하는 마음이 생겼습니다.

그 주말은 성, 그리고 여성과의 관계에 대해 전반적으로 새로운 시각을 갖게 된 출발점이 되었어요. 이제 성생활에 대해 더 이상 은밀한 생각을 하지 않게 되었어요. 남성과 여성이 함께 모여 성에 대한 얘기를 나누는 시간을 가짐으로써 섹스가 죄스런 일이라고 생각했던 고정관념이 변했습니다. 그런 낡은 생각 때문에 스스로 고립되었다고 느끼며 사람들과 거리를 두었거든요. 이제는 죄책감을 없애려고 술집에 갈 필요가 없어졌어요. 점차 저는 남성으로서의 제 자신에 대해 아주 새로운 생각을 하게 됐고 그에 따라 삶이 정말 좋게 변화됐습니다.

프랭크와 자넷은 이 모임이 의미가 있었다고 했다. 자기 자신과 타인들과 더 가까워졌고 각자 자신의 삶을 아주 똑바로 바라볼 수 있게 되었다고 했다. 그들은 그곳 사람들이 자기 자신에 대해 솔직하게 말하고 서로를 기꺼이 받아주는 모습에 용기를 얻었다고 했다. 모임구성원들의 긍정적인 표정 변화를 보면서 마음이 편안해졌고 활력을 얻었다. 그곳에 온 사람들은 모두 커플의 반쪽이 아니라 독립적으로 분리된 개인으로 모임에 참석했다. 프랭크와 자넷은 새로운 환경에서 잘 지냈다. 그 이유는 각자 한 사람의 개인으로 지냈기 때문이었다. 주말 모임과 비교해보면 그들의 일상생활은 감정이 대체로 차단된 메마른 상태였다. 환경이 바뀌면서 프랭크와 자넷의 내향적인 행동패턴이 많이 변화됨에 따라 둘의 관계도 좋아졌다.

주말모임은 프랭크와 자넷, 그리고 다른 참가자들에게 자신이 정말 원하는 삶이 어떤 것인지를 보여준 하나의 본보기가 되었다. 그들은 (그 당시 유행했던) 자기인식과 공감의식을 강화하고 마지막에는 해체가 되는 참만남 집단에 대한 얘기를 들었다. 그곳과는 다르게 우리 집단모임의 참가자들은 주말을 함께 보내며 나눴던 친밀감과 우정을 중요하게 생각했다. 그리고 그곳의 생활이 지속적으로 그들의 일상이 되는 방법에 대해 고민했다. 그래서 사람들은 삶을 풍부하게 해주는 방식을 유지하기 위해 습관적인 생활방식을 바꿔보기 시작했다. 이곳에서 장시간 이야기를 나눴던 경험이 동기가 되어 서서히 주말모임의 따뜻함과 활기를 일상에서도 느낄 수 있는 생활방식을 만들어내는 데 성공했다.

주말모임에 참석했던 임상 심리학자들은 개인적으로 만족했고 지적인 자극을 받았다. 모임이 그들의 치료현장에 대한 통찰을 확장시켜주었기 때문이다. 그들은 이론에 대한 토론을 통해 깨달음을 얻었고 그것에 매료되었다. 나의 탐색목표는 심리치료의 저항을 이해하는 것이었다. 참만남 집단과 세미나는 변화에 대한 근본적인 저항의 주요 원인들을 탐색하는 데 이상적인 조건을 제공해주었다.

감정방출 치료 탐색

앞에 언급했던 대로 참가자들은 어린 시절 강렬했던 외상경험에 대한 원초적인 깊숙한 감정을 내보이기 시작했다. 1973년에 우리는 저항이 나타날 때 사람들을 도울 수 있는 방법을 연구하면서 감정방출치료로 접근해보았다. 참가자들은 호흡법을 배웠다. 바닥에 등을 대고 누워 숨을 깊이 들이마셨다가 숨을 내쉴 때는 소리가 빠져나올 수 있게 하고, 그때 마음에 떠오르는 생각이 있으면 툭 내뱉어보게 했다. 그 결과 마음 깊이 억압되어 있던 감정이 다시 올라오는 것을 느낄 수 있었다.[1] 강렬한 감정 방출을 하고 나면 사람들은 각자 자신의 원초적인 경험을 해석하고 생각과 감정, 기억의 내용을 분석하면서 자신이 표현하고 있는 고통과 분노, 슬픔의 역동을 깨닫는다.

치료법 연구가 진행된 3년 동안 자넷과 프랭크는 자기와 타인에 대한 태도와 감정에 있어서 많은 부분이 근본적으로 변했다. 두 사람은 좀 더 유연해졌고 정서적으로 반응할 수 있게 되었다. 전보다 자신이 느끼는 감정, 특히 슬픔에 자연스러워졌다. 슬픔을 느끼게 되자 삶의 기쁨도 느낄 수 있게 되었다. 감정방출을 하면서 어린 시절 상황을 좀 더 확실하게 이해할 수 있었고 현재 생활에 그것이 반복되고 있다는 사실도 알게 되었다.

회기 초반에 프랭크는 어머니가 그의 자유와 이동성을 심하게 제약했었다는 사실을 알게 되었다. 그는 (꿈에 반복적으로 나오는) 어린 시절 장면을 다시 경험했다. 그 당시 세상을 탐색하면서 여기저기 돌아다니던 그를 갑자기 엄마가 들어 올려 아기침대에 집어넣었다. 그때 그곳에 영원히 갇혀버린 것 같은 느낌이 들었다. 그는 살아오는 동안 쭉 자신이 자유를 제약하는 패턴을 반복하고 있었다는 걸 깨달았다.

자넷은 뿌리 깊은 수치감이 엄마의 엄격한 배변 훈련에서 비롯된 것이라는 것을 발견했다. 그 마음이 깊숙이 자기개념의 일부가 되었고 성생활에 나쁜 영향을 미쳤다는 것을 알게 되었다. 또한 회기가 계속되면서 걸음마를 배울 때부터 시작되었고 이혼 후 더 심한 추행으로 발전한 아버지의 부적절한 성적 행동을 회상했다. 이전에 정신분석적

치료에 참여하면서 아버지를 향한 이중감정을 확인하긴 했었지만 감정방출 치료이전에는 아버지와의 성적 사건은 기억하지 못했었다.

이제 자넷은 아버지가 떠난 것 때문에 스스로 자신을 비난했던 이유를 이해하게 됐다. 더불어 어머니에 대한 두려움과 그에 따른 여성에 대한 두려움의 주원인을 발견했다. 아버지와의 비밀스런 행동에 대해 어머니의 경쟁심과 복수가 두려웠던 것이다. 섹스에 대한 자넷의 죄책감도 이와 관련 있었다. 특히 아버지가 보내는 성적 관심을 즐겼던 게 떠오르면 죄책감이 들었다.

아들 돈도 감정방출 치료에 참석했다. 그는 일지 서문에 자신의 방출 경험과 그를 통해 얻은 깨달음을 적었다.

> 회기 때 처음으로 스크린 도어가 쾅 부딪히는 소리가 기억났다. 등골이 오싹했다. 나는 내 방에 있었고 아버지가 막 퇴근해 돌아오셨다. 그때 얼른 엄마가 아버지에게 말하는 소리가 희미하게 귓전에 울렸다. 잠시 조용하더니 아버지 목소리가 들렸다. "망할 녀석!" "저런 빌어먹을 개똥같은 자식, 어디 있어?"
>
> 그 소리와 함께 방문이 쾅 열렸고 문 앞에 아버지가 서있었다. 아래 입술을 꽉 깨물고 손을 폈다 쥐었다 하더니 주먹을 꽉 쥔 채 나를 향해 다가왔다. 그리고 마치 시작 총이 발사되기 몇 초전에 경주 시작을 의식한 달리기 선수처럼 방 가운데 멈춰섰다. 폭발하려는 분노를 참아보려고 애쓰는 사람처럼 잠시 멈췄다. 하지만 참지 못했고 곧 매질이 시작됐다.
>
> 그때 거실에 조용히 서서 방안을 쳐다보던 엄마의 모습이 떠올랐다. 처음의 표정은 이렇게 말하는 것 같았다. "내가 무슨 일이 일어날 지 경고했지? 말을 들었어야지." 그러나 매질이 계속되자 엄마는 표정이 가시며 더 이상 때리지 말아달라고 애원하기 시작했다. "하나밖에 없는 아이잖아요. 그만 좀 때려요. 내버려둬요. 젠장!" 나는 그렇게 소리치고 울고 애원하는 엄마를 쳐다보면서 사태에 불을 붙인 장본인이 도대체 왜 그만두라고 하는 것인지 의아했다. 회기 중에 이것을 떠올리면서 엄청난 분노를 느꼈고 아무 것도 할 수 없는 심한 무력감도 들었다.
>
> 매 타작의 고통이 다시 느껴졌다. 그때 얼마나 도망치고 싶은 생각을 많이 했었는지 모른다. 그 후에 나는 아버지에 대해, 그리고 할아버지에 대해 다시 생각했다. 아버지는 살고 있던 작은 동네, 교회, 그곳의 이야기, 그곳의 제한된 기회, 편견, 하지만 무엇보다도 할아버지를 생각나게 하는 모든 것으로부터 벗어나고 싶어 했다.

프랭크, 자넷, 그리고 아이들은 다른 구성원들처럼 회기 중에 깊은 감정을 경험하고 난 뒤에 훨씬 덜 방어적이 됐다. 그전에 프랭크는 누가 부정적인 피드백을 해오면 공격적이 됐었다. 그러나 이제는 그 말을 경청하며 그게 맞는지 아닌지 생각하는 법을 배우게 되었고 그런 태도가 대인관계에 상당히 좋은 영향을 주었다. 모두들 일상생활에서 억압했던 고통과 슬픔에 대해 알게 되었다. 돈은 자신의 인생에 에너지를 더 많이 투자하고 직장에서 자신의 수동성과 미루는 성향을 극복하기 위한 걸음을 내딛었다. 그는 사회생활이 좀 더 편안해졌고 사람들을 더 많이 신뢰하게 되면서 친밀한 관계를 맺기 시작했다. 프랭크와 자넷의 가장 큰 변화는 항상 숨기고 있었던 생각과 감정, 그리고 이제 막 알게 된 연민을 서로 솔직하게 드러내 보이기 시작했다는 것이다. 개인 토론과 마라톤식 대화와 마찬가지로 감정방출 치료를 통해서도 대인관계와 신뢰능력을 확장시킬 수 있다.

이번 연구를 하는 동안 결과를 평가하고 개인과 집단 치료에서 나온 자료들을 녹음하고 옮겨 적고 사람들의 변화를 평가하는 데 시간이 오래 걸렸다. 우리는 감정방출 치료가 어린 시절의 기억과 경험을 치유하는 방법으로 자유 연상법보다 현저히 많은 변화를 보인다는 결론을 내렸다. 조력자의 도움이나 개입 없이도 참가자들 스스로가 자신의 자료를 해석하고 그것을 통합해냈다. 이때 밝혀진 자료에 의해 신경증에 관한 내 이론적 개념이 입증된 것이 내게는 보너스가 되었다.

환상연합의 해체

간절함과 융합 감정 때문에 함께 있기를 선택하고 환상연합으로 맺어진 관계는 그 당사자들을 매우 힘들게 한다. 프랭크와 자넷이 개인적으로 성장했고 친구나 아이들과 관계를 해나갔지만 여전히 그들의 파괴적인 관계방식을 버리지 못했다. 결국 결혼생활 23년에 두 사람은 이혼했다. 이혼이 고통스럽기는 했지만 그 결과는 전반적으로 두 사람에게 긍정적이었다. 두 사람은 이혼을 하고 나서 처음의 사랑 감정을 서서히 퇴색시킨 내향적이고 자기방어적인 행동패턴을 인식할 수 있었다. 환상연합의 파괴적인 요소와 원 가족 안에서 존재했던 융합 정체성을 노출시킴으로써 개별화와 개인적인 차원에서 진정한 가족관계를 이룰 수 있는 가능성이 열렸다.

이혼 후에 프랭크와 자넷, 그리고 아이들은 계속해서 집단모임과 그리고 이어진 커플/가족관계 세미나에 참가했다. 그들은 방어적인 관계방식과 내향적인 고립된 생활방식을 강화시킨 수단들을 솔직하고 자세하게 털어놓았다. 자넷은 이혼에 대해 처음 느꼈던 마음과 그 다음 집단토론에 참석하면서 얻게 된 통찰을 회상했다.

> 이혼하고 나서 처음에는 어린 시절을 기억나게 했던 프랭크의 비판적인 태도로부터 벗어났다는 생각에 마음이 편안했어요. 하지만 좋은 마음은 참 짧았고 아주 불안했습니다. 저는 프랭크나 엄마보다 더 잔인하게 제 자신을 끊임없이 의심하고 비판하고 있었다는 것을 알았어요. 튼튼이 못생겼고 매력 없고 추하고 어디에도 맞지 않다는 생각을 했지요. 제 자신에 대한 공격이 멈춰지지가 않았어요. 뭐가 그렇게 저를 기분 나쁘게 하는지 알 수가 없었어요. 프랭크의 비판이 사라진 다음에서야 어린 시절에 내면화된 제 자신에 대한 비판적인 태도를 알게 되었지요.
>
> 어떤 면에서 프랭크는 파괴적이기는 하지만 제게 꼭 필요한 사람이었다는 사실을 깨달았습니다. 저는 그를 외재화된 비판적인 부모로 이용했던 거예요. 우리가 헤어지기 전까지는 제가 제 자신을 얼마나 미워하는지, 얼마나 가치 없고 매력적이지 않다고 느끼는지, "돌봐주는" 보호자 없이 제 자신의 힘으로 살아가는 것을 얼마나 두려워하는 사람인지 직면할 필요가 전혀 없었어요.

몇 달이 지난 후에 자넷은 두려움과 자기혐오의 근원에 대해 더 많은 것을 이해하게 되면서 자유로움을 즐길 수 있게 되었다. 그 당시 자신의 감정을 이렇게 정리했다.

> 환상으로 프랭크와 연결되어 있다는 것은 그뿐만 아니라 나에게도 끔찍한 일이었다. 결혼생활 대부분의 시간을 우울하게 보냈다는 사실을 깨달았다. 프랭크와 헤어지고 난 후에야 그 전보다 훨씬 생기 있고 자발적이 되었다. 그리고 프랭크를 사랑했다는 것을 확인했고 나의 양가감정을 이해하기 시작했다. 그를 이상화하고 못마땅하게 생각했던 것은 둘 다 부적절했었음을 깨달았다.

프랭크를 이상화하고 자신보다 그가 더 똑똑하고 능력 있다고 여겼던 자넷은 두 사람의 환상연합이 깨지고 난 후에 자신과 그를 동등한 사람으로 여기기 시작했다. 오랜 세월 자넷의 우울증 때문에 괴로웠던 프랭크는 자유로워지자 앞으로 아무런 제약도 받지 않는 홀가분한 삶이 기대됐다.

> 헤어지고 나자 처음에는 두려움이 강하게 몰려왔다. "도대체 나는 누구지?" 방향을 잃은 것 같고 낯선 느낌이었다. 또 다른 한편으로는 우리의 관계를 해결하고

> 나니 끝나지 않을 것 같았던 싸움에서 벗어났다는 안도감이 들었다. 우리 두 사람이 헤어지기 직전 최악의 순간은 말리부 집을 팔고 항구로 이사했을 때였다. 끔찍하고 치욕스러운 싸움의 연속이었다. 한 번은 밤중에 자넷이 울면서 아파트를 뛰쳐나갈 정도로 심각했었다. 나중에 한 사내가 문을 두드리며 그녀가 괜찮은지 물은 적도 있었다. 그런 상황에서 벗어났다는 것이 얼마나 다행인지 모른다. 이제 내 자신에 대해 생각하면서 정말 내가 누군지 알아낼 시간을 갖게 되었다.

프랭크와 자넷은 다른 커플들의 이야기를 들으면서 (안락함을 주기는 하지만 분리와 개별화에 대한 두려움에서 비롯된) 강박적으로 반복된 일상이 어떻게 두 사람이 함께 얻을 수 있는 행복을 망가뜨리는지 알게 되었다. 그들은 관계를 소원하게 하고 거리를 만들 수밖에 없는 파괴적인 형태의 관계를 행동화하지 않는 법을 알아나갔다.

커플과 가족의 지적인 토론모임을 통해 돈과 사라, 비벌리는 부모의 장점과 약점에 대해 좀 더 현실적인 생각을 하게 되었다. 아이들의 의견을 포함한 모든 의견이 존중됐다. 아이들이 부모나 다른 어른들에 대한 생각을 말할 때 그것이 긍정적이든 부정적이든 방해받지 않았다. 또한 아이들은 여러 상황에서 다른 사람들과 교류하는 부모의 모습을 지켜 볼 기회를 가졌다. "엄마"와 "아버지"라는 공식적인 유대관계와 역할을 서서히 내려놓고 개별성을 존중하면서 부모와 친구처럼 지내게 되었다. 형식적인 가족의 형태는 사라졌고 반면에 우정과 서로에 대한 마음이 점점 더 중요해졌다. 어느 날 모임에서 돈은 자신이 객관적으로 아버지를 바라보고 있다는 사실을 깨달았다.

> 오늘 저녁에 아버지의 이야기가 있었다. 아버지가 사업실패에 대한 이야기를 할 때 그곳에 나도 함께 있었다. 아버지의 말소리는 마치 멀리서 들려오는 헬리콥터 소리처럼 단조로웠다. 내용 때문인지 아무런 감정도 실려 있지 않았다. 자신에게 일어난 일이 아니라 신문에서 읽은 이야기를 그대로 전하는 느낌이었다. 나는 아버지가 이야기하는 동안 사람들 얼굴에 나타나는 괴로운 표정을 보았다. 사람들은 그날 저녁에 아버지가 느끼고 있는 것보다 얘기하는 내용에 신경 쓰고 있었다.
>
> 아버지의 이야기를 들으며 내 마음 속 기억들이 하나둘씩 떠올랐다. 나는 모든 일에서 아주 간단하고 쉽게 목표를 이룰 수 있는 순간에 이를 때마다 언제나 분노로 꾸물댔던 나를 이해하게 됐다. 예전에는 그랬던 적이 없었던 것 같은데 어린 모습의 내가 떠오르며 이상하게 측은한 마음이 들었다. 갑자기 "내 안의 잃어버린 아이를 만난 것" 같다는 그런 헛소리가 아니다. 오늘 밤에 나는 한 소년의

마음에 아버지를 사랑하고 싶은 열망이 순수하고 힘차게 타오르는 것을 느꼈다. 아버지를 얼마나 존경하고 싶었는지, 내가 성장하면서 닮고 싶은 사람이 아버지이기를 얼마나 소망했는지 알게 되었다. 그 순간 나는 아버지를 가슴 아프게 공감하며 사랑하는 마음이 들었다.

나는 그 이유를 깨달았다. 내가 관찰했던 것과 아버지의 얘기로부터 알게 된 것은 아버지의 아버지, 즉 할아버지가 아버지를 강제 노동력으로 이용했었다는 것이다. 두 사람의 관계는 그게 다였다.

오늘 밤 내 마음에 엄청난 일이 일어났다. 방을 가로질러 아버지를 쳐다보았다. 흐트러지고 피곤해 보였다. 자신이 허물어진 것도 모르는 기계 같았다. 언제든지 교체할 수 있는 형편없이 유지된 분리 가능한 차량처럼 자신의 몸과 마음을 다룬 기계 같았다.

예비적 목소리 치료법의 발달과 탐색

목소리치료 과정의 초기 조사를 위한 환경이 조성되었다. 1977년 초에 동료들과 나는 자기 파괴적인 사고과정에 대한 탐색에 집중했다. 사람들을 제약하고 성공을 방해하는 부정적인 태도와 행동이 확인됐다. 조사가 진행되면서 참가자들은 자신에 대한 부모의 긍정적인 태도는 물론 부정적인 것까지도 내면화했다는 사실을 인식했다. 부모의 분노하고 적대적인 태도가 자기를 처벌하고 타인을 불신하는 생각으로 마음 구조에 자리 잡고 있다는 것을 알게 되었다. 우리의 연구는 사람이 부모의 방어적인 삶의 방식과 중독성향, 그리고 한계를 동일시하고 모방한다는 사실을 보여준다. 파괴적인 사고과정이나 내면화된 "목소리"는 대개 부모가 말로 하거나 암묵적으로 보여준 삶의 지침을 보여주는 행동 패턴에 영향을 준다.

집단모임에서는 다른 사람이 자신에게 이야기하듯 2인칭으로 자기 비판적인 생각을 표현하고 적대적인 생각의 내용을 확인하도록 했다. "너는 쓸모없어. 사랑스럽지 않아." 처음에 사람들은 그런 생각을 말로 표현할 때 느껴지는 분노와 슬픔의 강도에 놀랐다.[2] 그 파괴적인 생각이 아주 고통스러웠거나 불안을 촉발시켰던 가족과의 상호작용에서 비롯되었다는 것을 모두들 확인했다. 목소리과정을 이해하게 되면서 사람들은 적대적인 사고방식의 영향을 받는 자신의 행동을 변화시키고자 하는 자극을 받았다.

목소리치료를 통해 프랭크와 자넷은 마음속에 있는 힘의 존재를 깨닫게 되었다. 그것 때문에 과거에 제대로 발달을 할 수 없었고 현재는 자신이 원하는 삶을 살지 못하게 된 것이다. 또한 그들 자신과 대인관계에 대한 부모의 생각을 바라볼 수 있는 시각이 생겼다. 자넷은 어머니의 남성관을 대변하는 여러 가지 목소리를 발견했다. 남자는 본질적으로 비열하고 거칠고 성충동에 휩싸이고 여자보다 어리석고 열등하다는 것이다. 자넷은 남성에 대한 불신의 원인이 어머니의 사고방식에서 나온 것임을 알아냈고 그것 때문에 아버지가 일찍 가정을 포기하고 집을 떠났다는 사실도 알게 되었다. 자넷은 목소리치료 회기 때 프랭크와 남성에 대한 불신과 편집증을 드러냈다.

> 그렇게 바보같이 굴지 마! 그를 믿어서는 안 돼. 어찌됐든 결국 너를 떠나고 말거야. 그도 다른 남자들과 똑같아. 모두 멍청이들이지. 감정 같은 건 쥐뿔도 없는 주제에, 관심 있는 거라곤 온종일 일하고 돈 버는 것 밖에 없어.

이런 목소리 내용들을 확인하고 난 뒤에 자넷은 남자들에게 좀 더 친근하게 다가가 친밀한 관계를 맺을 수 있게 되었다.

프랭크는 자신이 진정한 남자가 아니라는 비난과 함께 남성성을 증명하려면 일을 열심히 하라고 촉구하는 목소리를 확인했다.

> 너는 비겁하고 패기도 없고, 진짜 마마보이야. 너는 한 번도 뭘 이룬 적이 없지? 너는 게으르고 아무짝에도 쓸모없는 놈이야. 할 수 있는 게 있다면 일하는 걸 배우는 것 밖에 없어. 네가 할 수 있는 건 그 정도야, 이 쓸모없는 멍청아! 너는 열심히 일해야만 해. 일하러 가는 게 좋을 걸. 봐, 가족을 먹여 살려야 하잖아. 열심히 일하지 않아서 생활비를 제대로 못 벌면 넌 아무 것도 아니야. 하찮은 존재지. 진짜 남자도 아니야.

프랭크와 자넷은 각자 원가족 안에서 형성된 일시적 정체성의 일부인 자기 자신과 상대방에 대한 부정적인 사고와 행동을 점점 교정해나갔다. 목소리 치료에 참여하기 전에는 의심도 하지 않고 그런 생각을 그대로 받아들였었다는 걸 깨달았다. 흥미롭게도 두 사람은 같은 목소리를 경험하고 있었다. 예를 들어 자넷은 자신이 매력도 없고 여성스럽지도 않고 다른 여자들과 근본적으로 다르다고 생각하는 데에 온 신경이 쏠려 있었다. 그런데 프랭크도 자신이 남자답지 못하고 다른 남성들과 다르다는 생각에 사로잡혀 있었다.

두 사람의 성인이 된 자녀들도 목소리 치료 훈련에 참가해 삶을 제약하는 내향적인 습관패턴을 갖게 만든 생각들을 털어놓았다. 그들은 정서적인 근친상간에서 비롯된 경쟁심과 복수에 대한 두려움 때문에 적응이 힘들었다고 말했다. 어린 시절 돈은 어머니와 친했다. 아버지는 아들을 경쟁자로 여겼고 무의식적으로 그가 없어지기를 소망했다. 이 무의식적 소망은 돈이 8살 때 일어난 사건으로 드러났다.

어느 날 저녁식사자리에서 돈은 농담하면서 어머니와 누이의 관심을 받고 있었다. 농담과 웃음이 계속되자 아버지는 점점 말이 없어졌다. 그러다가 갑자기 화를 내고 돈이 문제아라고 비난하며 그를 집밖으로 내쫓았다. 그 사건은 돈에게 외상이 되었고 아버지의 분노를 동일시해 적대적인 분노의 목소리를 갖게 됐다. 그 중에 가장 극단적인 것이 자기에게 죽어버리라고 말하는 목소리였다. 또한 남성에 대한 두려움이 형성되었고 남자는 위험하고 위협적이라는 경고의 목소리가 따랐다. 이후 돈은 여성을 두고 경쟁한다거나 사업이 성공하기 시작하면 언제나 불안해졌다. 그래서 내향적이 되면서 수동적으로 철수했기 때문에 자신의 목표를 추구하지 못했다.

돈이 사업에서 성공과 확장을 이루면서 최근에 잘못된 사업결정에 따른 재정적인 문제로 힘들어하는 아버지를 자신이 뛰어넘었다는 사실을 깨달았다. 그러자 남성에 대한 피해망상이 생겼고 심각한 수준의 불안감이 촉발됐다. 가끔씩 자살생각이 들었다. 10대 후반에 자살시도를 하기 전에도 이렇게 자살생각에 휩싸인 경험이 있었다.* 목소리 치료 회기 때 돈은 자신의 현재 상황을 분석하면서 남성에 대한 두려움의 근원을 조사했고 이어서 자기 자신에 대해 좋지 않은 생각을 말로 표현해냈다.

> 저는 특출해지는 게 두려워요. 정말로 남성에 대한 피해망상이 생겨요. 입 밖으로 소리 내어 말하면 미친 소리 같지만 계속 성공하면 곤란해질 것 같은 거예요. 직감적으로 두려워져요. 문밖으로 저를 내쳤던 사건 이후 아버지는 몇 년 동안 군사학교 얘기만 했어요. "군사학교를 찾아봐야겠어. 이놈을 이제 더 이상은 어떻게 할 수가 없어."
>
> 오늘 들었던 목소리는 경쟁자가 내뱉는 말 같았어요. 여기서 너 뭐하고 있는 거야? 넌 여기 있어서는 안 돼 (큰 목소리) 여기서 나가. 권총을 찾아봐. 권총을

* 이 회기의 일부는 "오이디푸스 콤플렉스에 대한 새로운 조망: 목소리치료 회기"란 제목의 논문(R.W.파이어스톤, 1994, 심리치료, 31, pp.346-349)에서 발췌했다.(사용승인)

당겨. 네 머리를 날려버리라고! 머리를 날려버리기만 하면 돼 ! (강렬한 분노, 크게 소리 지름) 머리를 박살내, 박살내라니까 ! 골통을 부셔버려 ! 하나도 남김없이 없어져. 정말 네 녀석이 죽었으면 좋겠어. 아주, 아주, 아주, 고통스럽게 죽었으면 좋겠어. 머리를 날려버려 ! (울부짖는다)

나중에 돈은 아버지로부터 내면화한 가학적인 목소리의 내용과 어린 시절 고통스러웠던 사건을 연결시켰다.

그게 아버지였다고 생각해요. 제가 생존할 수 있는 유일한 방법이 아버지를 피하는 것밖에 없는 것 같았어요. 저는 카펫과 하나가 돼야 했어요. 눈에 띄어서는 안 되니까요. 집에서 보이지 않아야 했어요. 목소리의 강도는 제가 성공에 대해 예전과 전혀 다른 태도를 가지려고 하는 것과 관련 있어요.

제게 경쟁하려고 하지 않는 이유가 있었다는 것을 알게 됐습니다. 어릴 적 두려움을 성인이 되어 다른 남성이나 상황에 투사하고는 저는 경쟁할 수 없다는 생각을 한 거였어요. 남자들이 저를 죽일 거라고 생각했어요. 이제는 그런 생각 안 해요. 그건 과거고 지금 실제 제 삶과 아무런 상관이 없으니까요.

회기가 끝나고 나서 돈은 경쟁에 대한 두려움이 줄어들었고 남성과 여성 모두와의 우정과 일에서 상당한 변화를 느꼈다. 돈의 아버지 프랭크는 자신이 같은 종류의 두려움을 아버지로 인해 경험했고 돈과의 관계에서 분노를 억압하고 똑같은 패턴을 행동화하려는 충동을 통제하려고 애썼지만 대개 실패했다는 사실을 깨달았다.

목소리 치료법을 적용해 얻은 결과를 분석하면서 우리는 내면의 과정을 이해하는 데 가장 좋은 방법이 목소리치료라는 것을 확인했다. 그 순간부터 우리는 이 방법을 사용해 얻은 통찰을 친밀한 관계가 전개될 때 경험하는 내향성과 한계와 싸울 수 있는 지침으로 사용했다.

집단의 목소리치료 이론과 방법 적용

커플 집단*

커플관계 세미나 참가자들은 친밀감을 방해하는 내향적 방어패턴을 서서히 포기했다.† 돈은 집단모임에서 여자와 관계를 오래 지속하지 못하는 이유를 찾아보았다.

> 여자를 만났는데 매력적이라면 저는 목소리를 그녀에게 투사합니다. 그리고는 그녀가 나를 어리고 성적 매력이 별로 없고 남자가 아니라고 생각한다고 믿지요. 또 저랑 농담하고 재밌어는 하지만 저를 진지한 상대로 여기지 않는다고 생각해요.
>
> 제가 그런 비현실적인 생각을 떨쳐버리는 게, 그리고 그건 여자들이 아니라 제가 제 자신에 대해 그렇게 생각하는 거라는 걸 알게 되니 참 고통스러워요. 때로는 여자들이 절 좋아하지 않는다고 생각하고는 그런 반응을 끌어낼 수 있는 행동을 하기도 해요.

돈은 여자와의 관계에서 자신을 비하하는 성향이 여성을 이상화하는 성향과 직접 관련되어 있다는 것을 깨달았다. 그 점을 좀 더 자세히 살펴보면서 여성에게 인정받고 싶은 욕구가 이린 시절부터 있었던 공허감과 간절함에서 비롯됐다는 것을 알았다.‡

> 마음이 허전해 사람에게 기댔던 것 같아요. 그러니 만나는 사람이 꼭 그 사람일 필요는 없었던 거죠. 지금껏 그냥 이 사람 저 사람 바꿔가며 만나면 됐어요. 그래도 그게 너무 비인격적이라 많이 괴로웠습니다.
>
> 다시 관계 맺는 게 두려워요. 제 자신의 삶을 시작하면서 즐겁게 사람들과 잘 지내는 지금이 너무 좋거든요. 저는 누군가와 관계를 시작하면 그런 것들을 다 포기해요. 그때는 다른 건 더 이상 중요하게 생각되지가 않아요. 만나는 사람과의 애착에만 신경 쓰죠. 그건만 제게 의미가 있거든요.
>
> 저는 제 삶을 억제하는 편입니다. 그리고 실제로 제가 사교적이라서, 자유

---

* 이 회기의 진술들은 다큐멘터리 비디오 <섹스와 목소리>(파르, 1990b)에서 발췌했다.
† 목소리 치료법을 적용한 커플 세미나과정에 대한 설명은 12, 13, 14장의 방법론 부분을 참조할 것.
‡ 돈의 진술은 다큐멘터리 비디오 <친밀감의 두려움: 억제 행동 패턴 조사>(파르, 1997b)에서 발췌했다.

로워서, 무엇이든 자연스럽게 해서 그 사람이 처음에 제게 반했다면 저는 그런 것들을 다 그만 둡니다. 그것들을 철수합니다. 그것들을 마음속에 가둬놓고 그 사람에게만 매달려요. 그것들은 더 이상 아무 의미도 없게 돼요.

돈은 자기 자신에 대해 지녔던 파괴적인 태도와 여성에 대한 간절함을 확인했고 자신이 사랑을 주고받는 것을 견디지 못한다(내향성의 기본적인 태도)는 사실을 깨달았다. 그는 서서히 관계초기에 항상 그를 괴롭혔던 자기방어적이고 제약적인 사고방식에서 벗어나는 법을 배워나갔다. 그러고 나자 사람과 관계하면서 상처를 받을 수 있는 위험을 무릅쓸 용기가 생겼다.

커플집단 참가자들은 자신의 투사행위 때문에 자신의 짝이 상당히 고통스러웠다는 것을 알게 되었다. 그리고 자신의 잘못된 인식을 정당화하려고 상대방을 자극해 반응을 이끌어냈다는 것도 알았다. 그들은 부정적인 사고를 사람들에게 들어낼 줄 알게 되었고 고통의 상당 부분은 실제 사건이 아니라 사건에 대한 인식에서 비롯되었다는 것을 이해하게 되었다.

부모 집단

1978년 이후 24명의 아이들이 집단모임에서 태어났다. 집단모임 참가자들은 아이의 발달시기에 부모가 아이와 상호작용하면서 상처를 많이 주게 되어있다는 것을 배웠기 때문에 그런 방식으로 아이를 양육하고 싶어 하지 않았다. 그래서 아이양육을 하며 부딪치게 되는 문제들에 그들이 배운 것들을 적용해보기 위해서 규칙적으로 만나기 시작했다.

부모집단의 첫 번째 목표는 (a)부모 자신이 자랄 때 입었던 상처와 그것이 아이와의 관계에 미치는 영향을 좀 더 많이 인지하고 (b)부모가 자기 자신과 아이에 대해 연민을 갖도록 돕는 것이다. 참가자들은 전통적인 심리치료에서처럼 통찰을 통해 태도와 행동을 바꿔나갔다. 계속해서 그들은 아이였던 자신으로 돌아가 자기 자신에 대한 제약과 부정적인 태도의 원인을 알아보는 것부터 시작해 부모가 된 자신과 아이들에게 이어진 적대적인 태도까지 조사했다. 두 과정은 깊은 감정수준에서 부모가 자신의 과거와 현재의 연결고리를 조사하는 가운데 이뤄졌다. 이렇게 두 가지 과정에 집중하면서 어렸을 때 일어났던 사건에 대해 감정이 일어날 때 사람들은 자신에 대해 좀 더 많은 연민을 느낄 수 있었다. 우리는 자기 자신에 대한 마음을 새롭게 획득하는 것이 부모가 아이들 양육을 긍정적인 방향으로 바꿔가도록 해 줄 수 있는 중요한 요소라는 사실을 알아냈다.

부모 집단 참가자들은 (결혼해서 두 아들이 있는 사라를 포함해 26명의 남성과 23명의 여성) 근본적인 자기태도와 아이들에게 느끼는 양가감정을 점점 더 많이 인정하게 되었다. 부정적인 자기관을 확인한 부모들은 부정적인 태도를 아이들에게 어떻게 투사했는지 알게 되었고 이어서 자기비하적인 태도의 근원을 솔직하게 고백했다.

어떤 경우 처음에는 고통스러웠던 어린 시절 경험의 중요성을 인지하지 못했고 심지어 그것을 웃으면서 객관적으로 회고하기도 했다. 하지만 서서히 그 사건이 자신의 마음 속 깊이 심리적 흔적으로 남았다는 사실을 깨달았다. 그들은 근원적인 외상과 연관된 감정을 다시 경험하면서 사고의 균형감각을 얻을 수 있게 됐다. 이제 사람들이 표현하는 고통에 좀 더 민감해졌고 아이들에 대해 더 많은 공감을 하게 되었다.

자기 자신과 자녀들에 대한 부정적인 생각을 확인하는 과정이 부모집단 모임을 통해 효과가 있는 것으로 밝혀졌다. 이 특별한 부모집단에 적용된 방법은 일반 사람들의 정신건강 예방책을 마련하기 위한 체계적인 프로그램으로 통합되었다.[3)]

사회적 환경의 영향

가족이 협동하는 집단모임을 통해 프랭크와 자넷, 그리고 아이들은 여러 사람들과 폭넓게 교류하면서 자기에 대해 더 많이 알게 되었고 자기 자신만이 아니라 아이들에 대해서도 좀 더 새롭고 건설적인 시각을 갖게 되었나. 돈의 이야기다.

> 이곳이 다른 곳과 가장 많이 다른 점은 여기 사람들은 저희 가족들이 보는 것과 다르게 저를 본다는 겁니다. 저희 집은 각자 정해진 역할이 있는 (외부와 단절된) 조심스러운 공간이었어요. 집에서 부여받은 역할에 부합되지 않을 만한 행동은 전혀 찾아볼 수 없었죠. 그곳에 그런 것은 존재하지도 않았습니다. 제 역할은 집에 있어서는 안 될 문제아, 모든 가족문제의 근원인 아들, 아무 짝에도 쓸모없는 아들이었습니다.
>
> 19살이 되어 집을 떠났을 때 처음에는 집에서와 똑같이 제한된 구역과 역할을 제게 부여하는 친구들을 만났어요. 지금 생각해보면 꽤 저급하고 비꼬는 묘한 농담을 걔들과 나누기도 했어요.
>
> 그리고 이제 여기서 많은 각계각층의 사람들, 친구들을 만났습니다. 한 가지 꼭 말하고 싶은 것은 친밀한 관계로는 제가 선택하지 않았을 사람들이라는 거

예요. 호감이 안 가서가 아녜요. 모두 완전히 다른 분야의 사람들이었고 제가 예전에 친구했던 사람들과는 완전히 달랐기 때문이에요. 모두 다 달랐어요. 그런데 공통점이 하나 있었는데, 다들 자기 삶에 만족하지 못했고 변화를 원했다는 겁니다.

제가 반드시 선택하지는 않았을 것 같은 사람들과 함께 지내며 일하는 게 이제는 제 삶에서 가장 중요한 것 가운데 하나가 되었어요. 그것을 통해 저희 가족은 외부와 단절된 상태에서 벗어났고 저희 가족과 비슷한 사람들과 어울릴 필요가 없다는 사실이 여러 방법으로 확인된 것 같아요. 그래서 저는 사람들이 인생을 함께 하고 싶은 친구나 짝을 찾는 동기를 한번 의심해봐야 한다고 생각하게 되었어요. 이제 저는 새롭게 만난 사람들과, 저에게 있는 줄도 몰랐던 것들 때문에 저를 좋아하는 사람들과 함께 있게 됐네요.

개방적인 환경과 지지적이고 다정한 확대가족 안에서 살면서 가족 구성원들은 자기 자신과 가족들에게 부여한 엄격한 경계를 넘어 발전할 수 있게 된다. 집단토론에서 커플/가족 관계에 대해 공유된 지혜와 지식을 바탕으로 프랭크와 자넷은 내향적인 패턴에 도전하고 중독성향의 애착관계와 습관패턴을 바꾸면서 좀 더 외향적으로 변해갔고 서로 마음이 통하게 되었다. 그들은 자신을 제약하는 목소리를 확인하면서 그 파괴적인 생각에 도전했고 삶의 목표를 향해 움직였고 좀 더 좋은 관계를 이뤘다.

사람들과 높은 수준의 사회적인 상호작용을 함으로써 내향적이고 자기파괴적인 생활방식의 특징인 고립상태에 빠지지 않게 되었다. 고립은 프랭크와 자넷에게 아주 고질적인 습관패턴이었다. 커플만이 아니라 아이들도 세미나와 토론집단에 참석했다. 그곳에서는 사람들이 자신의 지식과 통찰을 솔직하게 나눴고 개인적인 삶의 모습들을 드러냈고, 가장 중요한 것은 감정표현을 할 수 있도록 용기를 얻었다는 것이다. 이런 과정을 통해 커플의 의사소통과 관계방식에서 비인격적인 성향이 달라졌다.

새로운 경험들로 가득 찬 생활방식과 공유된 프로젝트를 통해 가족 구성원들은 너그러워질 수 있는 기회를 얻었고 다양한 프로젝트에 자신의 재능을 기여할 수 있었다. 이것은 억제 성향을 포기하는 행동을 하는 결과를 가져왔다. 예를 들면 프랭크는 10대 청소년 승무원들에게 그가 수년 동안 획득했던 배의 운행과 조작 기술을 가르쳤다. 돈이 현재의 상황과 예전에 정상이라고 생각했던 자기중심적인 생활과 억제 패턴을 비교했다.

우리 가족 누구도 다른 사람을 위해 좋은 일을 한 적이 없었다. 아이들은 모두 각자의 방과 TV가 있었다. 부모님은 부모님 방이 있었다. 모두 인간미가 없었다. 예절도 배려도 관계도 없었고 진정한 우애도 없었다. 그런데 여기 사람들과 친구가 되기 시작했을 때는 모든 게 아주 달랐다. 예를 들면 누군가가 내게 "그거 내가 도와줄게" 아니면 "오늘 네 생각했어. 이것 좋아한다고 했던 게 생각나서 사왔어." 라고 말할 때가 있었다. 이렇게 내가 누구인지 알아가는 것과 같은 일이 여기서는 아주 쉬워보였고 이제는 내 생활의 일부가 되었다. 하지만 예전 우리 집에서는 전혀 없었던 것이다.

결론

6장에서는 프랭크와 자넷의 인생 초기에 형성된 개인의 방어기제가 친밀한 관계 능력을 방해했고 그것이 결혼 파탄의 주원인이었다는 것에 대해 얘기했다. 이번 7장에서는 가족 구성원들 개개인이 상대방을 존중하고 그들 감정에 민감해지며 내향적 패턴의 변화를 이루어가는 모습을 살펴보았다. 그들의 변화를 검토하면서 우리는 내향적인 특성의 많은 부분이 좋은 방향으로 변화된 점을 주목해서 보았다. 가족 구성원들에게 남아있는 문제는 인생의 행복과 성취감을 손상시킬 정도로 강박적으로 일하는 습관이다. 아직 남아있는 문제가 있기는 하지만 전반적인 적응력은 대부분 향상되었다. 그리고 가족관계와 다른 대인관계에서 훨씬 더 많은 만족을 얻었다.

우리는 관계의 근원적인 문제들을 이해할 수 있었던 장기 연구를 통해 많은 지혜를 얻었고 친밀감의 문제를 극복할 수 있는 특별한 방법들을 만들었다. 특히 세심한 마음을 주고받는 사회적 환경 역동에 의해 거리두기와 고립성향이 바뀌었다. 그리고 감정방출 치료는 사람들을 감정에 좀 더 다가갈 수 있게 해주었고 덜 방어적이 되게 해주었다. 환상연합에 대한 이해는 좀 더 솔직한 태도로 관계를 하고 자기감과 독립성을 키우고 긍정적으로 성생활을 할 수 있게 영향을 미치는 데 도움이 되었다. 목소리 치료는 핵심적인 관계문제를 이해할 수 있게 해주었고 특별히 자기 공격과 중독적인 억제 행동 뒤에 숨어있는 상상작용을 이해하는 데 효과가 있었다. 커플집단은 자기공격을 파트너에게 투사하는 것을 인식하고 철수하는 데 도움이 되었고 더 많은 연민과 공감을 할 수 있게 만들었다. 장기연구를 통해 참여한 사람들뿐만 아니라 일반사람들에게도 적용할 수 있는 많은 가설들이 세워졌다. 이제 그것들은 실증적 연구를 통해 입증되어야 한다. 여러 연구자들에 의해 그 개념과 가설들이 연구되기를 기대한다.

우리의 연구노력으로 1,300명이 넘는 사람들(입원환자와 내원환자)과 함께 파괴적인 사고과정과 자살시도사이에 중요한 상관관계를 확립할 수 있었다. 그리고 우리는 타인에 대한 목소리가 폭력적인 행동과 상관관계가 있다는 가설을 탐색하기 위한 연구에도 참여했다. 수감자에 대한 최근 자살연구방법과 같은 방법론을 사용해 폭력적인 행동 가능성이 있는 대상과 비폭력적인 대상을 구별할 수 있다는 것을 알아냈다. 최근에는 우울증 환자를 치료하고 대인관계 성향과 결과를 좀 더 잘 이해하고 예측하기 위한 과정을 개발하면서 목소리 치료의 효율성에 대한 연구를 하고 있다.

이 부분을 끝마치면서 어린 시절에 형성된 방어기제가 불안과 고통, 해체의 두려움을 해소하기 위한 임시 적응방법이기는 하지만 나중에 문제를 발생시킨다는 사실을 다시 반복해 말해야겠다. 방어체계는 결국 적이 되며, 특히 대인관계에 파괴적이다. 그런 패턴은 고립적이고 내향적인 행동을 포기하게 하고 자신의 감정에 좀 더 친근히 다가갈 수 있게 하고 마음안의 파괴적인 힘에 대한 깨달음을 갖게 해주는 방법을 사용해 변화될 수 있다. 파괴적인 행동을 수정하고 성숙하는 데 따르는 위험을 감수한다면 더 친밀하고 서로 배려하는 대인관계를 이룰 수 있을 것이다.

추가 노트: 작년에 프랭크와 자넷은 다시 관계를 시작해 결혼 때와는 아주 다른 방식의 상호작용을 하고 있다. 최근에 프랭크가 자넷과 함께 있는 느낌에 대해 말했다. "우리의 지금 관계는 지난 결혼생활 때 늘 바라던 것이다. 과거에 휩싸이곤 했던 어떤 드라마나 갈등도 없다. 우리 사이는 정말 많이 단순해졌다. 서로에 대한 옛날 방식의 사고나 반응을 붙들고 있을 생각이 없다. 지금은 우리가 처음 친구로 만났을 때처럼 흥미로운 대화를 나눈다. 지난 몇 년 동안 배운 것이 지금 이렇게 잘 지내는 데 아주 많은 도움이 되는 것 같다."

미주

1) 감정방출 치료의 제1 목표는 어릴 적에 너무 두려워 온전히 경험할 수 없었던 과거의 고통스러운 감정을 느끼도록 하는 것이다. 5주 동안 매일 1시간 반씩 일주일에 5번의 회기를 하고, 이어서 몇 달 동안 일주일에 한번이나 두 번씩의 회기가 뒤따른다. 참가했던 사람들 대부분이 몇 번의 회기를 거치면 깊이 호흡하고 소리를 뱉어낼 수 있게 된다. 어떤 사람은 즉시 흐느끼기 시작하기도 하고, 어떤 사람은 크게 오열하거나 분노하고 소리치기도 한다. 예를 들어 "나 좀 내버려둬." "가버려" "나는 네가 필

요 없어." 어떤 사람은 큰 소리로 도움을 요청한다. "나 좀 잡아줘요." "가지 말아요." "나 좀 봐요." 사람들의 몸 움직임과 언어표현은 대부분 치료가 진행되면서 훨씬 자유로워진다. 거의 모든 사람이 진짜 과거의 강렬했던 정서 반응이나 사건, 감정을 다시 경험하는 것 같다. 그러면서 현재의 제약과 정서적인 고통을 어린 시절의 고통스러웠던 사건과 연결시켰다.

2) 목소리 개념이 적용된 치료법은 목소리 치료VT로 알려진 인지정동행동 치료다. 그 목적은 부정적인 부모의 태도와 위해했던 어린 시절 경험을 내면화한 결과로 생긴 자기와 상반된 인격부분을 분리해 드러나게 하는 것이다. (파이어스톤, 1997a)

3) *자애로운 자녀 양육을 위한 부모교육 프로그램*에는 부모를 위한 6주 종합과정에 부모집단의 비디오가 포함된다. 로흐너(1991)의 어머니 PARQ와 성인 PAQ 측정도구를 사용한 예비평가를 보면 부모의 자존감과 수업에 따라오는 자녀에 대한 긍정적인 태도가 향상되었다.

8

커플관계의 환상연합

일반 정신병리란 행동이나 말로 융합 환상이 실제 존재하는 것처럼 만드는 시도다.

– 헬무트 카이저 (파이어맨에서 인용, 1965, pp.208-209)

요한과 내가 모든 걸 당연히 여기며 무심히 살았던 그 아늑했던 작은 세상에 학대와 폭력이 존재했었다니, 그때를 회상할 때마다 더욱 더 놀라게 된다. 겉으로 안전해 보이는 것에는 엄청난 대가가 따른다. 즉 인격이 끊임없이 파괴되는 것을 감내해야만 한다.

– 잉그마르 베르히만 (1973/1983, p.123)

대부분 사람들은 친밀감에 대한 두려움이 있다. 하지만 그와 동시에 혼자 있는 것도 무서워한다. 바로 그 해결책이 환상연합이다. 즉 유대감과 친밀감에 대한 환상을 형성하는 것이다. 그것을 통해 정서적 거리는 그대로 유지한 채 외로움을 달래고 결혼과 가족에 대한 사회의 기대에 부응할 수 있기 때문이다. 파괴적인 환상연합은 대부분의 커플/가족관계에 존재한다. 환상연합이 형성되면 대인관계가 성공할 가능성은 현저히 떨어진다.

2장에서 살펴본 대로 자기양육 과정이나 환상연합은 마음속에서는 환상으로 밖에서는 사람들을 이용하는 대인관계 방식으로 나타난다.[1] 대개 사람들은 어린 시절에 양육 받고 처벌 받은 방식대로 자기 자신을 양육하고 처벌하려고 한다. 자기 안의 자기양육방식을 현재 관계나 파트너를 이용해 외재화하려는 것이다. 환상연합이 형성되면 가짜독립성을 보이고 사랑을 자유롭게 주고받지 못한다. 그런 사람은 부정적이고 적대적이다. 그/그녀는 방어적인 부모태도를 내사함과 동시에 초기 발달단계에 형성된 고통스러운 "원초적" 감정을 그대로 간직한 채 한편으로는 좋고 강한 부모가 되고, 다른 한편으로는 약하고 나쁜 아이가 되는 환상을 전개한다. 성인관계에 환상연합이 전개되면 자기양육적인 면이 외재화되면서 파트너와 서로 번갈아 장대해 보이는 비판적이고 가혹한 부모와 무력하고 쓸모없는 아이를 행동화하게 된다. 지난 10년 동안 환상연합 개념은 심리학의 주요 개념으로 자리 잡았다.[2)] 이것은 상호의존성이란 용어로 일반 대중에게 널리 알려진 개념이다. 내 초기 논문에는(파이어스톤, 1985, 1987a, 1990b, 1997a) 헬무트 카이저(파이어맨, 1965)를 시작으로 카펠(1976), 웩슬러와 스타이들(1978)을 포함한 여러 이론가들이 인용됐다. 융합 망상이 "일반 정신병리"를 나타낸다는 카이저의 초기 사상은 신경증의 원초적 방어기제인 내 환상연합 개념과 유사하다.

커플의 환상연합 발달*

남자와 여자는 정서적으로 가족에게서 벗어나 분리되고 독립된 존재라는 생각이 드는 단계에 연애를 하게 될 가능성이 많다. 그때 상대방에게 관심을 보이며 다가가 과감히 마음을 내보이면 그 활기와 열정에 매료되기 쉽다. 관계를 하는 처음 단계에는 자신을 방어하지 않고 마음을 열어놓기 때문에 취약한 상태다. 이때는 긍정적인 감정이 솟구친다. 햇빛이 더 환하게 빛나는 것 같고 잔디는 더 푸르러 보인다. 기쁨과 친밀감이 치솟는다.

사랑에 빠지면 불안정하고 흥분되기도 하지만 동시에 두려울 수도 있다. 좋은 감정이 자아내는 슬픔만이 아니라 상실이나 유기에 대한 두려움도 견디기 어렵기 때문이다. 어린 시절에 애정결핍으로 고통 받았던 사람은 특히 더 그렇다. 사람이 불안이나 두려움을 느끼기 시작하는 순간 아주 소중한 것을 서서히 포기하면서 어린 시절처럼 환상연합을 형성해 친밀한 관계에서 철수한다.

친밀감에서 철수하는 것은 어린 시절에 환경에 적응한 결과물이다. 성인이 될 때쯤에는 대개 방어기제가 확고히 확립되었기 때문에 그것을 방해하는 것을 원치 않는 심리적 평형상태를 유지하며 살게 된다. 좀 가볍게 만나는 관계는 그런대로 잘 지낼 수 있지만 점점 의미 있고 친밀한 관계가 되면 서로 사랑하고 존중하려는 마음이 사라진다. 그 사랑대상이 자신의 방어벽을 뚫고 들어와 심리적 평형상태를 깨뜨리려 하기 때문이다. 자신의 방어기제를 유지하려고 할 때 커플 사이에 갈등이 생긴다. 그러면서도 두 사

---

* 이에 대한 자료는 <파괴적인 사고과정과 싸우기: 목소리치료와 분리 이론> (R.W. 파이어스톤, 1997, 사우전드 오크스, 캘리포니아: 세이지)에서 가져왔다. (사용승인)

람은 처음에 가졌던 친근감과 애정을 지키려고 애쓴다. 이 두 가지는 서로 배타적이다. 따라서 결국 커플 한 사람이나 두 사람 모두가 방어기제를 보존하기 위해 우정과 사랑을 희생하기로 결정한다.

초기 징후

연애를 시작한 커플은 강한 성적 끌림만이 아니라 진짜 우정도 느낀다. 하지만 그때의 애정과 우정이 과거의 불행이나 거부경험과 너무 극명한 차이를 보이면 자신도 모르게 그 차이를 없애려고 한다. 관계 악화를 예측하게 해주는 초기 징후는 두 사람이 눈을 마주치는 빈도수가 줄어드는 것이다. 이것은 관계가 줄었다는 신호며 두 사람이 갈수록 비인격적인 방식으로 상호작용을 한다는 것을 나타낸다. 관계가 악화되면 처음의 사랑했던 마음이나 행동은 사라지고 환상연합이 그 자리를 차지한다. 두 사람은 솔직하지 않고 표리부동한 태도로 의사소통을 한다. 점점 대화가 없어지고 말다툼을 하고 상대방 얘기를 자신이 대신하거나 개입하면서 둘이 하나인 것처럼 말한다. 서로 상대방의 죄책감을 이용하거나 또는 분노나 부모 같은 반응을 보이도록 상대방을 자극하고 조종하기도 한다. 때로는 자기회의와 자기비판적인 사고를 상대방에게 투사해놓고 상대방에 대해 불평한다.

이런 태도 때문에 관계가 나빠지면 환상연합의 징후가 더 많이 드러난다. 처음에는 몇 시간 씩 대화를 나누기도 했었지만 점점 얘기하고 듣고 하는 것에 흥미를 잃기 시작하고 자발성과 농담도 사라진다. 성행위는 일상적이고 기계적으로 행해지고 성적 매력이 점점 사라진다. 이런 징후는 보통 흔히 말하듯 친해지면 자연스럽게 일어나는 현상이 아니다. 무감각해진 습관이나 과도한 의존성, 부정적인 투사행위, 독립성 상실, 그리고 의무감에서 나온 현상이다. 커플 가운데 한 사람이나 두 사람 모두가 커플의 반쪽이 되기 위해 자신의 개성을 희생하기 시작하면 매력도 사라진다. 실제 환상연합에서는 자신이 상대방의 부속물이고 상대방은 자신의 부속물이라고 생각한다. 이런 모든 것들로 인해 커플 사이는 멀어지게 되고 더 이상 친밀감과 사랑을 표현하려 하지 않으며 환상에 매달린다.

환상연합이 전개되어 파트너가 좋아하는 특성을 억제하기 시작하면 죄책감과 자책감이 든다. 그래서 순수한 마음보다는 의무와 책임감에서 행동하기 시작한다. 환상연합에는 진짜 정동이나 개인적인 감정이 거의 없음에도 불구하고 상상된 연합관계가 사라지거나 깨질 것 같은 두려움 때문에 과장된 감정반응을 보이기도 한다. 유아기 좌절감과 고통에서 비롯된 왜곡된 정서적 반응을 진짜 관계에 마음을 쓰는 것으로 오인하기도 한다. 관계가 악화되면 커플은 점점 더 부적절한 정서적인 반응을 보인다.

환상연합의 징후는 보통 상대방에게 진짜 자신의 마음을 표현하며 맹세를 한 다음에 나타나는 경우가 많다. 이때 표현된 사랑의 강도에 저항하며 환상연합이 형성될 수 있다. 맹세란 함께 사는 것, 결혼, 가족을 이루는 것을 말한다. 두 사람 모두가 맹세가 사랑과 안전에 대한 보장이라고 생각한다. 즉 유대관계에 대한 환상이 외부적으로 나타나는 것이라고 생각한다. 자기 이미지가 빈약하거나 의존성이 강한 사람은 이렇게 타인에게 속하고 "그 후 영원히" 사랑받는다는 느낌에 의해 안심되기 때문에 저항하기 힘들다. 그와 반대로 성숙한 사람의 경우는 평생 함께 하고 싶은 욕망을 표현하는 두 사람의 맹세가 궁극적인 안정을 찾기 위한 것이 아니라 깊은 감정의 표현일 수 있다(파이어스톤, 1985).

형식과 본질

파괴적인 유대관계를 형성한 사람들은 대개 서로에 대해 마음이 별로 없으며 소원해졌다는 사실을 인정하려고 하지 않는다. 그냥 형식적인 관계를 이어가면서 사랑에 대한 환상을 계속 꿈꾸고 현실을 포장하려고 한다. 틀에 박힌 관계 속에서도 사랑한다는 환상을 유지하기 위해 단순한 일상과 피상적인 대화에 매달린다. 이들 관계는 틀에 박힌 일상과 습관 그리고 정해진 역할을 하는 것으로 유지된다. 이들은 자기기만에 빠져있기 때문에 사랑과 동떨어진 행동을 하면서도 사이가 가깝고 친밀하다고 생각할 수 있다. R.D. 랭(1961)은 이런 현상에 대해 다음과 같이 설명했다. "두 사람 모두가 상대방에게 사랑을 확인받고 싶은 욕망이 있다. 그러나 믿을 수도 믿지 않을 수도 없고, 확신도 절망도 하지 못한 채 가식적이고 형식적인 확인행동에 만족하는 수밖에 없다"(pp. 108-109).

커플

랄프와 카렌은 다시 누군가와 시작해보려는 시점에 서로 만났다. 56세의 이혼남인 랄프는 파트너를 찾고 있었고 40세 카렌은 최근에 남편과 헤어졌다. 처음에 두 사람 사이에 강한 성적 끌림이 있었고 한 달 두 달 시간이 흐르며 더욱 친밀해지면서 서로 의미 있는 관계가 되었다. 다음은 관계 첫 해에 관한 랄프의 인터뷰 내용이다.

랄프　우리는 카렌이 캐나다에서 처음 이곳에 도착했을 때 만났어요. 그녀가 저한테 관심이 있는 걸 알았고 저한테 반했다는 사실에 기분이 좋았습니다. 그녀의 에너지와 열정이 좋았고 저처럼 보트나 플라잉 같은 스포츠를 즐긴다는 게 마음에 들었어요. 그래도 그녀가 말하는 방식이 거슬릴 때가 많았어요. 진짜 같지가 않았거든요.

카렌은 이태리에서 태어나 캐나다로 이민 갔다가 다시 미국으로 왔고 그때 랄프를 만났다. 랄프의 솔직함과 강인한 체력 그리고 거리낌 없이 생각과 감정을 말하는 태도가 마음에 들었다. 그런데 불안하고 자존감이 낮았던 카렌은 랄프가 자신에게 반했다는 사실을 믿지 못했다.

카렌　참 신기하게도 랄프에게 순식간에 깊이 빠졌어요. 하지만 그가 데이트 신청을 했을 때 믿기지 않았어요. 저를 좋아한다는 걸 처음부터 믿을 수가 없었어요. 저한테 반했다는 건 알았지만 저랑 함께 지내고 싶어 한다는 걸 믿지 못했죠. 그래서 마음속으로 이렇게 생각했습니다. <u>그는 너를 정말 좋아하는 게 아냐. 너는 그를 좋아하지만 그는 너만큼 좋아하지 않아. 그는 너를 좋아할 그런 사람이 아냐. 그는 너랑 배경이 달라.</u>

커플은 각자 자신의 어린 시절 방어패턴을 그대로 지닌 채 관계를 시작했다. 랄프는 엄격하고 완벽주의적인 아버지가 군림하는 가정에서 성장했다. 그의 아버지는 지독히 검소했고 아내를 위시해 여자를 전혀 믿지 못하는 독불장군이었다. 정서적으로 메말랐던 어머니는 침범적인 사람이었다. 그는 어머니를 이렇게 회상했다. "제 첫 번째 기억은 엄마의 끊임없는 비판과 못마땅해 하는 눈초리입니다. 누이들에게 무시 받았던 기억도 납니다. 그래서 처음에 데이트를 한 여성이 저에게 진짜 관심이 있다는 걸 알았을 때 깜짝 놀랐어요. 정말 일대 사건이었어요!"

카렌은 아버지에게 아이처럼 의존하고 굽실거리는 어머니의 모습을 보면서 남자가 원하는 대로 자신의 욕망을 포기해야 한다고 배웠다. 어렸을 때 받았던 유일한 애정이라곤 아버지의 유혹적인 관심뿐이었다. 그래서 그녀는 진정한 사랑과 인정을 애타게 갈망했다. 카렌은 어린 시절을 회상하면서 다음과 같이 말했다. "저는 아버지의 사랑이 아주 간절했어요. 하지만 아버지에게 진짜로 얻은 것은 전혀 없었어요. 저는 랄프가 줄 수 있을 거라고 생각했지요. 그가 저를 좋아하고 제가 정말 그를 믿는다면 그런대로 괜찮을 것 같았거든요."

환상연합의 징후

이 사례를 분석하면서 일반적인 커플관계에 나타나는 여러 가지 환상연합의 징후를 살펴보고 특히 랄프와 카렌의 중독적인 애착관계 형성에 담긴 정신역동을 검토해볼 것이다. 이때 파괴적인 사고와 태도를 주목해봐야 한다. 그것이 두 사람이 결탁한 방어적 관계 패턴의 원인이기 때문이다.

파트너가 인정하는 자질을 서서히 억제하기

어린 시절 가족관계에서 상처 받았던 사람은 처음에 파트너가 좋아해주었던 특성을 억제하면서 파트너의 사랑과 만족 수준을 조절하려고 한다. 그런 사람은 친밀한 관계를 유지하며 특별히 자신이 사랑받고 선택받았다는 느낌을 받아들이려고 하지 않고 매력적인 자질과 행동을 철수시켜 원래 자신에게 익숙한 정도의 관계가 되도록 조종한다.

랄프와 카렌은 진지한 사이가 되면서 랄프의 억제성향 영향을 많이 받았다. 그에게는 이번이 처음이 아니었다. 그는 어머니의 지나친 관심으로부터 어린 자신을 보호하기 위해서 의심하고 자족하는 태도를 가지게 됐다. 나중에 성인이 되어서는 여성이 원하는 것 같으면 애정과 성적 반응을 억제했다. 파트너의 자연스런 성적 욕망을 과도하게 의존적이거나 필사적으로 매달린다고 오해하기도 했다. 애정표현과 섹스를 억제하는 성향은 여러 가지 부정적인 생각, 즉 목소리의 통제를 받았다. 그는 다음 인터뷰에서 그런 생각을 고백했다.

> 랄프　저는 카렌이 좋아요. 그런데 침대에서는 달라요. 그녀를 만족시켜주고 싶은데, 그때면 목소리가 들립니다. <u>너는 그녀를 만족시켜야해. 젠장! 그렇지 않으면 내일 뾰로통해 있을 거야. 그것도 하나 제대로 못한다고 말이야. 그렇게 어려운 일도 아니잖아. 그런데 넌 왜 못해? 이제 좀 그만 억제해, 망할 놈아.</u> 요즈음에는 늙었다고 하는 목소리가 떠나질 않아요. <u>섹스하기에 넌 너무 늙었어.</u>
>
> 침대에 들어가면 온갖 종류의 목소리가 들려요. 그것을 피하려

고 그냥 자고 싶습니다. 섹스에 무관심해서가 아닙니다. 섹스를 하려고 하면 떠오르는 생각을 마주하고 싶지 않아서죠. 그게 너무 피곤해 자고 싶을 뿐이에요. 하지만 카렌은 짜증이 나겠죠. 카렌은 잠도 못 자요. 어떨 때는 소파에서 자기도 해요.

카렌은 억제하는 랄프를 보며 느꼈던 부정적인 생각에 대해 말했다.

카렌 둘이 가까이 앉아있으면 속으로 생각합니다. 자, 이제 그의 손을 잡자. 아니야. 잡지 마. 안 좋아할 거야. 어떨 때는 침대에 나란히 누워있을 때 생각합니다. 지금 안아도 될까? 그가 먼저 움직이길 기다릴까? 그리곤 잠시 기다리며 생각합니다. 너무 오래 걸리잖아. 뭐라도 하는 게 낫지 않을까? 그러는 게 좋겠어. 그가 뭔가를 해줬으면, 다정하게 다가와 줬으면, 나를 만져줬으면 하는 기대를 할 때는 온통 이런 생각뿐이에요.

어린 시절 못 받았던 따스함과 애정을 보상받으려는 카렌의 필사적인 몸짓이 랄프를 밀어냈다. 그 반면에 섹스를 억제하는 랄프의 패턴 때문에 카렌은 정서적으로 점점 더 허기가 졌다. 애착이론에 따라 카렌은 어린 시절 불안 양가형 애착의 결과로 추정되는 "애착 몰두형"으로 분류될 수 있다. 반면에 랄프는 회피성 애착의 결과인 "회피"나 "불안"형으로 구분될 수 있다(셰이버 & 클라크, 1994).[3)]

파트너 이상화

커플이 서로 실망하고 상대방에게 비판적인 것은 과거에 가족을 이상화했던 것처럼 배우자를 이상화하기 때문에 생겨나는 것이기도 하다. 상대방에게 약점이나 단점이 보이면 이상화가 깨지기 때문에 화를 내고 분노한다. 이번 사례에서는 남성을 과도하게 부풀려 생각하는 카렌의 성향 때문에 랄프와 많은 문제가 있었다.

카렌 저는 늘 제 자신이 출신이 다르다고 생각했어요. 보잘 것 없는 이탈리아 출신이거든요. 랄프는 동부지역에서 정말 좋은 학교를 다녔고 직업도 있었고 또 정말 솔직하고 정직한 사람처럼 보였어요. 그런 점 때문에 끌렸어요. 그래도 그런 사람이 제게 관심 가질 거라는 생각은 하지 못했어요.

제 자신이 별로 대단한 사람이라고 생각하지 않았기 때문에 처음에 그가 좋다며 데이트를 하자고 했을 때 가슴이 떨렸습니다. 그래도 처음부터 그를 많이 믿지 않았고 그런 내색도 하지 않았어요. 오랜 시간 잘 지내보려고 정말 노력했어요. 이제는 그렇게 노력하는 것이 문제였다는 걸 알게 됐습니다. 괜찮다고 애쓰며 그가 좋아할 만한 사람이 되려고 노력했지 한 번도 제 자신이었던 적이 없었으니까요. 항상 그는 이런 여자를 좋아할 거야, 하는 생각을 하며 눈치를 살폈어요. 그렇게 그가 좋아할 만한 사람이 되기 위해 노력했어요.

제 있는 모습 그대로 좋아할 거라는 건 생각조차 해보지 않았거든요. 그래서 둘이 있을 때 긴장을 많이 했어요. 그때 그가 "긴장 풀어"라고 말하면 저는 아이가 된 것 같았어요. 착한 여자 아이가 돼야 할 것 같았어요. 그가 비판적이거나 못마땅해 하면 마음이 참담해졌어요. "봐, 너는 절대 그의 마음에 들지 못해."

랄프는 자신을 이상화하는 카렌에 대해 양가감정이 들었다. 한편으로는 그녀의 지나친 관심과 아부를 즐겼다. 그녀가 자신의 충고와 의견을 구하거나 자신이 원하는 대로 따라오는 게 좋았다. 반면에 그녀의 표현이 지나쳐 너무 위선적일 때는 당혹스럽고 화가 치밀었다. 여름휴가 때 카렌의 장문 "연애" 편지를 받았을 때 랄프는 그것을 보고 기분이 상했다. 편지내용이 자신의 이미지와 현실적으로 너무 차이가 났기 때문이다.

랄프 지난 해 유럽으로 휴가 갔을 때 카렌은 일 때문에 두 주간 함께 지낼 수가 없었어요. 그때 연애편지를 받았는데, 저를 많이 그리워하는구나 생각했어요. 처음에는 소식을 듣는 게 좋았어요. 그런데 한두 문장 읽다가 편지를 내려놔야 했어요. 내용이 가식적이고 느끼해서요.

편지를 읽으며 혼자 앉아 있는데도 얼굴이 빨개지지 뭡니까? 그런 말을 읽고 있는 제가 다 민망할 정도였어요. 지금도 창피해요. 편지에는 이런 말들이 있었어요. "내가 가장 좋아하는 자기"(그렇게 저를 부른 적이 없었어요), "당신의 잘생긴 얼굴이 보고 싶어. 특히 당신의 몸이 보고 싶어. 어깨와 팔 근육, 튼튼한 다리, 발, 당신은 발이 예뻐. 당

> 신의 페니스도 보고 싶어." 정말 당황스러웠어요. 그런데 쭉 그런 식이에요. "마루를 가로질러 성큼성큼 걸어오는 당신 모습이 보고 싶어. 당신이 몸을 움직이는 모습이 좋아. 수영할 때 물을 가르며 힘차게 손을 뻗는 당신 모습이 좋아." 등등. 정말 미칠 것 같았어요. 어느 순간 더 이상은 읽지 못하겠더라고요. 단어들이 유치해서요.
>
> 젠장, 그걸 멋있다고 할 사람이 있을까요? 카렌이 저를 제대로 모르는구나하는 생각이 들었습니다. 한편으로는 그게 마음 아프기도 했어요. 저는 그녀에게, 어쩌면 제가 관계했던 모든 여성에게 일종의 흠모 같은 걸 받고 싶었나봅니다. 저한테는 여자의 기대에 부합해서 살아야 한다는 일종의 압박 같은 게 있었습니다.

카렌이 랄프를 이상화하고 자신의 모든 요구가 두 사람 관계를 통해 충족될 거라는 기대를 하는 게 랄프에게는 엄청난 부담이 되었다. 기본적으로 카렌은 랄프가 자신의 모든 행복의 근원이라는 사실을 그가 알도록 했다. 분명한 것은 그런 비현실적인 기대를 충족시켜주거나 이상화된 이미지를 맞춰줄 사람은 어디에도 존재하지 않는다는 사실이다. 오토 랑크(1941)는 "궁극적인 구원자"에게 안전과 불멸을 얻으려는 성향에 대해 논평하면서 다음과 같은 글을 썼다.

> 보통 요즘의 관계를 보면... 한 사람이 상대방의 좋은 점과 나쁜 점에 대해 신 같은 심판관이 된다. 길게 보면 그런 융합 관계는 두 사람 모두에게 좋지 않은 결과를 가져다준다. 완전한 노예가 되는 것과 마찬가지로 하나님이 되는 것도 참을 수 없기 때문이다. (p.196)

독립성과 개별 정체성 상실

커플 중 한 사람이나 두 사람 모두가 둘이 하나가 되려고 자신의 개인적인 관심이나 의견, 개성을 포기한다면 그것은 환상연합이 형성되었다는 것을 명백히 보여주는 것이라고 보면 된다. 상대방과 하나가 된다는 착각을 하면서 안전하다고 믿고 싶어 하다 보면 서서히 자신의 정체성을 잃어버리게 된다. 개인적인 감정을 느끼지 못하고 습관적인 관계에 많이 의존하게 된다. 자신의 개성을 포기하고 살면 삶이 공허하고 무의미하다는 생각이 심해진다.

전통적으로 사랑의 영원성이라는 신비에 대한 믿음이 독립성과 개별성을 포기하려는 성향을 부추긴다. 이런 그릇된 믿음에 의해 진정한 친밀감이 없는데도 불구하고 두 사람이 하나라는 상상은 유지되고 관계 악화의 원인은 알 수 없게 된다.

카렌은 랄프에게 집중하면 할수록 자신이 점점 더 자립할 수 없게 되었다는 사실을 깨달았다.

카렌 회상해보니 저에게는 랄프와 결합되어 있다는 환상이 있었던 것 같아요. 그래서 저를 사랑한다는 표시를 찾으려고 애썼어요. 그러나 찾았다 해도 매번 그때뿐이었어요. 뭔가 특별한 것을 얻었다 해도 그 순간뿐이었어요. 곧 다시 혼자라는 느낌이 들었어요. 그러면 가만히 있지 못하겠더라고요. 언제나 그 사람 생각뿐이었고 그에게 또 뭔가를 얻을 궁리만 했어요. 온통 그 생각뿐이었어요. 그때는 평소 제가 좋아하던 아이들 드라마 가르치기, 요가 수업 같은 것이 다 시들해졌고 랄프에게만 집중했어요.

부모와 아이로 자아의 양극화 현상

환상연합 커플은 부모 같은 태도나 아이 같은 행동으로 양극화된다. 카렌이 아이 같은 역할을 행동화했고 랄프는 권위적인 부모의 태도를 보였다.

카렌 이유는 모르겠지만 랄프와 함께 뭔가를 할 때면 매번 불안하고 긴장했어요. 보트를 청소하러 간 적이 있었어요. 제게 선체를 닦을 호스를 찾아오라고 시키더군요. 정말 불안해하며 호스를 찾아 온 구석을 돌아다녔어요. 그러다가 제가 잔뜩 겁먹은 얼굴로 그 사람을 쳐다봤나 봅니다. 저를 보더니 "뭐야, 하고 싶지 않은 거야? 그런 표정 지을 거면 나 혼자 할게."

저는 그가 화를 내며 저를 나무랄 걸 이미 알고 있었어요. 그는 무서운 괴물 같았어요. 그런데 참 알 수 없는 건 제가 다른 사람하고는 그렇게 행동한 적이 없다는 거예요. 저는 모든 걸 꽤 잘 하는 편이거든요. 그러니 저 사람과는 뭔가가 있나 봐요.

랄프　인정해요. 제가 가끔 아주 비판적이라는 걸요. 무능력한 사람을 보면 참을 수가 없어요. 하지만 카렌의 경우는 어처구니가 없어요. 영리하고 일 잘 하고 자신이 맡은 일에 책임감도 많은 사람이에요. 그런데 저랑 함께 뭔가를 할 때면 거의 어린 여자애처럼 굴어요. 결국 저는 세상에서 가장 못된 놈인 것 같은 기분이 들고 말죠. 좋았던 시간은 엉망이 되고 말이죠. 그래서 힘을 합쳐 해야 할 일이 있어도 도와달라는 말을 하고 싶지 않아요.

보통 사람들은 어린 시절의 관계방식으로 퇴행해서 상대방을 조종해 자신을 보살피도록 만든다. 그렇게 해서 부모와 형성했던 본래의 환상연합이 주는 상상 속 안전함을 보존할 수 있기 때문이다. 근심이나 두려움, 분노, 심지어 체벌 등 부모가 하는 반응을 이끌어 내거나 자극하는 행동으로 상대방과 하나라는 환상을 확인하려고 한다. 부모의 역할을 행동화하는 파트너는 자신의 어린 자기를 분리해버린 채 두려움과 무력감을 부인하고 권위적으로 행동화한다. 두 사람의 상호작용은 가끔씩 역할 전환이 일어나기도 한다. 결론적으로 두 사람 모두가 성인의 자아 상태로 관계하는 경우는 드물다.

유르그 윌리(1975/1982)는 <융합 커플>이란 책에서 양극성 성향에 대해 다음과 같이 설명했다.

문제가 있는 커플관계에서는 종종 한쪽 파트너에게 과도한 보상 욕구가 있는 반면에 다른 한 사람은 퇴행해서 만족을 구하는 모습을 보인다. 두 사람은 상대방을 자신의 보충물로 여기기 때문에 서로 상대방의 그런 행동을 강화시키게 된다. (p.24) *두 사람의 행동이 잘 맞아 떨어지기 때문에 서로 매력을 느끼게 되고 그 결과 연합하게 된다.* (p.56)

한 사람이 조종하고 다른 한 사람이 그에 부합하는 반응을 보이는 커플은 서로 떼려야 뗄 수 없는 관계가 된다.

두 사람은 상호보완적으로 부모와 아이의 역할을 행동화함으로써 내면에 경험하고 있는 목소리공격을 유도한다. 탠시와 버크(1985)는 이런 무의식적인 투사적 동일시과정을 다음과 같이 정의했다. "투사적 동일시는 심리내적인 특징이 있기는 하지만 무의식적으로 투사자가 어떤 면에서 자신과 닮은 타자의 생각과 감정, 경험을 끌어내려는 상호작용 현상이다"(p.46).

랄프와 카렌의 관계를 분석해보니 카렌이 퇴행적인 역할을 취하고 랄프는 진취적인 (과도하게 보상적인) 역할을 맡고 있다는 사실이 관찰됐다. 이렇게 양극화된 상태는 점점 더 방어적인 행동을 촉진시켰다. 특히 성생활에 있어서 그랬다. 카렌은 점점 더 절실해지며 요구가 많아졌고 그에 비해 랄프는 점점 더 반응하지 않고 억제했다.

카렌 마음속으로 랄프를 기쁘게 해주려다보면 이상한 마음이 들었어요. 속에서 이런 목소리가 들렸어요. 넌 열심히 노력하잖아. 그런데 그를 좀 봐. 넌 여전히 그에게 만족을 못 주고 있어. 그를 행복하게 해 주지 못하고 있잖아. 너는 늘 제대로 못하지, 안 그래? 아무리 열심히 해봤자 말이야.

또 화도 났어요. 속으로 생각했어요. 저 사람은 어찌 저리도 멍청하지? 네가 노력하는 것도 안 보이나봐. 네가 이렇게 다정하게 해주면 행복해야 할 거 아냐. 그런데 자기를 위해 네가 하는 것도 모르고 감사할 줄도 모르네.

그건 원래 우리 집에서 늘 느꼈던 익숙한 감정이었어요. 저는 제대로 한 적이 한 번도 없었거든요. 가족들이 절 좋아하게 만든 적도 없었고 착한 이태리 소녀도 아니었어요. 별로 착하지 않았거든요. 물론 부모님께 제가 원하는 것도 말하지 못했어요. 그렇게 시간이 지나가니까 제가 정말 원하는 게 뭔지도 모르겠더라고요.

오랜 세월 동안 카렌은 랄프를 이용해 자신의 부정적인 생각을 정당화했다. 계속해서 랄프가 자신에게 애정표현도 섹스도 억제하고 있다고 불평했다. 랄프는 랄프대로 그의 표현에 따르면 카렌이 "역겨운" 애정표현을 하고 허위덩어리고 독립적이지 못하다며 계속 비난했다. 이런 식의 불평은 환상연합을 형성한 커플들에게서 쉽게 들을 수 있는 소리다. 두 사람은 서로 불평만 하며 상대방의 방어적인 행동에 맞서지 않고 회피한다. 그들은 진정으로 사랑을 하거나 상대방을 세심하고 다정하게 대하다보면 일어날 수 있는 상처와 슬픔을 겪지 않으려고 감정을 차단한다.

카렌이 반복되는 파괴적인 역할을 바꾸고자 노력하기 전까지 랄프와 카렌은 서로 잘 융합된 방어협정 상태에 갇혀있었다.

두 사람의 현재 상태

랄프와 카렌의 관계는 두 사람이 동등하게 대화를 나누기 시작하면서 성숙해졌다. 카렌은 처음에 떠맡았던 아이 같은 의존적인 역할에서 빠져나오기 시작했다. 하지만 성생활 부분에서는 여전히 한 사람은 정서적 허기로 인해 더 많이 원했고 다른 한 사람은 억제했기 때문에 두 사람의 관계는 교착상태에 빠졌다. 카렌은 어떤 사건을 통해 자신의 파괴적인 역할을 깨달았다. 그에 대한 카렌의 설명이다.

카렌　랄프와 저는 주말을 보내러 라스베가스로 날아갔어요. 그곳에서 친구 보트를 빌려 타고 미드 호수로 나갔지요. 오랜만에 둘이 아주 다정하고 즐거운 시간을 보냈어요. 둘이 아주 편안했고 중요한 얘기도 나눴어요. 주말을 보내며 우리가 동등한 친구며 연인이라는 생각이 들었어요.

보트를 타고 난 후에 아주 근사한 호텔에서 저녁을 먹기로 했어요. 제가 나갈 준비를 하며 샤워를 하고 나오니 랄프가 침대에서 쉬고 있었어요. 그를 보자 사랑을 나누고 싶다는 생각이 들었는데, 랄프가 싫어할 것 같았어요(그의 패턴이니까요). 마음을 졸이며 슬쩍 그를 살펴보았어요. 그런데 잠이 들어버렸더군요. 화가 치밀어 올랐어요. 속으로 생각했습니다. <u>봐, 상처받을 뿐이라니까. 그가 원하는 건 잠뿐이야. 혼자 있게 내버려 둬.</u> 화가 났어요. "이 멍청아! 나는 한 잔 하러 간다. 이 머저리야. 일어나 봐, 난 여기 없을 테니. 너도 나처럼 당황해봐라." 속으로 말했어요. <u>봐, 저 사람은 너를 정말 원하지 않아. 직시해! 빨리 옷 입고 나가.</u>

그렇게 저는 바에 가서 마음을 추슬렀어요. 45분쯤 지나 방으로 돌아갔어요. 랄프는 잠에서 깨자마자 제가 달라진 것을 눈치 챘습니다. 무슨 일인지 물어봤지만 저는 아무 말도 안했어요. 제가 사랑을 나누지 않아서 화가 났고 속상해 한다고 추측했는지, 사랑은 좀 있다 나누고 편안하게 저녁부터 먼저 먹자고 하더군요. 저는 그의 말을 따르며 아무 말도 하지 않고 차분하게 밥을 먹었어요. 밤이 되자 불만을 꺼내놓기로 마음먹고 그와 얘기를 나눴습니다. 그 후에 저는 제 자신에 대해 중요한 것들을 알게 되었어요.

> 제가 그 사람을 도망쳐 나올 수밖에 없고 제가 원하는 것을 주지 않는 나쁜 놈으로 만들었다는 것을 깨달았습니다. 마음속에서 그를 제 욕구도 몰라주는 못된 남자로 만들고 저는 그의 희생자가 되어 있었던 거지요. 제 행동방식대로 행동하지 않았더라면 주말은 정말 거의 완벽했을 거예요. 그가 무심한 사람이라는 내 믿음도 깨졌을 거고요. 마음을 좀 더 열고 좀 더 저답게 "어른스럽게" 굴었다면 그도 다정했을 테니까요. 저는 변화의 기회를 잡지 못했어요. 진실을 인정하는 게 힘들지만 이제는 뼛속깊이 알게 됐습니다. 둘 사이의 일을 제 마음대로 하지 않았다면 우리는 다정한 밤을 보냈을 거예요. 성관계를 했든 안했든 상관없이 둘이 친밀한 시간을 가졌을 거예요. 그런데 저는 그러지 못하고 밖으로 뛰쳐나가고 말았습니다.

카렌은 애정표현과 성적 반응을 억제하려는 랄프의 성향을 자신이 한 몫 거들며 지속시키고 있었다는 사실을 통찰했고, 그에 따라 두 사람의 습관적인 관계방식(관계하지 않는 태도)이 변했다. 특히 섹스문제에 있어서 계속 랄프의 반응을 살피던 카렌의 행동이 변하기 시작했다. 이런 변화와 함께 과거의 패턴을 반복하고 서로 상대방을 이용해 안정감을 느끼려고 하는 대신에 새로운 방식을 찾으면서 관계가 많이 좋아졌다.

저항과 환상연합

아이는, 그리고 어른이 되어서도 외로움과 분리불안, 종국에는 죽음에 대한 불안(최종의 분리경험)을 인식하지 않으려는 방어행위로 환상연합을 이용한다. 환상연합이 형성되면 모든 대가를 치르고서라도 그것을 보호하려고 든다. 그러고 나면 상상 속 유대관계를 안전하게 지키는 것이 제일 우선 목표가 된다. 그래서 실제 만족이나 사람들의 사랑을 얻는 것보다 환상이 주는 만족을 더 선호하게 된다. 이 후에 분리나 개별화에 대한 자각이 일어나면 불안해지고 자신에게 가장 많은 만족을 줄 수 있는 사람이나 상황에 적개심을 갖게 되는 경우도 있다. 실제 친밀감 뒤에 불가피하게 일어나는 분리경험에는 무의식적이기는 하지만 분노가 따른다.

그렇기 때문에 만족스런 섹스경험이 일체감에 대한 환상을 깨는 행위가 되기도 한다. 섹스는 실제로 몸이 하나가 되었다가 곧 다시 떨어지는 경험이기 때문이다. 한 몸이 되어 친밀하게 애정을 나눈 뒤에는 반드시 분리가 뒤따른다. 때로는 서로 대화를 나누며 생각과 감정을 공유하기도 하지만 곧바로 둘 사이의 경계를 확실하게 자각하게 된다. 환상연합에서는 이것을 피할 수 있다. 별 감정 없이 반복적이고 습관적인 관계에 익숙한 사람들은 자연스럽게 가까워졌다 멀어졌다하는 것을 견디지 못한다. 진정한 사랑과 친밀감이 둘이 하나라는 환상을 깨뜨리고 죽을 수밖에 없는 인간의 숙명을 통렬하게 인식시켜주기 때문이다. 환상연합을 방어의 관점에서 살펴보면 많은 비합리적이고 자기제한적인 신경증적 반응이 이해된다.

환상연합이 위협당하면 불안해진다. 처음 방어가 형성됐을 때의 고통스러운 감정이 다시 되살아나기 때문이다. 그래서 사람들은 긍정적인 경험을 피하고 사랑을 왜곡하고 오해하며 심지어는 부정적인 결과가 일어나도록 유도하기도 한다. 방어의 정도에 따라 사람들은 더 이상 자신이 원한다고 했던 것을 소망하지 않거나 추구하지 않는다. 환상연합이 형성될 경우 진짜 사랑과 친밀감은 방어기능을 방해하지만, 함께함이라는 상징과 사랑의 이미지는 환상을 강화시켜준다.

친밀한 관계가 사람들에게 어려운 이유는 친밀감과 성생활, 우정 때문에 자신의 내적인 만족방식이 위험해지기 때문이다. 대개 사람들은 방어적인 태도와 내향적인 습관 패턴을 바꾸고 우정과 사랑을 받아들이려고 하는 대신에 자신이 사랑하는 사람을 왜곡해 인식하는 것을 선택한다. 서로 다정했던 순간이 지나고 나면 상처받지 않으려고 다시 방어 자세를 취한다.

환상연합을 깨는 치료적 접근

많은 심리치료의 주된 문제는 치료자나 환자 모두가 다 핵심방어인 환상연합에 맞서 도전하지 않으려고 한다는 것이다. 파트너/가족과의 환상 속의 일체감을 분리하려고 하면 강한 저항이 불가피하다. 치료자는 다른 가족 구성원의 보복이 두렵다. 또한 치료자가 결혼생활이나 가족 내에 파괴적인 과정이 있다고 보는 것을 회피하는 커플/가족의 신성함에 대한 일반적인 믿음을 따를 수도 있다.

많은 환자가 환상연합이 깨지면 관계 자체가 끝나는 것으로 잘못 생각한다. 사실 파괴적인 관계를 겉으로 드러내면 더 나은 관계로 나갈 수 있는 가능성이 열린다. 대부분 이혼이나 상대방의 거부행위에 의해 무감각하고 자기를 부인하는 내향적인 생활로 한 발자국 철수하게 된 사실을 알아야만 한다. 오래된 관계를 깨거나 떠나는 이유를 여러 가지로 합리화한다고 해도 그것은 스스로 자신에게 도전하며 긍정적인 선택을 하려 하지 않고 방어 구조를 지키려는 것이다.

환상연합의 징후를 확인하고 지속적으로 그것을 없애려고 노력하지 않으면 치료의 진전도 없을 것이다. 치료에 효과가 있으려면 파괴적인 연합관계를 드러내고 그것을 개인의 두려움과 불안이라는 맥락에서 이해해봐야 한다. 그 과정을 통해 두 사람은 긍정적으로 관계를 해나갈 수 있게 되고 진정한 사랑을 자유롭게 느낄 수 있게 된다. 치료가 충분한 효과가 있으려면 각자 내향적인 생활방식과 행동패턴을 모두 바꿔야 한다. 자기 자신과 파트너에 대한 부정적인 목소리를 확인하고 그것에 반하는 반응을 보임으로써 자신의 투사행위를 인정할 수 있어야 한다. 또한 각자 원 가족에서 가져온 부정적인 면들을 드러내놓고 바꿔야 한다. 각자 부모에 대한 이상화와 그에 따른 부정적인 자기개념을 바꿔야 한다.

방어적인 패턴들은 서로 긴밀하게 연결되어 있기 때문에 어떤 한 면을 바꾸려고 하면 다른 방어기제도 건드려지면서 불안감이 생긴다. 게다가 특정 방어가 무너지는 것은 핵심방어인 자기양육 과정이나 가짜독립성에 대한 환상, 그리고 환상연합에 간접적인 위협이 된다. 치료의 최종 목표는 파트너 각자가 내면의 환상세계를 표현해내고 극복함으로써 과감히 목표 지향적인 행동을 하며 실제 관계에서 만족을 추구하도록 권장하는 것이다.

커플의 환상연합관계 포기 과정

커플이 서로 함께 형성한 환상연합을 깨고 처음에 가졌던 두 사람 사이의 활기를 다시 회복하기 위해서는 여러 단계를 거쳐야한다. 두 사람은 (a)환상연합의 존재를 인정하고 사이가 소원해졌고 애정 행위를 하지 않게 되었다는 사실을 부인하지 않는다. (b)분노와 적대감, 그리고 억제 패턴을 드러내놓고 자기 자신과 상대방에 대한 비판적이고 적대적인 목소리를 인정한다. (c)친밀감을 회복하려고 노력할 때 수반되는 고통과 슬픔을 직시한다. (d)자신의 죽음은 물론 파트너의 상실이나 죽음에 대한 공포를 포함해 개별화와 분리에 대한 두려움도 드러내 보인다. (e)각자의 독립성을 인정하고 서로를 배려하면서 동등한 관계를 이룬다. 상호 지배와 복종, 저항 패턴을 중단한다. (f)피드백에 대해 방어하지 않는 태도와 솔직하게 대화하는 방식을 찾는다. (g)사람들과 많은 교제를 하면서 좀 더 나은 현실성 검사를 할 수 있도록 가족과 친구세계를 확장한다. (h)필요하다면 잠정적이거나 장기간의 별거 계획을 세운다.

갈등을 겪는 커플은 자신의 부정적인 목소리를 확인해 주는 사건이나 두 사람 사이의 행동에 부분적으로 집중하는 경향이 있다. 심리학자 댄 스테이소(개인의 의사소통, 1998)는 그가 치료하고 있는 커플들의 역동을 설명하면서 사람들이 자기와 타인에 대해 지니는 부정적인 믿음에 근거해 어떻게 주어진 정보와 피드백을 왜곡하는지 설명해주는 지침을 마련했다. 그의 목표는 목소리가 말해준 믿음이 잘못되었다는 것을 확인할 수 있게 도와주어 커플이 대화하면서 서로 방어적이 되지 않도록 하는 것이다.

> 정보는 우리가 의식하기도 전에 부정적인 믿음을 한번 거쳐서 들어온다. 이런 잘못된 믿음으로 인해서 우리는 오래 믿어온 주장과 일치하는 정보는 취하고 그에 반하는 정보는 걸러낸다. 그 결과는 다음과 같다. 기회가 왔지만 기회가 온 것을 보지 못하게 되거나 기회를 만들어 낼 수 없게 된다. 쉽게 사용할 수 있는 자원을 활용하거나 새로운 가능성과 기회를 열어줄 평범한 것을 자기 것으로 하려고 하지 않는다. 사람들이 자신을 지지해도 그것을 믿지 못한다. 영향을 줄 수 있는 사람의 도움을 거부한다. 도움과 지원요청을 피한다. 부족한 판단으로 자신을 도와주거나 도와주었고 더 많은 것을 할 수 있는 사람들과 멀어진다.
>
> 마음 깊숙이 자신에게 맞는다고 생각한 것이 결국 "환상의 현실"이었던 것으로 드러난다. 자신이 사랑받을 만하지 않거나 인정받을 만하지 않다고 믿는다면 강박적으로 다음과 같이 행동하게 될 것이다. (1)사람들을 밀어내고 (2)사람들을 자극해 자신이 그 의미보다 과장되게 행동한 것을 비판하게 만들고(위반행동의 의미는 행동화를 해야만 자신의 사회적 인정이 확 바뀐다는 뜻이므로 세상은 그 자리에 그대로 서있고 시간은 멈춰있다는 인식이다.) 그리고 (3)사람들의 행동을 자신에 대한 반응이라고 잘못 해석한다. 언제나 자신은 사람들의 마음을 읽을 수 있고 항상 그게 맞는다고 확신한다. 그 해석이 사실도 아니고 때로는 그 반대임에도 불구하고 말이다.
>
> 자신의 "환상의 현실"에 따라 행동하는 것이지만 그것은 그와 만나는 사람들을 혼란스럽게 만든다. 사람들이 그의 진정한 동기를 정확히 아는 경우는 지극히 드물기 때문이다. 그와 마찬가지로 사람들도 그들 방식대로 그와 관계를 하면서 그가 합리적으로 행동하고 있다고 잘못 추정한다. 그가 상황에 적절치 않게 행동하면 사람들은 뭔가 잘못되었다는 것을 직감한다. 하지만 그를 잘 알지 못하면 그들이 틀릴 수도 있다. 사건이 정서적으로 중요하면 중요할수록, 그의 행동이 모호하면 모호할수록 사람들은 두려움을 그의 행동 뒤에 숨은 의미에 투사하려고 하게 되고 그것 때문에 마음이 괴로울 것이다. 그러면 그의 행동은 사실 자신

의 자기 이미지를 바꾸지 않으려고 보호하려는 방어일 뿐이었는데 폭력적이거나 가혹한 것으로 간주된다. (개인의 의사소통, 1998)

자기나 타인에 대한 부정적인 생각과 신념을 확인하는 과정을 통해 남자와 여자는 투사 행위를 철수하고 자신의 행동에 대해 책임감을 갖게 된다. 그에 따라 커플 사이에 긴장감이 줄어든다.

결론

환상연합은 내 이론의 주요개념이다. 그것은 새로운 대상과 함께 과거를 다시 체험하려는, 즉 어린 시절에 발달된 방어적인 상호작용 방식을 변함없이 재연하여 환상 속 일체감을 형성하려는 충동을 설명해준다. 환상연합이 형성되면 다시 다른 것에서 만족을 얻을 수 있는 기회를 갖지 않으려고 한다. 그렇게 옛날 방어패턴으로 되돌아가는 행위로 인해서 인간적인 마음이나 측은지심을 갖고 동등하고 안전한 만족스러운 성인 관계를 맺지 못한다.

환상연합은 자신의 진짜 감정과 욕망을 자유롭게 표현하는 건강한 대인관계와 정반대의 모습을 보인다. 파괴적인 유대관계는 불신과 자기혐오적인 사고과정, 그리고 개인의 내향적인 패턴을 지속시킨다. 파괴적인 관계를 하는 커플은 안전하다는 착각과 영원한 사랑에 대한 환상 때문에 자신의 개인적인 생각을 포기한다.

원 가족의 환상연합을 탐구해보고 현재 관계에 그것이 다시 조성되지 않도록 할 때만 긍정적인 변화가 일어날 수 있다. 참조집단의 커플 대부분이 환상연합을 이해하고 그것을 포기하면서 새로운 에너지와 자기감 있는 활기찬 모습을 보였다. 그리고 서로 다정한 친구며 동반자가 되었다(14장 참고).

미주

1) 비브(1986), 젤니크, 부흐홀츠(1990)는 요즈음 수많은 이론적 관점이 유아의 적극적인 자기보호능력과 그에 따른 중독적인 부적응 습관패턴의 발달을 인정한다는 점을 강조했다.
"대상으로서의 자기"에 대한 볼라스(1987)의 설명은 어느 점에서는 자기양육 과정 개념과 유사하다. 다음은 볼라스의 설명이다.

> 부모가 아이를 돌볼 때 부모 자신이 대상이 되어 스스로를 돌본다는 게 내 생각이다. (p.59)
> 우리가 환자를 관심 있게 살펴보면 그/그녀가 자신의 현존을 느끼기는 하지만 끊임없는 병리적인 방어로 자기를 포기한 채 살고 있다는 사실에 모두가 동의할 수 있을 것이다. (p.63)

2) 남녀 관계에 관한 연구가 급속도로 팽창하고 있는 요즈음에 많은 연구기관이 커플/가족의 환상연합 징후에 관한 이론을 지지하는 경향이 있다. 많은 연구들이 생애 전반에 걸쳐 불안형 양가감정 애착관계와 회피형 애착관계의 방어패턴이 지속된다는 것을 보여주고 어떻게 그 패턴이 자기와 애착인물의 "내적 작동 모델"에 의해 유지되는지 설명해주고 있다. 셰이버와 하잔(1993), 셰이버와 브렌넌(1992), 쿤스와 셰이버(1994), 오웬(외) (1995), 홀름스(1995), 그리고 여러 사람들이 이 패턴의 영속성에 대해 설명한다. 또한 "성인애착관계에 관한 국가적 대표 표본조사"의 애착관계 방식과 정신 병리와 관련된 국가 공병률 대형조사(N = 8,098) 보고서를 참조할 것. (미켈슨, 케슬러, & 셰이버, 1997)

3) 셰이버와 클라크(1994)는 랄프와 카렌 사례에 딱 맞아 보이는 애착장애 패턴을 다음과 같이 설명했다.

> 회피유형은 정서회피 전략이나 상처받을 수 있다는 것을 부인하는 기제 그리고 억압기제를 사용해 애착욕구와 두려움, 스트레스에 대처하는 것처럼 보인다. ... 그들은 친밀한 신체 접촉을 싫어하거나 그 당시 유아나 아이를 어떤 이유에서 거부했던 애착인물과 잘 지내기 위해서 자신이 상처받을 수 있다는 것을 부인해야만 했고 애착 행동체계를 중단했어야만 했었다. 불안 양가 유형이나 집착 유형은 ... 끊임없이 경계하고 다소 히스테리성 과장을 하며 불안 부인형이기보다는 불안 증폭형이다. 이론에 의하면 이런 패턴은 애착인물이 믿을 수 없고 불안과 분노를 계속 과장되게 느끼거나 표출하지 않으면 아무런 반응도 보이지 않을 것 같을 때 나타난다. (p.123)

셰이버(외) (1996)는 애착 패턴이 한 세대에서 다음 세대로 전수될 때, 즉 양육하는 사람과 유아 간의 특정 패턴이 성인의 커플 관계방식이 될 때의 "내적 작동모델"의 수행 역할을 강조했다.

> 애착연구를 보면 평가appraisal의 역할이 불안 양가형 또는 집착 유형과 관련해 쉽게 발견

된다. 그들의 경계심은 그들이 어떤 특정 해석에 기대고 있다는 표시다. "저 사람은 나를 떠나갈 거야. 다른 사람에게 좀 더 많은 관심을 쏟고 있어. 내가 뭔가 하지 않으면 관심을 갖기 않을 거야". 묵살 회피형의 배후에는 복잡한 신념체계가 있을지도 모른다. "내가 너무 다정하게 해주면 상처받게 될 거야. 인생은 깊은 관계를 하지 않는 게 더 좋아. 인생은 자신을 믿을 때 가장 안전해". (p.48)

위의 저자들이 인용한 신념들은 카렌(집착형)과 랄프(회피형)가 얘기했던 부정적인 사고나 목소리와 일치했다.

9

커플/가족 관계의 억제패턴

모든 동물 가운데... [인간이] 외부 세계에서 행동할 준비가 가장 잘 되어있다. 그러나 이것만이 인간의 특권이 아니다. 모순되게도 모든 동물 가운데 인간만이 외부 행위를 완전히 멈추고 통제된 내면의 사고 속에서 혼자 계속 활동할 수 있다. 그래서 다른 동물보다 더 많이 외부세계를 발견할 수 있게 해주는 메커니즘이 그곳에서 행동할 수 있는 능력을 잃어버리게도 만든다.

–어니스트 베커 (1964, p.73)

이번 9장에서는 대인관계에서 친밀감을 계속 유지하지 못하게 만드는 성적 억제를 포함한 억제패턴에 대해 설명한다. 억제행위는 내향성의 중요한 일면이며 대인관계나 가족생활에 많은 영향을 준다. 그것은 긍정적인 감정이나 행동을 타인에게 보이지 않게 억제하는 것뿐만 아니라 자기 자신에게도 기쁨과 성취감을 억제하는 것(자기부인)을 말한다. 친밀한 관계에서 억제하는 사람은 바깥에서 오는 사랑을 받아들이거나 사랑과 애정을 밖으로 표현하기를 거부하고 마음을 주고받는 관계를 하지 않으려고 저항한다. 억제의 강도는 인격형성기에 받은 상처의 정도에 비례한다. 파트너와 정서적인 교류가 줄어들 때는 마음에 좋은 산물을* 나누려고 하지 않거나 노골적으로 거절하는 모습이 눈에 띈다. 일반적으로 억제행위는 환상연합을 보호하고 유지하려는 목적에서 나온다.

좀 더 넓은 의미에서 억제행위란 애정과 성생활을 억제하는 것을 나타낼 뿐만 아니라 자신의 능력을 제한하는 것과 생산적이고 성취감을 주는 삶에서 철수하려는 경향

* 마음에 좋은 산물이란 애정표현과 성생활, 다정한 행위, 관대함, 공감, 의사소통, 시선 접촉, 유머와 같은 긍정적인 행동을 말한다.

을 나타낸다. 사람이 한때 자신의 개인적인 동기나 정체성을 표현해주던 행동이나 특성을 억제 또는 제한하게 되면 더 이상 목표 지향적인 행동을 하게 되지 못하기 때문에 개인적인 삶이나 직장에서 실패하기 쉽다.

억제의 정신역동

억제 행동패턴은 유아기 때 대인관계에서 발생한 외상의 방어기제로 생겨나며 나중에 죽음의 존재를 알게 될 때 확고해진다. 특히 억제나 자기부인의 패턴을 조성하고 유지하기 쉽게 만드는 환경이 있다. 아이의 개인적인 영역을 무시하는 침범적인 부모, 아이의 성취를 등에 업고 살아가려는 미성숙한 부모, 아이가 만족을 부인하는 것을 좋아하는 가학적인 부모, 아이와 사랑과 애정을 주고받을 줄 모르고 억제하는 부모, 또는 무시나 적개심이 지배하는 가족 분위기가 그것이다. 아이의 애정반응에 제대로 대응해주지 못하면 아주 치명적일 수 있다. 아이가 자신이 감정이 있는 사랑스러운 사람이라는 것을 부인하게 되기 때문이다.

아이가 상처입거나 좌절당하면 정도의 차이는 있지만 자신을 비인격화하고 자기와 대상에 대한 정서적 투자를 철수하려고 한다. 즉 에너지 철수현상이 일어난다. 이 과정으로 정서적인 활기는 사라지지만 대신에 고통과 불안이 감소한다. 상처받은 아이는 현실에서 애정을 소망하지 않게 되고(자기를 부인하게 된다.) 부모에 대한 자연스런 사랑과 애정을 없앤다. 그리고 자연스런 감정의 흐름을 차단하고 환상과정에 의존하고 자신이 다룰 수 있는 예측 가능한 경험에 머물며 심리적 평형상태를 유지할 수 있는 방어적인 태도를 확립하는 법을 배운다. 억제하는 사람은 자발적으로 반응하고 자유롭게 사람들과 교제하는 것이 위험하고 고통스러울 수 있다고 느끼며 통제력을 상실할까 봐 두려워한다.

억제패턴이 있는 사람의 파트너는 정서적으로 허기진 느낌이 들 때가 많다. 사람은 상대방이 감정이나 반응을 억제하는 것 같으면 그것을 갈망하며 필사적으로 매달리게 된다. 억제행위는 아이의 업적을 자기 것처럼 생각하려고 하는 침범적인 부모나 가족 구성원 때문에 자신이 정서적으로 고갈될 것 같은 과장된 두려움의 표현이다. 이런 경우 아이는 부모 중 한 사람이나 두 사람 모두가 소유물처럼 여기는 자신의 자질과 재능을 억제한다. 대인관계를 어려워하는 결혼을 하지 않은 32세 빌의 경우를 살펴보자. 그의 어머니는 자신의 자존감을 높이기 위해 막내인 그의 재주를 이용해 대리만족했다.[1)]

6살인가 7살이었을 때였어요. 저는 학교생활이 즐거웠습니다. 어느 날 학교에서 정말 좋아하는 미술시간에 그린 그림을 들고 집에 돌아왔어요. 우주선 모양의 그림이었는데, 그것을 자랑스럽게 엄마에게 드렸죠. "와, 멋지다!" 엄마에게 칭찬을 받으니 기분이 너무 좋았어요. 엄마는 그것을 벽에 붙여놓고 몇 주 동안 친구분들께 보여주셨고, 저보고는 대단하다고 하셨어요. 시간이 좀 지나자 저는 그 그림이 꼴도 보기 싫어졌고 다시는 그림을 그리지 않게 되었지요. 그게 제 것이라는 생각이 들지 않더라고요. 실제로 엄마 것이 되어버렸거든요. 이런 방식이 현재도 계속되고 있어요. 저는 뭔가를 소망하지 않으려고 합니다. 소망하면 잃어버리게 될 것 같기 때문이죠. 한 개인으로서의 내 존재를 상실하게 될 것만 같았어요. 저를 빼앗아 갈 것 같아서 그렇게 되지 않으려고 기를 씁니다. 무의식적으로 그렇게 합니다.

종종 의문이 들었어요. "왜 나는 남자와도 여자와도 친밀한 우정을 나눌 수 없을까?" 그것은 엄마와 저 사이에 경계가 없었다는 것과 직접적인 관련이 있는 것 같아요. 엄마는 항상 우리가 같은 사람인 것처럼 굴었거든요. 그래서 지금 누군가 나를 만지거나, 누군가 정말 내게 관심을 갖거나, 또는 내가 누군가에게 다가가고 싶거나 하면 참을 수 없는 고통이 느껴져요. 너무 고통스러워서 몸을 웅크리게 됩니다. 거의 불안발작 상태가 된다고 보면 돼요. 그리고 속으로 이런 생각을 합니다. "으윽, 안 돼. 어쩌지?" 그것은 "아, 죽을 것 같아"라는 생각이 아니라 가슴에 느껴지는 통증 같은 거예요. 그렇게 두려움에 휩싸입니다.

대개 정서적으로 허기졌거나 미성숙한 부모에 의해 아이의 감정이 고갈된다. 사랑과 양육이 필요해 아이가 의지하는 사람이 오히려 아이에게 양육을 받으려고 한다. 그래서 아이는 자신을 보호하려고 만족을 얻을 수 있는 대상을 외면한다. 이런 정서적인 환경에서 양육된 사람은 자신에게 호의를 표현하는 사람의 동기를 의심하고 고갈될까 봐 두려워 자신의 것을 주는 행동을 제한한다.

수동적인 공격성

억압된 분노로 인한 수동적인 공격성은 억제의 한 형태다. 그것은 저항하고 거부하는 특성과 행동을 보이고 간접적인 적개심을 표현하는 게 특징이다(파이어스톤, 1985). 아이가 발달하는 동안에 어느 정도의 좌절은 불가피하다. 그런데 때로는 부적절하거나 거부적인 양육태도에 의해 그 정도가 심할 수 있다. 좌절에는 강한 분노와 정서적 허기가 함께 뒤따르는데 아이에게는 그것을 배출할 만한 수단이 없다. 아이는 종종 부모가 원하는 반응을 억제함으로써 부정적인 마음을 간접적으로 나타낸다.

가족 내에는 힘의 차이가 있기 때문에 아이들은 수동적인 공격성향을 보이고 칭얼대기나 삐치기, 떨어져 있기, 반응하지 않기와 같이 부정적인 힘을 행사해 공격성과 적개심을 표현한다. 아이들은 퇴행적인 행동, 불복종, 무능력, 꾸물대기, 미루기로 부모를 통제할 줄 알게 된다. 공격성이 용납되지 않거나 억압되면 아이들은 마음을 감추고 "부모를 괴롭힐" 방법을 찾는다. 자신보다 더 강하고 센 상대방에게 직접적으로 힘을 행사하는 것보다 부정적인 힘을 사용하는 것이 더 효과적이기 때문이다. 아이들은 할 일을 하지 않거나 부모가 원하는 것을 하지 않음으로써 상당한 영향력을 행사할 수 있다는 것을 알게 된다. 이렇게 간접적으로 부모에게 분노를 행동화할 때 감정이 어느 정도 방출된다.

반항은 유아기 때 양육자로부터의 독립과 분리를 표현하고 싶은 욕망을 나타낸다. 그럼에도 불구하고 일정 나이가 지나서도 계속되는 반항은 억제의 징후라고 볼 수 있다. 어떤 경우에는 억제가 좀 더 강한 반항이나 완고함의 형태일 수 있다. 그런 성향의 아이는 부모가 원하고 지시하는 것에 저항하고 거역하면서 자기감을 키운다.

예를 들면 어릴 때 노골적으로 반항적이고 부모 요구에 순응하기를 완강히 거절했던 한 남성이 있다. 영업사원인 그는 매일 3시간씩 새로운 고객을 만들기 위해 판촉전화를 해야만 했다. 하지만 전화를 거의 할 수 없었다. 판촉전화가 부족하다고 영업부장에게 잔소리를 들을 때는 다음 날 그것을 보충하겠다고 다짐하지만 그러고 나면 마지막 순간까지 미루는 게 일상이었다.

재능과 능력을 억제하는, 예를 들어 학교에서 그 수준의 기능과 수행능력을 보이길 거절하는 아이는 나중에 자신이 선택한 사회생활에서 자신의 능력을 다해 살아가지 못한다. 결국 아이가 지닌 억제성향은 자신이 잘 해내고 싶은 영역에서도 작동된다. 이런 아이는 자신의 소망과 열망을 포함한 모든 것에 대해 "아니요"를 말하는 것을 배웠기 때문이다.

아이가 가장 상처받기 쉬운 시기에 제일 중요한 사람에게서 철수하는 전략은 결국 어른이 되어 중요한 성격적인 방어기제가 된다. 특정한 억제성향은 무의식적으로 결정되며 자기양육과정과 밀접한 관련이 있기 때문에 보통 변화에 저항한다.

관계에 미치는 억제성향의 영향

파트너가 자신을 좋아하지 않게 마음을 바꾸도록 자신의 매력이나 좋은 특성을 철수하거나 억제하는 사례는 수없이 많다. 아주 낭만적인 저녁시간을 보내며 서로 마음속 깊이 친밀감을 느낀 신혼커플이 있었다. 그때 남편이 아내에게 아름답다고 말하며 머리가 어깨까지 내려오는 모습이 보기 좋다고 했다. 다음 날 오후 아내는 충동적으로 미용실에 가서 머리를 아주 짧게 잘라버렸다. 그날 저녁 아내 모습을 본 남편이 깜짝 놀라 화를 내며 실망했고 아내는 그런 남편을 의아하게 쳐다봤다.

다른 사례로는 박사논문을 끝내려고 하지 않는 남자가 있었다. 그건 그뿐만 아니라 공부를 마칠 수 있게 뒷받침을 해준 아내에게도 중요한 일이었다. 성격상 아내와의 관계에서 수동적인 남자는 자립할 수 있는 마지막 단계에서 억제행위를 통해 간접적으로 분노와 공격성을 표현했다. 그러는 동안에 그는 아내의 마음을 잃었고 두 사람 사이는 상당히 멀어졌다.

일상생활 속에서 남성과 여성은 많은 상황에서 반응을 억제한다. 아내들은 재정을 함께 책임지지 못하고 합의된 예산에 맞춰 살지 않는다. 남편들은 아내와 가족과 함께 주말을 보내기로 약속하지만 나중에는 일 때문에 갈 수 없다고 한다. 아이들은 숙제나 방 치우는 일을 미룬다. 이런 억제 징후는 너무 일상적이어서 사람들은 대개 "정상"이라고 여긴다. 하지만 가족생활에 아주 나쁜 영향을 미친다.

결혼했거나 관계가 오래된 사람들에게는 매력을 떨어뜨리는 행동을 하는 경향이 있다. 체중이 많이 늘거나 청결이나 위생문제에 신경을 쓰지 않거나 옷을 입는 스타일에도 무심할 수 있다. 때로는 먼저 자진해서 도와주겠다고 하고는 그 다음에 철수해버리는 형태의 억제패턴을 취하는 경우도 있다. 예를 들면 회계사인 한 여성이 가족을 위해 자진해서 매월 청구서를 관리하겠다고 했다. 그런데 가족의 예산이 빠듯했음에도 불구하고 여자는 항상 납부기한을 넘겨 과도한 연체료를 물었다.

대체로 사람들은 사랑과 존경, 친밀감, 연애, 지속적인 관계를 원한다고 말한다. 그런데 때로는 그런 만족스러운 경험을 어떻게 다뤄야할지 힘들어한다. 그래서 그것을 지향하지 않고 뒤로 물러서려고 한다. 그럴 때 사람들은 억제성향을 행동화하고 사랑하는 사람이나 만족을 줄 수 있는 상황과 거리를 둔다.

억제패턴 : 죽음 공포의 방어기제

우리를 사랑하는 사람이나 친구, 또는 우리를 선택한 사람에게 삐딱하게 굴거나 적대적이거나 도발적인 행동을 할 때가 있다. 우리가 선택되고 소중한 사람이 되면 결국 잃어버리게 되어 있는 삶에 더 많은 정서적 투자를 하지 않을 수 없게 된다. 우리는 점점 더 상처받기 쉬워지는 상태가 되는 게 두려워 친밀감을 저해하는 파괴적인 반응을 행동화하려고 한다(파이어스톤, 1994).

대개 개별화나 자기표현을 가능하게 해주고, 그리고 소중하고 특별히 선택된 사람이라는 마음을 갖게 해주는 긍정적인 경험의 영향력은 그것이 불안과 스트레스를 불러일으킨다는 점에서 대단하다. 그래서 사람들은 실존의 문제를 고통스럽게 인식하기보다는 긍정적인 경험을 하지 않고 바꾸려는 노력을 한다. 다음의 사례연구는 자신에게 다가오는 사랑에 부정적으로, 심지어 적대적으로 반응하는 사람들의 모습을 보여준다.

사례 연구

나탈리는 남아프리카에서 자랐다. 나탈리의 말에 따르면 그녀의 부모는 자녀들을 좀 무시하고 자녀들과 소원하게 지내는 편이었다고 한다. 나탈리는 사춘기 때 자기파괴적인 음주와 난잡한 생활을 했다. 결국 걱정이 된 아버지가 그녀를 설득해 미국에 있는 지인의 집에 장기간 가 있도록 했다. 그는 딸이 새롭고 좀 더 건설적인 환경에서 다른 기회를 잡기를 희망했던 것이다. 집을 떠난 지 약 4년이 지났다. 나탈리는 인터뷰에서 자기의 삶이 어떻게 좋은 방향으로 변화됐는지 얘기했다.[2] 그리고 사랑과 행복을 찾는 것에 부정적인 반응도 표출했다.

> 저희 부모님은 줄 것이 없었다는 점에서 아주 자기중심적이었어요. 그분들에겐 나눠줄 애정이 없었는데, 제가 사랑스럽지 않았나 봐요. 저는 혼자 있게 내버려진 셈이었고, 거부당한 것 같아 상처받았어요. 하지만 어딘가에 사랑이 존재한다는 것을, 어딘가에 희망이 있다는 것을 알게 됐어요. 그것을 찾으러 가고 싶기는 한데, 또 거부당할 것 같았어요. 그래서 얻고 싶은 것이나 감정을 모두 철수시켜 마음속으로 가져왔어요.
>
> 18살이 될 때까지 늘 그랬어요. 그리고 저를 대하는 게 아주 달랐던 제프

와 그의 가족을 만나게 됐어요. 그들은 만나자마자 저를 다정하게 받아들였고 배려해줬어요. 한 번도 받아본 적이 없었던 경험이었지요. 그렇게 어느 날 한 번도 받아본 적이 없던 관심을 받고 한 개인으로 저를 바라봐주는 상황에 제가 서있게 된 거예요. 그게 얼마동안은 괜찮았는데, 시간이 지나자 마음이 달라졌어요. 인생이 참 짧다는 생각이 들었거든요. 애정도 곧 사라지겠죠. 그렇게 제게 다가온 것을 잃어버리게 되면 너무 고통스러울 거 같아요.

나탈리는 상처받기 쉬운 상태의 고통스런 감정에서 자신을 보호해 주지만 관계를 소원하게 만들고 자신을 고립시킨 억제성향이 어떤 방식이었는지에 대해 계속 설명했다.

제프와 저는 삶에 대해 생각하는 게 대체로 같았어요. 예를 들어 함께 앉아 얘기하면서 정말 가슴 떨리는 마음이나 고통스러운 감정을 표현할 때는 둘이 아주 잘 맞아요. 그 사람이 애정표현을 해오면 정말 가슴 떨려요. 그렇게 저를 바라보고 사랑하는 걸 느끼면 제가 그만큼 소중한 사람인 것 같은 마음이 들어요. 하지만 곧 저는 마음을 바꿉니다. "인생은 너무 짧아." 라고 생각하면서 그에게 못되게 굴거나 비판적인 소리를 하거나, 아니면 그냥 억제합니다. 한 시간 쯤 지나 그가 다가와 "무슨 일 있어 ?" 라고 물어보면 그의 질문을 정말 생각해봅니다. 그리고는 "아니," 라고 대답해요. 정말로 저는 아무 일도 없다고 생각하게 됩니다.

하지만 저의 그런 행동이 그에게 벗어나려는 것이었다는 걸 알게 되었어요. 다른 사람들이 알 정도로 못되게 굴거나 비판적이지는 않았다고 해도 그게 아주 교묘했을 거예요. 제가 예전처럼 황홀해한다거나 흥분하지 않았거든요. 저는 활기가 없었고 연애감정이나 제 삶에 대해 감정이 막혀있었거든요. 그도 그것을 알았어요. 친밀한 사이란 그런 거니까요.

억제나 자기부인 패턴은 성관계에서도 나타난다. 그것은 활기차고 즐겁고 자연스럽게 마음에서 우러난 관계라는 것을 부정하려는 시도다. 사람들은 병, 노화, 죽음에 취약한 신체에 접촉한다는 느낌을 피하고 싶어 섹스를 억제하기도 한다. 또한 억제행위와 관련된 죄책감과 자기혐오감으로 인해서 인생의 폭이 좁아지거나 인생경험을 사소한 것으로 생각하게 된다. 그렇게 하면 자신이 언젠가 죽을 운명이라는 사실을 온전하게 인식하지 않아도 되기 때문이다.

억제행위와 성관계

친밀감이 견디기 힘들어 생긴 억제라는 방어기제는 성적인 문제의 주요 원인이 된다. 사람들 대부분이 어린 시절 내면세계에서 만족을 얻으려고 외부세계로부터 마음을 돌린 탓에 성적인 만족을 얻는 데 많은 어려움이 있다.

두 가지 성관계 방식

성적 표현에는 두 가지 중요한 방식이 있다. 주로 마약처럼 섹스를 이용하는 내향적인 자위 방식과 두 사람 사이의 애정이나 우정이 자연스럽게 연장된 외향적인 진짜 신체접촉이 있다. 섹스를 마약처럼 이용하는 것은 그것이 감정을 차단하거나 억제하는 진통제 약물처럼 작용한다는 점에서 알코올중독이나 다른 약물중독과 같은 신체적인 중독과 아주 유사하다. 그것은 진짜 친밀감과 서로 마음을 주고받는 것으로부터 멀어짐을, 그리고 성숙한 성생활을 제한하는 자위 메커니즘의 섹스에 점점 더 의존하려는 움직임을 나타낸다.[3)]

성적 경험은 이 두 가지 성적 표현방식이 하나로 이어진 연속선 개념으로 이해할 수 있다. 성적 경험이 애정의 결과일 때 가장 만족스러워 보인다(발린트, 1952/1985, 컨버그, 1980).[4)] 성행위를 할 때 친밀하고 정서적인 접촉을 하다가 자위방식으로 바뀌면 그때마다 두 사람의 좋았던 마음이 상한다. 예를 들면 많은 사람이 내향적이거나 다소 인격적이지 못한 성관계방식 후에는 공허하고 불만족스럽고 짜증이 났다고 말했다.

자위적인 성적 표현방식은 환상연합의 증상이다. 대부분의 남자와 여자가 친밀감에 대한 두려움, 거부, 또는 미래의 상실에 대한 두려움이 의식되기도 전에 성적 파트너에게서 정서적인 거리를 둔다는 사실이 아주 중요하다. 그들은 불안해지기 전에 진짜 애정과 성적 반응을 철수하고 자기도 모르는 사이에 "자기수유" 또는 내향적인 성관계 방식으로 대체한다. 자동적이고 무의식적이며 방어적인 자기양육 방식의 성관계는 성적인 문제로 고통 받는 커플들의 치료를 어렵게 만든다.

만족스런 성관계는 깊은 관계의 커플에게만 국한되는 게 아니다. 좀 가벼운 사이인 두 사람의 자발적인 성관계도 육체적으로나 정서적으로 만족스러울 수 있다. 두 가지 성생활 방식의 주된 차이는 관계의 안정성이나 기간, 또는 깊이에 있지 않다. 성적 기능에 문제가 있는 사람은 성생활과 애정, 우정이 함께 잘 어우러진 경험을 참아내기 어렵다고 느낀다. 중요한 것은 파트너를 자기 만족수단으로 감정 없이 비인격적으로 이용하지 않고 분리된 한 개인으로 인식하는 것이다. 섹스가 통제행위나 권력게임, 조종행위, 안도감이나 자기위안과 같이 기쁨과 출산이라는 본연의 기능과 다른 목적으로 이용될 때 대개 성관계의 질이 나빠진다.

중독적인 성생활 방식의 징후

성행위를 할 때 감정이 철수되고 분리되는 일이 습관적이 되거나 간헐적으로 일어날 수 있다. 자기만족적인 성관계 방식은 (다음과 같은) 수많은 행동패턴과 그와 연관된 감정을 보이는 특징이 있다. (a)(한 쪽 파트너 또는 두 사람 모두) 통제와 성적인 억제행위 (b) 정서적으로 거리를 둘 수 있는 환상에 대한 의존도 증가 (c) 비인격적인 반응과 관련된 죄책감 (d) 부정적인 자기태도와 파트너에 대한 비판적이거나 적대적인 태도의 출현이 그것이다.

통제와 성적인 억제행위

자기 방어적이고 중독적인 성생활 방식의 기본적인 특성의 중심에는 통제의 문제가 있다. 성적인 억제행위란 자연스런 성욕과 그것에 대한 표현, 즉 스킨십, 만지기, 신체적인 매력, 그리고 자연스럽고 건강한 성생활을 억제하는 모든 것을 말한다. 이런 형태의 자기부인과 억제행위가 주로 침실이라는 사적인 공간에서 일어나기는 하지만 그 피해는 그곳에만 머무르지 않는다. 피해는 모든 가족생활로 확산된다.

습관적인 자기부인이나 억제 패턴으로 인해 관계 초기의 설렘과 매력이 점차 사그라진다. 성생활을 억제하는 사람은 자발적인 성행위와 성적인 친밀감에 의해 자신의 방어 상태가 위태로워진다고 느낀다. 그래서 성행위의 횟수나 시간, 장소, 조건, 움직임, 자세, 애정표현 방식 등 성행위의 이모저모를 규제하거나 지시하려고 든다. 거절을 유도하는 유혹적인 행동 같은 수동적이거나 은밀한 형태의 통제행위가 겉으로 드러난 공격적인 책략보다 더 흔하다.

환상과 정서적 거리감

많은 남녀가 성행위를 하면서 환상에 빠져 파트너와 정서적으로 거리를 둔다. 45세인 레오나드는 아내와 흥분이 안 되고 친밀감을 느끼지 못하는 원인이 두 사람 사이가 친밀해질 때마다 강박적으로 환상에 빠지는 데 있다고 생각한다.

> 저는 흥분이 되지 않아 괴롭습니다. 사실 성관계 전에 약간 흥분되면서 섹스를 하고 싶은 충동을 느낍니다. 하지만 곧 스스로 흥분했다는 사실을 부인합니다. 모순이죠. 관계도 할 수 있고 흥분도 할 수 있는데, 그 대신에 저는 다른 사람과 함께 하는 환상에 빠집니다.
>
> 그 전에 만났던 사람들과의 관계나 두 번의 결혼생활이 다 그런 식이었습니다. 깊은 관계로 발전하기 전까지는 흥분을 느낍니다. 그러나 곧 흥분은 가라앉고 다른 사람에 대한 환상에 빠집니다. 제가 삶의 중요한 부분을 놓치고 있다는 것과 어떤 의미에서 제 성생활을 부정적으로 통제하고 있다는 것을 알게 되니 슬프네요.

성적인 흥분을 고조시키기 위해 강박적으로 환상을 사용하는 것은 파트너에 대한 욕구 부인을 나타내며 정서적인 거리를 만들게 된다. 환상이 드러나지 않게 보호하는 것에 관련된 비밀스러움과 내향적인 태도로 인해 성행위동안 환상에 빠지는 것에 대한 죄책감이 심해진다. 환상의 내용이 근친상간에 관한 것, 또는 가학적이거나 피학적인 금지된 요소를 담고 있을 때 특히 더 그렇다. 성적 환상을 분석해보면 사랑을 주고받는 환자의 태도가 어떤지, 또 어느 정도까지 자기만족적이고 내향적인 성생활 방식으로 철수했는지 드러난다. 환상의 상징을 해석하는 것이 어떤 방식으로 대인관계를 하는지 이해하는 데 중요하다.

죄책감 반응

억제성향이 있는 사람의 마음에는 파트너를 통제하려는 조종행위, 그리고 애정표현과 성적 반응의 철수나 정서적인 거리를 두려는 책략 때문에 강한 죄책감이 생긴다. 친밀한 인간관계로 인해서 생겨나는 고통스러운 감정을 느끼지 않으려고 자신을 방어할 때 자신의 철수행위가 연인에게 상처를 준다는 사실을 어느 정도는 의식한다. 그래서 상당한 죄책감이 든다. 12년의 결혼생활을 마치고 최근에 이혼한 S부인은 이 문제에 대해 다음과 같이 말했다.

> S 부인 섹스를 피하면서, 또 그렇게 하고 있다는 것을 알게 되면서 자기혐오

감과 죄책감이 들어 괴로웠어요. 남편에 대한 반응이 가끔은 죄책감 때문인 것 같았어요. 죄책감을 느끼지 않으려고 열정적으로 섹스를 하기도 했어요. 이제 저는 생기와 설렘을 느끼기보다는 제 자신을 위로하려는 방편으로 섹스를 이용했다는 것도 알게 됐습니다.

성행위시 떠오르는 부정적인 생각

자위나 자기양육적인 성행위의 특징은 섹스를 하기 전이나 하는 동안에, 또는 끝나고 나서 부정적인 생각이 침입한다는 것이다. 파트너에 대해 적개심을 보이는 생각과 자기비판적인 태도("목소리")를 어느 순간 의식하게 되면 수행에 대한 불안과 자의식이 고조된다. 심지어 아주 조그마한 목소리공격으로도 성행위를 즐길 수 없게 되기도 한다 (파이어스톤, 1990e).

예를 들면 성관계를 하던 남자에게 다음과 같은 생각이 떠오를 수 있다. "넌 발기 상태를 유지 못 해." 그러면 정말 섹스를 할 마음과 감각이 없어지기 시작한다. 비슷하게 섹스에 대한 두려움을 말하는 여성도 많다. "그렇게 움직이는 게 아냐." "너는 오르가즘을 느끼지 못할 거야" "그를 만족시킬 수 없을 거야"

신체를 비판하는 부정적인 목소리가 있을 수 있다. "페니스가 너무 작아" "가슴이 보기 싫어(너무 커, 너무 작아, 모양이 이상해)." "질이 너무 넓어" 또 파트너에 대해 말하는 목소리 때문에 감정이 끊어질 수도 있다. "애무도 제대로 못해. 둔해 빠졌어" 또는 "정말로 흥분한 게 아냐. 흥분한 척 하는 거야"

성적인 억제성향은 목소리의 규제를 받는다. 부지불식간에 일어나는 목소리에 따라 반응하고 그 지시를 따르며 자발적이고 자연스런 성적 반응은 억제한다. 그리고 섹스 수행능력을 걱정하며 행위를 완수하려고 기술적인 면에 집중한다.

두 가지 성생활 방식이 대인관계에 미치는 영향

특별한 성적 경험의 질은 개인의 성향에 따라 다르다. 즉 환상속의 자기충족감이라는 핵심 방어에 기반을 두는지, 아니면 다른 사람과 서로 건강하게 함께 기대며 추구하는지에 달려있다. 섹스에 대해 비교적 자기만족적이거나 방어적인 성향의 사람은 행위가 끝나면 멍하고 다소 공허한 느낌이 들기도 한다. 또한 환상을 사용한다는 자책감이나 부정적인 사고의 침범, 인격적인 관계를 하지 않고 다른 사람을 대상으로 이용한다는 의식 때문에 정서적인 허기나 거리감, 정서적으로 분리된 느낌이 들 수 있다. 즐겁고 친밀한 성행위를 하고 난 뒤에 느끼는 만족감과 대비되는 부정적인 느낌이라고 할 수 있다.

두 사람 중 어느 한쪽이라도 성적으로 억제를 하면 성관계는 서서히 비인격적인 방식으로 이뤄지고 애정이 결핍된다. 그에 따라 파트너와 동등한 관계에서 성행위가 이뤄지는 것이 아니라 상징적인 자기수유행위를 위해 상대방을 이용하는 내향적인 경험이 되고 만다.

결론

억제행위는 미래의 상실이나 분리를 통제하려는 자기 파괴적인 행위 또는 아주 소소한 자멸행위의 하나다. 남자나 여자나 모두 정서적인 거리를 두려는 일종의 기본적인 방어행위로 연인에게서 긍정적인 반응이 나오지 못하게 막으려는 경향이 있다. 자기부인과 억제패턴은 파트너의 다정한 반응을 피하기 위해서 자신의 가장 매력적인 특성을 없애도록 만든다. 치료의 진전은 환자가 자신에게 억제반응으로 주변을 조종하려는 방식이 있다는 것을 깨달을 때 일어난다. 사람은 타인을 사랑하고 너그럽게 대하고 사랑과 우정을 받아들일 줄 알아야 한다.

성적인 억제행위는 커플의 정서생활에 영향을 미친다. 이와 관련된 역동은 훈습하기에 복잡하고 어렵다. 사람들은 외부에서 취할 수 있는 만족의 양을 조절하며 섹스 성향은 물론 성행위 자체도 자주 바꾼다. 개인의 개인적인 발달에 맞춘 치료적 개입이 이루어진다면 애정이나 긍정적인 특성, 그리고 성적인 반응을 억제하는 패턴을 쓰지 않게 되고 원래 가졌던 사랑과 성적인 매력을 되찾을 수 있게 될 것이다.

미주

1) 자료는 비디오 다큐멘터리 <보이지 않는 아동 학대>(파르, 1995) 에서 발췌했다.

2) 인터뷰는 비디오 다큐멘터리 <친밀감의 두려움: 억제행동 패턴 조사>(파르, 1997b) 에서 발췌했다.

3) 컨버그(1980), 프롬(1956), 그리고 다른 학자들은 "성숙한" 성생활과 연인관계의 기준이 "자기 사랑"(1차 나르시시즘)을 대상 사랑(사람)으로 확장할 수 있는 능력의 발달이라는 점을 강조했다. 몰론과 패리(1984)는 그 반대의 기능을 지닌 사람들의 특별한 자기애적 장애를 관찰했다. 그 환자들은 "다른 사람에게 의존하기를 피함으로써" 자기에 대해 있을 수 있는 상처로부터 자신을 보호하려고 하며 "고통스럽기는 하지만 무의식적으로 그래도 더 많이 통제할 수 있을 것 같은 "고통스러운 내적 세계"에 집착한다. (p.41) 라깡은(1982) 여성의 성적인 성숙이란 것이 많은 이론가들이 주장한 것처럼 "클리토리스로부터 질로의 전환"을 의미하지 않고, 자기성애 리비도에서 대상 리비도로의 전환이라고 주장했다. (이탤릭체 추가)(p.129) 위 저자들의 용어로 말하면 자기만족적인 성생활로부터 만족을 얻기 위해 다른 사람에게 의지하는 것으로 전환되는 것을 의미한다. 컨버그(1980)는 성숙한 연인관계가 리비도 대상 향상성, 즉 다른 사람(들)에게 리비도 투자를 하는 것에 달려있다고 말했다.

4) 컨버그(1980)는 "사랑에 빠지고 그것을 유지하는 능력 또는 무능력"(p.278)에 관한 성적인 사랑의 연속선 개념을 설명했다. 컨버그의 연속선 한쪽 끝에는(1단계) "사회적으로 소외되고 다형도착적인 자위 환상에서만 성충동을 표현하는 자기애적인 성격"이 있다. 다른 한쪽 끝에는(5단계) "성기적인 성생활을 애정과 안정적이고 성숙한 대상관계로 통합할 수 있는 능력을 지닌 정상적인 사람"이 있다. 컨버그는 성기적인 섹스는 같은 성의 양육자를 잊어버려야 가능하다고 주장했다.

10
남성

단지 성gender만을 근거로 한 예측이 정확하지 않을 때가 자주 있음에도 불구하고 미국 사회기관들은 성 고정관념과 성에 따른 행동의 차이를 일반화하는 데 계속 엄청난 노력을 쏟고 있다.

— 버니스 로트 (1997, p.22)

성 고정관념

남녀에 관한 전통적인 고정관념은 남성과 여성 간에 적대심을 갖게 만들고 대인관계에 문제를 일으킨다. 사람들은 대부분 반대 성에 대한 신뢰가 부족하다. 그리고 친밀한 관계 형성과 유지를 어렵게 만드는 냉소적인 태도나 불신을 드러낸다. 서로 공감하지 못하며 솔직하게 얘기하기 어려워하고 때로는 서로 무시하기도 한다.

성 고정관념에 따라 남성과 여성을 인위적으로 분류해놓는 것은 성차에 관한 잘못된 인식을 불러온다. 예를 들면 남성은 대부분 섹스에 관심이 많고 여성과 비인격적인 관계를 한다고 생각한다. 이런 주장에 단순하고 다부지게 생긴 10대 청년이 떠오른다. 그는 매우 지적이고 세련된 20대 후반의 여성과 만났다. 그의 첫 번째 성적 만남이었다. 그는 활기차고 성에 대한 에너지로 꽉 차있던 18살이었으므로 사람들은 그가 여자 친구와 함께 있을 때 섹스만 생각할 거라고 생각할 수도 있을 것이다. 그러나 역설적이게도 두 사람이 몇 밤을 보내고 났을 때 그가 친구에게 했던 말은 그녀와 정서적인 친밀감과 대화가 부족하다는 불평이었다. 여자 친구는 섹스를 원했고 그는 의미 있는 대화를 하고 싶었던 것 같았다. "나는 그녀를 알고 싶어." "그런데 그녀는 대화를 원치 않아. 그저 섹스만 하고 싶어 해."

이 청년의 얘기를 무시하거나 단지 예외라고 생각해서는 안 된다. 성 고정관념 중에는 성별간의 차이에 관한 연구 결과와 일치하는 것도 있다. 하지만 그것이 목소리과정의 파괴적인 생각이나 태도와 결합되면 심리학에서 말하는 실제 성차를 넘어 적대심과 무시의 의미를 지니게 된다. 더 나아가 사회심리학자들은 성 고정관념이 합의에 의해 사회구성원들에게 수용되며 대개 부정적인 의미를 함축한다는 점을 강조했다. 게스(1993)는 "(사회적) 합의에 의해 '사실'이 규정되므로 추정의 사실이었던 성 고정관념이 합의에 의해 가치로 바뀐다."는 주장을 했다(p.31).[1]

앞의 10대 소년의 얘기는 우리 사회의 남성관을 반박하며 여러 측면의 심리적 기질을 단순히 성정체성에 따라 분류할 수 없다는 사실을 보여주는 예라고 할 수 있다. 성차를 강조하는 통상적인 기준에 따라 남성과 여성의 행동을 설명하거나 해석, 판단해서는 안 된다.[2] 어쩌면 유사성을 분석하는 편이 훨씬 더 가치 있고 중요할지도 모른다.

그 예로 성행위에 대한 주관적인 느낌을 묘사한 한 지적인 여성의 관점을 한번 살펴보자. 그녀는 정서적으로 섹스에 몰입했을 때 자신이 "여성"이 아니라 남편과 똑같은 소망과 욕망을 지닌 한 인간으로 느껴졌다고 말했다. 그리고 한 토론집단 모임에서 성차를 너무 강조하는 우리 사회에 대해 강한 비판을 했다.*

> 남성과 여성을 그냥 관습적으로 전혀 검토된 바도 없고 의문이 제기된 적도 없는 이상한 방식으로 바라보는 것 같다. 성관계 방식에도 그런 시각이 침투해 있는 것 같다. 남성은 섹스를 원하고 여성은 섹스를 원하지 않는다는 식으로 말이다. 또 여성은 감정이 있고 섬세한 반면에 남성은 그렇지 않다고 생각한다.
>
> 성행위에 대한 이미지도 대개 여성은 별 생각이 없는데 남성이 너무 강하게 원한다고 한다. 여성은 어쩔 수 없이 그에 따르면서도 남성이 좀 낭만적이길 바란다는 것이다. 모두 다 헛소리다!
>
> 남성들도 여성 못지않게 낭만적이다. 여성들도 남성 못지않게 성에 관심이 있다. 무슨 이유로 우리 사회가 이에 대해 성차를 운운하는 것인지 의아하다. 두 사람이 같은 마음으로 섹스를 원하고 애틋한 마음으로 정서적인 친밀감을 느낄 수 있다면 그게 좋은 것 아닐까! 고정관념을 갖고 있는 한 성관계에 문제가 생길 수 있다.

---

* 다음 진술은 비디오 다큐멘터리 <성과 사회 : 출현하는 아이의 성에 대한 일상적인 남용>(파르, 1990a)에서 발췌했다.

남성도 여성과 똑같은 시각을 갖고 있는 것 같다. 남성 스스로도 남성이 거칠고 공격적이고 무감각하다고 생각한다. 여기저기 그런 걸 써놓은 잡지기사가 널려있다. "당신을 어떻게 애무해야 하는지 남성에게 말하는 법," "섬세한 남자가 되게 알려주는 법" 모두 다 허튼 소리뿐이다! 여성도 남성만큼 섬세하지 않을 수도 섬세할 수도 있다! 별로 큰 차이가 없다.

함께 나눌 수 있는 좋은 시간을 망쳐버리게 만드는 그런 말도 안 되는 생각을 갖고 있는 사람에게는 성관계가 끔찍한 경험이 될 수밖에 없을 것 같다. 진부한 고정관념 때문에 남성과 여성이 서로 다른 존재가 되고 원수가 되는 것 같다.

이 여성의 관점은 대중적인 합의와 차이가 난다. 흔히 성혁명이라고 부르는 변화에도 불구하고 여전히 성차별적인 태도가 사람들 사고에 스며들어있고 행동에 많은 영향을 준다. 최근에 성연구자들 가운데 몇 사람이 관련 연구자들을 향해 일반 대중이 연구결과를 오해할 소지가 있음을 경고했다. 베이어와 피네간(1977)에 따르면 많은 연구결과나 여론, 설문조사가 "결국 차별을 낳게 될 소지가 있는, 사회에 만연된 성 고정관념을 입증해주는 증거"로 인용되고 있다.(p.1) 반면에 할펀(1997)에 의하면 "심리학자들이 사실에 기반을 둔 고정관념(즉 통계적으로 다른 집단에 비해 그 집단과 더 많이 관련된 고정관념)과 그렇지 않은 고정관념을 구별할 수 있는 방법은 조사뿐이다."(p.1091) 그녀는 계속 다음과 같은 주장을 내놓았다. "물론 연구조사는 항상 조사 설문과 수집된 데이터, 그리고 가장 중요한 것으로 그 *데이터를 해석하는 방법*을 이끄는 사회정치적 맥락에서 이루어진다(이탤릭체 추가)(p.1091).

게스(1993)는 세상의 일반 상식이 "자동적으로 우리의 인식과 행동을 형성하고 이끈다. ... (이것은) 암묵적으로 믿고 있는 오래된 성 고정관념인 경우도 모두 마찬가지다." 라고 주장했다. 이런 "암묵적인 믿음은 그 시대의 남성관과 여성관을 말해준다"(p.14). 실제로 많은 성인이 성장하면서 가정에서 학습된 자기 자신과 파트너에 대한 부정확하고 잘못된 지식을 갖고 있다. 성 고정관념은 인종편견처럼 인간관계에 해가 되는 근본적으로 부정적이고 적대적인 태도다.

독자들이 여기서 우리가 얘기하는 남성관과 여성관을 곰곰이 살펴보면 관습적인 시각이나 편견과 근본적으로 다른 내용을 발견하게 될 것이다. 우리는 남성과 여성에 대해 동등하게 애정을 갖고 여러 가지 차이점과 유사성을 언급했다. 진화론적인 관점에서 본 성차는 남성과 여성이 상이한 적응문제를 해결해야 하므로 짝을 선택하는 데 서로 다른 전략을 사용한다는 것이다(버스, 1994, 라슨 & 웨스텐, 1996, 붕크, 안글라이트너, 오우바이드, & 버스, 1996).[3] 예를 들면 남성이 좀 더 임의적이고 다양성을 추구하는 성향인 반면에 여성은 선택에 좀 더 신중한 성향이라는 것이 모든 인간사회에서 공통적으로 관찰됐다(윌슨, 1981). 그러나 또 한편으로는 여성보다는 남성의 특성이라고 추정되는 자질과 재능을 보면 사실 양성 간에 그렇게 큰 차이가 없다(하이드 & 플랜트, 1995).[4]

남성과 여성에 대한 정보는 이곳 집단모임의 토론뿐 아니라 다양한 환자들과의 수많은 인터뷰를 통해 수집되었다. 참조집단 참가자들은 몇 년간의 허심탄회한 공동작업 끝에 일반 사람들은 놀랄 수도 있는 결론에 도달했다. 그것은 집단에서 라포가 형성되어 마음을 열고 편안하게 자신의 가장 내밀한 생각을 털어놓고 깊은 이해를 할 수 있었기에 가능한 일이었다. 몇 년 동안 그들은 서로의 생각과 개인적인 발달에 자극을 받으면서 남성과 여성 그리고 성 전반에 관한 아주 근본적인 지식을 알아갈 수 있었다. 아주 솔직하게 열린 마음으로 함께 했던 남성과 여성 참가자들을 임상적으로 관찰한 결과 수많은 성 고정관념이 과장됐고 파괴적이라는 생각을 확고히 할 수 있었다.[5]

우리의 관점이 현대 심리학이나 대중적인 의견에서 벗어난다고 해도 여기 제시된 모든 결과가 추측에서 나온 것이 아니다.[6] 그것들은 머리말에 언급한 집단모임의 남성과 여성 참가자들에게서 나온 데이터를 근거로 한 것이다. 책의 다음 장들에 설명되는 결론과 가설은 몇 년 동안 솔직하게 마음을 열어 보인 집단모임 참가자들에게는 상식처럼 되어버렸다. 얼핏 보면 과격해보일지 모르지만 자신의 성격과 인간관계에 대해 생각해보고 평가하고 재평가해볼 만한 가치가 있다.

발달적 측면

남성들은 현대 사회에서 많은 비난을 받는다. 대체로 전혀 정확하지도 않은 데도 불구하고 사회에 만연된 사고방식으로 인해 남성의 됨됨이를 제대로 이해하기가 어렵다. 대부분의 남성들도 부정적인 평가를 사실로 받아들이며 남성성의 본질을 오해한다. 남성들은 남성의 약점과 결점에 대해 사회와 같은 시각을 갖고 자기 자신과 다른 남성들에게서 등을 돌린다.

아이들은 생애 초기의 가장 의존적이고 연약한 시기에 가장 중요한 초기 양육자, 대개 어머니와의 관계에서 어쩔 수 없이 어느 정도 좋지 않은 영향을 받는다. 성인으로 커가는 동안 남자아이의 인격은 무의식적으로 모성적 박탈과 거부 경험에서 남은 심리적 잔재물의 영향을 받는다. 그에 따라 대부분이 그때 충족되지 못한 욕구 만족을 추구하고 갈망하면서 일생을 보낸다. 보통 어머니와의 재결합을 위한 상징적인 시도로 대상을 찾는다. 그래서 유아기의 불안감이 현재 관계에서도 지속된다. 그렇게 유아시절 고통과 상처에 대처하기 위해 형성된 방어기제 때문에 진짜 친밀한 관계와 성관계를 하지 못하게 된다.

남성들 대부분이 다른 남성들과 서먹해하며 그들과 피상적인 관계에 머문다. 아예 관계 자체가 어렵다고 느끼기도 한다. 남성들은 관계에 대해 느끼는 부적합성과 절망감 그리고 두려움을 다른 남성들도 자신과 똑같이 느낀다는 사실을 믿지 못한다. 그리고 괴로워하면서 자신은 고립되고 혼자라고 느끼고 때로는 방어적으로 마초적인 겉모습으로 위장하려고 애쓴다. 그러다가 방어의 갑옷이 뚫어지면 자신에 대해 회의하고 자기비판적인 사람이 된다. 그리고 여자에게 거절당하거나 휘둘리게 될 것 같은 두려움에 휩싸인다. 또 여성의 소망과 욕망에 부응하기 위해 자신이 좋아하는 것을 소홀히 하는 남성들도 있다. 반면에 여성들에게 반항적이거나 적대적으로 또는 무관심하게 행동하는 남성들도 있다. 많은 남성이 내면 깊숙이 자리 잡은 부정적인 자기관을 보상하기 위해 여성에게 인정과 확신을 구하고 파트너가 행복하고 만족해할 때만 자기에 대한 공격을 멈춘다.

남자 아이들은 보통 아버지와 깊은 갈등을 겪는다. 아버지의 양육과 사랑을 원하지만 또한 아들에 대한 아버지의 적대심, 질투심, 경쟁심을 경험하면서 아버지에 대한 경쟁심도 느낀다. 이런 경험이 나중에 다른 남성과의 우정과 연합 관계에 영향을 준다. 예를 들면 남성 경쟁자를 이기는 것과 같은 성공과 성취는 아버지를 뛰어넘는다는 상징적인 의미가 되어 강한 두려움과 죄책감이 활성화된다. 또한 상실감도 생긴다.

남자아이의 롤 모델로서 아버지의 중요성은 아무리 강조해도 지나치지 않다(노이바우어, 1986). 많은 아버지가 자동적으로 어머니로서의 여성을 이상화하기 때문에 그 결과 아이 양육문제에서 여성의 말을 따르게 된다. 이런 불평등한 태도 때문에 아이들은 어린 시절 아버지에게서 받을 수 있는 긍정적인 영향을 받지 못한다. 아이들은 아버지에게 동맹자나 보호자의 느낌을 받지 못한다. 아이들은 어머니와 관계 맺는 아버지의 방식을 면밀히 관찰하면서 그것을 내면화하는 경향이 있다. 어머니의 말을 따르며 자신의 원칙을 버리는 아버지, 어머니의 눈물에 겁먹고 어머니의 통제에 굴복하는 아버지를 목격한다. 또 여성에 대해 적대적이고 방어적인 태도를 관찰한다. 그러면서 아이들은 그것을 동일시한다. 롤 모델인 아버지의 약점은 아들의 정체성과 남성성을 발달시키는 데 심한 제약이 된다.

또한 많은 아버지들이 남성은 비열하고 무감각하다는 어머니의 남성관을 부지불식간에 지지하게 된다. 여성들이 "아버지 돌아오시기만 해봐. 그때까지 기다려. 어떻게 될지 봐라." 등의 말을 하며 남성을 체벌자로 이용함으로써 그런 고정관념을 강화시킨다. 그에 따라 아이들은 남성의 힘과 에너지에 대한 부정적인 시각을 갖게 된다. 박(1995)은 다음과 같이 강조했다.

> 남자아이는 어머니로부터 오는 정서적인 압박감을 처리하는 데 아버지의 도움이 필요하다. 아이는 어머니가 제시하는 남성성과 다른 시각도 있으며, 어머니가 그에게 얘기한 것은 그가 아니라 어머니의 과거 경험과 관련이 더 많다는 사실을 알아야만 한다. (p.23)

사회적 수준과 경제적 조건, 변화하는 문화 패턴, 그리고 여권 운동이 남녀 관계에 많은 변화를 가져오고 있다. 여권 운동으로 남성 행동의 많은 것이 성차별적이고 억압적인 것이라는 비판을 받게 되었다. 비록 현대 남성이 선조들보다는 대개 긍정적인 의미에서 좀 더 민감해지고 부드러워지고 덜 마초 같아지긴 했다고 하지만 여성과 우정을 나누고 지원을 해 줄 만큼 충분한 자기감과 독립성이 제대로 발달하지 못한 경우가 많다. 전반적으로 남성들은 과도기적 상태에서 자신의 역할과 관계에 만족하지 못하고 혼란스러워한다.

현시대의 고정관념을 반박하는 남성 자질

우리 사회는 남성들에게 감정을 감추라고 요구한다. 하지만 치료 현장이나 감정이 허용되는 상황이 되면 남성도 여성만큼 감정을 느끼고 정서적인 표현을 한다. 또한 남성도 관계를 오래 지속하고 싶은 욕망이 강했고 출산과 자녀양육에도 관심을 보였다. 그러나 대체적으로 남성은 아이들을 세심하게 돌보고 애정을 줄 수 있는 능력에 대해 스스로를 과소평가하면서 여성을 이상화한다.

참조집단의 남성과 여성을 관찰한 결과에 따르면 남성이 어린 시절에 학습된 성역할반응에 대한 편견을 극복했을 때 여성과 마찬가지로 깊은 감정을 솔직하게 표현할 수 있었다. 아버지도 어머니와 마찬가지로 자녀를 걱정하고 애정으로 돌본다는 사실을 알게 되었다. 성차가 있는 부분은 계속 존재하겠지만 남성도 자신의 자녀만이 아니라 다른 사람들의 자녀에게도 적극적인 관심을 보였다. 여성과 똑같이 양육에 참여와 관심을 보였다.[7)]

어린 시절의 학습으로 인해 남성들이 대체로 감정에 무딘 점이 있다고 해도 선천적으로 여성의 감정과 기분에 무심한 것은 아니다. 많은 남성들이 여성의 마음을 상하게 하는 방어적인 태도를 취하기는 하지만 우리 토론집단을 보면 남성들이 통찰과 이해를 통해 공감능력이 커지면서 여성들과 친근하고 동등한 관계를 하게 되었다.[8] 그들 대부분이 파트너의 행복에 대해 한결같은 관심을 보였다. 흥미롭게도 파트너가 힘 있고 편안한 기분일 때 대개 자신도 좋았다고 말했다. 대체로 파트너의 행복과 우정이 그들의 중요한 관심사였다.

남성의 성적 부적응과 열등감에 기여하는 요소

개인 침실처럼 남성에게 수치심과 모욕을 느끼게 하는 곳도 없고 남녀사이에 혼란과 오해가 많은 곳도 없다. R.D. 랭은 종종 강연을 하면서 "침실이 집에서 가장 위험한 방" 이라고 풍자했다. 우리의 세미나 참가자들이 자신의 성문제에 대해 솔직한 감정을 고백했을 때 다음과 같은 논란의 쟁점들이 드러났다.

1. 남성의 정서적인 성적 반응은 여성의 진짜 성욕과 밀접한 관련이 있다. 여성이 섹스에 관심을 보이는 행동을 하거나 의욕적으로 섹스를 추구할 수 있다. 하지만 남성에 대한 감정이나 진정한 욕망이 없는 경우라면 남성은 섹스 할 마음이 들지 않고 성적 만족을 위해 환상이나 자위에 의지하려고 할 것이다. 또한 남성은 성관계에 실패하면 대개 자신의 탓이라고 생각하고 그것이 여성 때문이라는 것을 알아도 부인한다.
2. 일반적으로 여성의 자기 자신과 외모에 대한 태도가 파트너의 성욕에 많은 영향을 준다. 토론집단의 얘기에 따르면 여성들이 섹스에 별로 관심이 없었을 때 남편들도 성적인 어려움을 겪었다. 많은 여성이 임신했을 때 신체 변화로 인해 불안하고 민망한 마음에 남편을 밀어냈다고 말했다. 남편의 관심이 줄어든 것은 아내의 임신 때문이라기보다는 여성이 자신의 몸에 대해 생각하는 것과 좀 더 직접적인 관련이 있을 때가 많다.

   자신이 매력적인지 사랑스러운지 자신이 없는 캐롤은 불안한 마음을 달래려고 성관계를 한다고 했다. 특히 그녀가 자기공격을 할 때 대개 남편의 발기가 잘 이루어지지 않았다. 그로 인해서 남편은 당황했고 의기소침해졌다.

> 캐롤 가끔은 정말 성관계를 하고 싶은 마음이 안 생겨요. 그래도 그것을 찾기는 했어요. 뭐랄까, 위로 같은 게 필요했거든요. 어떻게든 아기처럼 위로받고 싶었어요. 이제는 그런 동기로 성관계를 갖는 것과 정말 남편과 친밀한 관계를 갖는 것에 큰 차이가 있다는 걸 인정해요.
>
> 첫 번째는 아무 감정도 없는 일종의 무감각한 성관계죠. 남자를 하나의 도구로 생각하는 거예요. 끔찍한 말이지만 정말 맞는 것 같아요.

짐(남편) 그 당시 캐롤이 먼저 다가와 일찍 자자는 말을 건넬 때가 많았어요. 침대로 가긴 갔지만 마음이 영 내키지 않아 "젠장, 실패할 거야." 라는 생각이 들었어요. 그리고 몸이 따라주지 않으니 사랑을 나눌 수가 없었죠. 정말 미칠 것 같았습니다.

많은 남성이 성적 열등감과 부적응 때문에 고통스러워한다. 그런데 성행위를 평가할 수 있는 현실적인 방법은 전혀 없다. 속으로 의구심이 들지만 객관적인 피드백을 얻기는 어렵다. 남성성에 대한 불안은 "진짜 남자" 라면 아무 때나 어떤 조건하에서도 성적인 흥분을 느낀다는 말을 믿기 때문에 생겨날 수 있다. 남성들은 자신의 신체나 신장, 페니스 크기가 불만스럽다. 성생활 세미나에서 남성 몇 명이 다음과 같은 발표를 했다.

존 저는 제 몸 여기저기 다 불만스러워요. 제 자신에 대해 이런 생각을 합니다. <u>"네 가슴은 남자 가슴도 아냐. 너는 뚱뚱해 보여. 네 페니스는 작아, 얼마나 작은지 봐. 남자라고 볼 수 없지. 제대로 된 게 아무것도 없군. 그 모양으로 어떻게 여자 마음을 끌어?"</u>

F. 박사 놀랍게도 남성 대부분이 체육시간이나 헬스장에서 샤워를 할 때 다른 남성을 보며 자신이 열등하다고 느낄 때가 많다고 합니다. 자신의 페니스가 대다수 남성들보다 작다는 거죠. 통계적으로 대다수 남성이 다른 남성보다 열등할 수 없잖아요. (웃음) 하지만 얘기하는 걸 보면 다들 그렇게 느끼는 것 같아요.

유진 체육시간에 친구들과 라커룸에 있을 때 제 페니스를 보며 항상 제가 제일 작다는 생각을 했어요. 그때 웃기는 생각을 해냈죠. 옆으로 거울 속 제 모습을 쳐다보는 거예요. "흠, 옆으로 보는 것보다 위에서 보는 게 더 작군." 그렇게 어느 정도 합리화했어요. (웃음)

남성들은 파괴적인 생각과 자기공격으로 자신의 성생활과 남성성이 혼란스럽고 불안하기 때문에 자신의 남자다움을 인정받고 싶은 욕구가 강하다.

사례 보기

19살의 사춘기 청년이 여러 달 지속된 심한 우울증 때문에 치료를 받기 시작했다. 2년 사귄 여자 친구가 새 남자친구를 만나자마자 그를 거부했기 때문이다. 이 사건으로 불안과 자기비난 증상이 촉발됐다. 그는 상실에 대한 반응을 자세히 살펴보던 중에 자신을 황폐화시킨 게 거부 그 자체가 아니었다는 사실을 알게 되었다. 그것은 마지막으로 두 사람이 다툴 때 여자 친구가 그가 연인으로 만족스럽지 않다고 했던 말 때문이었다.

성관계에 대한 부정적인 평가로 그는 자신의 남성성과 성적 능력에 대한 불신이 커졌다. 성적인 부적응 문제가 그를 괴롭히고 고문했다. 여자 친구의 비난에 의해 자신의 남성성을 공격하는 파괴적인 사고과정인 내면의 목소리가 활성화되었다.

계속 조사를 해나가는 가운데 그 목소리가 아버지의 부정적인 자기이미지를 동일시해 내면에 병합한 것과 관련이 있다는 사실이 밝혀졌다. 또한 어머니의 유혹적인 태도 때문에 성적인 발달에서도 스트레스를 받았다(어머니와의 유혹적인 관계는 종종 강렬한 오이디푸스 경쟁을 자극하고 성장하는 소년에게 강한 부적응감을 갖게 만든다.).

여러 달이 지난 후 환자는 새로운 관계를 시작했고 우울증이 밤사이에 사라진 것처럼 보였다. 그는 의기양양해졌다. 그는 "좋아요"라고 말했다. "여자 친구가 여태까지 만나본 사람 중에 제가 제일 멋지다고 말했어요."

이 젊은이는 이제 성적으로 자신이 "괜찮다"는 것을 의미하는 새로운 평가를 받아들인 게 분명했다. 그러나 그의 반응은 여전히 자기불신을 없애기 위해 여성의 확인과 격려를 추구한다는 사실을 나타냈다. 여전히 여자 친구에게 자신의 성적 능력에 대한 확인이 필요하다면 그는 여전히 우울증에 취약한 상태다.

성기능 부전을 치료할 때 억압과 보상심리가 항상 걸림돌이다. 자신의 의심과 공포를 해소하려고 하기보다는 보존하려고 들기 때문이다. 오직 근본적인 역동을 드러내 훈습함으로써 힘을 얻고 편안해질 수 있을 것이다.

남성의 자만심

남성들에게서 가장 곤혹스러운 것 중 하나가 모든 여성이 자신을 좋아한다고 주장하는 것이다. 기본적으로 남성들은 다른 경쟁자보다 자신이 선택되기를 요구하는 경향이 있다. 이것은 본질적으로 모순이다. 똑같은 남성들이 다른 모든 남성보다 낫다고 생각하느냐는 질문에 "아니요"라는 대답을 하기 때문이다. 그런데 그들은 파트너에게 무조건적으로 자신이 선택받을 자격이 있는 것처럼 생각한다. 현실에 맞지 않는 이런 요구가 결혼생활의 불행과 갈등의 원인이 된다.

남성들이 가식적인 칭찬과 정직하지 못한 위로를 요구하는 태도가 많은 여성들을 분노하게 만들고 심지어는 남성을 증오하게 만든다. 실제로 남성의 자만심은 여성으로부터 상당히 많은 공격을 받는다. 여성들은 가식적인 칭찬을 요구하는 남성에게 짜증이 나기는 하지만 그것을 이용해 관계에 영향을 줄 수 있고 관계를 좌지우지할 수 있다는 사실을 안다. 최근에 이혼한 여성은 결혼 초기에 남편을 칭찬해 자기에게 의존하도록 만들었다고 솔직하게 고백했다. 하지만 자신의 행동에 죄책감이 들었고 결국 남편과 자신을 미워하게 되었다고 했다. 훨씬 나중이 되어서야 그녀는 어린 시절에 갖게 된 두려움과 불안감 때문에 그런 식의 통제를 할 수 밖에 없었다는 사실을 알게 되었다.

> 저는 얼굴에 황홀한 표정을 지으며 남편의 말을 들어야 한다고 생각했어요. 제가 알고 있는 사람 중에서 그가 가장 멋진 사람이라고 생각한다는 것을 알 수 있게 해야 했으니까요. 그는 자신이 훌륭한 작가라는 것에 엄청난 자만심을 갖고 있었거든요. 저는 속으로 "내가 그를 훌륭한 작가라고 대해주면 그것 때문에 내가 필요할 거야." 라고 생각했어요.
>
> 그의 약점을 알았고 그것을 공략하면 된다는 것도 알았죠. 그에게 의존성을 키우면 된다고 생각했어요. 관계가 지속되면서 공적인 상황에서 그가 어리석고 황당한 것을 말할 때면 그가 미웠어요. 그렇지만 그것을 그에게 말한 적은 한 번도 없었어요. 저는 그를 한 개인으로 대한 적이 한 번도 없었고, 그에게 기회를 준적도 없었습니다. 그런 식으로 그를 조종하고 또 그런 제 자신을 미워했어요.
>
> 저는 그 사람을 가식적으로 대했고 특히 그가 자신의 약점이라고 생각해서 중요하게 여기는 부분을 칭찬하면 제가 원하는 것을 다 들어준다는 것을 알았죠. 그것은 일종의 거래였어요. 제가 보았던 모든 결혼생활이 다 그래 보였어요. 남자는 자신의 자만심을 채워준다면 여자가 원하는 것을 모두 다 해주거든요. 남자가 부양하고 보살펴 줄 테니까 여자는 아무 것도 할 필요가 없어요.

남성의 우월성에 대한 환상을 지지해주는 것으로 남성을 조종하는 것은 남성들에게 좋지 않다. 또한 남성도 여성도 모두 현실감을 잃어버리게 된다. 예를 들면 남성보다 더 성공했거나 지적인 여성이 열등한 것처럼 행동하는 경우가 있다. 흔히 말하듯 논리와 현실감에서 남성이 우월하다는 것은 인정한다. 여자파트너가 남자파트너를 중요한 사람이라고 추켜세우기 위해 자신의 개성을 없애고 품위와 자존감을 포기하면 그 결과는 비극적이다. 자신도 잃고 파트너도 잃게 된다.

일부일처제 안에서 자신이 선택된다는 남성의 착각은 불륜에 대한 사회적 제재의 보호를 받는다. 전통적으로 사회가 여성에게 부여한 역할은 여성의 활동의 자유를 제한하고 다른 남성들과 관계할 수 없게 만든다. 이런 점에서 남성은 사회적 관행을 이용해 가장 많이 선택되는 남자, 즉 "왕국의 왕"이라는 이미지를 유지할 수 있게 된다.

심지어 문화적 제재가 잘 작동되는 것 같아도 오히려 역효과를 가져올 때도 있다. 예를 들어 가정주부는 집에 있기 때문에 제약이 있다고는 해도 남성들과 만날 수 있다. 보험조사관이었던 환자 한 명은 그에게 추파를 던지거나 유혹하려 했던 주부들에 대해 많은 이야기를 했다. 이혼전문 변호사, 운전 교관 또는 개인 트레이너처럼 여성들과 가까이 접촉해야하는 일을 하면서 성관계를 가질 기회가 많았다고 고백한 남성들도 있었다.

의무가 아니라 자유로운 선택에서 이루어진 관계가 지속될 수 있다. 그리고 남자가 여자에게 거짓 칭찬을 요구하지 않고 대신에 현실적으로 자신을 직면할 수 있는 자존감과 성숙함이 있을 때 관계가 오래 가는 경우가 많다.

결론

남성들은 방어기제를 사용하지 않고 전통적으로 남성역할로 정해진 행동을 뛰어넘는 어려운 과제를 받아들여야만 한다. 이 목표를 이루기 위해서는 엄격하게 성에 따라 정해진 역할에 순응하게 만드는 외부의 사회적 압력은 물론 내면의 갈등도 직면해야하기 때문에 용기가 필요하다. 남성들은 특히 어머니의 역할을 하는 여성에 대한 이상화를 깨야 하며, 또한 성숙해지기 위해서는 유아기적 욕구에 기인한 "완벽한 사랑"에 대한 요구도 포기해야만 한다. 어린 시절 충족되지 못했던 안전함과 안정성에 대한 원초적인 욕구는 성인 관계에서도 만족되기 어렵기 때문이다. 여성에게 비현실적인 요구를 맡기려고 하는 남성들은 현재 남아있는 자신의 어린 시절 불안감을 견뎌내려고 애써야만 한다. 남성이 스스로 힘을 가질 때 여성이 더 매력을 느끼게 되고 서로 친밀한 관계를 유지할 수 있다. 남성이 환상을 포기하면 사랑스럽고 독립적인 강한 여성에게 매력을 느끼게 되고 서로 존중하는 동등한 관계를 하며 즐거움을 느낄 수 있다.

미주

1) 게스(1993)는 인간 행동이 "내적인 기질"에서 비롯된다고 보는 "기본적 귀인 오류"(p.29)에 대해 설명했다. 그녀는 "사람은 기본적 귀인 오류를 범하기 때문에 중요도가 높은 행동을 남성적 성향으로, 부수적인 행동을 여성적 성향으로 추정한다."고 주장했다.(p.38) "암묵적인 예상기대를 하게 만드는 성 고정관념에 따라 사람들은 편견을 갖고 여성과 남성을 인식하고 대한다. 그리고 차별적인 인식과 대우(행동과 업적에 대한 성차)의 결과로 표면상 고정관념이 쭉 사실이었던 것이 된다."(p.37)

2) 일반적으로 성gender과 성sex은 다른 개념이다. 월시(1997)는 다음과 같이 말했다. "성sex은 남녀의 생물학적 차이를 말한다. 성gender은 각 성에 속한 규범적인 기대와 관련 있다. 그런 까닭에 성gender은 한 개인에 내재한 특성이 아니라 사회적으로 구성된 것으로 간주된다."(p.7) 할펀(1997)은 sex란 용어를 "기원에 상관없이 남녀 간의 차이"를 언급하기 위해서 사용한다. 왜냐하면 그녀는 "생물학적인 것과 사회적인 영향은 분리될 수 없는 것"이라고 믿기 때문이다. (p.1091)

3) 버스(1994)는 "남성과 여성은 진화론적인 언어로 말하면 대부분의 영역에서 동일하다. 단지 인류의 진화론적 역사 동안 반복적으로 서로 다른 적응문제에 직면했던 일부 영역에서만 차이를 보였다. 예를 들면 인간의 모든 성적 전략을 실행할 수 있는 선천적인 능력이 아니라, 기본적으로 특정 성적 전략에 대한 선호도에서 차이가 난다."(p.18) 부웅크(외)(1996)는 다음과 같은 글을 썼다. "인류의 진화론적 역사 동안 남성은 여성과 달리 아이 양육의 불확실성이라는 엄청난 적응문제에 봉착했다."(p.359) "여성은 다른 종류의 적응 문제에 부딪혔다.... 파트너가 다른 여성에게 [원문 그대로] 관심을 갖게 되면 그의 시간과 에너지, 자원, 양육 투자, 보호, 헌신을 잃어버릴 수 있다는 위험이 있다."(p.360) 또한 여성이 정서적인 부정행위에 대해 더 많이 고통스러워하는 반면에 남성은 성적인 부정행위에 충격을 더 많이 받는다는 연구 결과를 보여주었다.

4) 이글리의 논문(1995) <남녀 비교에 관한 학문과 정치>에 대한 하이드와 플랜트(1995)의 논평을 참조할 것. 그들은 교차분석에 의해 각각 다른 행동 전반에 성차 크기의 가변성이 큰 것으로 나타났다는 사실을 강조한다. (p.159) "성차의 효과크기 중에 25%는 영에 가까운 범주에 있지만 10%는 큰 범주에 있고 추가적인 3%는 규모의 표준편차를 넘어선다. (p.160) 그들은 또한 성차에 관한 페미니스트 경험주의 심리학자들 간에 협의가 부족하다는 점을 지적한다. 그들은 최소주의자적 견해를 고수하는 사람들이 성차가 적거나 영이라고 인식하는 반면에 최대주의자적 견해를 가진 페미니스트들은" 큰 심리학적 성차... 또는 어떤 성차는 적고 다른 것들은 크다고 인식하는 좀 더 복합적인 입장을 취한다." 는 사실에 주목한다. (p.159)

5) 우리의 의견으로는 의사소통 방식에 관한 성차를 과장한 예가 두 가지 있다. 그것은 타넨의 <너는 이해 못해.>(1990)와 <화성에서 온 남자, 금성에서 온 여자>(1992)로 시작된 그레이의 대중서적에 제시

된 예다. 의사소통 방식에 성차가 크다는 두 작가의 주장과는 반대로 많은 연구를 통해 의사소통의 중요성과 의사소통의 기술면에 있어서 남성과 여성이 비슷하다는 것이 드러났다. 관계를 맺고 있는 남녀의 의사소통 기술에 관해 연구한 벌르슨, 쿤켈, 샘터, & 워킹(1996)은 "같은 성의 비교와 양성간의 비교를 해 본 결과 양성간의 차이보다 유사성이 더 많다."(p.220)는 연구결과를 제시했다. 비슷하게 아리스(1997)는 "남성에게는 친밀감을 나눌 수 있는 능력이 있고 상황이 요구하면 그렇게 할 수 있다"는 결론을 내렸다. (p.95)

6) 현대 심리학의 성 연구와 성차에 관련된 실증적인 연구결과 문헌들을 여기에 요약하기에는 그 범위가 너무 방대하다. 하지만 논쟁에 함축된 정치적, 사회적 내용이 그 연구결과물에 대해 편견을 갖게 하고 관련 쟁점을 흐리게 하는 경향이 있다는 점을 주목해 볼 만한 가치가 있다. 성차에 관한 논쟁과 성차를 대중적인 성 고정관념으로 일반화한 것에 대한 개요는 미국 심리학자, 1995년 3월호에 출간된 일련의 논문들에서 찾아볼 수 있다. 이글리(1995)와 하이드와 플랜트(1995)는 성 비교의 실증적 연구가 수행된 정치적 맥락을 강조했다. 이글리는 연구를 통해 상당한 성차가 있는 영역(즉 가벼운 성행위에 대한 얼굴 표정과 태도 등)을 발견했다고 발표했다. 그렇지만 그는 다음과 같은 결론을 내렸다. "그러나, 대부분 집계된 성차에 대한 연구결과는 작거나 중간 범위에 있는 것으로 보인다."(p.151) 마레첵(1995)은 "'남성'과 '여성'이라는 범주가 자연스럽고 당연한 것이라고 여기고 .....성과 연관된 행동과 자질을 분리된 독립적인 개인의 고정된 성향이라고 여기는 성에 대한 관점"을 반박했다.(p.162) 같은 책에서 버스(1995)는 수많은 연구들을 요약하며 다음과 같은 결론을 내렸다. "대부분의 일반적인 인지능력 테스트들은 ... 거의 성차를 드러내지 않는다. 첫 번째 예외는 공간지각능력에서 생긴다. 이 능력은 사냥 성공에 필수적이다."(p.166) 이 능력으로 여성을 끌어당길 수 있기 때문에 진화적 적응환경EEA 동안에 남성들 마음에서 차별적으로 선택되는 능력이다. 버스는 "진화론적인 심리학이 유사성뿐만 아니라 가장 큰 성차를 보일 특정 영역에 대한 조사를 이끌어줄 수 있는 경험적 힘을 갖고 있다는 결론을 내렸다."(p.167)

독자들은 또한 <성의 사회 심리학>(번, 1996), <성이 분리된 세상에 다리 놓기 >(필포트, 브룩스, 거스터만 & 너트, 197) 그리고 <여성, 남성 그리고 성: 계속적인 논쟁>(월시, 1997)의 성 연구에 대한 개요와 비평들을 참고할 수 있다. 뇌의 구조와 기능의 성차에 대한 호르몬 근거를 지지하는 증거는 브레인 섹스 brainsex (모어 & 제슬, 1989) 그리고 <행동 신경생물학 교본: 11권, 성 분화>(제럴, 몰츠 & 워드, 1992)에서 찾아볼 수 있다. 아허(1996)는 그의 <사회 행동의 성차>라는 논문에서 인간의 사회 행동에서 관찰되는 성차를 설명해 주는 두 가지, 사회적 역할 이론과 다윈 이론의 진화법칙에 대한 개요를 제공했다.

7) 흥미롭게도 14장에 보고된 소규모 기초연구에서는 결혼 만족 목록 개정판(MSI-R, 스나이더, 1997)의 역할 성향 세부목록에서 4명의 남성 파트너 중 두 명이 그들의 여성 파트너보다 점수가 더 높게 나왔다. 그들의 점수는 여성 파트너보다 모든 관계 영역을 통틀어 충분히 책임을 분담해야 한다는 마음이 훨씬 크다는 것을 나타냈다.

8) 공감 요소를 조사한 두 개의 대형 연구에서 스노드그라스(1992)는 신분status은 "성gender과 혼돈된 사회적 배경"이라고 주장했다. 그녀는 연구를 통해서 "여성이 남성만큼 지도자가 되는 경우가 많아지면 대인관계 민감성에 더 이상 유리하지 않다. 이것은 민감성이 성 자체보다는 지위나 역할과 좀 더 관련이 있다는 것을 암시한다."(p.158) 페미니스트 연구 비평에서 번(1996)은 연구에 사용된 공감 척도가 생리학적인 척도보다 자기보고 설문지에서 더 큰 성차를 나타냈다고 보고했다. 이것은 남성들이 "그렇게 하는 것이 남성 역할에 부합하지 않기 때문에 자신이 공감적으로 보이는 것을 원하지 않을 수 있다"는 점을 암시한다.(p.57)

한 성 연구 논평은 어떤 페미니스트 연구들은 인지 능력과 도구성에서 남성과 여성의 유사성을 강조하지만 정서적인 표현성과 공감에서는 차이를 강조한다는 점을 언급하고 있다. (초도로우, 1978, 질리건, 1982, J.B. 밀러, 1976) 이런 유형의 편견에 관해 월시(1997)는 다음과 같이 논평했다. "어떤 페미니스트들은 여성의 관계 기술을 미화하는 이론에 대해 의구심을 갖는다. 그것은 기존의 남성 모델을 새로운 모델의 여성 우월주의로 바꾸는 것이라고 주장했다."(p.360)

11
여성

역사적 여성관

수세기동안 여성이 가부장적 사회의 지배를 받아왔다는 사실이 현대 여성의 삶에 큰 영향을 주었다(질리건, 1996). 그 때문에 여성 대부분이 사회가 규정한 "제2의 성"이라는 존재로 살아올 수밖에 없었고 자신의 삶을 능동적으로 결정할 수 없다고 느꼈다. 이렇게 진정한 힘을 가질 수 없었던 여성들은 대부분 자신의 잠재성을 실현하는 데 간접적이거나 수동적인 방법을 취할 수밖에 없었다.

역사적으로 보면 생물학적인 면이 남녀불평등을 만들어내는 데 이바지했다. 신체적인 힘과 크기의 측면에서 볼 때 여성은 분명 더 약한 성이었다. 그래서 생물학적인 요인의 성차에 따른 노동 분담원칙에 근거해 불평등한 권력구조가 형성됐다. 그렇지만 수동성과 연약함을 무기로 통제하려는 여성의 성향은 생물학적 결정요인보다는 억압과 사회적 편견에서 비롯된 것 같다. 정신분석학자 장 베이커 밀러(1976)는 여성이 부정적인 힘에 의지할 수밖에 없는 중요한 이유 가운데 하나를 지적했다.

> 하위집단이 가식적이고 간접적인 행동과 반응방식에 매달리는 모습은 그리 놀랄 일이 아니다. 그것이 지배집단에 순응하고 그 사람들을 기쁘게 해주기 위한 것이기는 하지만 사실 그 안에는 반항이 숨어있을 때가 있다. (p.10)

수많은 세대를 거쳐 오면서 겉으로는 순응하지만 속으로는 반항하는 행동패턴이 내면화됨으로써 그것을 사용하게 만든 사회세력만이 아니라 여성의 발달에도 나쁜 영향을 주었다. 완전히 의식되지는 않지만 조화로운 남녀관계를 방해하는 조종행위는 수동적 공격성에서 비롯된다는 사실을 주목해야만 한다.

여성에 대한 고정관념

남녀 모두가 기본적으로 체격과 힘 이외의 다른 영역에서도 여성이 남성보다 약하다고 생각하는 경향이 있다. 모두들 여성에게는 특별한 보호가 필요하다고 생각한다. 여성이 무력하고 힘없고 상처받기 쉬운 연약한 존재라는 것을 강조하는 사회적 태도는 여성이 수동적이고 희생자라는 주장이 설득력을 갖게 만든다. J.B. 밀러(1976)는 희생자적인 태도의 부적응적인 측면에도 불구하고 그것을 유지하려는 여성의 성향에 대해 말했다.

> 자신을 위해 투쟁하는 것보다 희생자가 되고, 그런 상태로 있는 것이 훨씬 더 쉬운 것처럼 보일 때가 있다… 희생자는 상황을 바꾸려는 욕망도, 그렇게 만들기 위한 힘도, 희생자 위치에서 누적된 분노도 직면할 필요가 없기 때문이다. (p.122)

희생자적인 태도를 유지하는 것이 더 쉬울 뿐만 아니라 또한 아주 성공적인 전략일 때가 많다. 여성의 무력함이나 어린애 같음, 희생하고 있다는 불평, 필요이상의 무능함은 남성을 조종하기에 좋은 수단일 뿐만 아니라 또한 그런 행동은 사람을 불안하게 만들고 분노를 자아내기도 한다. 그리고 그런 식의 자극에 휘말려 화가 났다는 사실 때문에 죄책감과 수치감이 생긴다. 약자가 휘두르는 포악행위는 죄책감을 이용해서 권력을 쥔 개인(이나 집단)을 무너뜨리는 데 놀라울 만큼 효과적인 기술이다. 우리 사회에 이런 "약자"의 입장은 사회 윤리나 제도의 보호를 받는다.

31세인 B씨의 경험은 여성이 남성보다 약자라는 고정 관념적 시각이 우리 사회에서 어떻게 작동되는지 보여준다.

사례

> B씨는 최근에 한 여성과 첫 번째 데이트를 했다. 그녀는 저녁을 먹으며 포도주를 몇 잔 마시더니 식당을 나갈 때 좀 비틀거렸다. B씨가 차로 그녀를 데려다 주며 아파트 앞에서 작별인사를 하려고 했다. 그런데 여자가 차에서 내리지 않고 울기 시작했다. 영문을 몰라 당황한 B씨가 여자를 토닥이며 집 앞까지 같이 걸어가 주

겠다고 했다. 그리고 여자를 달래 차에서 내리라고 하자 여자가 두 손으로 핸들을 부여잡고 발작적으로 "나 좀 내버려둬요!"라고 소리쳤다.

그 순간 곁을 지나던 차 한 대가 멈춰 섰다. 여자의 외침소리를 들은 두 남자가 차에서 뛰어나와 B씨를 끌어내며 한 대 치려고 했다. 그때 그들 일행 중 한 여자가 소리쳤다. "잠깐! 그 남자가 여자를 해치려던 게 아닌 것 같아! 저 여자가 이상해!"

다행히 무슨 상황인지 알아챈 여자의 개입으로 B씨는 무사했다. 나중에 B씨는 두 남자에게 두들겨 맞을까 봐 겁이 났었다고 고백했다. "저를 향해 달려오는 두 사람을 보며 이제 죽었다고 생각했습니다. 그들을 멈추게 할 말이 없다는 걸 알았으니까요. 그게 당연한 반응인 거잖아요. 여자가 울고 있었으니 당연히 여자가 희생자고 제가 공격자라고 짐작했겠죠. 성폭행 시도였다고 생각했을지도 몰라요. 그쪽 여자가 무슨 일인지 알았다는 게 놀라울 뿐입니다. 저라도 그 상황이면 그 남자들처럼 했을 겁니다."

이 사건에서 여성을 도와주러 온 남성들의 행동은 남성이 성 충동적이고 공격적이며 여성은 남성의 "동물적" 본성으로부터 구조되고 보호받아야 할 존재라는 고정관념에서 나온 것이다. 대개 남녀 모두 이런 정도까지의 왜곡은 아니더라도 남녀 사이를 소원하게 만드는 파괴적인 고정관념의 영향을 받는다. 실제로 여성은 열등하고 비현실적이거나 정서적으로 미성숙하고 의존적이어서 특별한 보호가 필요한 존재가 아니다. 또한 여성이 원래 섹스에 별로 관심이 없거나 억제하지도 않는다. 지적인 면이나 기지와 재능에 있어서도 여성과 남성은 똑같다.

여성이 약함, 무력함, 억제행위를 사용해 조종하려고 하는 것은 남성과 동등해지려는 목표에 해가 될 뿐이다. 여성의 복종적이고 수동적인 행동 이면에는 적대감과 분노가 존재하기 때문에 관계가 힘들어지고 남성에 대한 자연스러운 사랑과 애정의 순수성이 훼손된다. 비극이다. 학습된 조종행위가 없다면 서로 느낀 호감이 자연스럽게 애정과 성적 친밀감으로 발전될 수 있을 텐데 말이다. 사회적 편견에 대한 여성의 반응과 세대를 거쳐 온 잘못된 자녀양육법이 서로 복합적으로 맞물리면서 남성과 여성은 적대적인 사이가 되어버린다.

엄마와 딸 연합*

여성의 강함과 약함은 가족 안에서 대물림된다. 그런 자질과 행동이 롤모델인 엄마의 영향으로 딸에게 각인된다. 이것은 여성의 삶에 강력하게 작동되는 역동작용이다. 이것은 엄마의 직접적인 가르침과 모방이나 동일시 과정을 통해 딸에게 전수된다(파이어스톤, 1990b).

엄마의 중심역할

우리 사회에서 최초의 양육자라는 엄마 역할은 가족에게 제일 중요한 영향력을 행사한다는 점에서 함축하는 바가 크다. 어린 시절 아이에게 어느 정도의 좌절은 일어날 수밖에 없다. 어느 누구도 항상 타인의 욕구를 모두 다 정확하게 예측할 수는 없기 때문이다. 하지만 미성숙하거나 거부적인 엄마의 양육태도로 인해 좌절이 일어난 경우는 아이의 마음에 정서적 허기와 적대감이 생긴다. 이런 부정적인 감정은 대부분 허용되는 배출구가 없기 때문에 심리적 방어기제와 억제 행동패턴으로 나타난다.

엄마와의 동일시가 강하게 이루어진 딸의 경우에(초도로우, 1978, 도이치, 1944, 허드슨& 제이콧, 1995) 상처입거나 화난 마음이 엄마의 성격적 특성과 방어패턴을 닮은 억제 형태로 바뀐다. 비록 남자아이나 여자아이 둘 다 엄마의 거부행위나 조종행위의 부정적인 영향을 받기는 하지만 아들보다는 딸이 엄마의 행동패턴을 더 많이 모방하는 경향이 있다.

우리 사회에서 중요하게 여겨지는 딸과 엄마 연합이 여자의 삶을 제한하는 가장 중요한 요인일 수 있다. 프라이데이(1977)는 <나의 어머니/나 자신>이란 책에서 다음과 같이 말했다.

> 딸의 마음을 자율적이지 못하게 만들어놓고, 어떤 경험을 할까 두려워 그녀를 둘러막고, 딸이 소망하는 것을 추구하지 못하게 하고, 또는 원하는 것을 찾아도 딸이 필요한 만족을 얻지 못하게 막는 엄마와의 풀리지 않는 관계를 말해주는 자료는 상당히 많다. (p.35)

---

* 이 부분은 <자애로운 자녀양육: 최적의 양육에 대한 심층적 접근>, R.W.파이어스톤, 1990, 뉴욕, 플레늄 프레스를 참조하고 수정한 것이다. (사용승인)

프라이데이의 책 출간 이후[1] 이 주제에 관한 책이 많기 나오기는 했지만 그래도 엄마와 딸의 동일시 핵심에 놓인 비판적인 문제에 대해서는 여전히 정보가 부족하다. 어떤 관계도 개인 간의 동일시가 그렇게 강렬하고 지대하고 강력하지 않다. 이 현상은 성숙하고 긍정적인 성격적 특성이 지속될 가능성뿐만 아니라 또한 부정적인 특성이 다음 세대에 투사될 가능성도 똑같이 있다. 그런데 동일시 과정의 부정적인 영향이 긍정적인 것보다 훨씬 더 큰 경우가 많다(펜헬, 1998a, 파이어스톤, 1990b, 웰돈, 1988).

모성적 박탈감에 고통 받는 여자아이는 나중에 과장된 욕구를 지니고 남자와 관계에 들어간다. 또한 분노와 억울함, 그리고 자신을 돌봐주고 배려해주기를 바라는 태도로 인해서 여성과의 우정이나 관계도 어려워진다. 모순되게도 억제 성향의 엄마와의 관계가 고통스럽고 좌절되면 될수록 딸은 엄마의 해로운 사고방식과 행동을 더 많이 내면에 병합하는 경향이 있다(공격자 동일시). 딸은 엄마의 그런 특성을 비난하면서도 모방한다. 그 특성을 유지하는 한 딸은 우울증에 중요한 역할을 하는 자기혐오에 시달리게 되고 의기소침해진다.[2] 시간이 지나도 변화가 없으면 딸 자신의 성격과 병합된 부정적인 특성과의 차이가 점점 모호해지다가 결국 엄마의 방어적인 태도가 더 강한 자신의 성격적 특성이 된다. 그리고 이 패턴은 딸의 자녀들에게서 반복된다.

모방과정의 영향은 커플/가족 관계에서 찾아볼 수 있다. 예를 들어 엄마가 자신을 성적인 관심이 없고 외모에 신경 쓰지 않는 사람으로 보여주면 딸의 성생활에 파괴적인 영향이 간다. V 부인은 아버지와 관계하는 어머니의 방식이 자신의 문제와 관련이 있다는 것을 알게 됐다.

V 부인 저는 부모님의 성관계를 감지한 적이 거의 없었어요. 엄마는 살이 좀 쪘고 어린아이 같았어요. 엄마의 성생활에 대해 제가 유일하게 기억하는 것은 가끔 밤에 와인을 마시고 약간 취기가 올라와 살짝 마음이 들뜨면 민망할 정도로 아빠에게 요상한 추파를 던지는 엄마 모습이었어요. 그리고 엄마는 주무시러 가셨고 아빠는 몇 시간동안 그대로 계셨어요. 아빠가 나중에 방에 들어가시고 나면 심한 말다툼이 벌어졌어요. 엄마가 성관계를 한다는 생각을 하면 참 당혹스러웠어요. 엄마가 그렇게 매력적인 사람도 아니었거든요. 어린아이 같았어요.

그런데 제가 남편을 성적으로 흥분시키지 못한다는 걸 알았습니다. 믿을 수가 없어요. 성관계를 하게 되면 이런 생각이 듭니다. 너는 남편을 절대로 흥분시키지 못해. 가끔 제가 엄마를 봤을 때처럼 제 자신이 부끄럽고 매력이 없는 것 같이 느껴져요. 생각하면 슬퍼요. 엄마에 대해 생각한 것처럼 똑같이 제 자신을 그렇게 생각하고 있다니 말에요. 예전에는 몰랐었어요.

커플관계의 진화를 묘사한 어느 대중영화에서 남편에게 잔소리하고 불평하던 여자가 불쑥 이런 말을 내뱉었다. "맙소사, 결국 이렇게 되고야 말았어! 나는 엄마랑 똑같아!" 많은 여성이 이런 마음이 들 때가 있을 것이다. 엄마와의 부정적인 동일시가 때로는 신체나 몸무게, 가슴 크기와 모양, 성기, 전반적인 성행위 문제에 대해 자기비난조의 생각이나 "목소리" 형태로 나타나기도 한다. 성생활이 줄어들 정도로 자신의 체중을 못마땅하게 여기는 것은 미국 여성들에게 흔한 일이다.

엄마와 딸 연합은 남성과의 관계, 그리고 나중에 자녀와의 관계에 부정적인 영향력을 미치는 파급효과를 지닌다. 하지만 그보다 더 중요한 사실은 연합관계로 인해서 여성의 자존감에 문제가 생길 수 있다는 것이다. 개인의 자존감이나 성공, 능력을 떨어뜨리는 연합관계의 영향력은 대부분의 임상가들이 생각하는 것보다 훨씬 더 크다.

엄마와 딸 연합상태가 해소될 때 생기는 불안감과 죄책감

아이가 서서히 엄마에게서 자신을 분리시키는 개별화 과정은 자연스럽게 일어난다. 각 단계마다 보통 실존적인 고립감과 분리불안감이 따른다. 개별화라는 발달 과제는 남자아이나 여자아이 모두에게 어려운 통과과정이다. 아들은 엄마와 분리하며 서서히 아버지와의 동일시과정으로 옮겨간다. 딸은 엄마와 세밀하게 조율해나간다(초도로우, 1978, 지니비 & 마고리스, 1987).[3]

그래서 여성의 성적인 성숙의 발달 단계마다 갈등이 빚어진다. 한편으로는 독립성을 추구하고 남성에게 사랑과 성적 욕망을 표현하고 아이를 갖으며 자연스럽게 발달한다. 그러나 다른 한편으로는 엄마와의 관계를 유지하려고 자연스런 발달을 억제하지 않을 수 없게 된다.

여성의 삶에서 상징적으로든 아니면 실제로든 엄마로부터 멀리 떠나며 두려움을 느끼는 결정적인 순간이 있다. 그것은 남자와 성숙한 성적 관계를 추구할 때나 결혼할 때, 자신의 가정을 꾸릴 때, 그리고 엄마가 될 때다. 개별화와 엄마와의 분리과정에는 공포와 죄책감이 생긴다.[4] 그런 강력한 감정 때문에 여성들은 결정적인 순간에 철수해서 의존적인 연합관계나 엄마와 같다는 생각, 그리고 안전하다는 환상을 주고 불안을 감소시켜주는 행동으로 다시 돌아간다.

결혼

> 여성은 결혼생활에 애정과 지혜, 지성, 기술, 풍부한 상상력의 정신, 즐거움을 주는 여성스러움, 유쾌한 유머, 친근감, 일을 잘 하는 것에 대한 자부심 등 많은 자산을 갖고 온다. 하지만 엄마에게서 해방되지 않았다면 여자가 되는 두려움의 무게 때문에 그 자산이 퇴색되거나 균형을 잃을 수 있다. –조셉 C. 라인골드(1964, p.451)

남성과 성적인 친밀감을 갖는다는 것은 엄마에게서 한 걸음 물러선다는 것만이 아니라, 또한 엄마에 대한 갈망이 충족되기를 바라는 희망도 상실한다는 것을 상징한다. 여성은 어쩔 수 없이 양가감정을 가질 수밖에 없다. 여성은 엄마를 모방하므로 결혼하고 싶어 한다. 그러나 결혼은 개별화를 향해 한 걸음 더 나아가야 하는 것이기 때문에 두렵다.

결혼을 하고 성적으로 성숙하는 일이 때로는 어린 시절부터 느껴왔던 엄마의 질투나 시기심, 앙심에 대한 공포심을 일으킨다. 라인골드(1967)는 여성에게 영향을 미치는 그런 측면의 분리개별화 과정에 주목했다. "여성들의 심리치료를 하다 보면 엄마와의 피학적, 적대적, 의존적 관계와 여성적 자기실현, 즉 실제로 여성이 되는 것에 대한 처벌인 거세와 멸절 공포가 연계되어 있다는 사실이 드러난다"(p.96).

라인골드에 의하면 대부분의 젊은 여성이 엄마의 적대심과 질투심을 두려워하고 그로부터 보호해줄 아빠에게 향한다. 하지만 엄마의 시기심 때문에 그것도 똑같이 위험하다. 그래서 여자아이는 다시 철수한다. 캐플란(1981)은 딸이 엄마의 시기심에 적응하는 방식에 대해 설명했다.

> 엄마의 시기심은 엄청난 부담으로 다가온다. 보통 시기심에는 분노가 동반되기 때문에 더욱 그렇다. 딸은 엄마가 자신과 경쟁하거나 자신의 재능을 시기할 때 어떻게 하는가? 대개 두 가지 중 하나를 한다. (아니면 둘 다 각각 시기를 달리해서 시도한다.) 뭔가를 이루려는 노력을 되도록이면 하지 않는다. … 그리고 자신과 엄마사이에 정서적 또는 신체적인 거리를 둔다. (p.120)

우리가 경험한 바로는 여성이 성 발달의 주요 시점에 분리 불안과 엄마의 시기심이나 보복에 대한 두려움을 경험한다는 사실을 알게 되었다. 또한 개인적으로나 일에서 성공한 많은 여성이 특히 자기 자신을 부인하고 성생활에 무심한 엄마를 능가하는 것에 대해 강한 죄책감을 가진다.

일부 여성들은 죄책감이나 분리 불안, 그리고 엄마를 떠나는 것에 대한 보복 공포에 잘 대처하지 못하고 결혼 후 다시 엄마와 친밀해지기도 한다. 프라이데이(1977)는 이런 "재결합"에 대한 논평을 하면서 다음과 같은 글을 썼다.

> 우리는 우리 자신의 집으로 옮길 때, 직업을 찾았을 때, 연인이 생기고 결혼하고 아이를 갖게 될 때와 같이 엄마로부터 멀어지는 통과의례를 겪으며 한 발 앞으로 나아갈 때 다른 한 발은 뒤로 물러서며 엄마처럼 살고 있는 자신을 발견한다. *엄마처럼 되면서 분리불안을 극복한다.* (이탤릭체 추가)(p.435)

임신과 아이 출산

아이를 갖는 것은 대부분의 여성에게 성취감을 갖게 해주는 보람 있는 경험이다. 하지만 엄마로부터의 최종적인 분리를 상징하기 때문에 강한 불안감이 생길 수 있다. 프라이데이가 말했듯이, "자신이 좋아하지 않았던 엄마가 되고 싶은 무의식적 충동이 활성화될 때가 여성의 삶에 두 번 찾아온다. 첫 번째는 스스로 엄마가 되는 때, 두 번째는 엄마가 돌아가실 때다"(p.450).

새로운 가족의 출범은 어린 시절이 끝났음을 의미한다. 그래서 많은 여성이 임신과 출산 과정 중에 의존적인 아이 같은 행동패턴에 매달린다. 그리고 임신한 여성의 무력감과 보호 욕구에 대한 관습적인 사고방식도 이에 한 몫 거들며 여성이 의존적이고 자기중심적인 상태로 돌아가는 것을 도와준다.

이런 유형의 퇴행이 일어나면 대개 출산할 때까지 계속된다. 그때가 되면 회복되거나 아니면 확실하게 우울한 상태로 철수한다. 산후 우울증은 엄마가 된다는 현실감과 책임감에 대해 여성들이 느끼는 강렬한 정신역동을 나타낸다. 베네덱(1970)은 다음과 같이 강조했다. "임신은 여성에게 중요한 시기다. … (그것은) 새로운 통합단계로 가기 위한 생리적인 변화에 있어서나 심리적으로 적응이 요구되는 시기다"(p.137). 블럼(1977)은 다음과 같은 주장을 했다.

> 엄마라는 존재에 대한 사회적 입장은 강한 무의식적인 모성적 갈등과 충돌할 수

있다. 익숙한 매춘 환상이외에도 영아살해 소망과 이상적 엄마상이 여성의 깊은 무의식속에서 서로 충돌한다. 영아살해의 갈등이 산후 우울증과 함께 여성의 핵심갈등이다. (pp.176-177)[5)]

블럼(1978)은 산후 우울증 사례를 논하면서 다음과 같은 결론을 내렸다. "환자는 모성적 친밀감과 지지의 상실, 분리공포, 무력감, 그리고 '부정적인 양가감정'으로 인해 우울신경증이 발병했다"(p.353).

상징적 대체물에 대한 여성의 두려움과 죄책감

여성들은 종종 엄마와의 초기 관계로부터 비롯된 여성에 대한 치명적인 공포심이 있다(라인골드, 1964, 1967). 엄마를 능가하고-그리고 분리하는-것과 관련해 느끼는 상실감과 죄책감에 대한 원공포가 엄마를 상징적으로 대체하는 여성에게 전이되는 경우가 많다. 예를 들어 여자들은 보통 자기부인의 성향이 있거나 성생활과 다른 개인적인 목표추구를 포기한 여성친구에게 자신의 친밀하고 행복한 남자관계에 대해 죄책감을 느낀다.

많은 여성이 경쟁심과 또래 집단의 보복 공포로 인해서 그들과 경쟁이 될 만한 상황이 되면 그로부터 철수한다. 나는 이런 현상을 전문가 동료들을 위한 토론집단에서 관찰했다. 어느 날 저녁 4명의 남성과 1명의 여성으로 구성된 집단에 새 여성 회원이 들어왔다. 그날, 그리고 다음 이어진 모임에 원래 매우 활발했던 초기 여성 참가자가 말이 없어지며 뒤로 물러섰다. 새 여성회원은 활발했고 아주 솔직했고 남성 참가자들의 관심을 많이 받았다. 나중에 두 명의 여성이 합류할 때도 똑같은 패턴이 반복됐고 그때마다 그 전의 "새" 회원이 차례로 한 발 뒤로 물러나 능동적인 참여를 하지 않고 철수했다. 집단 모임에서 사람들은 이 특별한 변화를 분석하면서 여성들이 새로운 사람과 경쟁하며 자신이 뛰어나는 것에 대해 근본적인 두려움이 있고 무의식적으로 그에 따라 행동한다는 사실을 알게 되었다.

여성들은 개인적인 삶이나 사회적인 성공을 위해 적극적으로 경쟁하는 것보다 여성친구들과 최소공통분모 수준에 맞춰 행동할 때가 많이 있다. 여성들은 연약함이나 희생자 역할, 그리고 가장 위협적인 자살 생각을 말함으로써 상대방을 조종하는 수동적인 공격 기술을 사용하는 여성들의 영향을 많이 받는다. 자신과 가까운 여성이 그런 종류의 조종기술을 사용한다면 한 여성의 삶과 목표지향적인 활동은 그런 부정적인 사회적 압력의 영향을 받을 수 있다.

이런 유형의 사회적 압력은 여성들의 삶에 흔한 현상이다. 예를 들면 남자가 없어서 계속 불평하고 친구에게 자신의 새 남자 얘기를 대부분 피하게 된다. 그녀는 친구의 기분을 상하게 하지 않으려고 본능적으로 자신의 쾌락과 행복을 어느 정도 억제하려고 할 것이다. 겉으로 보기에는 아무런 해가 없는 것처럼 보인다. 하지만 그것은 심한 자기 부인이나 억제 패턴이 될 수 있다(파이어스톤 & 캐틀릿, 1989).

많은 여성이 암암리에 마음속으로 "여성클럽"에 속한다. 그곳 회원은 남성에 대한 편견이 있고 남성과의 관계방식에 관한 클럽규정을 따른다. 그곳에 속한 여성은 파트너를 칭찬하지만 다른 사람들 앞에서는 그를 비방하고 조롱한다. 이 비공식적인 모임의 구성원들은 남성이 힘은 있지만 어리석기 때문에 그를 조종해야 한다는 주장에 동조한다. 그들의 태도와 행동에는 역설적으로 열등감과 우월감이 섞여있다.

사회의 부정적인 힘이 여성들 사이에 만연해있다. 이것은 여성을 희생자 위치에 놓는 일종의 사회 압력이다. 많은 여성이 상징적으로 엄마와 다시 하나가 되는 과정에서 자신의 생각을 버린다. 사회가 요구하는 사고방식이나 기준, 행동 코드라는 것은 어릴 때 엄마에게 배운 것들이다. 그런 사고방식에 따르면 여성의 관계나 결혼생활, 그리고 인생의 불만족은 남성의 책임이 되어버린다. 그런 사회적 코드는 남성이 현실적인 세상에 대한 이해는 할 수 있을지 몰라도 대인관계나 정서, 아이들에 대해서는 거의 아는 것이 없고, 그중에서도 여성을 제일 잘 이해하지 못하고 여성과 대화하는 법을 모른다고 말해준다.

대부분의 여성이 그런 고정관념에 같은 생각을 하지 않는 것을 겁내한다. 만일 남성과 동등하게 사랑과 신뢰 속에 관계를 맺는 여성이 있다면 그녀는 여성클럽 회원들에게 위협적인 인물로 비쳐지고 "멍청이"라는 비난과 책망을 받게 된다. 또한 여성의 불행과 억눌림의 책임을 대부분 여성에게 뒤집어씌우려는 남성의 성차별적이고 위험한 생각을 옹호하는 대중매체와 전문서적이 주는 사회적 압력도 있다.[6]

여성의 성생활

참조집단의 여성들이 솔직하게 털어놓은 얘기를 통해 나온 방대한 양의 정보가 여성 심리학발달에 많은 도움이 됐다. 그들은 수년간의 열린 토론을 통해 자신을 방어하거나 처벌하지 않고 토론 쟁점을 솔직하게 다룰 수 있는 단계에 도달했다. 장기연구에 참가한 여성들은 처음부터 아주 대범하고 솔직했다. 다들 커플관계의 고질적인 문제에 대해 말하며 진실을 끌어낸 선구자들이었다. 그들은 남녀를 구분하는 낡은 문화패턴을 바꾸는 데 있어서 남성들보다 용감했다.

이 여성들은 독립성을 중요하게 생각했다. 그리고 자신의 억제패턴과 다른 방어 전략들을 털어놓았고 개인적으로, 성적으로, 일에 관해서 자신의 권리를 위해 싸웠다. 그렇지만 자신의 독립성을 추구하는 데 걸림돌이 남성이라는 생각은 하지 않았다. 그보다는 스스로 자신에게 부과한 한계가 문제였다는 걸 깨달았다. 그것은 내면화된 엄마의 부정적인 태도와 엄마를 뛰어넘는 것에 대한 죄책감 때문이었다. 그들은 집단 토론을 하면서 여성 참가자들이 털어놓은 이야기들을 평등의 정신에 따라 함께 공유했다. 사람들은 대부분 자기 자신을 보호하려는 방어기제를 포기했을 때 많이 강해졌고 성숙해졌다. 그리고 자기 자신과 남성에 대해 새로운 시각을 갖게 됐다. 이곳 사람들의 자기폭로 덕분에 여성 전반에 관한 많은 가설이 생겨났다.

1. *남성이나 여성이나 방어적이 될 때 둘 다 파트너와 성관계를 억제하지만 억제 성향은 여성이 더 큰 것 같다.* 대개 여성은 엄마와의 연합관계를 남자와의 관계보다 우선시한다. 여성은 불안과 죄책감, 두려움이 생기면 대개 어린아이 같이 행동하거나 정서적으로 거리를 둔다.

   커플의 성관계는 여성의 억제행위의 영향을 받는다. 가끔 여성은 섹스에 대한 갈망이나 욕망을 충분히 느끼지 못할 때가 있다. 성관계에 대한 자연스런 반응이나 열정을 억제하는 것은 커플 두 사람 모두에게 해롭다.

   성생활을 통제하는 것은 여성이다. 성행위의 빈도나 시간, 장소, 그리고 허용범위를 결정하는 사람이 대개 여성이기 때문이다. 보통 성욕을 충분히 느낄 수 있는 여성이 파트너로부터 강한 성적 반응을 이끌어낸다. 반면에 무의식적으로 섹스에 대한 욕구를 억제하거나 행위 중간에 자주 느낌을 차단하는 여성도 있다. 예를 들면 옷을 벗다가, 애무를 하다가 섹스를 하고 싶은 마음이 드는 순간, 성교의 순간 (삽입 바로 직전에 두려움을 느낄 수 있다.) 등 어느 순간에라도 일어날 수 있다. 여성의 억제 반응은 대개 남성의 감정과 흥분정도에 좋지 않은 영향을 준다.

2. *여성은 남성의 자만심을 칭찬하거나 다른 종류의 부정적인 힘을 조종해 남성을 통제할 수 있다.* 여성들이 남성에게 사용하는 기본 책략을 털어놓으면서 남성을 칭찬하고 나르시시즘을 세워주고, 마음을 빼앗긴 척 하면서 남성을 잘 다루면 어떤 효과가 있는지 얘기했다. 그런데 칭찬은 남성들 앞에서 할 뿐 뒤에 가서는 비방한다. 여성들은

영향력을 행사하기 위해 눈물을 보이거나 골을 내고 말을 안 하거나 약하고 무능력하고 무력한 것처럼 행동하는 등 수동적인 공격방법을 다양하게 사용한다.

3. *대부분의 여성에게는 남성의 보살핌을 받는 환상이 있다.* 때로는 보호받는 느낌을 유지하기 위해 그게 상상에 불과할 때도 자신을 낮추거나 자신의 능력을 과소평가하고 쉬운 일을 하는 수준에 머물러 있으려고 한다.[7] 현대여성이 대부분 옛날보다 자립적인 삶을 산다고 해도 여전히 많은 여성이 남성의 보살핌을 받고 싶어 한다. 여성은 이런 환상을 드러내는 게 정치적으로 옳지 않다는 것을 안다. 하지만 여러 연구를 통해 여전히 많은 커플의 "무의식적인 계약"으로 그런 환상이 존재한다는 것이 밝혀졌다. 성공적인 여성 사업가인 S씨가 털어놓은 얘기를 예로 들어보자. 그녀는 남자친구보다 수입이 10배나 더 많다. 그래도 그의 관심을 간절히 바랐고 함께 있으면 아주 어린 애 같아지며 재무 설계 등 모든 것에서 그의 도움을 구했다.

4. *여성은 성적 파트너 선택에 까다로운 반면에 남성은 비교적 임의적인 것 같다.* 이 말을 남성이 대인관계에 마음이 별로 없다는 의미로 해석해서는 안 된다. 사실은 일부일처제 사회의 여성들이 관계에 무감각하고 비인격적일 수 있다.[8] 여성은 대개 자신이 선택한 짝에게 마음이 있는 한 다른 남성과 성관계를 갖지 않는다. 하지만 권위나 영향력, 재산, 힘이 더 많아 보이는 사람, 진화론적 용어로 "좀 더 나은 유전자"를 가진 사람을 만나게 되면 선택이 쉽게 바뀔 수 있다. 그 순간 자신의 선택을 부정하고 새로운 사랑대상으로 교체할 수 있다. 다른 말로 하면 여성은 한 번에 한 남성과의 관계(연속단혼)를 선호하는 것으로 보인다. 여성의 배타적 관계를 위한 짝 선택에는 장기적인 관계든 단기적인 관계든 많은 변수가 있다.

   남성은 짝을 선택하는 데 좀 더 많은 다양성을 추구하는 것 같다. 그렇지만 다른 여성에게 끌린다고 해도 원래 선택을 새 대상으로 대체하고 싶어 하지는 않는다. 남성은 여성과 관계하며 얻는 우정과 정서적 만족을 중요하게 생각하는 것 같다. 남성은 여성과 개별적으로 관계하려는 경향이 있다. 그래서 새로운 관심대상을 쫓아다니면서도 현재 파트너를 거부하지 않는다. 남성에게 하나 이상의 관계를 선택할 수 있는 기회가 주어진다면 대부분 이혼이나 "옛" 파트너와 결별하지 않고 새 성적 파트너와 관계하는 것을 선택할 것이다. 다른 말로 하면, 남성은 대체로 연속단혼을 지지하지 않는 경향이 있다. 하지만 포괄적인 또는 일부다처제 가족 구성은 법적인 제재로 금지된다.

5. *남성과 여성은 서로 관계를 형성할 때 이해가 상충될 수 있다.* 장기적인 관계나 결혼에 대해 남성과 여성이 갖는 의미가 서로 다르기 때문이다. 남성에게 결혼이란 어린 시절부터 갈망해오던 엄마와의 친밀하고 애정 어린 접촉을 이루는 것이라고 볼 수 있다. 엄마와 재결합하는 환상은 동반자에 대한 건강한 성인남성의 욕망이라기보다는 어린애 같은 고착에 기인하는 경우가 많다. 이미 살펴본 것처럼 여성에게 결혼이란 엄마와의 분리와 의존성 상실, 불안을 자극하는 상황을 상징할 수 있다. 이렇게 남성과 여성은 서로 이해가 상충되고 무의식적으로 서로 맞지 않는다. 그 이유는 남성은 "엄마 대체물"에 애착을 갖는 반면에 여성은 엄마와의 상징적인 분리에 저항하기 때문이다. 이런 경우에 두 사람은 모두 성숙하고 개별화된 관계형성에 저항한다.[9)]

    발달사적인 측면에서 볼 때 성 대상을 바꿔야 한다는 점에서 여성이 더 어려운 성적 역할을 수행한다. 여성은 엄마에게 느꼈던 원초적인 애정과 성적 매력을 성인이 되면 남성에게로 잘 옮겨야 한다. 반면에 남성은 엄마에 대한 감정을 새 대상에게 연장하면 된다.

6. *대부분의 여성이 다른 여성에게 정서적으로 미적으로 육체적으로 끌린다.* 이런 끌림은 엄마에 대한 강한 애착에 근거한 것으로 어린 시절의 신체적 갈망이 자연스럽게 연장된 것으로 보인다.

    집단 모임의 여성들이 개별토론과 집단토론을 하며 신뢰가 쌓이자 서로에 대한 감정을 솔직히 얘기했다. 그들은 에너지가 넘치고 예쁜 외모에 차분한 여성에게 마음이 끌렸다. 마음이 끌리는 것에는 성적 요소가 포함됐고 그런 여성에 대해 남성이 느끼는 마음과 비슷해보였다.[10)] 사실 여성들에게 매력적인 여성이 남성들에게도 매력적으로 보였다. 하지만 여성이 여성에게 끌리는 것이 일반적인 동성애 패턴은 아니다.

    남성들 사이에 서로 다정함과 따뜻함을 느낀다고 해도 그때는 여성들이 느끼는 성적인 요소는 없다. 그렇지만 이것이 생물학적 성차를 보여주는 것인지 아니면 남성들 간에 신체적 접촉이나 성적 접촉을 강력하게 금지하는 문화의 영향 때문인지는 말하기 어렵다.

7. *여성들은 자기 자신에 대해, 상대방에 대해, 사회적으로 비밀스런 사실에 대해 고백하면서 우정이 돈독해진다.* 아주 흥미로운 것은 집단모임의 여성들이 다른 여성에게 매력을 느끼는 자기 자신에 대해 알게 되자 그에 대한 두려움이 줄어들면서 남성과의 관계도 좋아졌다. 여성들은 서로 각자 개인의 자유를 지지해주고 경쟁심을 인정하며

사이좋은 경쟁자가 되었다. 그들은 비열하고 저속한 행동을 하지 않았고 남 얘기를 하거나 험담하는 정치적인 책략을 구사하지 않았고 겉으로만 다정한 척 하며 위선적으로 관계하지도 않았다.

8. *임신은 자연스런 인생 과정이다.* 참조집단의 여성들은 임신한 경우 의료적 필요 이상의 특별한 배려나 관심을 요구하지 않았다. 모임이 시작될 때부터 임신동안의 자립성에 대한 기준이 세워졌고 그것이 계속 잘 유지되었다. 그들은 임신이나 출산시기에 돌봄을 받거나 응석 부리는 것을 좋아하지 않았다. 현실을 불평하지 않았고 임신시기라고 다르게 처신하려고 하지 않았다. 또 임신했다고 자신이 더 대접받으려고 하지도 않았다. 남편과 다른 가족이나 친구들에게 해를 끼치는 자기애적인 성향을 보이지 않았다.

   모든 여성이 정규 시간대로 일했고 남편과 함께 아이양육에 대한 책임을 분담하면서 일을 계속 하고 싶어 했다. 아기가 태어나면 더 많은 성취감과 만족이 있을 걸 기대했다. 그들은 그들 자신의 엄마를 보며 바람직하지 못하다고 생각했었던, 아이를 키울 때 남편을 배제시키던 관습적인 "엄마" 역할을 하고 싶어 하지 않았다. 모든 여성이 임신을 아주 자연스러운 일인 듯이 받아들임으로써 그들 자신의 삶에 좀 더 어른스럽고 자신 있게 다가갔다.

9. *자녀 양육: 남녀 모두가 아이에게 관심과 애정이 많다.* 참조집단의 여성들도 신생아를 다루는 데 남성들과 똑같이 불안해 한다는 사실을 발견했다. 여성은 자연스럽게 엄마가 된다는 신화는 정확한 사실조사가 이루어지지 않았음에도 불구하고 이상화의 영향으로 우리사회에서 당연하게 받아들여지고 있는 것 같다(바딘터, 1980/1981).

   유아를 돌보는 능력에 남성들 간에 많은 차이가 있듯이 여성이 엄마가 되는 능력도 여성들 간에 많은 차이가 있다. 요즘에는 아빠가 아이를 돌보는 역할을 담당하는 경우가 많아졌고 아이를 양육하는 책임과 기쁨을 공유하는 의식이 커가고 있다. 이점에서 참조집단의 남성과 여성은 동등했던 것 같다.

결론

남성과 여성에 대한 고정관념 때문에 양성 간에 적대감이 생긴다. 그로 인해서 여성 대부분이 인격형성시기 동안에 두 가지 중요한 기능, 즉 독립성과 동등함을 위한 투쟁, 그리고 남성을 사랑하고 이해하며 공감할 수 있는 능력에 손상을 입게 된다. 완전히 성숙하기 위해서는 엄마와의 부정적인 동일시를 깨고 분리된 개인으로 자신의 삶을 살아야 한다. 동일시와 모방의 영향력을 깨닫게 된 집단모임의 여성들은 이제 자신의 인생에 대해 주도권을 갖고자 노력했다.

전통적인 사회 방식은 변화될 수 있다. 사회적으로 페미니스트 운동은 여성의 자유와 남성과의 평등을 획득하는 투쟁에 박차를 가했다. 그런데 그중에는 여성에게 해로운 급진적인 견해를 표명하는 여성들이 있다. 사회에 존재하는 불평등과 편견을 깨기 위해 여성이 남성에 대해 우월감과 증오심을 가진 태도를 취할 필요는 없다. 일부 페미니스트들이 취하는 태도는 양성 간에 적대심과 다시 그에 대응하는 적대심을 일으킬 뿐이다. 남성에 대한 공격적인 감정 때문에 여성은 사랑과 공감의 마음으로부터 멀어지고 편집적인 희생자위치를 지키게 됨으로써 자주성을 얻으려는 노력이 약화된다. 여성이 평등해지기 위해서 자신의 여성성과 남성에 대한 사랑을 희생할 필요는 없다. 그것은 자멸의 길이다. 많은 여성이 기본적으로 남성을 사랑하고 자연스럽게 남성에게 끌리는 자신을 외면하지 않고서도 자신의 권리를 추구하고 지킬 수 있다. 또 그렇게 하고들 있다.

남녀 문제와 관련된 사안들에 대한 이해와 더불어 커플치료에 사용되는 많은 방법이 생겨났다. 남녀관계에 존재하는 수많은 긴장과 고통의 원인, 즉 성에 대한 고정관념, 남성의 자만심, 여성의 통제행위, 그리고 개별화 과정에 내재한 특정 성관련 문제에 대한 인식을 통해 커플이 그 문제들을 처리할 수 있도록 도움을 줄 수 있었다.

우리 사회의 일반적인 성차별주의와 남성과 여성에 대한 왜곡현상을 더 많이 인식함으로써 사람들은 서서히 그런 관점을 뛰어넘어 보다 더 친밀하고 보기 좋은 관계로 발전해갔다. 일반적으로 커플이 사용하는 조종행위를 자세히 조사해본 결과 그런 책략에 내재한 파괴성이 확실하게 드러났다. 그 사실을 알게 된 커플들은 자신들의 관계패턴을 내려놓을 수 있었다. 남성의 자만심과 여성의 통제행위의 역동을 노출시키는 것, 즉 방어적인 태도가 융합 커플이나 가족체계가 형성되는 데 어떻게 협력해 작동되는지를 이해시키는 것이 그런 특성과 행동 수정을 위한 체계적인 이론 계획이나 교정 제안에 중요한 역할을 했다.

남성과 여성이 초기 애착인물로부터 분화될 때 직면하는 문제를 이해하게 되면서 주요 개별화 과정 단계에 대한 설명이 많이 추가됐다. 그 결과 이 결정적인 과도기 기간에 발생하는 불안을 처리할 수 있는 방법을 찾을 수 있었다. 우리는 많은 남성과 여성이 보이는 보상행동의 역동에 친숙해지면서 건설적인 행동 변화를 위한 제안을 하게 됐다.

여기서 토론된 많은 개념들은 다음에 이어서 설명되어질 치료법의 토대가 되었다. 특히 성에 관한 고정관념의 파괴적인 측면이 내면화된 목소리에 근거하고 있다는 사실을 알게 되었기 때문에 우리는 커플 치료라는 맥락에서 적대적인 사고과정에 대응하는 치료법을 개발할 수 있었다.

미주

1) 그 책들 가운데는 <엄마와 딸의 관계 (펜첼, 1998b), <엄마 사랑, 엄마 증오>(그리즐, 1988); <당신과 당신의 어머니가 친구가 될 수 없을 때>(세큔다, 1990)가 있다.

2) <끝나지 않은 일: 여성 인생의 급소 (스카프, 1980); <여성과 우울: 위험요소와 치료>(멕그래스, 키다, 스트릭랜드, & 루소, 1990)를 참조할 것.

3) "여성 오이디푸스 구성"을 논의하면서 초도로우(1978)는 "하지만 여자아이에게는 한 가지 방식의 오이디푸스도, 오이디푸스의 빠른 해소도 없다. 그리고 확실한 '대상 교체' 라는 것도 없다. ... 여자아이는 내적이나 외적 사랑 대상인 엄마를 절대로 포기하지 않는다."(p.127)

4) 엄마로부터의 분리에 대한 죄책감 반응과 공포는 다양한 정서장애 형태로 청소년기 여자에게 자주 나타난다. 예를 들면 L. J. 캐플란(1984)은 엄마로부터의 개별화 실패 측면에서 거식증을 논의했다. "고등학교와 대학교 나이의 여학생의 거식증은 여자가 되는 것과 관련된 딜레마의 궁여지책이다." (p.259) 또한 저자는 부모의 금지와 완벽주의적인 태도가 어떻게 "내면의 목소리"로 나타나는지에 대해 언급했다.

> 오이디푸스 삼각구도가 시작되면 아이는 양심의 가책을 인정할 기회를 박탈당한다. ... 그 후 계속해서 부모의 금지와 계명이 자기 밖에서 오는 것이거나 또는 이질적인 내면의 목소리로 경험될 것이다. 거식증 환자의 주요 불평 중 하나가 자신이 항상 다른 사람의 명령에 따라 행동해야 한다는 생각을 없애지 못한다는 것이다. "저를 지배하는 독재자인 또 다른 자기가 있어요. 내가 먹는 생각을 하면 작은 남자가 제게 고함을 질러요."(p.269)

5) <임신 중 퇴행과 재통합>(케스텐버그, 1977)과 <산후 우울증의 정서 경험과 자기 조직화 수준>(메노스 & 윌슨, 1998)을 참조할 것. 경미한 정도의 산후 우울증이 일 년에 40만 명의 여성에게 발생한다. (딕스, 1985) 발달 심리학자 클라우스와 켄넬(1976)은 대부분 임신한 여성들이 엄마와 유아 관계의 질을 폭넓게 변화시킬 수 있는 기반 형성을 두려워한다는 주장을 내놓았다. "정상적인 아이를 출산하는 것

이 여성들의 목표다. 하지만 대부분 임신한 여성은 유아가 비정상적일지 모른다는 막연한 두려움을 지니거나 자신의 비밀스런 내면의 약점을 드러낸다."(p.42) 라인골드(1964, 1967)는 12년간의 실험연구를 하면서 인터뷰한 2천5백 명이 넘는 여성들에게서 이와 비슷한 두려움을 관찰했다. 그는 더 심한 부정적인 측면이 완전히 망각되거나 부분적으로 억압되기는 할지라도 엄마의 양가감정은 대개 아이 출생이후에도 오랫동안 수그러들지 않고 계속된다는 사실을 발견했다. 딕스(1985)는 "아이를 출산할 때 사람의 모든 유아적 본능과 반응이 재활성화된다. 어떤 경우에는 유아 때 경험했던 엄마에 대한 양가감정, 즉 엄마와 분리되고 싶은 욕망과 엄마와 융합하고 싶은 욕구를 다시 체험하는 것이 될 수 있다."고 진술했다.(p.139)

6) 고든(1998)의 <메데아 콤플렉스와 아버지 소외 신드롬: 엄마가 한 남자를 사랑할 수 있는 딸의 능력을 손상시킬 때>를 참조할 것. 고든에 따르면 미디어 매체는 파트너에게 적대감을 표출하고 자신의 태도와 행동을 모방하는 아이들을 "세뇌시키는" 여성의 부정적인 관점을 강화시켜줄 뿐이다. 고든은 월러스타인과 코르빈(1989)의 이혼가정출신의 여자아이에 관한 연구를 인용했다. "적대적인 엄마와 동일시한 딸이 (남성과의 관계에) 가장 적응을 못한다."(고든, 1998, p.209)

7) 많은 여성이 남성이 자신을 죽음에서 구해주고 개인적으로 많은 희생을 하며 자신이 상상하는 안전함을 찾아줄 "궁극적인 구원자"라고 생각한다. (프롬, 1941; 랑크, 1936/1972)

8) 여성의 선별성이 부분적으로 자신의 아이를 위해 가장 좋은 유전자를 발견하기 위한 생물학적인 명령 기능이라는 것은 진화론적 심리학자들이 내세운 가설이다. (윌슨, 1981) 아주 다양한 사회의 여성들이 그 사회에서 인정받는 특성을 지닌 남성 주위에 군집해 있는 것을 발견할 수 있다. 예를 들어 사업 세계에서는 성공적인 기업가가 가장 힘 있는 인물이다. 오토바이족에게는 가장 터프하고 가장 공격적인 라이더가 인기가 가장 많다. 예술 세계에서는 제일 민감하고 표현력이 좋은 사람 또는 여성 추종자를 매료시키는 유명한 예술가다. 다양한 집단이 서로 상이한 특성을 중요하게 생각하기는 하지만 각 사회마다 제시되는 패턴이 있다. 우리의 참조집단에서도 유사한 현상이 목격됐다. 힘 있는 남성들 주위에 여성이 몰리는 성향은 반드시 사랑이나 감수성에 기초하는 것이 아니라 가장 강한 자식을 생산하고 싶은 좀 더 원초적인 욕망 때문이다. 또한 돌봄을 받고 싶은 여성의 욕망과도 관련이 있다.

9) 남성과 여성의 대상관계는 둘 다 엄마와의 초기 대상관계에 근거한다. 그때의 애착관계의 영향이 성인 관계의 만족과 안정에 근본적인 영향력을 지닌다. (셰이버 & 클라크, 1994) 또한 <새로운 여성 심리학?>(바글로우 & 쉐퍼, 1977)도 참조할 것.

그리고 관계를 형성할 때 남성과 여성 사이에 존재하는 이해 상충에 대해 주목한 사람들도 있다. 허드슨과 제이코트(1995)는 "양성 간에 상호 불이해의 강력한 근원인.... 여성의 발달적-좀 익숙하지 않은-특성은 환상이든 실제든 어린 소녀와 엄마의 경쟁에 그 출발점이 있다."는 것을 강조했다. 두 사람은 다음과 같은 결론을 내렸다.

딸과 엄마 연합은 단지 융합만이 아니다. 그것은 또한 강력하게 양가적이다. 편안하고 두렵고, 좋고 나쁜 것 둘 다를 포함한다. ... 어린 소녀가 자신의 정체성이 위태로워지지 않게 엄마에게 분노를 표현할 수 없을 때 그녀의 분노는 우울증으로 바뀌게 될 것이다. .... 다시 말하면, 여성은 이성과 친밀해지면 그것이 깊이 묻어두었던 해결되지 않은 적대심과 비난, 우울감을 자동으로 건드린다. (pp.8-9)

잘 지속되는 결혼생활과 친밀한 관계에서 여성이 남성보다 더 우울해 질 수 있다는 주장이 확실한 것 같아 보이지 않는다. 그러나 다음과 같은 통계자료에 의해 사실로 확인된다. 행복한 결혼생활을 하는 사람들 가운데 여성이 남성보다 우울증에 걸릴 확률이 5배다. ... [이것이 의미하는 바는] 여성 불만족의 중요한 근원이 그녀 자신에게 있다는 것이다. (p.10)

10) 낸시 프라이데이의 책, <나의 비밀화원(1973)과 금지된 꽃들>(1975)에는 400명이 넘는 여성의 성적 환상이 묘사되어 있다. 여성들이 밝힌 환상들 가운데 많은 것이 다른 여성과의 애정 어린 성적 경험이었다. 프라이데이는 이에 대해 다음과 같이 논평했다. "흥미로운 것은 환상에서 여성들이 보인 정서적 개방성이 현실로 확장될 수 있다면 그 결과는 레즈비언이 급격히 증가하는 것이 아니라 반대로 좀 더 넓고 좀 더 의미 있는 이성애가 될 것이라는 확신이 든다는 것이다."(1973, p.181)

III

내면의 목소리에 맞서기 : 방법과 이론

III

12
친밀감에 영향을 주는 목소리

우리의 생각이 우리의 인생을 만든다.

–마르쿠스 아우렐리우스, <명상록>

우리는 목소리 치료법VT을 연구하면서 환상연합의 근간을 이루는 파괴적인 힘을 발견할 수 있었다. "목소리"의 구조와 기능에 대한 22년간의 연구(7장에 기술)를 통해 건강한 관계와 중독적인 관계의 차이에 대한 폭넓은 이해가 가능해졌다. 이번 12장에서는 VT과정을 적용해 참가자들의 적대적인 생각과 태도를 끄집어내고 확인할 수 있었던 세미나에서 수집된 자료에 대해 설명한다. 그리고 자료로부터 얻은 커플관계에 관한 수많은 가설에 대한 논의가 이어진다.

12장의 목표는 집단모임에서 나온 결과를 보고하고 이론에 중요한 시사점을 언급하며 갈등 커플에게 유용한 목소리치료의 효능을 제시하려는 것이다. 그리고 대인관계의 질을 평가하는 목소리 개념을 다른 연구조사에도 활용할 것을 권한다.

정신역동 :
파괴적인 사고/목소리 과정의 근원

2장에서 살펴본 대로 파괴적인 사고와 태도는 일종의 방어과정이다. 인격형성기에 내사한 부정적인 부모의 태도 또는 목소리로 인해서 근본적으로 성격에 이중성이 생긴다. "마음의 분열"은 자기를 나타내는 힘과 자기를 반대, 또는 파괴하려는 힘의 원초적인 분열 상태다. 두 가지 마음 상태는 "자기 구조"와 "반자기 구조" 개념으로 이해할 수 있다. 두 구조는 각기 독자적인 발달을 하며, 둘 다 역동적으로 시간과 더불어 계속 진화한다.

자기 또는 반자기 성격 중에 어떤 것이 지배적인가에 따라 사람은 자기 자신이나 타인, 그리고 세상에 대해 상충된 생각을 지닌다. 하나는 이성적이고 객관적이고 삶을 긍정하는 것인 반면에 다른 하나는 지속적인 자기의 발달이나 심지어 자기의 생존까지도 방해하는 파괴적인 사고과정/목소리로 이루어져있다. 반자기 구조를 구성하는 파괴적인 사고과정은 두 가지에 집중한다. 하나는 타인에게 냉소적이고 적대적이고 의심을 한다. 다른 하나는 자기에 반대한다. 두 가지 모두 다 자신을 고립시킨다.

개인의 부적응적인 행동의 근거가 되는 잘 통합된 부정적인 사고패턴을 목소리 voice라고 정의한다(파이어스톤, 1988). 그것은 자신의 인격에 덧씌워져 자연스럽지 못하고 조화를 이루지 못하며 학습되거나 외부로부터 주어진다. 목소리과정은 일종의 내면의 자기양육형태로 원가족 환경에서 겪었던 고통스런 경험을 자기에 대한 전반적인 태도로 확장시킨다. 나와 동료들은 부정적인 목소리가 자살 성향과 많은 관련이 있음을 알게 됐다. 목소리는 한 쪽 끝에는 자기비판적이거나 자기비하적인 사고와 태도, 그리고 다른 한쪽 끝에는 극도의 자기공격이나 실제 자살 생각이 이어진 하나의 연속선 개념으로 이해해볼 수 있다.

목소리치료 이론

목소리치료란 내면화된 부정적인 사고를 언어나 말로 표현하는 과정을 말한다. 그 목적은 자기의 생각과 상반되고 타인에게 적대감을 갖게 만드는 성격적 특성을 분리해서 드러내는 것이다(파이어스톤, 1990d). 목소리치료 이론으로 부정적이고 무의식적이기까지 한 부모의 태도가 어떻게 인격에 통합되었는지를 설명할 수 있다.[1] 어느 면에서는 페어베언(1952)과 건트립(1969)이 설명한 반리비도적 자아개념과 유사한 내사된 사고 또는 내적 표상은 고유한 개인으로 자연스럽게 발달하지 못하도록 사람을 제한하고 대인관계에 좋지 않은 영향을 미친다.

배경

최근에(1991-1996)우리는 개인의 자기파괴적인 자살가능성을 측정하기 위해 목소리치료

이론을 바탕으로 <파이어스톤의 자기 파괴적인 사고 평가> 도구를 개발했다(FAST; 파이어스톤 & 파이어스톤, 1996). 측정항목은 2인칭 형태로 진술되는 자기비판적인 진술이나 목소리로 구성된다. 예를 들면 "너는 무능력해, 어리석어" 또는 "너는 매력적이지 않아, 재미없어." "왜 그/그녀는 너랑 데이트하고 싶어 하지 않지?" 우리는 FAST를 수정하고 신뢰도와 타당성을 검토하고 난 뒤에 친밀한 대인관계 능력을 중심으로 개인의 전반적인 정신건강에 초점을 맞추기 시작했다. 그러고 나서 참조집단과 함께 이 주제에 대한 연속토론을 진행했다.

토론에서 나온 예비 자료는 대인관계의 질과 참여한 커플의 정서적 건강을 평가하는 근거로 제시된다. 이 자료는 사람들이 자기 자신이나 타인에 대해 경험하는 부정적인 생각의 내용과 빈도수를 확인하는 FAST와 유사한 설문지 개발의 발판이 될 것이다. 다양한 관계국면에 놓인 (시작 단계, 오래 지속된 관계, 부부치료를 받는 개인, 그리고 별거 또는 이혼한 사람) 커플을 비교해 새 척도를 개발할 계획이다.[2)]

관계 관련항목을 얻기 위해 참가자들에게 자신의 대인관계와 친밀한 관계를 생각하면서 그에 대한 부정적인 생각을 말해보라는 부탁을 했다. 우리는 사람들이 그 내용의 확인을 머리로 할 거라고 예상했었다. 그런데 처음의 불안과 수줍음을 극복한 참가자들은 금세 강한 자기공격성을 말로 표출했고 놀랄 만큼 센 강도의 분노와 슬픔을 토해냈다. 진행된 토론들은 모두 녹음되고 기록되었다.

임상 자료

초기 설문지를 바탕으로 다음과 같은 가설을 얻었다.

1. 사람들은 자기에 대한 적개심이 상당히 많고 자신이 매력적이지 않다고 느낄 때가 많다. 그래서 대인관계에 필사적이다.
2. 역기능 수준의 커플 관계에는 상호적인 목소리가 존재한다. 이런 경우 커플의 미래는 밝지 않다.
3. 보상적이거나 반대의 특성을 지닌 파트너를 선택하면 처음에 매력을 느꼈던 바로 그 특성 때문에 충돌한다.
4. 사람들의 관계방식은 일차적으로 관계에 대한 부모의 신념과 지시를 따른다. 만일 부모의 입력 프로그램을 벗어나게 되면 엄청 불안해하고 목소리공격이 격렬해진다.

5. 경쟁에 대한 두려움은 부모의 적대적인 경쟁충동을 내면에 병합한 것과 관련 있다. 성인이 되어 그것을 현재 만나는 사람에게 투사하거나 아니면 자기파괴적인 방식으로 경험한다.

자기에 대한 적대적인 태도와 부정적인 성향

참가자들은 목소리 치료법을 통해 여러 가지 자기에 대한 공격성과 슬픔, 그리고 고통이 목소리공격과 관련이 있다는 사실을 알게 되었다. 또한 자신의 파괴적인 목소리가 관계의 질에 많은 영향을 미친다는 사실도 확실해졌다. 사례를 들어보자. 집단모임에서 최근에 이혼한 35세의 도로시는 여자인 자신에 대해 자기비하적인 태도를 드러냈다. 자기공격성을 2인칭 형식으로 말로 표현하면서 감정을 드러낼 때 그녀의 목소리가 점점 커지며 격하게 분노했다.

> 저는 제가 다른 여자들과 다르다는 공격을 할 때가 자주 있어요. 너는 다른 여자들과 같지 않아. 너는 절대 남자랑 관계 못해.

조롱하는 것 같은 도로시의 목소리는 의심할 나위 없이 부모의 어투였다.

> 너는 남자에게 다정하지 않아. 넌 예쁘지 않아. 넌 여성스럽지 않아. 넌 사랑스럽지 않아. 나는 너를 미워해. 나는 너를 미워한다고! [크게, 몹시 화를 내며 빠른 말] 나는 네 얼굴을 증오해. 넌 틀렸어. 네 모습은 별로야. 넌 제대로 행동하는 게 없어. 나는 너 때문에 당혹스러워. 너는 내가 원하는 사람이 아냐. 네 머리색은 그게 뭐니? 별로야. 네 머리카락은 또 어떻고? 네 외모는 별로야. 넌 도대체 맞지가 않아. 넌 내가 하라고 한 걸 하지 않지!

자기공격성을 말로 표현하며 분노감정을 방출하고 난 도로시는 항상 위협적인 분위기였던 가족 얘기를 계속 해나갔다. 어린 시절 그녀에게 퍼부어진 언어폭력도 기억해 냈다.

> 그런 식이었던 거 같아요. 엄마가 그렇게 저를 생각했던 것 같아요. 아직도 엄마가 화낼 까 봐 두려워서 말하기 힘들어요. 어쨌든, 이런 마음예요. 나는 네가 사라졌으면 좋겠어. 넌 우리 가족과 맞지 않아. 다른 식구는 모두 좋은데, 넌 안 어울

려. 다른 식구는 모두 내가 하라고 한 것을 하거든. 그런데 넌 아냐! 넌 어울리지 가 않아. 넌 우리 같지가 않아. 전혀 우리 같지 않아!

도로시의 어머니는 아버지가 오랜 시간 집을 떠나있는 동안 그녀에게 언어폭력과 신체폭력을 가했다. 도로시는 아버지에게 도움을 청했지만 아버지는 개입할 수가 없었다. 이런 극단적인 상황에서 도로시는 늘 어머니의 사나운 성질이 무서워서 떨며 살았다. 그녀는 자신에게 향했던 어머니의 강한 증오심을 내면에 병합했다. 성인이 된 도로시는 낮은 자존감 때문에 남성과의 관계에 필사적으로 매달렸다. 하지만 그녀의 적극적인 접근은 오히려 남자들의 사기를 떨어뜨렸다. 결혼생활에서는 남편을 신뢰하지 못하며 사랑한다는 확인을 받아내려고 집착했다. 그녀의 소유욕과 불안감, 질투심으로 인해 관계에 금이 가기 시작했고 결국 커플은 헤어졌다.

상호적인 불안 또는 비슷한 수준의 역기능에 근거한 상호적인 목소리

비슷한 수준의 역기능 커플은 같거나 상응하는 목소리공격을 할 때가 종종 있다. 예를 들어 34세의 바바라와 49세의 할은 2년간 만나면서 부쩍 친밀해졌다. 이때 문제가 생기기 시작했다. 할은 자신의 나이와 외모에 대해 부정적이었고 여자가 자기를 지속적으로 만나고 싶어 한다는 사실을 믿지 못했다. 바바라는 자신이 사랑 받을 만한 자격이 없다고 생각했다. 최근에 할이 바바라에게 결혼하고 싶다는 말을 꺼냈다. 바바라가 머뭇거리며 열광하는 모습을 보이지 않자 할은 자신을 탓하며 자책했다. 그때부터 할은 자기에 대해 부정적으로 생각하는 태도가 (그런 생각들로 인해 경미한 정도의 우울증이 생겼다) 한층 더 심해졌고 심한 심리적 고통을 느꼈다.

할 최근에 강한 목소리 공격이 있었어요. 이런 거예요. [신랄한 어조] 너는 진짜 약해빠진 놈이야. 그걸 감추려면 뭐든지 해. 절대 아무도 모르게 열심히 일해. 그래도 모두 다 알게 될 거야. [화난 목소리] 넌 못났어. 나이가 너무 많아. 네 인생에서 여자는 고사하고 아무 것도 받을 자격이 없어. 네 마음이 내키면 가식적으로 굴 수는 있겠지. 그렇게 아무리 네가 다정하고 상냥한 척 해도 여자들은 네가 진짜 어떤 사람인지 알게 돼. 네가 아무 것도 아니라는 걸 알게 될 거야. 넌 아무 것도 받을 자격이 없어.

바바라나 다른 여자들과의 관계를 생각하면 이런 생각이 들어요. 여자들은 너를 꿰뚫어보고 있어. 제대로 보고 있다니까. 그냥 네 기분상하지 않게 해주려고 강하다고 해주는 거야.

제가 제 자신에 대해 그리고 제 애정이 진짜가 아니라는 말을 하자마자 곧 깨달은 게 있어요. 그게 제가 바바라에게 한 것과 같은 공격이었다는 걸요. 그리고 바바라의 애정이 꾸며낸 것이었다는 것도 알게 됐어요. 그건 가식이었어요. 그녀는 너에게 진짜 자기가 아닌 뭔가가 되려고 노력하고 있는 거야. 여자들은 네 삶의 일부가 되고 싶어 하지 않아. 여자들은 자기 삶을 갖고 싶어 해. 바바라를 비롯해 여성에 대해 부정적인 것을 말하는 게 더 힘들어요.

나중에 바바라는 할이 밝힌 것과 똑같은 자기에 대한 파괴적인 태도를 털어놓았다.

바바라 (할에게) 내 목소리가 당신 것과 참 많이 비슷해. 당신이 똑같은 목소리를 말하는 걸 듣고 있으려니 너무 슬펐어. 나는 당신이 사랑스럽게 쳐다보거나 다정할 때 속으로 생각해. 바보같이 굴지 마. 저 사람은 너한테 관심 없어. 도대체 누가 너한테 관심 있겠니? 저 사람은 자신을 속이고 너도 속이고 있는 거야. 그만해. 그만두라고! 그런 바보 같은 걸 믿어서는 안 돼. 넌 문제야! 아무도 너한테 관심 없어. 넌 그렇게 관심 받을 사람이 아냐.

그가 정말 너한테 관심 있다고 생각하는 거니? 그는 자신과 너를 속이고 있는 것뿐이야. 그도 환상의 세계에 있고 너도 환상의 세계에 있는 거야. 네가 뭐라고 생각하니? 넌 아무도 관심 갖지 않을 그럴 사람이야. 넌 애정을 받은 적이 없었잖아. 그걸 모두 다 알아. 그가 너를 보면 알 수 있을 거야. 네 속에 뭐가 들었는지 말이야.

노력하면 누가 너를 정말 쳐다봐 줄 것 같니? 그냥 물러서. 그냥 그대로 가만있어. 그가 너무 가까이 다가오게 하지 마. 그가 너를 정말 볼 수 있으면 안 돼. 모든 게 엉망이 되어버릴 거야.

나중에 그녀는 다음과 같이 말했다. "어느 순간 당신이 나를 속이고 있다는 생각이 문득 들었어. 그리고 당신은 내가 속이고 있다고 생각하는 것 같았지. 그렇게 우리는 모두 가식이라는 걸 알았어."

중요한 사실은 두 사람 모두가 자신의 열등감과 부정적인 자기이미지 때문에 상대방을 이상화했다는 것이다. 바바라는 자신의 삶에 할의 중요성을 과장했고 할도 그것을 어느 정도 느낄 수 있었다. 반면에 할은 대체로 모든 여자, 특히 자신의 파트너를 이상화하는 경향이 있었다. 할이 그녀와 결혼하고 싶다는 표현을 하자마자 바로 그때 문제가 일어났다. 두 사람 모두에게 목소리가 격렬해진 것이었다. 목소리는 냉소적이었고 상대방이 거짓말할까 봐 의심하는 형태였다.

또 다른 사례의 20대 초반에 만난 캐서린과 대빗은 금세 열정적인 관계에 빠졌다. 하지만 둘 다 불안했고 미성숙했고 원 가족에서 정서적으로 분리되지 못했다. 캐서린은 어릴 적 외상으로 생긴 심각한 공황장애로 반복적인 공황발작을 겪었다. 대빗은 약물과 알코올 중독이었다. 하지만 짧은 기간 동안은 둘 다 서로에게 만족했다. 대빗은 약물을 끊기로 다짐했고 캐서린은 일시적으로 불안 증상이 나타나지 않았다. 나중에 두 사람 모두에게 퇴행증상이 나타났고 점점 상대방의 문제와 약점을 참지 못하게 됐다. 두 사람의 불안과 개별화의 미발달이 심각한 제한적 요소였기 때문에 두 사람 관계는 결국 실패할 가능성이 있었다.

약속과 함께 두 사람 관계가 시작되었지만 두 사람 모두가 각자 목소리의 요구를 따르며 상대방에 대한 적대감과 불신을 행동화했다. 각자 상대방의 비난에 자극받고 의기소침해지면서 관계가 소원해졌고 곧 헤어졌다. 만일 대빗이나 캐서린 두 사람 중 하나라도 상대방에게 사랑과 이해심을 베풀었거나 상대방의 부정적인 반응을 견뎌내며 강한 마음으로 도와줄 수 있었다면 관계는 유지될 수 있었을지도 모른다.

반대되는 성격적 특성을 바탕으로 한 관계

많은 참가자가 관계의 역동을 보여주는 목소리 공격을 드러냈다. 사람들은 자신이 부족하다고 생각하는 성격을 보상하려고 상보적인 성격의 파트너를 선택하는 경우가 많은 것 같다. 이와 같은 역동은 목소리과정이 지지하는 부정적인 핵심신념을 바탕으로 일어난다. 윌리(1975/1982)는 파트너 선택이 대개 억압되고 부족한 자기 부분을 파트너에게서 찾은 결과로 이루어지고, 그것이 불화의 원인이 된다는 사실에 주목했다. 예를 들어 공격적인 사람은 수동적이고 복종적인 사람에게 매력을 느끼는 경향이 있다. 다른 사람을 돌봐야만 하는 사람은 보살핌이 필요한 사람에게 끌리게 될 것이다. 초기에는 강한 성적 끌림이 있다는 게 특징이다. 이렇게 결합된 관계는 온전한 하나라는 느낌이 든다. 하지만 실제는 보상적인 특성 때문에 서로를 의지하게 된 것이므로 두 사람 모두를 약하게 만든다. 나중에는 바로 그 특성 때문에 파트너에게 짜증내고 심지어는 증오하기도 한다.

성적 매력도 상당히 줄어든다.

버트와 레이첼의 결혼생활이 바로 그런 극단적인 상황이 잘 드러난 사례다. 조용하고 내성적이고 느긋한 남자인 버트는 처음에 레이첼의 활기와 생동감, 그리고 솔직한 성격에 끌렸다. 두 사람사이에 강렬한 성적 끌림이 있었지만 그것은 결혼과 동시에 감소됐다. 서서히 레이철이 결혼 생활의 주도권을 잡았다. 두 사람이 해야 할 일이나 휴가, 저녁식사, 친구 선택까지도 그녀가 계획했다. 버트는 관계유지를 위해 점차 자신의 소망과 의견을 접었다. 결국 커플은 헤어졌다. 그 후 두 사람은 결혼파경의 원인을 이해하고 싶어서 집단 토론에 참석했다.

어느 날 세미나에서 레이첼이 두 사람사이에 문제가 있었을 때 "들었던" 파괴적인 목소리들을 기억해냈다. 그것은 그녀가 성적으로 너무 흥분했고 남편은 행위에 너무 수동적이라는 공격성 경고였다.

> <u>그렇게 흥분하지 마. 그가 너를 애무하게 가만히 좀 있어. 그의 기분이 좋아질 때까지만 참아, 더 이상은 말고 기분이 안 좋아. 그의 애무가 별로야. 너무 약하고 수동적이야. 과감하지 않아. 저렇게 약해서, 어떻게 그와 흥분을 느끼지? 그냥 어서 끝내라. 그냥 그가 끝낼 수 있을 때까지 참자. 그냥 그가 모든 걸 하게 놔둬. 그게 필요한 사람이니까. 그가 쾌감을 느끼도록. 그에게 맡기고 아무 생각도 하지 마.</u>
>
> 지난 몇 달 동안 내가 당신을 아주 연약한 사람으로 생각했었다는 사실을 깨달았어. [슬프게] 당신이 한심해 보였어. 그런데 내가 그렇게 만들었던 거 같아. 내가 당신을 사랑할 수 없는 사람으로 만들어버렸다는 사실을 알고 나니 엄청난 죄책감이 들었어.

버트는 자신의 무능함을 보상하려고 매력적이고 활기찬 사람을 찾아 그 사람의 통제를 받고 싶은 욕구가 간절했다. 레이첼의 역동적인 방식과 통제 욕구는 자신의 깊은 불안감을 감추고 완화하려는 버트의 보상적인 패턴이다.

인격형성시기에 거부나 박탈을 많이 당할수록 그에 대한 보상행위를 통해 더 많은 안전함과 온전히 하나됨을 추구한다. 결국 커플은 상대방을 각자의 불안을 해소하는 도구로 이용하며 중독적인 애착관계를 형성한다. 이런 관계패턴이 변하려면 각자 자신의 개인적인 발달에 집중해야만 한다. 부정적인 핵심신념의 토대인 파괴적인 목소리에 도전함으로써 파트너에게서 다른 특성을 찾아 서로를 풍요롭게 하는 관계로 나아갈 수 있을 것이다.

부정적인 부모의 태도를 근거로 한 생활 지침

또 다른 중요한 발견은 성 고정관념이 목소리 공격의 확장이라는 사실이다. 10장과 11장에서 살펴본 것처럼 부모의 반대 성에 대한 방어적인 태도가 자녀들에게 대물림된다. 우리는 대다수의 여성이 엄마의 부정적인 남성관을 취하고 남성은 대개 아버지의 여성관의 영향을 받는다는 사실을 발견했다.

여기 토론집단의 여성 대부분에게서 다음과 같은 생각이 드러났는데, 그것은 말이나 무언으로 보여준 엄마의 남성관과 남자를 "다루는" 법에 관한 엄마의 지침이라는 사실을 확인했다.

> 남자는 모두 섹스를 원해. 결혼은 신경 안 쓰려고 해.
> 남자는 너무 무신경해. 너무 독선적이야. 네가 네 자신의 의견을 갖게 놔두질 않아.
> 남자는 감정이 없어. 여자를 배려하지 않지. 아이들도 배려하지 않아.
> 남자는 여자와 어떻게 대화하는지 몰라.
> 남자는 어떤 순간에라도 그냥 멀리 도망가 버릴 수 있어.
> 남자는 다른 행성에서 왔어. 다른 언어를 말하지. 여자를 정말 이해 못해.
> 너는 남자를 치켜세워 자신이 아주 특별한 사람이라고 느끼게 해줘.
> 너는 그의 농담에 웃어줘. 자신이 중요한 사람이라고 느끼게 해주고 네 손바닥에서 놀게 해.

남성 참가자들은 다음과 같이 여성에 대한 성차별적인 태도와 아버지로부터 내면화한 틀에 박힌 예상역할을 지니고 있다고 말했다.

> 여자는 지나치게 감정적이고 유치하고 질투가 많아.
> 여자는 자기가 모든 걸 통제해야한다고 생각해.
> 여자는 항상 더 많이 원해. 네가 해줄 수 있는 것보다 더 많은 걸 원해.
> 여자와 계속 관계하려면 너는 많은 걸 참아내야 해.
> 여자는 삶의 현실을 이해 못해.
> 여자는 허약하고 예민해. 너는 여자한테 말할 때 조심해야 해.
> 여자를 행복하게 해 주는 게 남자의 일이야. 그러니 그녀를 행복하게 해 줘. 그러지 못하면 너는 실패자야.

사례 연구

매력적인 여성 컴퓨터 프로그래머 J씨는 심한 공생적 애착관계에서 분리됐고 상호 존중과 사랑을 바탕으로 한 관계를 하고 싶어 했다. 남자친구와 함께 토론집단에 참석해 현재 관계에 대해 말하는 목소리를 기억해냈다.

> Ms. J 말할 걸 생각하고 있는데 방금 이런 목소리가 들렸어요. 그는 그런 말 듣고 싶어 하지 않아. 알잖아. 모두 너를 비웃을 거라는 걸. 사람들은 너의 바보 같은 몸짓에 질렸어. 너는 웃음거리가 될 뿐이야. 그건 엄마의 목소리였어요. 이 자체가 민망하네요. 그는 네가 입 닥치고 있기를 바래. 너는 입 다물고 다른 사람이 얘기하게 가만히 있어.

J씨는 남자친구와 사랑을 나눌 때 괴롭히는 목소리를 고백했다.

> 사랑을 나눌 때가 제일 나빠요. 어떻게 네가 이 남자를 사랑할 수 있니? 넌 아무것도 못 느끼잖아. 그게 그렇게 힘든 게 아닌데. 섹스는 편안한 거야. 네가 편안해야지.

J씨는 목소리 공격을 언어로 표현함으로써 자신의 남성관을 확인할 수 있었다. 사실 그건 그녀의 어머니의 것이었다.

> Ms. J 남자는 섹스 때문에 여자를 원해. 정말 여자를 배려하지 않아. 남자는 항상 바람을 피워. 결국 너한테 상처만 줄 뿐이지!

J씨가 어렸을 때 부모님이 이혼했다. 어머니는 억울해하고 분노하면서 그 비난과 불신을 남성 전체로 확대시켰다. J씨가 자신에게 세심하고 다정한 남자와 안정적인 관계를 해나가는 것은 엄마와의 동일시를 깨고 엄마의 적대적인 태도를 거부한다는 것을 의미했다. 그녀가 목소리 공격에도 불구하고 파트너에게 다정하게 다가가는 등 목소리의 지시를 무시하기로 결심하자 엄마에 의해 입력된 프로그램이 차단되는 것에 대한 격렬한 분노가 일어났다.

Ms. J　<u>넌 네가 누구라고 생각하니?</u> [아주 분노하고 떨리는 목소리] <u>넌 나한테서 나왔어. 내가 널 낳았다고! 나를 골탕 먹이려는 거지? 조그만 게! 네 인생에 뭐 좋은 게 있을 것 같니? 없어. 넌 절대로 멋진 남자를 가질 수 없어! 그가 네 남자가 아니라는 걸 믿게 해 줄게. 내가 방법을 찾아낼 거야! 이 멍청한 바보야! 그 남자랑 뭘 하려고? 봐, 지금 당장 네 마음이 어떠니? 그래, 넌 여전히 그를 좋아하지. 그런데 왜 그만큼 다른 사람 생각은 안 해? 왜 다른 사람은 배려하지 않냐고!</u> [귀에 거슬리는 큰 소리][멈춤]

[파트너에게] 내가 원하는 사람이 당신이 아니고 당신도 나를 원하지 않는다는 사실을 어떻게든 확인해보려고 하는 게 내 목표였던 것 같아. 몇 주 전에 당신을 정말로 사랑한다고 얘기한 다음부터, 특히 성관계를 할 때면 목소리가 더 거세졌고 더 악랄해졌어.

다음 토론에서 J씨는 자신이 사랑하고 또 자신을 사랑해 줄 남자를 고른 선택이 아버지가 원하는 것과 반대였다는 사실을 깨달았다. 그에 따라 아버지와 관련된 자기공격과 자기비난을 경험했다.

Ms. J　아버지와 분리하는 것에 죄책감이 많았어요. 그 목소리는 이랬어요. <u>넌 내가 가장 좋아하는 아이인 거 알지? 어떻게 내게서 떠나갈 수 있니? 내가 너를 사랑하는 거 알잖아! 나는 너를 사랑해. 네가 필요해. 그리고 네가 없으면 죽을 것 같아. 나는 너의 위로와 위안이 필요해.</u>

너는 아버지 거야, 너는 아버지를 죽이고 있어, 너한테 원하는 것을 얻지 못하면 아버지는 죽을 거다, 너는 아버지를 위해 존재해. 이런 목소리들이었어요. 그게 제 인생의 목적이란 거예요. 그런데 제가 나빠서 아버지가 원하는 것을 주지 않는다고 해요. 제 여동생도 똑같이 아버지를 위한 삶을 살고 있어요. 그래서 제 결정이 맞는 건지 의심하게 돼요. <u>그 사람이 네가 정말 인생을 함께 하고 싶은 남자니?</u>

J씨가 양쪽 부모로부터 받아들인 삶의 방어적인 지시를 말로 표현해냈고 또 계속해서 파트너에게 자신의 생각을 표현했다.

Ms. J 당신에게 사랑한다고 말하면서 계속해서 거짓말이라고 스스로 내 자신을 공격했어. 그건 목소리였어. 진짜 내 마음이 아니었어. 당신과 친밀하고 다정한 게 너무 좋아. 그건 우리 집하고 완전 다른 거야.

J씨가 건강한 관계를 해 나갈 수 있게 된 것은 무엇보다도 지금 관계에서 상처 받지 않으려고 방어하지 않고 솔직할 수 있는 용기였다. 그녀가 피할 수 없는 불안과 근본적인 성격을 바꾸려는 것에 뒤따르는 죄책감을 견뎌내면서 계속해서 목소리의 공격을 물리쳐 극복해나가고 서서히 사랑스런 여성이라는 새 정체성에 적응하기 위해서는 자아의 의지가 필요하다.

다른 사례의 32세 마크는 남성과 자신에 대한 어머니의 관점이 반영됐다고 인정한 경멸적인 목소리를 드러냈다.

마크 저는 제 안에 진짜 남자가 아니라고 하는 내면에 병합된 목소리가 생각났어요. 그건 엄마 목소리였어요. 저와 남성에 대한 목소리였는데, 이런 거였어요. 알지, 넌 허약해빠진 놈이라는 걸! 네 아버지처럼 말이야. 넌 아무 것도 아냐. 넌 남자세계에서 경쟁이 안 돼. 넌 남자도 아니니까. 넌 굽실거리는 게 나을 거야. 너는 여자를 돌보는 게 나아. 그냥 우리나 돌봐. 우리가 원하는 것을 주면서 말이야. 너는 강한 남자가 아냐. 넌 절대로 그렇게 될 수 없어. 너는 남자가 될 수 없어. 넌 근성이 없거든. 네 안에 그런 건 없어.

넌 어리석어. 네 자신이 똑똑하다고 생각하니? 너는 세상의 반은 네 것 같지. 그런데 세상은 여자가 다 움직이고 있어. 너희들 남자란 그저 그 바깥에 있는 일꾼이야. 넌 그 바깥에 있는 보잘것없는 놈이야. [분노한 큰 목소리] 우리가 그 모든 걸 통제해! 그러니 넌 맡은 역할이나 해. 중요한 사람인 척 하며 네 맡은 역할이나 하라고. 넌 정말로 대단한 남자가 아니야. 우리 모두 잘 알고 있잖아, 그치? [비꼬는 말투] 우리 둘 다 네가 대단한 남자가 아니란 걸 알아. 그래도 그냥 계속 네가 맡은 역할이나 해.

저는 이 목소리가 양쪽에서 온 것 같아요. 엄마와 아버지로부터 온 것 같아요. 아버지도 자기 자신과 남성에 대해 그런 식이었거든요.

마크의 어머니는 남성보다 우월하다고 느끼며 남편만이 아니라 아들도 깔봤다. 마크는 어머니와 비슷한 성격을 가진 여성에게 매력을 느껴 관계를 형성했다. 여자의 비위를 맞추고 그 말을 따랐다. 마크의 복종적인 행동과 사랑대상 선택은 자신을 존중하며 진정으로 자신을 배려해줄 여자와 관계하고 싶은 자신의 목표와는 반대 결과였다. 토론집단에서 마크는 자신이 남성을 조롱하는 여성에게 매력을 느낀 근본적인 원인을 이해할 수 있게 되었다. 그 통찰 덕분에 그는 자신이 목표로 하는 방향으로 나아갈 수 있었다. 그리고 자신이 선택을 바꿀 때 처음에는 불안이 커지고 목소리 공격이 더 격렬해질 수 있다는 사실도 깨달았다.

> 마크　오늘 사람들이 목소리 공격에 좌지우지되지 않는 모습을 보면서 저도 그랬던 것 같아요. 속으로 생각했어요. "그건 내가 아냐. 나는 정말로 약해빠진 녀석이 아냐. 그런 역할을 맡을 필요 없어" 이렇게 말하며 참 슬펐어요. 정말로 그런 사람일 필요가 없잖아요. 그렇게 목소리에 반대하는 말을 하면서 제가 다른 사람일 수 있고, 또 실제로 다른 행동을 할 수 있고, 그럴 때 생기는 불안과 싸울 수 있다는 생각이 듭니다.*

자기 파괴적인 생각이나 자살 생각에 대한 깊은 두려움을 경쟁 공포로 감춘다.

앞에서 설명한 대로 반자기 구조는 일종의 자살과정이다. 부정적인 목소리는 하나의 연속선상에 그 강도가 약한 자기비판에서부터 분노한 자기 공격과 자살 생각까지 이어진다. 불안정하거나 미성숙한 부모가 아이에게 상당한 분노와 증오심이 생기지만 이를 억압할 때가 자주 있다. 아이는 부모의 공격성을 자기의 것으로 떠맡는다. 아이는 자기에 대한 부모의 적대적인 생각을 자기혐오 형태로 받아들이면서 벌주는 부모와 동일시한다. 때로는 어른이 되어 자기혐오적이고 자기파괴적인 목소리가 경쟁상황에서 다시 되살아나는 경우가 있다. 사람들은 자신이 원래 부모와 관련해 겪었던 관계의 두려움을 현재 경쟁상대에게 투사하는 경향이 있다.

심층적인 인터뷰를 통해 남성과 여성 모두가 승리가 예측되는 상황에서 자기파괴적인 생각이 두려워서 경쟁상황으로부터 철수한다는 사실이 확인됐다. 사람들은 자신의 내면의 악의가 촉발될까 봐 걱정한다. 예를 들어 로버트는 가능할 거라고 꿈도 꾸지 않

* 14장에 마크가 자기 이미지와 여성과의 관계방식의 건설적인 변화를 설명하는 토론집단의 기록 자료를 참조할 것.

았던 성공을 이뤄냈고 최근에는 자신의 친구를 거부한 여성을 열심히 쫓아다녔다. 그는 이 두 사건에 대해 다음과 같이 말했다.

로버트 최근에 저는 인생에서 원했던 것을 모두 얻었습니다. 우정, 성공, 저를 좋아해주는 여자. 그런데 사실 부정적인 것보다 지금의 이런 긍정적인 상황이 더 두렵습니다. 저의 아버지는 항상 혼자셨고, 그런 아버지를 능가하는 게 두려워요. 친구를 이기는 것에 대한 죄책감이 들어 저는 B와 친밀해지고 싶은 욕망을 공격하는 생각을 하기 시작했습니다. 마음 속 목소리는 정말 당혹스러워요. <u>그녀는 너랑 진지한 관계를 하고 싶어 하지 않을 거야. 그녀가 그걸 깨닫는 건 시간문제야.</u> [더 큰 목소리로 고함지르며] <u>너 참 어리석다! 그걸 원하다니 참 어리석어. 완전 멍청이! 넌 어린애야. 어떻게 네가 남자냐? 네가 그 여자랑 데이트 한다니 믿을 수가 없군. 참 우라지게도 멍청하네!</u>

저는 실패할 것 같았어요. 아주 화가 난 목소리였거든요. <u>이것 봐. 뭔가 원한다더니, 네가 얻은 게 이거야. 한 대 맞고 원래 네 자리로 내려올래? 그냥 구석으로 가. 입 닥쳐! 어두운 곳에 가만히 있어. 그건 잊어버려. 그녀도 잊어버려. 맙소사, 어쩜 넌 그렇게 바보니! 그녀는 예쁘잖아. 활기도 넘치고. 그런 여자가 너랑 뭘 하고 싶을 것 같아?</u>

바로 지금도 느껴지는 이 분노가 가장 두려운 것 같아요. 저는 이 마음을 얘기하고 극복하고 싶었어요. [외침] 머리로는 그렇지 않다는 걸 알지만 마음은 그게 안 돼요. 이런 목소리는 제가 성공하고 있을 때 훨씬 더 강렬해지고 더 자주 나타났어요.

또 다른 사례의 24세 린다는 자신이 정말 사랑하고 존경하는 남자를 두고 다른 여자와 경쟁하는 것을 두려워했다. 그녀는 승리하는 걸 겁냈고 그 남자가 자신을 많이 좋아한다고 표현할 때마다 불안했다. 린다는 어린 시절 어머니의 질투와 시기심을 직접 경험한 적이 있었다. 그녀는 지난 번 집단토론에서 자신의 불안의 근원에 대해 얻었던 통찰을 얘기했다. 그리고 나서 자기공격과 연관된 분노를 표현했다.

린다 제가 생각했던 한 가지는 어린 시절로 돌아가 그때 느꼈던 공포를 이해해야 한다는 겁니다. 그건 제게 향해졌던 증오와 살해감정이었어요. 전 엄마를 알아요. 엄마는 제정신이 아니었어요. 또 저에 대한 아빠의 마음도 알아요. 그렇게 과거의 미친 장면은 오직 상상만 할 수 있는 거잖아요, 그죠? 지금 제가 그 당시 경쟁이 있던 방에 걸어 들어가면 그때랑 똑같이 정상이 아닌 것 같아요. 무섭고 두렵고 도망치고 싶어요.

린다가 극심한 공포의 근원에 대한 생각을 말로 표현하기 시작하자 감정이 강하게 치밀어 올랐다.

린다 엄마가 저를 증오한다고 생각했어요. [흐느끼며, 큰 소리로] 아휴, 그걸 말하면 감정적이 될 것 같아요. [이런 저런 감정이 교차한 듯] 야, 지긋지긋한 년아! 너를 쥐어뜯고 싶어! 나가! 지긋지긋해. 너의 팔을 쥐어뜯고 싶어! 네 얼굴을 한 대 치고 싶어! 뒈져 버려! 네가 나한테 무슨 짓을 했는지 봐! 넌 내 인생을 전부 망쳤어. 네가 모든 걸 망쳐놨다고! 넌 죽을 수 있었어. 너는 죽을 수도 있었다고! 어쩌자고 제기랄 너를 가졌을까? 너 때문에 다 엉망이 되어버렸어. 너를 죽일 수도 있었는데! 나는 너를 죽일 수도 있었단 말이야! 뒈져버려! [운다]

넌 아무 것도 아냐! 알아들어? 너는 운이 좋아 태어났어. 내 실수였어! 너를 가진 건 내 실수였다고! [크게 울부짖는다] 그걸 되돌릴 수 없어 그저 유감스러워. [깊게 흐느낀다]

가끔 어릴 때 죽었더라면 정말 좋았을 것 같다는 생각이 들어요. 두 분한테도 그랬을 거고요. 많은 문제가 해결됐을 텐데, 그런데 엄마는 그렇게 하지 못했네요. 무슨 말인지 아시죠?

F. 박사 그것도 목소리입니다. 문제가 해결됐을 거라고 생각하는 것 말예요. 그건 이상적인 그림이죠. 상대방에 대한 태도든 자기 자신에 대한 태도든, 뭐든 아무 것도 문제를 해결하지 못했을 겁니다. 그런데 알다시피 당신이 그런 생각으로 돌아가면 방금 얘기했던 감정이 다 사그라집니다. 당신은 당신에게 향해졌던 감정을 정말 느꼈습니다.

린다 그게 목소리였다고 말해주시니 감사해요. 지금 경쟁자를 인정하기만 했는데도 불쑥 두려움이 생기네요. 아이였을 때 그 상태 그대로 얼어붙어버린 것 같아요. 그곳에 작은 소녀인 제가 있습니다. 엄마가 집에 오십니다. 저를 질투하시기 때문에 "안녕"이라는 인사조차 안하세요. 제가 엄마 상황에 끼어있기 때문에 제게 따뜻하지도 않고 애정도 주지 않아요. 저는 정말 그런 증오심과 살해감정 같은 공격성이 두려워요.

린다의 경쟁 공포는 파트너가 자신을 더 좋아하면 자기파괴적인 사고과정이 유발될 것 같은 두려움 때문에 생겼다. 린다에게 향했던 엄마의 공격성을 생각해보면 수동적인 위치로 퇴행하려는 그녀의 성향이 이해가 된다.

개인적으로 또 직장에서 성취를 이룰 때나 지도자의 위치에 서게 될 때 자기제한적이고 자기파괴적인 행동이 뒤따를 때가 종종 있다. 특히 그 성취가 자신과 같은 성의 부모를 능가할 때 그렇다. 이때 자기 파괴적인 목소리와 자살 생각이 현격히 많아진다. 그리고 승리하는 게 두려워서 실패하는 것도 겁내지 않는다는 사실을 주목해야만 한다. 사람들은 선택받는 것과 거부당하는 것, 두 가지 가능성을 모두 두려워한다. 두 상황 모두 다 남자와 여자가 적극적으로 관계를 해나가지 못하고 서서히 자신의 개성과 정체성을 포기하게 만들고 강렬한 목소리 공격과 자살 충동을 불러일으킨다(파이어스톤, 1990a).

경쟁심과 질투심, 억제행위

경쟁심과 질투심은 둘 다 대인관계에서 나타나는 경쟁의식이다. 건강한 경쟁은 목표를 이루기 위해 정직하게 노력하는 태도다. 경쟁심은 같은 사랑 대상을 추구할 때 일어난다. 때로는 대상에 대한 관심은 거의 없이 이겨야한다는 경쟁 그 자체를 위한 욕망 같은 비이성적인 감정이 일어나기도 한다.

경쟁심과 질투심 사이에는 중요한 차이가 있을 수 있다.[3] 경쟁심에는 보통 목소리 공격이 비교적 없는 게 특징인 반면에 질투심은 자기공격과 사랑 대상에 대한 적대적인 태도에서 비롯된다. 질투심은 경쟁상대에게 패배할 가능성이나 또는 실제 패배에 대해 적대적이고 자기혐오적인 생각을 품고 있다. 자기비하적인 목소리나 파트너에 대한 보복적인 생각이 많아질 때 질투 감정이 거세게 증가한다. 질투심은 자신의 욕망보다는 경쟁자에게 더 집중되어있다는 것을 나타내고, 패배에 대해 자기 자신이나 타인을 비난하는 경향이 있다.

질투심은 대개 사랑 대상을 얻기 위해 바로 경쟁하려는 마음을 부인하거나 회피하는 사람들이 좀 더 강하게 느낀다. 질투심은 이기지 못하게 하는 것이 경쟁자가 아니라 자신의 자기부인이라는 사실을 위장한다. 또한 그 마음을 억제함으로써 목소리 공격과 파트너에 대한 불신이 심해진다. 사람들이 연인에 대한 마음을 억제하고 나서 사람들이 속았는지 그리고 속은 것은 아는지 신경 쓰는 경향이 있는데, 그것 때문에 질투심과 시기심이 더 커진다. 억제 패턴은 부정적인 목소리나 경쟁에 대한 두려움 때문에 경쟁 상황에서 철수한 적이 있는 사람들에게 나타난다. 마지막으로, 친밀감에 대한 두려움은 친밀한 관계를 피하는 행동을 하게 만들고, 결국 그로 인해서 질투심이 커진다.

데이터 분석

현재 비디오 녹화 토론의 내러티브 데이터에 대한 예비 분석이 기초이론 접근법으로 진행되고 있다(글레이저 & 슈트라우스, 1967, 1970, 슈트라우스 & 코빈, 1990).[4] 그 구조와 코드 체계가 정해지고 작동되면 집단모임과 토론 참가자들, 그리고 다른 추가인원과 함께 진행 중인 토론에서 산출된 내러티브 데이터를 가지고 타당성 검사를 할 것이다. 이 분석 단계에서 코드 체계에 대한 신뢰도가 규정될 것이다. 내러티브 데이터가 코드화되면 코드들 간의 관계가 실증적으로 검토될 것이다.

연속 세미나의 대화 기록에 대한 예비 조사는 커플들의 생활방식이 특정한 목소리나 부모의 지시와 직접적인 관련이 있다는 사실을 보여준다. 그 연관성은 특히 짝 선택에서 분명히 드러났다. 사람들은 대개 부족한 부분을 보상하려고 반대되는 성격적 특성의 파트너를 선택한다. 보상심리는 시간이 지나면서 대개 환멸을 낳는다. 환상연합을 형성해 타인과 하나가 되어 온전한 사람이 되려는 시도는 결국 실패한다.

토론

목소리 치료는 특별한 임상과정이며 또한 심리치료법이다. 이것은 임상상황에서 부분적으로 의식적이거나 무의식적인 성격 요소를 이끌어내 확인하는 수단으로 사용된다. 이번 연구를 통해 새로 얻은 관점을 통해 근본적인 마음의 분열 상태와 그것이 일상생활에 미치는 영향을 깊이 이해할 수 있게 되었다. 목소리는 사람들로 하여금 자발적이고 목표 지향적이 되지 못하게 하고 자신의 능력을 십분 발휘하지 못하게 만들고 어린 시절의 삶을 다시 경험하도록 만든다. 타인에 대한 두려움과 불신, 그리고 적대심은 목소리 치료 과정을 통해 이끌어낸 부정적인 목소리와 직접적인 관련이 있다.

이론적 함의

부부관계에 대한 현시대의 주장은 부부 싸움의 근원적인 원인이 두 사람의 경제적, 종교적, 또는 정치적 배경의 차이에 있다고 본다. 또 다른 이론가들은 관계 만족도를 나타내는 지표로서 서로 다른 의사소통 방식과 직업에 대한 관심, 아이 양육 실천에 대한 견해, 그리고 가사분담과 관련된 태도를 들었다(슈피체, 1988, R. A. 워드, 1993). 많은 연구자들이 결혼 성공 여부를 예측할 수 있는 다양한 설문지와 측정 기준을 만들었다.

정신역동 이론가들은 "결혼 계약"과 같은 개념에 집중하며 결혼 관계에 악영향을 미치는 파트너 개개인의 무의식적인 요소를 드러내려는 시도를 했다(세이거 (외), 1971). 그 접근법이 우리의 개념과 아주 유사한 면이 있다. 최근에 역기능적인 관계패턴이 세대 간에 전수되는 것을 연구한 가족체계 이론가들이 내놓은 가설을 입증하기 위해 원가족 조사연구family-of-origin research studies가 실시됐다(햄슨, 하이먼, & 비버스, 1994, 클라인 & 뉴먼, 1994). 또 다른 사람들은 애착 방식과 패턴이 대인관계 문제와 어떤 상호관련이 있는지 조사했다(셰이버 & 클라크, 1994).

다른 많은 사람들과 반대로 우리의 결론은 결혼문제의 대부분이 주로 관계를 방해하는 부정적인 목소리에 근거한 파트너의 방어방식에 의해 일어난다는 것이다. 핵심적인 문제는 경제적인 어려움이나 배경의 차이, 성적 무능력, 또는 힘의 불균형과 관계가 거의 없다는 것이 우리의 의견이다. 내면의 목소리과정은 자기 자신과 상대방에 대해 친밀한 감정을 견뎌내지 못하게 하고 진짜 애정을 나누지 못하게 한다.

참조집단을 보면 각 개인의 방어기제와 파괴적인 태도, 그리고 신념을 제외하고는 기본적으로 커플들에게 아무런 문제가 없었다. 많은 인지행동 치료자들이(벡, 1988, 워링, 1988, 와일, 1981) 관계에 부정적인 영향을 주는 파트너 개개인의 인지 패턴에 대해 말했다. 인지치료자인 시그레이브즈(1982)는 고통 받는 커플을 치료할 때 긍정적인 변화를 일으키려면 치료자는 파트너 개개인의 "잘못된 인지 도식"을 주목해 봐야만 한다고 했다. 아라오스(1982)는 기본적으로 무의식적인 "그 힘은 정말로 최면효과가 있다고 말할 수 있고, 그래서 이성적으로 그에 맞설 수가 없기 때문에 위험한" 부정적인 신념에 대해 말했다(p.75).

결론

핵심문제를 드러내는 심리치료에서 부정적인 목소리에 맞서 도전하는 것은 매우 유익하다. 사람들은 관계에 고통을 일으키는 자기패배적이고 제한적인 행동패턴에서 자유로워지는 법을 배워야 한다. 내면의 적을 인식하면 삶의 폭이 넓어지고 관계가 상당히 좋아질 수 있다. 사실 어린 시절에 입력된 프로그램과 일체가 되는 환상에 갇혀 있기보다는 친밀한 관계에서 상처받을 수 있는 위험을 무릅쓸 용기를 낼 수 있게 도와주면 변화하지 않을 방어기제나 관계 문제는 없다.

미주

1) 좀 더 전반적인 목소리 치료 이론과 방법에 대한 논의는 <목소리 치료: 자기 파괴적인 행동에 대한 심리치료적 접근>(파이어스톤, 1988)과 <파괴적인 사고 과정과 싸우기: 목소리 치료와 분리 이론>(파이어스톤, 1997a)을 참조할 것.

2) 새로운 척도의 구조 타당성 조사를 위해서는 개인의 정신 건강을 측정하도록 고안된 베크의 우울증 척도(베크, 1978), CES-D(라들로프, 1977), NEO 성격 척도(코스타 & 맥크레이, 1985) 그리고 로젠버그 자존감 척도(로젠버그, 1979)를 포함한 일련의 도구들을 참고한다. 또한 성인의 이성관계 애착 패턴과 대인관계 행동 간의 상호관계 확인에 입증된 도구들뿐만 아니라 관계 만족도, 에너지 투자, 헌신과 갈등을 측정하는 설문지들이 포함될 것이다. 성인 애착관계 설문지(하잔 & 셰이버, 1987), 관계 측정 설문지(D.W. 그리핀 & 바르톨로메이, 1994a, 1994b), 관계 갈등 척도(보뎅, 1996), 결혼 만족도 척도 개정판(스나이더, 1997), 예비/강화 척도(레이브 & 올슨, 1993) 외 다른 것들을 포함한 몇 가지 도구들을 참고한다. 새로운 척도의 점수가 특정한 성인 애착 패턴이나 파트너 개개인의 관계방식(무시, 집착, 두려움)과 상호 관련이 있을 것으로 생각된다. 타당성과 신뢰도 연구가 끝나면 부가적 타당성incremental validity 조사를 위해, 즉 새로운 척도가 파트너 개개인의 미래의 정신 건강과 관계의 질, 유형을 어느 정도 예측할 수 있을지 평가하기 위해 선발된 집단과 3년간의 장기 연구를 계획 중이다.

3) 성적인 부정행위와 정서적인 부정행위로 인해 생겨난 질투심의 차이에 대한 논의를 위해서는 샤프스틴과 커크패트릭(1997)의 "연애 질투심과 성인의 연인 애착관계"를 참조할 것. 또한 다음 같은 사실도 언급됐다. 회피형 애착 유형의 사람은

> 상대적으로 [파트너보다는] 침입자에 대해 분노하고 비난하는 경향이 있다.... 불안 애착 유형은 그 상황이 자신에게 미치는 영향에 집중했다(슬픔, 열등감, 그리고 공포 척도 사용). 하지만, 그럼에도 불구하고 대체로 자존감을 지키려는 조치를 하려고 하지 않았다.(pp.636-637)

4) 근거이론 접근법a grounded-theory approach은 관계의 부정적인 사고와 관련된 상황 특유의 지식에서 나온 데이터 범주를 찾고 규정할 수 있게 해 준다. 본질적으로 근거이론 접근법은 일련의 개념들을 만들어내기 위해 근본적인 데이터의 일관성을 확인하는 과정이다. 개념을 좀 더 정확히 규정하고 그 속성들을 자세히 설명하기 위해서 데이터들을 여러 차례 검토했고 그 개념의 속성들 간의 관계에 대한 가설을 세운 결과로 이론이 형성되었다. 이것은 루보르스키와 크리츠 크리스토프(1988)가 치료 중 발생한 전이관계에 대한 관찰을 평가하고 정당화하는 핵심갈등관계 주제CCRT 방법을 개발할 때 취한 접근법과 유사하다.
그 뒤에 이론적 포화상태에 도달할 때까지 확인된 구조의 적합성을 검토하고 또 재검토할 것이다. 다른 말로 어떤 새로운 정보도 분석 과정에서 산출되지 않는다. 텍스트 기반의 검색과 소프트웨어 시스템의 색인과 이론 작업이(QSR NUD*IST, 1997) 초기 개념과 구조를 좀 더 정교하게 다듬고 코드 범주를 만드는 데 사용될 것이다.

13
커플치료 과정

다른 사람을 진정으로 사랑하는 사람은 빛 속을 걸으며 진리 안에서 살고 정말 활기 넘치며 더할 나위 없이 자유롭다.

–R.D. 랭, 1989 (폴 파린의 <너 자신을 그러하듯 가장 가까운 사람을 경외하라>에서 인용, 1978)

커플관계에 모습을 드러내는 환상연합의 본질은 두 사람이 모두 비교적 자주 각자 목소리 명령을 듣는다는 것이다. 두 사람의 대화는 파트너의 실제 이미지를 왜곡하는 이질적인 편견을 통해 한번 걸러지며 이뤄진다. 두 사람은 자신의 분노와 거리두기 행동을 정당화하기 위해 목소리가 일러주는 합리화를 하면서 파트너의 애정반응을 회피한다. 커플은 자신의 자기공격을 상대방에게 투사하고 그에 따라 부적절하게, 즉 파트너에게 희생당하거나 무시당한 듯이 반응한다.

커플이 함께 참가하는 목소리치료의 목표는 거리두기를 하게 만들고 관계갈등을 일으키는 목소리공격을 확인할 수 있도록 하는 것이다. 솔직하지 못한 이중적인 대화방식 때문에 목소리공격의 내용이 드러나지 않을 수도 있다. 상대방을 판단하고 적대시하는 생각만이 아니라 자기비판적인 내용을 확인하고 나면 두 사람은 좀 더 마음을 열고 솔직한 관계를 향해 나아갈 수 있을 것이다.

목소리치료의 세 가지 과정

목소리치료법은 전통적으로 세 가지 과정으로 구성된다. (a)부정적인 사고패턴을 끌어

내어 확인하고 그와 연관된 정동을 방출하는 과정 (b) 목소리를 언어화하며 얻게 된 통찰과 반응에 대해 토론하기 (c) 적절한 교정경험을 함께 계획하고 그것을 적용해 목소리의 통제를 받는 자기파괴적인 행동 통제하기.[1] 세 가지 치료적 과정이 꼭 순서대로 수행될 필요는 없다. 목소리치료법은 인지치료나 감정치료, 또는 행동치료와 비슷한 면이 있다. 목소리치료는 파괴적인 생각의 원인에 대해 내담자 자신이 결론을 내린다는 점에서 해석적이거나 분석적이지 않다.

부정적인 사고패턴 확인하기

내담자의 부정적인 사고과정의 내용을 확인하는 것이 그 사람의 왜곡된 사고방식을 이해하기 위해 내담자와 치료자가 협동하는 세 단계 과정 가운데 첫 번째다. 내담자가 자기공격을 2인칭으로 분명히 표현해냄으로써 이질적인 적대적 사고로부터 자신의 생각을 분리해낼 수 있다. 실제로 목소리를 말로 표현하기 전에는 내담자들 대부분이 부정적인 사고가 진짜 자신에 대한 평가라고 여기며 그것을 무조건 믿었다.

목소리를 확인하기 위해서는 우선 인지기법이나 좀 더 극적인 카타르시스를 이용해 이지적으로 접근할 수 있다. 이 두 가지 방법을 통해 내담자는 외부로부터 온 것으로 느꼈던 "목소리", 즉 부정적인 사고를 2인칭으로 다시 말하는 법을 배운다. 두 번째 방법은 목소리공격에 수반되는 감정 방출에 집중한다. 내담자에게 "좀 더 크게 말해보세요", "진심으로 그것을 느껴보세요." "마음에 떠오르는 대로 말해보세요."라는 말을 건네며 격려한다. 이에 따라 내담자들 대부분이 자신의 자유의지로 표현해보려고 노력하는 모습이 자주 목격됐었다. 2인칭으로 부정적인 생각을 표현해 보라는 요청을 받은 내담자들은 자발적으로 더 크고 더 강하게 감정을 내보이며 말하기 시작했다. 이때 감정이 방출되면서 중요한 자료가 드러난다.

통찰과 반응에 대해 토론하기

내담자들은 목소리를 말로 표현하면서 얻은 통찰과 반응에 대해 토론한다. 그리고 목소리공격과 자기파괴적인 행동패턴의 관계를 이해해본다. 그에 따라 그들은 일상생활을 제대로 하지 못하도록 자기 스스로 자신을 제한하고 있었다는 깨달음을 얻게 된다.

자기 파괴적인 행동 통제하기

목소리 치료과정을 통해 핵심 방어기제와 기본적인 자기개념이 드러나기 때문에 자신의 경계를 확장하고 자신에 대한 잘못된 인식을 바꾸려는 행동 변화를 시작하는 과정이 전체 치료에서 가장 중요하다. 개인의 행동변화를 이끄는 공동 작업이 효과적인 치료과정에 필수적이다. 부정적인 사고패턴을 확인하고 억압된 자료를 드러내는 것만으로 치료의 진전을 이룰 수 없다. 개인적인 성장과 관계방식을 개선하기 위해서는 반드시 자기제약적이거나 자기파괴적인 패턴과 생활방식을 바꾸려는 건설적인 행동변화가 수반돼야만 한다.

교정과정은 내담자의 부정적인 인지과정의 영향과 통제를 받는 부적응적인 행동패턴과 직접적인 관련이 있다. 치료자와 내담자는 자기파괴적이고 그 자신을 제약하는 목소리의 통제를 받는 행동을 확인한다. 그에 따라 일상적인 반응과 습관적인 행동패턴을 바꾸는 계획을 함께 세운다. 교정에 대한 제안은 내담자 개인의 목표와 포부에 부합하고 특별히 자신이 교정하거나 향상시키고 싶은 문제영역에 대해 이뤄진다. 그 과정 중에 괴로운 감정을 느끼지 않기 위해 자신을 보호해주는 심리적 방어기제를 사용하지 않기 때문에 목표에 이르기까지는 언제나 개인적인 위기를 맞을 수 있고 상처받을 수 있는 취약한 상태가 되기 쉽다.

커플의 목소리 치료법 적용

목소리 치료과정은 특히 커플치료와 성관계 문제에 적용하면 좋다. 현재의 대상과 함께 강박적으로 과거를 다시 체험하도록 직접적인 영향을 미치는 핵심 방어기제를 쉽게 드러내는 데 효과적이기 때문이다.

파트너 개개인에게 목소리 치료법 도입

목소리 치료의 주요기법 가운데 하나는 자신에 대해 2인칭 형태로 자기 비판적인 생각을 언어화하도록 하는 것이다. 예를 들어 "나는 매력이 없는 것 같아. 나는 사랑스럽지 못해."가 아니라 "너는 매력 없어. 너는 사랑스럽지 않아."로 표현하도록 한다.

상대방에 대한 적대적이거나 냉소적인 태도의 부정적인 내용은 마치 다른 사람이 그/그녀에게 전달하는 것처럼 3인칭 형태로 표현한다. 예를 들어 "내 생각에 그는 정말 차갑고 거부적인 사람 같아. 또는 나는 그녀가 너무 어린애 같아서 진지한 관계를 하고 싶지 않아." 라고 하지 않고, "그는 정말 차갑고 거부적인 사람이야. 그는 너에게 정말 관심 없어. 그녀는 너무 유치하고 과장이 심해. 너는 왜 그녀랑 사귀고 싶니?" 라고 말한다.

커플치료과정

커플 합동 또는 집단 상담은 대개 다음과 같은 치료과정 단계에 따라 진행된다. (a) 각자 자신의 만족을 제한하는 것 같은 문제를 말로 표현하기 (b) 목소리 형태로 자기비판적인 사고와 파트너에 대한 부정적인 인식을 말로 표현하고 그와 연관된 감정을 방출하는 법 배우기 (c) 목소리의 근원, 그리고 과거 경험과 현재 갈등의 연관성에 대해 통찰하기 (d) 목소리의 명령을 따르지 않는 방향으로 행동과 대화 바꾸기. 이 과정을 통해 두 사람이 투사행위를 하지 않고 파트너를 비난하거나 책망하지 않도록 돕는다.

상담회기에 파트너 두 사람이 모두 참석한 자리에서 각자 자기 자신과 상대방에 대한 부정적 생각과 태도를 드러낸다. 실제로는 상대방의 개인 심리치료에 동참하는 셈이 된다. 자신의 자기공격과 냉소적인 생각의 근원을 찾아 어린 시절 가족관계로 돌아가 추적·조사를 하면서 커플은 상대방의 문제를 바라볼 수 있는 시각을 얻게 되고 자기 자신은 물론 파트너에 대해서도 좀 더 많은 공감을 하게 된다. 삶의 고통의 근원이 되는 목소리 공격을 인식함으로써 관계가 주는 부담을 덜 수 있고 각자 개인적인 성장을 할 뿐만 아니라 짝에 대한 태도의 변화도 이룰 수 있다. 두 사람 모두가 내향적이고 자기보호적인 방어를 하지 않으려 할 때 생기는 불안을 다스리는 법을 배워가면서 서서히 행동변화를 이뤄나갈 수 있다(파이어스톤, 1987a).

중요한 점은 두 사람이 각자 자신의 부정적인 사고를 드러낼 때 진지하고 세심해야 한다는 것이다. 두 사람은 적대적인 사고에 현실적인 이유가 있다고 해도 비판과 원망을 하지 않으려고 노력해야 한다. 다음은 커플 집단 상담에서 목소리 치료법을 적용한 사례들이다.

커플 사례연구

제프와 나탈리의 관계는 4년 되었다. 처음에는 우정과 사랑을 느꼈고 강한 성적 끌림이 있었다. 그때 제프는 34세였고 이혼한 지 2년 되었다. 결혼생활과 그 전의 여성관계를 보면 제프는 주도적인 여성을 쫓아다녔고 여성들에게 순종적인 편이었다. 이혼한 다음에 그는 정체성과 자율성이 좀 더 강해졌다. 에너지가 많고 매력적인 22세의 나탈리는 제프와 만나기 전에 몇 번의 가벼운 관계를 가졌었다. 그녀는 어떤 남자가 자신과 지속적으로 만나고 싶어 한다는 사실을 믿지 못했다. 제프와 나탈리가 만났을 때 두 사람은 이번 관계는 다르다고 느꼈다. 그는 자신감 있고 강했고 그녀는 자존감과 자신감이 있었다.

하지만 관계가 발전하면서 나탈리가 제프를 조종하는 일들이 발생했다. 그녀는 점점 질투가 심해졌고 소유욕이 많아졌다. 랄프에게 그녀를 돌보지 않는다며 지독하게 빈정대고 끔찍한 비난을 퍼붓고 분통을 터뜨렸다. 처음에는 제프가 그녀의 통제에 복종하지 않았기 때문에 서로 동등한 관계를 유지할 수 있었다. 하지만 제프는 점점 나탈리가 자신에게 중요한 사람이 되자 그녀를 잃어버리게 될까 봐 두려워졌다. 그래서 서서히 자신이 좋아하는 것을 그만두고 자신의 관점도 포기해버렸다. 두 사람은 파괴적인 패턴 때문에 고통스러워 변화를 시도하며 커플 집단에 참석했다. 집단은 목소리 치료법을 사용해 관계의 질을 향상시키고 싶은 사람들로 구성되었다.

부정적인 사고패턴을 끌어내어 확인하고 그와 연관된 감정 방출하기

첫 회기에 제프는 나탈리의 질투에 대한 자신의 반응에 집중했다. 그는 자신을 점점 더 절망스럽게 만드는, 분노로 촉발된 자기공격을 말로 표현했다. 그렇게 하면서 그녀의 조종에 취약했던 이유를 좀 더 잘 알게 되었다.

제프　과거에 질투하는 당신(나탈리)에게 반응하는 내 모습을 보면 비열한 놈 같았어. 그런데 요즘 들어 더 불안해졌고 절망스러워졌어. 당신이 그런 식으로 반응하면 정말 돌아버릴 것 같아 두렵고 기분이 안 좋아. 절망스러워. 그때 당신을 잃어버릴지 모르니 당신에게 매달리는 게 좋을 거라고 하는 목소리가 들려.

F. 박사　목소리처럼 말해보세요. 너는 그녀에게 매달리는 게 좋아.

제프　거의 미친 놈 같을 텐데... <u>그녀가 너를 쳐다보냐? 아니지, 그녀는 너를 보지 않잖아. 그녀가 너를 좀 보게 해봐. 그녀는 너한테 관심이 점점 없어지고 있어. 봐, 바로 지금 그녀가 어떻게 하는지, 그걸 보면 알</u>

수 있잖아. 그녀는 너한테 관심 없어. 그녀를 불러봐. 말 좀 하게 해봐. 여전히 너를 사랑하고, 여전히 관심을 가지고 있다는 확답을 얻어 봐. 그녀는 관심을 잃었어. 그녀는 너와 상관하고 싶어 하지 않아. 네게 모든 관심이 사라졌어. 너는 그녀를 잃고 말 거야.

너는 그녀에게 매달려. 다시는 그런 사람 절대 못 찾아. 그만큼 좋은 사람을 절대로 넌 다시 찾지 못할 거야. 너는 혼자가 될 거야. 너는 처량해지겠지. 너는 그런 사람을 절대 다시 못 찾을 테니 나머지 인생은 내내 처량하게 보낼 거야.

저는 아무 것도 아니라는 마음이 들었어요. 전혀 중요한 존재가 아니죠. 그래서 제가 별 볼일 없어서 그녀가 좋아하지 않는 거니까 어떻게 하든 저를 좋아할 수 있게 해야 한다는 생각을 해요. 너는 아무 것도 아냐. 너는 아무 것도 없으니 너를 정말 좋아할 사람은 없어. 별 쓸모가 없잖아. 어떻게 그녀가 너를 좋아할 수 있을까? 너를 좋아할 사람이 어떻게 있을 수 있겠어? 별 볼일 없는데 말이야.

질투심에 화를 낸 나탈리는 언제나 곧 후회를 했고 달라지려고 결심했다. 하지만 분노를 다스리려는 노력은 대개 실패로 끝났다. 실제 질투심과 소유욕이 그녀 인생에서 반복되는 문제였다. 나탈리는 비이성적인 질투의 원인이라고 생각되는 문제들을 살펴보았다.

나탈리 제 인생에서, 특히 제프와의 관계에서 부족한 것 하나가 자신감인 것 같아요. 제가 공격적인 사람인 것 같이 느껴질 때가 많이 있어요. 내가 뭔가 해야 한다. 뭔가 하지 않으면 아무 것도 일어나지 않을 것이다. 관계를 맺지 못할 것이다. 연애감정을 갖지 못할 것이다.

F. 박사 어느 누구도 너를 선택하지 않을 것이다.

나탈리 맞아요. 그렇게요.

F. 박사 당신을 공격하는 그게 뭐라고 생각하십니까?

나탈리 저는 늘 사람들이 저를 매력 없는 사람으로 생각하는 것 같아요. 그리고 제 결점을 보는 것 같고요. 제가 아주 못생기지는 않았다는 걸 알아요. 그런데 누가 저를 쳐다보면 제 결점만 골라 보고 있는 것 같아요.

F. 박사 그들이 뭘 쳐다보나요? 뭐가 문제입니까?

나탈리 음, 여드름이 났을 때는 제 여드름을 보죠. 어렸을 때 엄마가 늘 제게 했던 말이 있었어요. 예뻐 보이려면 우선은 코 성형수술부터 받아야 한다고요. 그래서 사람들이 쳐다보는 게 제일 신경 쓰여요. 사람들이 제가 털이 너무 많다고, 매력적이지 않다고 생각하고 쳐다보는 것 같거든요.

F. 박사 마치 외부 사람인 것처럼 자신에게 그런 것들을 말해보세요.

나탈리 <u>넌 참 못생겼다. 너는 어쩜 코가 그렇게 크니? 너는 너무 까매. 너는 얼굴이 창백해. 너는 털이 너무 많아. 너는 원숭이 같아. 아, 웃기다!</u> [빈정대고 비하하는 목소리] <u>너 좀 봐! 너는 엉덩이가 어쩜 그렇게 크니! 네 엉덩이는 정말 엄청나다!</u>

나탈리는 계속 자기비판적인 목소리를 또박또박 표현하면서 끓어오르는 분노와 고통스런 수치감을 표현했다.*

F. 박사 그 생각들을 좀 더 큰 소리로 말해보세요.

나탈리 장난치는 것 같은 말투예요. 사람들이 그렇게 저를 보는 것 같아요. 우스운가 봐요. 낯선 사람들이 저를 그렇게 보는 것 같아요. 그런데 엄마가 저에 대해 생각하는 것은... 화를 내고 있어요.

F. 박사 그것에 대해 당신이 느끼는 고통 속으로 들어가 감정을 넣어 말해보

* 이 상담회기의 충격은 적절하게 말로 표현되지가 않는다. 비디오로 녹화된 회기들을 보면 관계에 문제나 충돌이 있는 남성과 여성만이 아니라 상대적으로 건강한 사람들이 표현해내는 고통과 분노의 깊이를 제대로 느낄 수 있을 것이다.

세요. 힘내서 해봐요.

나탈리　넌 참 이상하게 생겼어. 넌 정말 못생겼어. 네가 말할 때 얼굴을 보면 못생긴 부분만 보여. 너는 그것도 모르지! [조롱하고 비꼬는 듯] 너는 네가 생각하는 것보다 훨씬 더 못생겼어. 너는 모든 이목구비가 다 못생겼어. 너는 어쩜 그렇게 못생겼니! 너는 털이 참 많아! 아, 쪽팔려. 그런데 어떻게 수영복을 입을 수가 있니? 너는 다리가 온통 털로 뒤덮였어! 너는 코가 너무 커. 너는 너무 쪽팔려!

F. 박사　마음으로 느끼면서 그것을 제대로 표현해보세요.

나탈리　말하는 게 너무 당혹스러워요. 너는 너무 못생겼어! 너는 코가 너무 커. [화난 큰 목소리로] 내가 너를 보고 말하다보면 그것만 보여. 넌 그걸 감춰. 너무 흉해. 그리고 네 여드름을 보면 토할 것 같아! 너무 심해! 너는 어떻게 좀 해보지 않을래? 너는 너무 까매. 까만 게 멋있는 것도 아니고 말이야. 넌 너무 핼쑥하고 누리끼리해. 네 피부는 보기 흉해. [깊이 울부짖는 소리][멈춤]

F. 박사　그것과 남자를 얻는 것과 어떤 관련이 있나요?

나탈리　너는 뭐라도 좀 해야 해. 안 그러면 안 돼. 너는 너무 못생겼거든. 너는 매력이 너무 없어. 너는 섹시해 보이지 않아. 너는 너무 커. 너는 너무 뚱뚱해. 누구도 만날 수 없을 거야. 어떻게든 될 수 있게 좀 해. 근사해 보이게 좀 해봐. 너는 예쁘게 보이게 걸어야 해. 너는 좀 더 나아져야 해. 너는 지금 네 모습 그대로는 안 돼. 화장을 많이 해야 해. 너는 네 모든 결점들을 완전히 가려야 해.

목소리를 언어화하는 과정에서 얻은 통찰과 반응에 대한 토론

이 단계에서는 목소리를 언어화하고 그에 동반된 감정을 방출하면서 얻게 된 통찰에 대해 토론한다. 커플은 목소리공격과 갈등을 일으키는 행동 간의 관계를 이해하려고 노력한다. 두 사람은 각자 자신이 둘의 관계에 부과했던 제한이 어디서 온 것인지 알게 된다. 예를 들면 나탈리는 강한 분노 감정을 방출하고 난 후에 자신에 대한 엄마의 적대심을 내면에 병합했고 그런 왜곡된 관점을 사실이라고 생각했었다는 것을 확실히 알게 되었다. 그녀는 인격형성시기에 정서적 학대를 받았다는 점에 대해 자신을 불쌍히 여기게 되었다. 자신의 질투 반응의 진짜 근원에 대해 더 많이 이해하게 되면서 현재 상황에 대한 반응이 부적절했다는 것을 깨달았다.

F. 박사 당신이 방금 표현했던 감정이 당신 삶에 어떤 영향을 준 것 같아요?

나탈리 정말 남을 의식했고 불편한 마음이 들었던 것 같아요. 특히 남자와 일대일 관계에서요. 저는 스스로 제 자신에게, 그리고 저를 쳐다보는 사람, 특히 남자와 편하지가 않아요. 그게 어려워요.

F. 박사 전에 당신이 남자를 찾는 일에 아주 적극적이었다는 말을 했는데요, 지금 말한 것과 무슨 관련이 있었습니까?

나탈리 저는 부족한 사람이 틀림없다고 생각했어요. 남자가 자연스럽게 성적 반응이나 추파를 보낼 만큼 제가 괜찮지 못하다는 거죠. 결점을 찾는 게 아니라면 또 다시 보고 싶다는 생각이 들 만한 사람이 아니기 때문이죠. 그래서 남자와 관계하거나 연애 같은 감정을 가지려면 제가 적극적이 돼야 할 것 같았어요.

F. 박사 당신이 그런 식으로 생각할 때 뭐가 그렇게 만드는 것 같습니까? 그 부정적인 생각이 뭐와 관련되어 있을까요?

나탈리 분명히 제가 자란 환경일 거예요. 저희 집에서 저를 대했던 방식이요. 현재는 그게 목소리가 됐어요. 지금도 제 마음 속에서 여전히 영향을 미치고 있다는 걸 알 수 있어요. 하지만 이제 저는 더 이상 계속되게 하지 않을 거예요. 어릴 때는 항상 그렇게 생각했지만요.

F. 박사 무슨 얘깁니까?

나탈리 그냥 제 기억에 엄마는 엄마 옷을 한 번도 빌려주지 않았어요. 제 생각으로는 저한테 잘 어울렸는데도 절대 빌려주지 않으셨어요. 엄마는 항상 제가 크면 성형수술을 받아야 한다고 하셨어요. 그리고 농담하듯이 제가 아빠 모습과 같다고 하셨죠. 아빠와 저를 경멸하는 투로 말이죠. 엄마는 항상 제가 좀 예뻐지려면 뭔가 해야 할 거라고 말했어요.

엄마는 저한테 적대적이었는데, 제가 매력적인 게 싫으셨던 것 같아요. 엄마가 생각했던 것만큼 저는 매력적이지 않은데 말예요(아예 매력 따위는 없지요). 그런데 제가 더 예뻐 보이는 걸 좋아하지 않으셨어요. 특히 엄마의 옷을 입지 못하게 했을 때는 그것을 입은 제 모습이 예뻐 보이는 게 싫어서였어요. 엄마는 저랑 경쟁하고 있었던 거예요.

F. 박사 당신이 예쁘지 않고 매력적이지 않다는 생각이 정말 고통스러웠을 거 같네요. 무슨 생각을 하게 됩니까?

나탈리 그게 부적절하다는 생각이 듭니다. 부적절하게 제게 씌워진 잘못된 이미지를 갖고 있다는 생각이 들어요. 그게 슬퍼요. 그게 또 다른 아이에게 일어나고 있다는 생각을 하면 가슴 아파요. 너무 부당하니까요.

목소리 공격에 말대꾸하기. 자기공격과 파트너에 대한 왜곡된 생각을 향해 말대꾸한다. 처음에는 "말대꾸" 한 다음에 퇴행 성향이 나타날 수 있지만 지속적으로 해나가다 보면 자기 자신의 생각이 굳건해지면서 치료적 이득을 얻을 수 있다.[2)]

F. 박사 그것에 대해 엄마에게 뭐라고 대꾸하고 싶으세요?

나탈리 제가 말대꾸를 하면 화난 목소리가 들립니다. 그런 게 저는 엄청 화가 나요. 이렇게 하고 싶어요. "엄마가 틀렸어. 엄마는 아주 틀렸다고. 자신이 무슨 얘기를 하고 있는지 알아? 모르지? 누가 못생겼다고 말할 거면 엄마 자신이나 거울 좀 봐! 엄마는 역겨워. 나는 엄마 같지 않아! 나는 전혀 엄마 같지 않아! 내가 엄마 같다는 생각조차 안 해봤어. 나는 그렇지 않으니까 엄마랑 같은 부류에 넣으려고 하지 마. 나는 못생기지 않았어. 추악한 사람은 바로 엄마야. 그러니 나 좀 내버려둬! 내

코를 어떻게 해야 한다는 말 좀 그만 해! 나는 내 얼굴을 바꿀 필요가 전혀 없거든. 엄마나 바꿔! 내가 잘못 됐다고 말 좀 하지 마! 나는 괜찮으니까.

치료의 진전은 목소리 명령을 따르지 않는 점진적인 단계별 교정행동 협동계획과 파괴적인 생각에 말대꾸하는 연습을 병행해서 할 때 가장 잘 이루어진다. 이런 방법(말대꾸하기, 긍정적으로 행동 바꾸기)은 행동주의 치료자들이 사용하는 체계적 둔감법과 어느 면에서는 비슷하다. (울프, 1969) 과정이 계속되면서 목소리공격이 일시적으로 강해지지만 그래도 참가자들은 새로운 세상을 단념하지 않거나, 또는 진짜 자기 자신의 생각을 포기하지 않으며 변화에 대한 불안에 서서히 적응해간다.

목소리를 따르지 않는 행동변화 계획에 대한 토론

사람들은 목소리 명령에 반대하는 행동을 확실하게 하는 법을 배우기 전까지는 어릴 적의 부적응 행동패턴을 반복하며 자기 자신과 파트너를 왜곡한다. 전반적인 커플 치료 전략에는 도발이나 억제반응을 바꾸고 친밀감에 대한 두려움을 극복하거나 파괴적인 환상연합을 깨는 초기계획이 있다. 상대방의 반응을 조종해가며 대인관계를 좌지우지 하려는 행위를 포기하게 되면 새로운 환경이 조성된다. 그에 따라 익숙하지는 않지만 긍정적이고 정서적인 분위기가 형성된다.

분노와 질투심을 행동화하는 나탈리의 성향이 제프를 자극해 분노하게 만들었다. 분노를 억압한 채 제프는 나탈리에 대한 절박한 마음과 강한 회피 성향 사이에서 힘겨워했다. 나탈리는 소유욕 때문에 제프의 마음을 자기 마음대로 했었다는 사실을 깨닫고 상황을 바꾸기로 결심했다. 나중에 상담회기 때 그녀는 제프에게 반응하는 자신의 방식을 교정하는 계획을 논의했다. 그에 따라 방어하지 않고 상처받기 쉬운 상태로 있는 게 불안 했지만 제프가 그녀를 좋아하지 않도록 마음을 바꾸게 하려고 행동화했던 행동과 조종행위를 통제하겠다는 그녀의 결심이 확고했다.

F. 박사 관계할 때 어떤 마음이 드세요? 목소리가 어떻게 하나요?

나탈리 질투심이 나는 것 같아요. 제프가 다른 여성을 쳐다만 봐도 아니면 다른 일을 하면 저를 거부하는 것 같아요. 제가 완벽하다면 그렇지 않을 테니까요.

F. 박사 정말로 질투심이 당신을 뒤흔드나요?

나탈리 예.

F. 박사 그럼 질투가 날 때 어떻게 합니까? 두 사람 사이가 어떻습니까?

나탈리 화를 많이 내요. 음, 적당한 말이 생각 안 나는데, 그건, 음, 격분…

F. 박사 그걸 어떻게 표현합니까?

나탈리 엄청 화를 내거나 그에게 바보라고 해요. 화를 터뜨리며 아무 말이나 닥치는 대로 내뱉어 그가 바보라는 걸 표현하고, 그의 마음을 갈가리 찢어놓고, 그에게 고함치고 괴성을 질러대 그 자신이 세상에서 제일 악질이라고 생각하게 만들어요. 발작하듯이 성질을 내요. 한번은 거의 그를 때릴 뻔 했어요. 그런데 그 모든 게 제 자신을 보호하려고 한 것 같아요. 분노가 제 자신을 지켜준 것 같아요.

F. 박사 그 결말은 뭐죠?

나탈리 음, 제프를 밀어내는 거죠. 아마 간담이 서늘할 거예요. 그래서 저한테 마음이 없어지고 예전 같지 않아지죠. 저도 마찬가지고요. 그런 상태에서 저는 완전 다른 사람이 됩니다. 아주 비호감이죠.

F. 박사 당신을 많이 망가뜨리는군요.

나탈리 아, 그래요. 예. 지난 6달 동안 제게 그런 면이 있다는 걸 확인하고 그게 너무 끔찍해서 바꿔보려는 노력을 시작했습니다. 이제는 제프에게 분통을 터뜨리지 않을 수 있을 것 같아요. 그래도 이미 상처를 준 것 같아요. 그가 알던 모습이 아닐 정도로 저 자신을 일그러뜨려 버렸으니까요.

나탈리는 불안한 상황이 되면 자신의 "목소리"를 따라 실제는 그렇게 믿지 않으면서도 고약한 분노의 비난을 쏟아냈다는 것을 알게 됐다. 그 당시 제프에게 앙갚음하라고 촉구했던 목소리의 명령을 확인하고 난 다음부터 나탈리는 자기 자신의 생각이 강해지는 것을 느꼈다. 그녀는 엄마와 비슷한 것으로 확인된 부정적인 행동을 통제할 수 있을 것 같은 가능성이 보인다고 했다.

F. 박사 거부를 유발하는 거네요. 애초의 예상대로 거부를…

나탈리 맞아요. 맞아요. 하지만 은폐기도 해요. 성질을 부리는 것이나 분노, 질투 같은 것은 제 진짜 마음을 가리기 위한 거예요. 그런 때는 독립적으로 혼자 있는 게 슬플 것 같아서 진짜 제 마음을 은폐하려는 거예요. 저는 정말 제프를 좋아해요. 그가 독립적인 사람이라고 해도 그에 대한 제 마음은 바뀌지 않아요. 그래도 그 말을 그에게 하려고 하면 금세 이런 생각이 떠올라요. <u>너는 참 멍청해! 너는 참 바보 같아! 참 쪽팔려. 어쩜 그렇게 멍청하니! 그에게 그걸 말하겠다고? 너랑 상관없는 일을 하러 너를 두고 가려는 사람한테? 그를 좋아한다고 말하겠다고? 그를 못 봐서 슬프고 보고 싶을 거라고 말하겠다고? 정말 어리석다! 너무 바보 같다! 그 반대로 상처를 줘야지! 너무 끔찍한 사람이잖아! 어떻게 넌 그와 함께 있을 생각을 하니? 저렇게 너한테 못되게 구는데. 네가 슬프다는 모습 보이지 마. 정말 세상에서 제일 바보 같은 짓이야.</u>

F. 박사 그에게 티내지 마, 네가 정말 관심 있다는 걸, 네가 그를 좋아한다는 걸 말이야.

나탈리 어떤 것이든 상관없어요.

F. 박사 안 그러면 너는 얼간이야.

나탈리 맞아요.

F. 박사 그런데 당신이 그 목소리를 따르면 사물의 본질을 흐리는 거네요. 그건 당신이 원하는 그런 부드럽고 다정한 모습이 아니니까요.

나탈리 예. 그래요. 또, 이 상황에서 엄마 생각이 많이 나요. 엄마가 그런 식으로 행동했던 사건이 떠올라요. 엄마는 늘 제게 그런 식으로 행동하라고 알려주셨어요. 제게 다른 선택의 여지가 없었습니다. 그렇게 하는 게 맞는다고 생각했거든요. 아버지가 엄마에게 관심을 주지 않는 거는 아버지가 나빠서라고 생각했어요. 저는 제프와의 관계에서도 그랬어요. 제프가 다른 사람에게 관심을 갖는 것은 저를 거부하는 것이라고 생각했어요. 이제야 그게 거부가 아니라는 걸 알게 됐네요.

나탈리는 자신의 질투반응이 아버지의 희생자 역할을 했던 엄마를 모방한 것이라는 사실을 깨달았다. 그리고 그녀의 제프에 대한 적대심은 슬픔과 상처받을 수 있는 마음만이 아니라 마음속 깊은 불안감과 낮은 자존감을 위장하기 위한것 같았다.

F. 박사 그렇게 실제로 두 부분이 있습니다. 겉모습과 외모에 대한 엄마의 부정적인 태도를 내면에 병합한 것과 남성에 대한 엄마의 방어적인 태도를 내면화한 것입니다.

나탈리 맞아요.

F. 박사 당신은 남성에 대한 엄마의 부정적인 태도와 불신을 동일시했습니다.

나탈리 예.

F. 박사 그리고 소유욕도요.

나탈리 소유욕과 제 결점에 대한 부정적인 마음은 서로 연결되어 있는 것 같아요. 이런 목소리가 들리거든요. <u>이제 남자가 생겼구나. 근데 너는</u>

예쁘지 않으니 그에게 매달려. 마침내 너를 정말 좋아하는 사람을, 정말 너랑 함께 있고 싶어 하는 사람을, 정말 너랑 인생을 나누고 싶어 하는 사람을 찾았는데, 너는 결점투성이잖아. 그러니 그에게 매달려야지. 그가 네 것이라고 알려줘. 그가 다른 일을 하면 네가 슬프다는 티를 내지마. 네가 그를 정말 좋아한다는 걸, 그래서 네가 상처받기 쉽다는 걸 보여주지 마. 너는 그를 잡아야 해!

이제는 그렇게 화나지 않아요. 좀 불안하고 절망스러워요. 제 안에 분노의 마음은 없어요. 항상 느끼는 슬프고 두려운 감정이 더 많아졌어요.

나중에 나탈리가 말했다.

오늘 얘기하면서 제게 뭔가 중요한 일이 일어난 것 같아요. 제 마음속의 것과 실제 일어나고 있는 것에 대한 모든 부분들이 합쳐지면서 제 자신에 대해 더 많이 알게 된 것 같아요. 마음 속 삶과 바깥 삶을 분리해 사는 게 저한테는 쉬웠던 것 같아요. 그것을 알게 돼 좋아요. 제가 이곳을 떠나도 좋아질 거라는 느낌이 드네요.

나탈리의 얘기를 듣고 난 제프가 자신의 생각을 얘기했다.

제프 저는 얘기를 들으며 아주 낙관적이 됐어요. 여기 있는 게 좋네요. 당신(나탈리)이 얘기하는 동안 많은 걸 느꼈어. 뭔가를 느낀다는 것이 좋네요. 이런 마음 정말 오랜만이에요. 정말 아주 달라졌어요.

나탈리의 자기공격과 제프의 분노를 확인하는 과정을 겪으면서 나탈리는 질투심이 폭발하는 걸 좀 자제할 수 있게 되었다. 그에 따라 두 사람 사이가 현저히 좋아졌다. 이번 회기를 통해 나탈리는 어린 시절 가족 관계의 영향으로 자기를 폄하하는 사고방식을 형성하게 되었다는 것을 분명히 알게 되었다. 그녀는 제프의 독립적인 태도에 대한 자신의 반응과 엄마의 남성관, 그리고 관계방식을 연결시켰다.

나탈리는 자기비판적인 사고와 불안감이 줄어든 것을 느꼈다. 그리고 일주일 뒤에 자신의 진전에 대해 다음과 같이 보고했다.

나탈리 이번 주에는 다른 때보다 제 자신에 대해 훨씬 더 많은 걸 알아챘던 것 같아요. 일상생활을 하며 뭔가 반응이 오면 그게 뭐 때문인지 잘 알 수 있었어요. 출처를 이해하니까 그 순간에 (다른 때엔 했었을) 부정적인 반응을 해결해보려고 생각하며 행동화로 가지 않는 게 그렇게 어렵지 않았어요. 정말 훨씬 많이 제 반응을 알 수 있었고 감정도 더 많이 느꼈고 느긋해졌어요.

그 후 몇 달 동안 나탈리는 애정과 사랑을 좀 더 많이 받아들이는 법을 배우며 제프가 특별히 자신을 선택했다는 것을 마음으로 느꼈다. 그녀는 목소리공격이 시작되는 순간을 알아챌 수 있었기 때문에 좋은 분위기를 망치며 분노를 터뜨리기 전에 부정적인 생각을 좀 더 잘 다스리게 되었다. 그 다음 6개월을 지켜본 결과 나탈리의 정서 상태가 안정되고 제프와 나탈리와의 관계가 행복한 게 보였다. 두 사람은 가정을 꾸밀 계획을 세우고 있다.

목소리 치료 적용 : 성 문제

파괴적인 사고 또는 목소리는 성생활에서 가장 잘 드러나고 행동으로 연결된다. 커플의 가장 내밀한 영역인 성관계에 부정적인 생각이 끼어들면 만족에 이르기 어렵다(파이어스톤, 1990e). 이런 종류의 자기공격은 성적인 만족과 기쁨을 주고받을 수 있는 능력에 지장을 주고 긴장감을 조성한다. 따라서 목소리를 인식하고 내용을 확인하여 그 불합리성을 깨닫고 출처를 이해하는 과정을 통해 커플이 좀 더 만족스러운 성관계를 할 수 있도록 도움을 줄 수 있다.

성관계에 영향을 주는 목소리

사랑을 느끼며 성관계를 하고 싶어질 때 성에 대한 부정적인 생각이 들며 마음이 금세 가라앉을 때가 있다. 때로는 다정하게 포옹을 하고 애무를 하려고 할 때 "목소리"가 커지면서 성욕뿐 아니라 좋은 마음까지 감소하기도 한다. 9장에서 살펴본 대로 흥분 정도나 움직임, 파트너를 만족시키는 기술 등 성행위의 모든 측면이 목소리공격을 당한다.

많은 남성과 여성이 알몸 노출에 대해 부정적인 생각을 하고 자신의 몸에 대해 비판적이기 때문에 성행위를 할 때 당혹스러워 한다. 흥미로운 것은 부지불식간에 떠오른 특정 신체부위에 대한 자기폄하적인 생각이 대개 파트너에게 감지되고, 그로 인해 파트너의 반응이 주춤해지거나 때로는 그 부분을 만지길 꺼리게 된다.

섹스를 하는 동안에 떠오르는 부정적인 생각은 생리적으로도 좋지 않은 영향을 주어 성행위를 완수할 수 없게 만든다. 어떤 남성은 성행위를 시작하자마자 너는 발기를 유지하지 못할 거야, 라는 생각이 들었다고 고백했다. 대개 그 생각과 함께 발기상태를 유지하는 게 어려웠고 그렇게 매번 실패하면서 점점 더 초조해졌다고 했다.

성적 경험이 특히 만족스럽고 정서적으로 의미가 있을 때 부정적인 결과를 예측하는 자기파괴적인 "목소리"가 자주 작동된다. 그것은 대개 두 사람 모두에게 모멸적이고 성행위를 비하하는 생각들이다. 어떤 사람들은 심지어 성행위가 끝나자마자 바로 성격이 변한 사람처럼 보인다. 차갑게 굴거나 거리를 두거나 말다툼을 벌이기도 한다.

우리가 조사한 바에 따르면 유아시절에 해결되지 못한 갈등과 내면화된 부정적인 부모태도가 원인인 성적 역기능을 극복하는 데 목소리 치료과정이 효과적이다. 그것을 이용해 여러 가지 성적 역기능 증상을 드러내는 내담자들의 다양한 목소리공격을 확인할 수 있다.

성관계 문제를 지닌 커플의 목소리 치료법

성행위를 할 때 특히 감정이 사그라지며 생각에 휩싸이게 되는 순간에 목소리 치료법을 사용해 "목소리"를 드러내놓고 둘이 대화하도록 한다. 이렇게 하는 동안에 일시적으로 성행위를 중단할 수도 있다. 우리가 제안하는 것은 자기공격과 서로에 대한 비판적인 생각을 말하는 동안에도 신체접촉을 계속 유지하는 것이다. 자신의 생각을 내어놓고 불안을 표현하는 시간을 가지면 감정이 끊기는 것이 아니라 오히려 감정이 지속되어 친밀감을 유지할 수 있다. 과거에 대한 통찰과 깊은 감정이 일어날 수 있지만, 그것은 상담회기를 통해 훈습과정을 거칠 수 있다.

사례 연구*

R씨와 R씨 부인은 결혼 3년차며 최근에 아이를 가질 계획을 세웠다. 이때 R씨 부인에게 성관계, 특히 전희에 문제가 생기기 시작했다. 다음은 두 사람이 성행위 동안 경험했던

부정적인 생각들을 밝힌 기록이다.

R씨 부인 (남편에게) 지난밤에 당신과 성행위를 하면서 목소리를 알아챘어. 시작은 참 달콤했어. 당신은 내게 참 다정했지. 그런데 바로 그 단어, "달콤하다"가 생각을 일으켰어. 당신이 나를 안으며 "sweetie !" 라고 부르자마자 내 자신을 공격하기 시작했어. 와, 그래, 네가 달콤하대 !" 심술 맞은 목소리였어요. 네가 뭐가 달콤한데 ? 그 상태가 얼마나 갈 것 같아 ? 아주 빈정대는 목소리였어요. 네가 달콤하다는 게 얼마나 갈까? 그런 생각이 들자 감정이 끊어졌어요. 그 다음부터는 기계적으로 움직였고 다정했던 마음도 시들해졌어요. 당신이 그 단어를 말하자 목소리가 시작됐거든.

F. 박사 다른 때 목소리도 기억나세요?

R씨 부인 예. 이런 거예요. 네가 느끼지 못하는 걸 그가 알까 ? 네가 다정한 사람이 아니라는 걸 그가 알까 ? 그는 네가 다정하다고 늘 생각하잖아. 뭐 좀 잘못된 사람 아냐? 목소리가 그를 헐뜯기 시작해요.

F. 박사 좀 더 들어가 보세요.

R씨 부인 이런 식예요. [화난 목소리] 어떻게 모를 수가 있지 ? 뭐가 잘못된 사람 아냐 ? 눈이 멀었나 ? 어떻게 못 봐 ? 그는 너한테 늘 '달콤하다' 고 하잖아. 네가 뭐가 달콤한데 ?

그 생각은 어느새 저를 향해 그가 바보라는 말을 해요. 너를 그렇게 생각하다니, 바보 아냐 ? [슬픈 목소리] 아무도 너를 그렇게 생각한 적이 없었잖아. 그에게 무슨 문제 있는 거 아냐?

그때 R씨가 말했다.

---

* 이 자료는 R.W. 파이어스톤의 논문 <섹스 중의 목소리: 성생활에 목소리 치료 적용>(1990, 성/부부 치료 잡지 16, pp. 258-174)과 <섹스할 때의 목소리>라는 다큐멘터리 비디오에서 발췌했다. (파르, 1990b)

R씨 재밌네요. 지난밤 저는 즉각적으로 제 자신을 공격했거든요. 무슨 일이야? 잠깐만. 봐, (그녀) 반응이 좋은데. 촉촉해. 그녀는 잘하고 있어. 괜찮아. 그녀는 다 됐어. 네가 문제야. 다시 잘 좀 해 봐. 어떻게 좀 해 봐. 좀 더 빨리 움직여, 조금 더 세게 움직여.

F. 박사 (R씨에게) 그럼 어떻게 합니까?

R씨 좀 잘 해보려고 하다 보면 비인격적으로 기계적으로 움직이게 됩니다. 그럼 즉시 제 탓이라고 여깁니다. 속에서 화가 치밉니다. 목소리는 그녀가 아니라 저를 향해 시작됩니다. 체념한 목소리입니다. 좋아. 언제나 있는 일이야. 어쨌든 별 생각이 없잖아. 그래도 끝은 내도록 해봐. 최소한 너한테 문제가 있다는 걸 그녀가 알지 못하게 해. 또 그녀가 자신이 뭔가 잘못됐다는 생각도 하지 못하게 해.
그래도 화난 목소리는 아닙니다. 그렇게 화난 것은 아닙니다. 차분해요. 봐, 그게 너야. 네가 그런 게 뭐 하루 이틀이야 잘 알잖아. 그런데 왜 지금은 뭔가 다를 거라고 생각해?

나중에 R씨 부인이 또 다른 자기 비판적인 사고를 기억해냈다.

R씨 부인 우리 사이가 정말 좋을 때 보통 경험하는 또 다른 목소리공격이 생각났어요. 지난밤에 당신이 내가 좋다고 말했을 때 흥분해서 움직이는데 목소리가 들렸어. 야, 잡년아! 이 더럽고 역겨운 잡년아! 보통 여자는 그렇게 안 해! 그러자 좋은 마음이 유지가 되지 않았어요.

F. 박사 달콤한 사람이라는 것에 대해 목소리가 뭐라고 합니까?

R씨 부인 [한참 멈춤, 슬픈 목소리로] 그것을 물어보시니 슬펐어요. 이렇게 말해요. 네가 달콤해? 아냐! 너는 우리랑 다르지 않아. 너는 그렇지 않아! 그건 우리의 모습이 아냐! 그건 분명 엄마의 목소리예요.

회기가 끝나고 난 뒤에 두 사람은 앞에 설명했던 치료법을 사용했다. 누구라도 불쾌한 생각이나 과거의 경험 때문에 산만해지면 성행위를 중단하고 서로 얘기를 나누며 그런 생각을 털어놓는다. 나중에 R씨 부인이 그 결과에 대해 말했다.

R씨 부인 몇 주 전에 우리가 얘기했던 게 기억나요. 목소리가 들리기 시작하며 섹스 할 마음이 사라지면 어쨌든 마저 끝내는 게 가장 중요했었어요. 그런데 이제는 당신과 대화를 나누는 게 제일 중요한 일이 되어버렸어. 기계적으로 했던 건 옛날 얘기가 됐어요. 그게 가장 큰 변화예요. 성행위를 하지 않아도 되고, 하다가 그만 두고 얘기를 나눌 수도 있게 됐어요. 그래도 계속 할 수 있으면 좋겠어요. 이제 저는 감정을 더 잘 느끼고 제 자신을 훨씬 더 많이 알게 됐어요.

R씨 부인처럼 성문제의 근원을 가족이라는 맥락에서 이해해보는 것이 도움이 된다. 특정한 목소리공격을 확인하게 되면 어린 시절 생활과 정체성 형성에 부모의 영향력이 가장 컸고, 자신의 반대 성과 성생활 일반에 대한 생각을 형성하는 데 가장 중요한 역할을 한 사람이 부모라는 사실도 드러난다. 이 치료법은 H. S. 캐플란(1979)과 D.E. 샤프 & 샤프(1991)가 설명한 전통적인 성 치료법에 효율적으로 통합될 수 있다.

목소리 치료법은 다정한 애정표현을 주고받는 것을 좀 더 수용할 수 있도록 훈련하는 데 사용되기도 한다. 이를 통해 파트너에게 원하는 것은 무엇이든 애무나 키스, 포옹 등의 신체적인 애정 표현을 할 수 있도록 한다. 그것을 하면서 각자 자신의 목소리나 반응을 솔직하게 드러내며 그때 느낀 것에 대해 대화를 나눈다.

친밀한 상황이나 성적인 분위기에서 목소리 치료법을 사용해 대화를 나눌 때 커플은 자신의 가장 깊은 속마음과 두려움을 나누며 서로에 대해 좀 더 공감할 수 있게 된다. 그 결과 불안과 자기비하적인 태도를 상대방에게 투사하지 않고 극복할 수 있게 된다.

토론

임상 데이터를 분석하면서 섹스가 자연스럽고 "깨끗한" 것이라는 관점뿐만 아니라 "불결하다"는 학습에 의해 왜곡된 관점이 있다는 사실을 알게 됐다. 후자의 경우 목소리 형태로 언어화할 수 있다. 이런 목소리는 대개 자기 자신과 타인에 대해 상당한 수치감과 슬픔 그리고 분노를 드러낸다. 목소리의 근원을 조사하는 과정에서 대부분의 사람들이 자신의 성문제가 어린 시절의 부적절한 성경험은 물론 성에 대한 부모와 사회의 태도에서 비롯되었다는 사실을 발견했다. 성이 불결하다거나 더러운 것이라는 생각 때문에 섹스를 억제한다고 보고한 많은 사람들이 배변훈련과정 동안 내면에 병합된 목소리를 발견했다.

우리는 많은 성문제가 매력적이지 못하거나 사랑받을 자격이 없다는 생각에서 비롯된다는 것을 알게 됐다. 따라서 여기서는 성문제 그 자체를 다루는 것이 아니라 성적 장애의 뿌리가 삶에 대한 방어적인 태도와 다른 사람과 가까워지는 것을 받아들이지 못하는 태도에 있다는 것을 이해할 수 있도록 돕는다. 파괴적인 "목소리"가 성적 역기능에 관여하는 부분을 인식하고 이해하면 자멸적이고 제한적인 행동패턴에서 벗어날 수 있고 성관계가 많이 좋아질 수 있다.

목소리 치료 : 추가적인 방법

인간관계에 해가 되는 내면의 힘과 외부의 힘에 대한 이해를 바탕으로 긍정적인 태도를 형성해주는 방법을 개념화할 수 있다. 목소리 치료법과 유사한 방법들은 가장 친밀한 관계를 성숙하게 하는 데 도움이 된다. 이 방법들은 3장의 윤리적 관점과 이상적으로 타인과 관계 맺고 사랑을 표현하는 방법에 관한 우리의 관점을 토대로 한다.

핵심태도 교육

커플치료에서 우리가 장려하는 것 가운데 하나가 서로 상대방에게 다정하게 대하는 방식을 이해하는 것이다. 그것은 커플로부터 자녀와 다른 가족 구성원 그리고 친구관계로 점점 확대될 것이다. 이런 관계는 비판하지 않고 수용하는 태도와 각자 분리된 개인이라는 인식, 그리고 각자의 경계와 기호에 대한 관심과 존중을 보인다. 이런 특징을 보이는 커플의 성생활과 사랑은 정신적으로 이뤄지며, "좋은 삶good life"을 보여주는 단면이 된다.[3] 좋은 삶이란 단순하게 수천 번의 작은 친절과 배려, 그리고 삶의 경험과 유대감, 우정을 깊이 나눌 수 있는 행동으로 나타난다.

만족스러운 관계를 유지하려면 타인의 가치나 관심, 행동에 개입하지 않는 자세가 전제되어야 한다. 행동주의 용어로 말하면 상대방이 방해받지 않고 말을 마칠 수 있게 해주는 단순한 예의 같은 것이다. 그리고 자신의 내적 갈등에 상대방을 끌어들이지 않고 고통을 혼자서 견뎌내고 상대방을 "고치거나" 바꾸려는 시도를 하지 않는 것 같은 좀 더 포괄적인 관계패턴이나 방식을 말한다.

하지만 중요한 것은 관계를 잘 유지하기 위해 상대방의 소망과 욕구에 민감하면서도 자신의 통합성과 자유를 희생해서는 안 된다. 두 사람 모두 자신에게 중요한 것을 양보하는 것을 경계해야 한다. 왜냐면 그런 타협은 앞으로의 분노와 불화, 갈등의 씨앗이 될 수 있기 때문이다.

우리의 방법론의 토대인 철학적 접근을 하면 행복이라는 것이 사랑과 관용 안에서 자신을 확장하고 자신이 좋아하는 것과 상대방의 행복을 똑같이 생각할 때 따라온다는 사실을 마음으로 알게 된다. 우리는 진정한 사랑이란 파트너가 개인적인 발전을 하고 자신의 세계를 뛰어넘어 성장하고 번창하는 것을 보고 즐거워한다는 것을 알려주려고 한다. 사랑을 대가로 이익이나 보상을 받으려고 하기보다는 타인을 그냥 사랑하는 게 행복하다는 사실을 인식하는 것이 좋은 관계에 가장 중요하다.

듣는 기술을 증대시켜 파트너에 대한 민감성 키우기

우리의 방법을 통해 사람들은 파트너의 상처와 문제를 세심하게 이해할 수 있다. 목소리 치료 집단에 참가하면 누구나 정도의 차이는 있지만 성장과정에 고통을 겪었다는 사실을 깨닫게 되고, 그것으로 자기 자신은 물론 파트너의 힘겨운 투쟁에 대한 공감과 감수성이 생긴다.

목소리공격 드러내기

목소리 치료 커플집단에 참가한 커플은 각자 이해심과 애정을 갖고 상대방의 말을 들을 수 있는 능력을 키운다.* 우리는 두 사람 모두에게 각자 자기 자신과 상대방에 대한 부정적인 인식을 드러내놓고 솔직한 생각을 나눠보라고 제안한다. 그러나 나탈리의 상담회기 때처럼 자신의 파트너가 듣고 있는 가운데 개별적인 작업을 할 수 있게 하기도 한다. 우리는 커플들에게 이런 형태의 대화를 하루에 1시간 반씩 하도록 권장한다. 서로 비난하지 않는 말투로 자신의 부정적인 공격을 "드러내도록" 애쓰고 비판을 하는 상대방 목소리에 반응하지 않도록 노력한다.[4)]

---

* 집단 세팅에서 커플은 파트너가 다른 참가자들과 소통하는 것을 관찰하면서 그/그녀에 대한 폭넓은 시각을 얻는다. 또한 다른 커플들이 어려움에 대처하고 문제를 해결하는 방법을 배운다.

자유연상법 사용

성숙해지고 공감능력을 키운 커플을 위한 추가적인 방법은 각자 자신의 생각과 꿈, 그리고 환상을 자유롭게 표현하면서 상대방에게 자신의 내면세계를 볼 수 있도록 하는 것이다. 이 과정은 내담자중심의 치료(C.R. 로저스, 1951)의 "청자"와 "화자"의 역할을 배우는 관계촉진 프로그램 사용기법과 유사한 구조다(플로이드, 마크맨, 켈리, 블럼베르그 & 스탠리, 1995; J.M. 그리핀 & 어포스탤, 1993; 거니, 거니 & 쿠니, 1985). 각자 차례대로 상대방이 하는 말에 감정을 나타내거나 명확한 의미를 알기 위한 경우를 제외하고 끼어들지 않으며 전체를 끝까지 다 듣는다. 회기 마지막 부분에서 자신이 느낀 반응과 통찰에 대해 토론한다. 이 방법은 커플에게 (a) 공감적으로 경청하는 능력과 (b) 자신의 관점을 표현할 수 있는 자기 주장성의 두 가지 기본 기술을 가르치는 구성방식을 취한다.

투사와 투사적 동일시라는 정신역동 이해하기

목소리치료에서 자기공격성을 표출하는 과정 중에 두 사람이 서로 상대방을 왜곡하는 특정방식을 이해함으로써 투사행위를 철수할 수 있도록 한다. 어린 시절 원가족 경험과 현재 두 사람의 상호작용 사이의 연관성을 조사함으로써 자신이 왜곡한 것과 파트너의 실제 특성이나 행동을 구별할 수 있게 된다. 그 구별은 파트너에 대한 부정적인 생각에서 비롯된 불신을 확인하게 되면 쉽게 이루어질 수 있으며 두 사람이 방어적인 투사적 동일시로 인해 상호작용을 잘못하고 있다는 것을 이해하게 된다.[5] D.E. 샤프와 샤프(1991)에 따르면 투사적 동일시는 자신이 부정하고 분리해 버렸던 자기의 한 부분이 사랑대상의 것이라고 여기는 사람이 "자기에 해당하는 감정을 배우자가 일으키도록 만들어 외부대상에게서 자기를 확인하는 것이다"(p.58).

파트너에 대한 이상화 깨뜨리기와 양가감정 받아들이기

사람들 대부분이 원초적인 방어기제로 부모를 이상화한다. 그것은 자기에 대한 부정적인 태도를 취하는 대가로 일어난다. 성인이 되면 부모에게 가졌던 감정과 태도가 다른 중요한 인물들에게 전이되기 때문에 짝을 만났을 때 부모에 대한 이상화를 다시 경험한다(파이어스톤, 1985). 우리는 사람들이 긍정적으로 자기개념을 수정하는 것을 돕는 차원에서 이상화를 깨도록 한다.

커플은 목소리 과정으로 비롯된 투사나 왜곡행위와 부모의 부정적인 특성과 긍정적인 특성에 대한 사실 그대로의 인식의 차이를 구별할 수 있게 된다. 그리고 자기 자신의 고유한 특성과 자신의 책임부분을 현실적으로 평가해본다. 이 과정을 통해 자기 자신과 파트너에 대한 양가감정을 수용할 수 있게 되고, 그 결과 좀 더 안정적이고 솔직한 시각을 갖게 된다.

개인적인 목표를 수립하고 추구하는 법 배우기

행동변화의 계획을 논의할 때 중요한 것은 사랑대상과 관련된 자신의 목표를 세우고 행동을 모니터링하고, 그리고 그것이 자신의 목표에 부합되는지 관찰하는 법을 알도록 해주는 것이다. 예를 들면 관계를 개선하는 게 자신의 목표라고 말했던 많은 사람들이 관계에 해가 되는지 알면서도 같은 방식으로 계속 상호작용한다(소함, 로보우, 패터슨의 "문제와 해결중심 커플 치료: MRI와 밀워키 모델"(1995)에 나오는 상호교류 작용에 대한 설명 참조할 것). 그러나 행동이 자신이 말한 목표에 부합할 때 그에 일치하는 정서적 반응을 보이며 삶이 방향성을 지닌다. 또한 행동이 표리부동하지 않고 진실한 것이 관계에 신뢰를 쌓는 데 도움이 된다.

마지막으로, 상황을 바꾸려고 하지 말고 변화에 대한 두려움을 견딜 수 있도록 사람들에게 용기를 준다. 변화를 위해 저항을 극복하고 파괴적인 상호작용 패턴을 바꾸기 시작하면 목소리가 자신의 발달을 방해했다는 사실을 알게 된다. 커플은 자기훈련법을 사용해 점점 더 친밀감을 받아들일 수 있도록 한다. 그들은 교정행동을 해나가는 데 수반되는 예기불안이 실제 행동을 바꿀 때의 감정보다 더 강렬하다는 사실을 알게 된다. 두 사람이 지속적으로 해나가면 치료적 진전을 볼 수 있을 것이다.

결론

커플/부부치료에 사용되는 목소리 치료과정은 원가족에 존재했던 부정적인 상황을 다시 체험하지 않도록 하는 데 도움이 된다. 궁극적으로 가장 효과적인 커플 심리치료는 두 사람의 부정적이고 제한적인 사고과정(목소리)에 휘둘리지 않도록 해서 좀 더 개별화를 향해 나아가고 자신이 좋아하는 것을 추구할 수 있도록 해 주는 것이다. 이에 대해 근본적으로 저항이 생기는 이유는 많은 사람들이 분리되고 독립적인 관계방식을 갖게 되면 관계가 깨질까 봐 두려워하기 때문이다. 사람들은 선택받지 못할까 봐 더 이상 파트너를 선택할 수 없을까 봐 두려워한다. 불안과 낮은 자존감 때문에 아무리 부정적이라고 해도 익숙한 것에 매달리려고 하고 그것을 위해 서로 조종하고 통제하려고 한다.

하지만 환상연합의 증상이나 두 사람의 중독적인 애착관계를 확인하고 바꾸게 되면 새로운 관계가 될 가능성이 있다. 환상의 관계구조를 떠받쳐주는 방법을 통해서가 아니라 각자 개인의 경계를 확장함으로써 잃어버렸던 영역을 되찾을 수 있다. (쉬나흐, 1991)[6] 방어적인 자기양육적 태도에서 벗어나는 것만이 커플은 물론 가족의 미래를 위한 유일한 희망이다. 파괴적인 유대관계에서 벗어나 개별화를 향해 나아가면 진정한 사랑과 친밀감을 위한 기회가 활짝 열린다.

미주

1) 이 부분의 자료는 주로 목소리 치료 훈련 지침서(파이어스톤, 파이어스톤 & 캐틀릿, 1997)에서 가져왔다. (사용승인)

2) 주목할 점: 임상 연구를 하면서 어떤 환자들은 감정이 동반될 때 그 감정을 방출하면서 강한 분노와 함께 극적으로 목소리에 말대꾸하는 모습이 관찰됐다. 상징적인 양육 인물에게도 "되받아 고함치기"를 할 때 증오심이 촉발되며, 그것 때문에 나중에 심한 죄책감과 불안을 느낄 수 있다. 따라서 치료자와 내담자는 죄책감과 그에 동반된 목소리 공격을 말로 표현하도록 해야 한다. 비록 강하게 감정 표현을 하면 내담자의 고통이 약간 덜어지기는 하지만 목소리 공격의 감정을 말로 표현하고 그에 대해 말대꾸하는 것으로는 반자기 구조를 해체하지 못한다. 그래도 목소리에 말대꾸하며 강한 감정을 표현하는 과정이 여전히 도전할 수 있는 반자기 구조의 역동을 확인할 수 있는 기본적인 수단이다. 치료자는 환자가 행동패턴을 바꿀 때 발생하는 불안상태를 감내할 수 있는 자아의 힘과 수준을 쭉 눈여겨보면서 자신의 목표를 향해 천천히 지속적으로 나아갈 수 있게 돕는다. (파이어스톤, 1997a)

3) "좋은 삶"의 다양한 측면에 대한 심도 깊은 토론을 위해서는 <파괴적인 사고 과정과 싸우기>(파이어스톤, 1997a)의 18장을 참조할 것.

4) 많은 결혼문제 치료자들이 목소리치료 과정과 어느 면에서 유사한 방법을 쓰고 있다. 존슨과 그린버그(1995)의 "정서적으로 집중된 접근법"과 와일(1995)의 자아분석 접근법에 대한 설명과 사례를 참조할 것. 그 사례를 보면 치료자는 내담자가 자신의 부정적인 자기 담화를 모니터링하고 그것을 마음에 간직하고 그 불가피성을 인정하며 그 부정적인 영향을 처리할 수 있는 "발판을 마련해주려고" 노

력한다.(p.1116) 여러 임상가나 연구자들이(고트만, 1979, 워링, 1988) 경험적 연구를 기반으로 한 치료 방법을 정식화했다. 그들의 연구결과는 관계만족이 부정적인 자기노출과 적대적인 상호작용에 비해 긍정적인 자기 노출과 상호작용의 비율이 높은 것과 관련이 있다는 것을 보여준다. 카르스텐센, 그라프, 레벤슨, 고트만(1996)은 "긍정적인 정서 경험을 함께 나누는 것보다 부정적인 문제를 해결하는 데 성공한 커플이 훨씬 더 나은 결혼생활을 할 것으로 예상된다."고 주장했다.(p.234) 부부치료의 목표를 논하면서 워링은(1988) "만일 커플이 긍정적이거나 중립적인 자기 언급을 많이 하고 정동(감정)과 내용(생각)이 일치하는 방식으로 노출하도록 격려를 받는다면 친밀감 수준을 높일 수 있을 것이다." (p.74) 그 목표를 달성하는 데는 여기서 설명한 추가적인 방법들과 함께 목소리 치료법이 효과적일 것이다. 부모의 부정적인 내사를 보여주는 파괴적인 생각을 확인함으로써 커플은 각자 자기 자신에 대한 긍정적인 태도와 그리고 감정과 생각이 많이 일치하는 방식으로의 자기 노출을 더 많이 할 수 있을 것이다. 토마스와 올슨(1993).

5) 오그덴(1982)은 투사와 투사적 동일시 과정을 구별했다. 투사에서는 "환상에서 추방된 자기의 측면이 부인되고 수혜자에게 귀속된다." 반면에 투사적 동일시에서는 "투사자가 추방된 감정과 표상, 또는 자기 표상에 대해 수혜자와 하나가 되는 느낌을 주관적으로 경험한다."(p.34)
커플이 함께 하는 대상 관계치료의 목표는 어느 면에서 목소리 치료의 목표와 유사하다. 즉 투사된 자료를 다시 내면화하도록 격려한다. 우리의 언어로 표현하면, 목소리에 기반하고 있는 투사를 철회하도록 격려한다. 대상관계 이론가인 D.E. 샤프와 샤프(1991)는 투사적 동일시는 무의식적인 과정이며 한 쌍으로 이루어진 커플 안에 작동하는 중요한 역동이다. D.E. 샤프와 샤프(1991)의 책 <대상관계 커플 치료>의 "대상관계 이론과 결혼생활의 투사적 동일시"와 J.S. 샤프(1995)의 "정신분석적 부부 치료"를 참조할 것. 진너는 투사적 동일시에 대한 토론에서 다음과 같이 말했다.

> 자기의 부인된 요소를 배우자에게 투사하는 것은 부부관계 갈등을 심리내적 영역에서 대인관계 영역으로 치환시키는 결과를 갖는다.(p.296) 하지만 결혼생활 안에서의 투사적 동일시 작동은 부인된 특성을 외연화하는 문제를 넘어선다. 우리는 투사된 자료의 내용이 배우자가 원가족과의 대상관계에서 대단한 갈등을 겪었던 요소를 담고 있다고 생각한다. (p.297)

진너는 딕스(1967)가 설명한 사례연구를 인용해 "치료 작업의 핵심 측면은 결혼생활에서 파트너 각자의 갈등을 내면화하도록 격려하는 것"이라는 결론을 내렸다. (p.3010)

6) 대비드 쉬나흐(1991)은 <성적 단련의 장을 건설하기>란 책의 결론에서 성숙한 성생활과 개별화로 인해 발생하는 실존적인 두려움을 강조했다.

성적 능력을 탐구하고 영적인 문제를 건드릴 때 삶의 의미와 "좋은 삶"에 관한 실존적인 문제가 불가피하게 발생한다.(p.551) 우리는 우리 자신을 뛰어넘는 것을 두려워한다.(p.591) 자기 초월에 대한 두려움, 이것은 사랑하는 것에 대한 두려움처럼 표면에 여러 가지 얼굴이 있다. 자기 사랑, 타자 사랑, 그리고 삶 자체의 사랑… 사랑한다는 것은 자신의 욕망에 의해 촉발된 자기 변이를 일으키는 경계 경험이다. 사랑은 우리의 궁극적이며 최종적인 죽음을 암시한다. (p.592)

14

목소리 치료법 적용(4커플)에 관한 예비연구: 집단 토론 임상 자료

> 친밀한 관계에서는 어느 누구도 침묵하지도 희생하지도 자기를 저버리지도 않는다.
>
> –해리어트 러너 (1989, p.3)

이번 14장에서는 친밀한 관계를 소중하게 오래 유지하지 못하는 4 커플에게 적용한 목소리 치료법에 관한 소규모 예비연구를 살펴본다. 이 집단토론에 참가한 사람들은 목소리 치료법에 대해 잘 알고 있었고 커플관계 세미나에 적극적으로 참여했다.[1] 참가자들은 현재 관계를 힘들게 만드는 파괴적인 생각과 태도를 확인하고 드러내 놓고 분석하는 일에 몰두했다. 집단 모임에서 사람들은 예전에는 인식하거나 이해하지 못했던 내면화된 목소리들을 발견했다. 그 결과 원래 소망했던 친밀감을 방해하는 방어패턴에 대해 많은 통찰을 얻게 되었다. 12장에서 설명한 대로 프로그램작업을 위해 모든 모임은 다 기록되고 비디오로 녹화되었다.[2]

상황 설명

참가자

연구에는 4명의 남성과 4명의 여성이 참가했다. 모두 백인이었고 나이는 27세에서 52세로 평균 38세였다. 2명의 여성과 1명의 남성 참가자는 이전에 결혼 경험이 있었고(한 남성 참가자는 두 번의 이혼경험), 5명은 결혼한 적이 없었다. 참가자들이 현재 맺고 있는 관계의 기간은 3달에서 3년까지로 평균 18개월이었다.

방법

7명의 참가자가 3개월에 걸쳐 진행된 토론회기에 앞서 <커플용 파이어스톤의 목소리 척도>(초판본) (FVSC, Firestone Voice Scale for Couples)를 작성했다. 그리고 회기가 끝나고 난 후에 다시 FVSC와 <결혼만족도 검사>(개정판) (MSI-R, 스나이더, 1997)[3]를 작성했다. 연구를 끝맺으면서 참관인과 참가자들은 관계관련 항목에 따라 행동 체크리스트를 작성했다(자료 14.1과 14.2 참조).[4]

집단토론 참가자들은 기본적으로 앞장에서 설명했던 과정을 따랐다. 현재의 관계문제에 대해 말하면서 자기와 타인에 대한 파괴적인 생각을 언어화하고 그와 관련된 분노감정을 방출했다. 그리고 그 결과로 얻은 통찰을 토론하면서 파괴적인 사고과정에서 비롯된 방어행동을 변화시키기 위한 계획을 세웠다.*

결과

예비연구 결과 그들 자신의 방어행동패턴을 조사하고 고쳐나갈 수 있는 가능성이 상당히 향상된 것으로 나타났다. 적은 샘플이었기 때문에 FVSC의 점수를 일반화할 수는 없지만 그 결과는 (a)이 책 저자 두 사람과 다른 참관인들이 판단한 변화와 (b)참가자들 본인이 인식한 변화(아래 제시한 자료 참조)라는 두 가지 결과측정과 일치한다. 참가자들 모두가 좀 더 행복한 미래와 상대방에게 좀 더 많은 애정, 그리고 더 큰 관계 만족이란 면에서 건설적인 변화를 보고했다. 이렇게 유의미한 향상을 보임으로써 파트너 개개인의 부적응적인 방어구조가 친밀한 대인관계를 오래 유지하지 못하게 만드는 주요 장애물이라는 가설이 입증됐다[5](파트너 개개인의 FVSC 평균점수는 도표 14.1~14.4 참조).

---

* 파트너가 경청하는 가운데 자기공격과 상대방에 대한 비판적인 태도를 언어화했고, 그에 따라 얻은 통찰에 대해 토론했다. 13장에서 살펴본 대로 그 과정동안 모두들 상대방에 대해 세심하고 공감적인 태도를 보였다. 그들이 목소리 대화로 상대방에 대해 판단적인 태도를 표현할 때의 어조는 보통 그 상황에 있을 수 있는 것보다 더 거칠거나 냉소적이었다.

〈자료 14. 1〉 커플 행동 체크리스트

아래 주어진 항목에 대해 자신과 파트너를 1에서 5까지 점수로 표현한다면 ?

방어하지 않는 열린 태도 (새로운 경험에 대해 과잉반응하지 않고/열린 태도로 피드백에 귀 기울임)
자신 : 1 2 3 4 5 파트너 : 1 2 3 4 5

타인의 경계 존중
자신 : 1 2 3 4 5 파트너 : 1 2 3 4 5

상처받을 수 있는 태도 vulnerable(슬퍼하고 상처받은 마음 인정할 수 있음)
자신 : 1 2 3 4 5 파트너 : 1 2 3 4 5

정직하다 (솔직하고 속이지 않음)
자신 : 1 2 3 4 5 파트너 : 1 2 3 4 5

신체적인 애정표현
자신 : 1 2 3 4 5 파트너 : 1 2 3 4 5

성생활 (성관계 만족)
자신 : 1 2 3 4 5 파트너 : 1 2 3 4 5

공감과 이해심 (상대방 왜곡하지 않음)
자신 : 1 2 3 4 5 파트너 : 1 2 3 4 5

의사소통 (의미를 공유하고 이해받는 느낌)
자신 : 1 2 3 4 5 파트너 : 1 2 3 4 5

통제하지 않고 조종하기 않고 위협적이지 않다
자신 : 1 2 3 4 5 파트너 : 1 2 3 4 5

당신은 다음 항목들에 대해 자신을 어떻게 평가하십니까 ?

행복감 1 2 3 4 5

자신감 1 2 3 4 5

낙관적 1 2 3 4 5

1 = 나/파트너에 대한 설명이 아니다. **2** = 별로 그렇지 않다. **3** = 가끔 그렇다. **4** = 자주 그렇다.
5 = 대부분, 거의 그렇다.

〈자료 14. 2〉 치료자/참관인의 행동 체크 리스트

아래 주어진 항목에 대해 자신과 파트너를 1에서 5까지 점수로 표현한다면 ?

방어하지 않는 열린 태도 (새로운 경험에 대해 과잉반응하지 않고/열린 태도로 피드백에 귀 기울임)
남성 : 1 2 3 4 5 여성 : 1 2 3 4 5

타인의 경계 존중
남성 : 1 2 3 4 5 여성 : 1 2 3 4 5

상처받을 수 있는 태도 vulnerable (슬퍼하고 상처받은 마음 인정할 수 있음)
남성 : 1 2 3 4 5 여성 : 1 2 3 4 5

정직하다 (솔직하고 속이지 않음)
남성 : 1 2 3 4 5 여성 : 1 2 3 4 5

신체적인 애정표현
남성 : 1 2 3 4 5 여성 : 1 2 3 4 5

성생활 (성관계 만족)
남성 : 1 2 3 4 5 여성 : 1 2 3 4 5

공감과 이해심 (상대방 왜곡하지 않음)
남성 : 1 2 3 4 5 여성 : 1 2 3 4 5

의사소통 (의미를 공유하고 이해받는 느낌)
남성 : 1 2 3 4 5 여성 : 1 2 3 4 5

통제하지 않고, 조종하기 않고, 위협적이지 않다
남성 : 1 2 3 4 5 여성 : 1 2 3 4 5

행복감
남성 : 1 2 3 4 5 여성 : 1 2 3 4 5

자신감
남성 : 1 2 3 4 5 여성 : 1 2 3 4 5

낙관적
남성 : 1 2 3 4 5 여성: 1 2 3 4 5

1 = 나/파트너에 대한 설명이 아니다. **2** = 별로 그렇지 않다. **3** = 가끔 그렇다. **4** = 자주 그렇다. **5** = 대부분, 거의 그렇다.

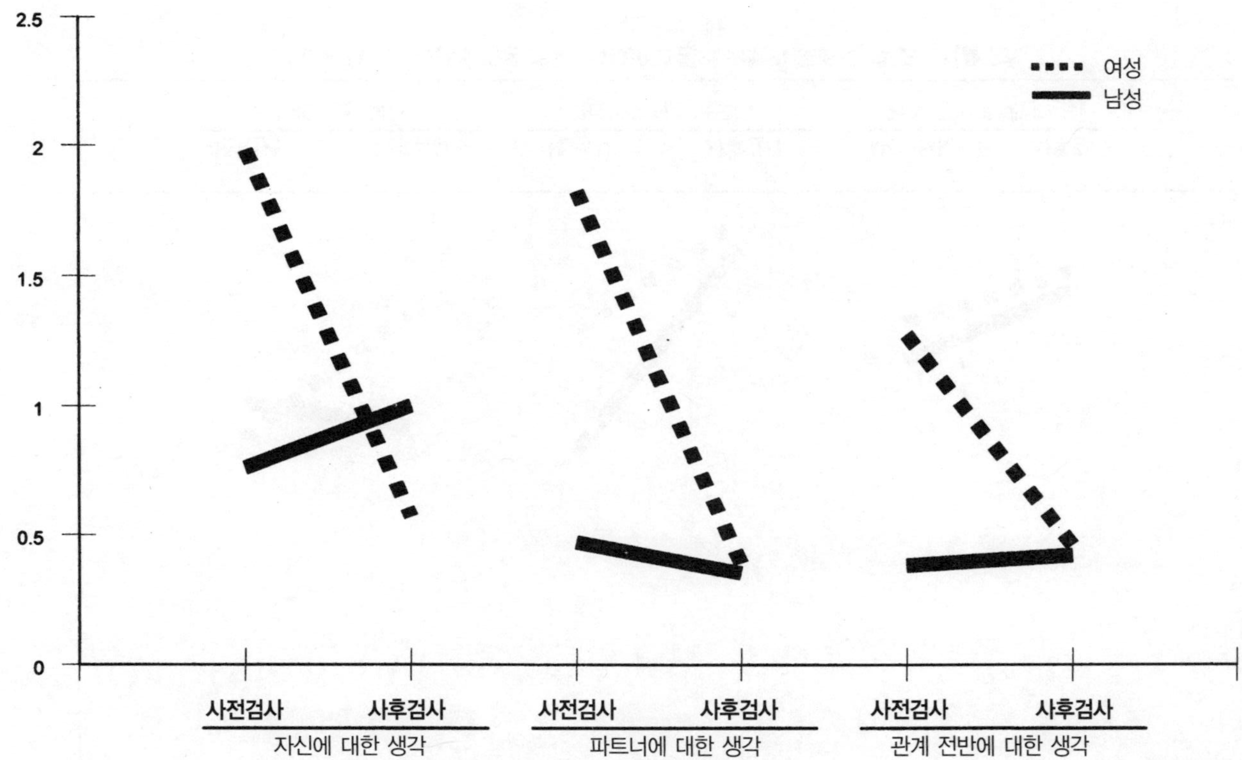

〈도표 14. 1〉 시간에 따른 변화 : 파이어스톤의 커플의 목소리 척도 : 커플 1호

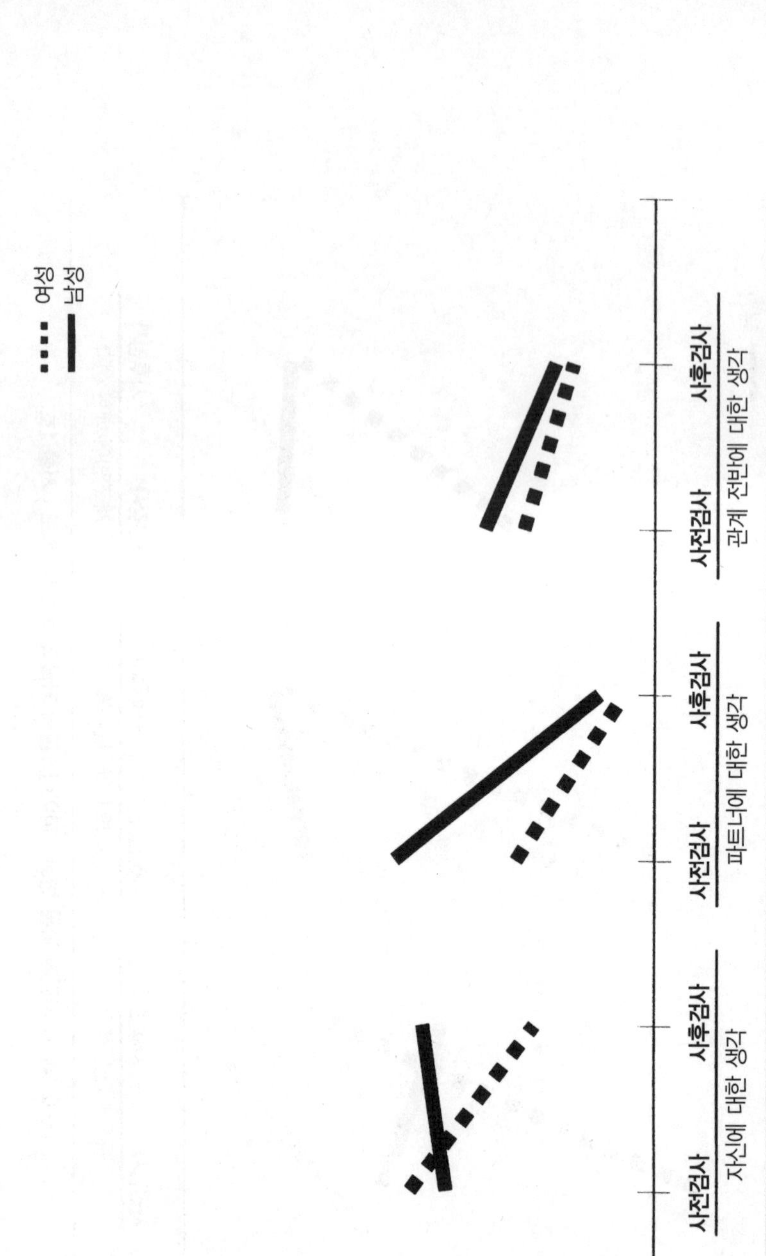

〈도표 14. 2〉 시간에 따른 변화 : 파이어스톤의 커플의 목소리 척도 : 커플 2호

© 글렌던 협회 1999.

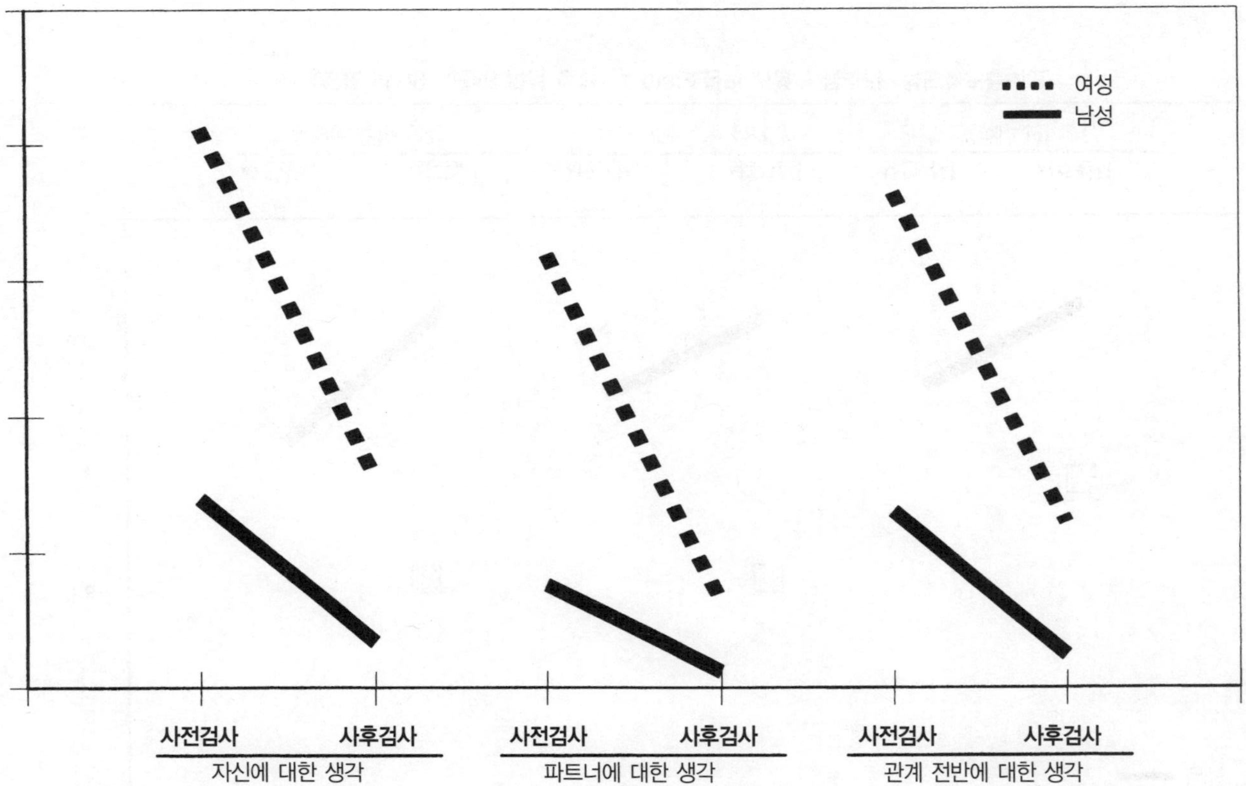

〈도표 14. 3〉 시간에 따른 변화 : 파이어스톤의 커플의 목소리 척도 : 커플 3호

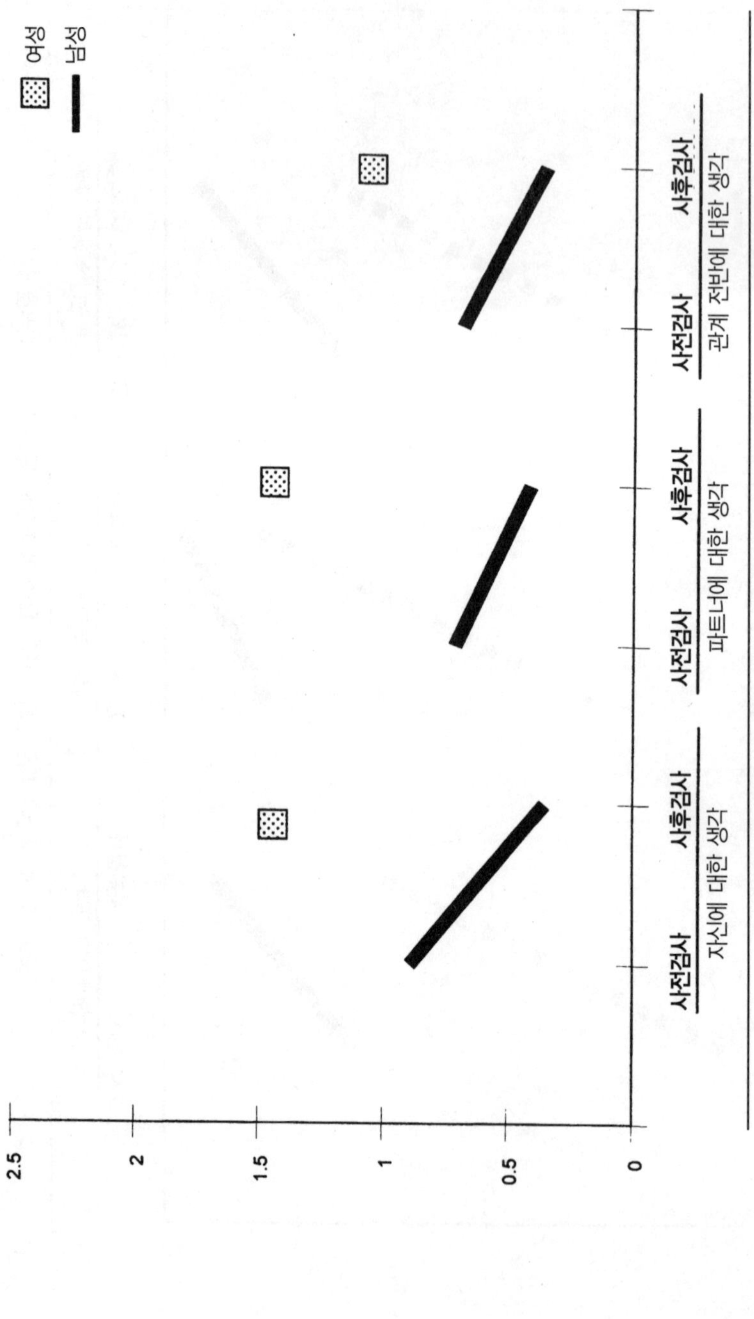

〈도표 14. 4〉 시간에 따른 변화 : 파이어스톤의 커플의 목소리 척도 : 커플 4호

사례 연구

커플 1 : 일레인과 브루스

배경

일레인과 브루스의 관계는 3년 되었다. 두 사람 사이는 쭉 좋았고 둘 다 개인적으로 번창했고 삶이 확장된 것 같았다. 역설적이게도 두 사람 모두가 서로 아주 친밀한 시간을 가졌다고 말한 장기휴가가 끝나자마자 문제가 생겼다. 집에 돌아오자마자 일레인이 브루스에게 더 이상 마음이 없고 둘의 관계가 미궁에 빠진 것 같다고 했기 때문이다.

일레인의 전형적인 패턴이 관계가 시작 되고나면 그 다음에 있을 결별에 대해 수많은 합리화로 자신을 속이며 체계적으로 관계에서 철수하는 것이다. 브루스와의 관계 초기에도 비슷한 패턴을 보였다. 특히 진지하게 성관계를 하고 나면 그와 거리를 두다가 나중에 그를 비난했다. 일레인은 커플 세미나를 통해서 반복되는 자신의 관계방식을 알게 된 후에 그렇게 하지 않으려는 노력을 하면서 성취감을 느꼈고 둘의 관계를 낙관했다. 그런데 어느 날 일레인이 브루스와 헤어질 생각이 있다는 말을 하는 바람에 다른 참가자들이 깜짝 놀라며 당황했다(브루스는 이 모임에 참석하지 않았다.).

일레인 정말 혼란스러워서 터놓고 얘기하고 싶어요. 끔찍한 기분예요. 기분이 너무 안 좋아요. 옛날보다 더 나빠요. 정말 미궁에 빠진 것 같아요. 브루스와 잘 해보려고 계속 노력했어요. 그런데 예전 같은 느낌이 전혀 안나요. 이제는 노력하고 싶은 마음조차 없어요. 마지막으로 좋았던 순간은 올 여름 초에 단 며칠뿐이었어요. 그리고는 그 사람과 뭘 하고 싶다는 생각이 딱 없어졌어요. 점점 더 안 좋아지네요. 도망쳐야 할 것 같아요. 그냥 더 이상은 그 사람을 견디기가 어려워요.

몇몇 참가자들이 일레인에게 친밀한 관계를 거부하는 패턴이 있는 것 같다는 말을 했다. 그러자 피드백을 받은 일레인이 방어적이 되면서 논쟁을 벌였다. 그녀는 자신의 거부패턴에 대한 해석은 받아들였지만 결정을 내리기 전에 감정을 좀 더 들여다보라는 제안에 대해서는 완강히 저항했다.

일레인 여러분들 말이 맞아요. 알아요. 저도 전에는 그렇게 했었는데, 이번에는 아녜요. 그냥 그렇게 있어보려고 노력했는데, 이제는 정말 그 사람을 증오해요. 그 사람 옆에 있는 것도 견딜 수가 없어요. 그를 떠난다는 것에 죄책감이 들긴 해요. 그래도 그 길밖에 저를 구해줄 수 있는 게 없는 것 같아요.

토론이 거의 끝나갈 무렵 일레인을 잘 알고 있던 한 여성이 중요한 점을 지적했다. 그녀는 일레인 커플의 역동에 대해 알고 있었다. 그녀는 일레인이 여름휴가 사건을 얘기하면서 언급했었던 말 중에 그냥 지나쳐버린 게 있다고 했다.

탐 휴가 때 당신과 친밀감을 느꼈던 브루스가 아기를 무척 갖고 싶어 했다고 말하지 않았었나요? 아기를 갖는 게 일레인에게도 대단히 소중한 일인 걸로 아는데요.

일레인 [슬프게] 완전히 잊고 있었네요. 브루스가 얘기했던 걸 전부 까먹었어요. 뭐라 했었는지 사실 기억도 거의 안나요. 생각해보니 처음에 그 얘기를 듣고 행복했었던 것 같아요. 그런데 그건 완전히 잊어버리고 엄청 비난만 하고 있었네요. 믿을 수가 없어요. 브루스는 제가 항상 꿈꿔왔던 것을 제안했는데, 저는 그에게 아무것도 바라지 않게 되었다니, 제가 뒤죽박죽 만들어버렸네요.

탐의 해석이 즉각적으로 일레인의 감정을 건드렸다. 일레인은 마음속 깊은 곳에서 슬픔이 올라왔다. 브루스에 대한 태도와 두 사람의 관계에 대해 긍정적인 방향으로 마음이 바뀌었다. 이렇게 관점이 바뀌자 그녀는 긴장과 불안이 많이 감소한 듯 보였다. 일레인은 자신의 감정 변화에 대해 브루스와 얘기하고 싶어 했다.

커플 토론집단 임상자료

1. 문제 표현하기. 일레인은 그 다음 모임에서* 여름사건으로 촉발된 파괴적인 사고과

* 이 자료의 출처인 집단토론은 소규모 예비연구의 모임들 중 하나였다. 일레인이 처음으로 브루스를 떠나고 싶다는 마음을 드러냈던 커플 세미나는 이 연구에 앞서 개최되었다.

정에 대해 통찰한 것들을 털어놓았다. 브루스를 비난하는 적대적인 생각을 자기 자신의 생각과 분리해내면서 앞으로 있을지 모를 퇴행을 막고 싶어 했다.

일레인 얘기를 하자니 불안해요. 하지만 얘기할 때가 된 것 같아요. 그래도 괜찮을 것 같아요. 제게 중요한 문제예요. 저의 가족과 엄마, 그리고 제가 받아온 교육과의 결별에 관한 거예요.

F. 박사 어떤 결별인가요?

일레인 그게, 엄마가 아버지를 대하시는 거나 이혼한 후에 엄마를 보면 별로 사람을 안 좋아하셨어요. 특히 남자를 좋아하지 않으셨어요. 엄마 입에서 튀어나오는 말은 아주 비판적인 것들뿐이었어요. 자연스럽게 저는 그런 엄마의 생각에 익숙해졌고 그대로 그것을 제 안에 받아들였어요. 제가 그런 생각에 사로잡혀 있을 때는 저 자신도 브루스도 다 마음에 들지 않았어요.

F. 박사 어떻게 그런 마음이 듭니까?

일레인 브루스가 일상적인 질문을 할 때처럼 보통 그렇게 단순한 일에서 시작돼요. 제 마음은 "무슨 저런 바보 같은 질문을 하지?" 라고 반응해요. 불쑥 드는 생각이에요. [브루스에게] 당신에게 말로 그렇게 하지는 않아. 그냥 좀 차갑게 굴지. 결국 당신이 '괜찮아' 라는 말을 하지 않을 때까지 나는 계속 그렇게 하게 돼. 당신이 숨 쉬는 것도 싫고, 걷는 모습이나 옷 입는 것, 내게 물어보는 것 모두가 다 맘에 안 들어. 나 자신도 싫고 당신에게도 마음이 전혀 안 가. 그러고 나면 엄마가 생각나고 내가 엄마 같다는 생각이 들어서 내 자신을 공격하기 시작해.

F. 박사 몇 주 전에 엄청 비난을 많이 하셨죠? 실제로 관계를 끝내야겠다는 생각을 했었는데, 무슨 일이 있었나요?

일레인 제가 여름휴가 갔을 때였어요. 당신[브루스]이 두 번쯤 찾아와 정말 멋진 시간을 보냈잖아. 우리는 서로 사랑을 느꼈고 다정했고 편안했고 사이가 아주 좋았어요. 여러 차례 당신이 내게 다가와 포옹하며 "우리 아기 갖자." "결혼하자" 라고 했는데, 당신 참 다정했었어. 그때는 분명 그런 마음이었어.

다음에 당신이 휴가를 떠났고 2-3주 후에 내가 당신을 만나러 갔었는데, 그 사이 기분이 안 좋았었어. 돌아온 후에는 당신에 대한 내 마음이 더 이상 옛날 같지 않았고 당신에게 바라는 게 아무 것도 없어졌어. 그러자 당신 마음이 절박해진 것 같았어. 당신이 나한테 매달리니까 당신이 내 손 안에 있는 것 같기는 한데, 그게 내가 원한 건 아니었어.

2. *파괴적인 생각을 언어화하고 그와 연관된 감정 방출하기.* 일레인은 계속해서 자신의 부정적인 생각과 브루스와의 관계를 포기하지 않을 수 없게 만들었던 부모의 지시에 대해 말했다.

일레인　마음 속 목소리가 말했어요. <u>그는 너를 이용할 뿐이야. 그는 네가 원하지 않는 걸 원해. 넌 그걸 줄 수가 없어. 네가 그에게 뭔가를 줄 수 있게 되는 일은 결코 없을 거야. 너는 잘 하지 못할 테니까.</u>

F. 박사　그때 감정으로 들어가 보세요.

일레인　<u>그는 너무 많은 걸 원해. 너를 착취하고 있어. 네게 모든 걸 빼앗아 가잖아.</u> [화난, 큰 목소리로] <u>그는 모두 다 바라기만 해. 징그럽게 약해빠져 갖고 네가 안 주면 당황할 거야. 그냥 넌 괜찮다고만 해. 그가 당황할 테니 너는 항상 괜찮은 척만 하면 돼. 그는 아무 것도 할 줄 모르잖아. 혼자 힘으로는 아무 것도 못해. 넌 이런 말을 그에게 할 수 있어? 아니, 넌 못해. 그냥 다 괜찮다고 생각하게 해줘. 그리고 그를 꼭두각시처럼 다루면 돼. 그에게 준다고 하면서 그걸로 일일이 다 통제하면 돼. 알잖아. 그가 너한테 매달리고 있으니 잘 따라와 줄 거야. 네가 원하는 대로 잘 따라올 거야.</u>

중요한 것은 일레인이 그녀의 부정적인 생각을 브루스에게 크게 소리 내어 표현한 적이 없다는 사실이다. 그녀는 목소리대화를 통해서 드러내놓기 전에는 사실 그것을 거의 의식하지도 못했다. 그렇지만 그런 생각과 그로 인한 적개심 때문에 애정이 줄어들었고 브루스와 함께 있어도 마음은 그곳에 없는 등 그녀 행동에 많은 영향을 주었다.

일레인　목소리의 통제를 받고 있는 느낌이 들어요. 그렇게 목소리의 지배를 받으면 저는 냉랭해져요. 얼음처럼 차가워지고 아무 감정도 안 생겨요. 당신이 잘 해보려고 하면 할수록 나를 행복하게 해주려고 어쩔 줄 몰라 허둥대는 것만 같아. 그러면 나는 더 화가 나.

이때 브루스가 일레인의 목소리에 대해 느낀 것을 얘기했다.

F. 박사　[브루스에게] 지금 일레인의 생각을 알게 된 마음이 어떠세요?

브루스　너무 슬퍼요. 당신을 참 많이 좋아하고 또 당신이 한 말이 모두 맞는 것 같고... 나는 뭐가 뭔지 혼란스러울 때가 제일 힘들어. 그럴 때면 "무슨 일이지?"라는 생각이 드는데, 뭐가 잘못된 것인지 전혀 알 수가 없는 거야. 그래서 당신에게 바보 같은 질문을 하게 돼.

F. 박사　어떤 질문이요?

브루스　"오늘 어떨 거 같아?" 뭐, 그런 거요. 말하자면 접촉을 시도하는 거죠. 둘 사이에 느껴지는 빈 공간을 채우려고 말예요. 그러고 나면 당신을 짜증나게 하는 질문을 했다는 걸 알게 되고 금세 아주 절망하게 돼.

F. 박사　그렇게 일레인이 멀어지면 더 갈망하게 되거나 불안해지는군요.

브루스　맞아요.

F. 박사　그럼 두 사람 사이에 정말 무슨 일이 일어났는지 모를 수 있겠네요.

브루스　알 수가 없어요.

F. 박사　[일레인에게] 즐거웠던 여름을 보내고 멀어지게 된 변화가 뭐 때문이라고 생각하세요?

일레인　[브루스에게] 그때 있었던 일이라곤 당신과 멋진 시간을 가졌을 뿐인데… [슬프게 울먹이는 목소리로]

F. 박사　그 감정으로 들어가 보세요. 괜찮아요.

일레인　그때는 제가 사랑스런 여자 같았어요. 아기 얘기를 할 때 특히 그랬어요. 전에는 그렇게 느껴본 적이 한 번도 없었어요. 제가 사랑하는 사람과 귀여운 아기를 갖는다는 건 상상조차 못했거든요. 저한테서 나올 수 있는 건 아주 기분 나쁜 것밖에 없다고 늘 생각했으니까요. 그러니 아기에 대해서도 마찬가지 생각이었어요. 끔찍할 것 같았어요.

F. 박사　마치 자기 자신에게 말하는 것처럼 자신에 대해 생각하는 걸 말해보세요.

일레인　이런 거예요. <u>너는 무슨 생각을 하는 거니? 도대체 뭘 생각하는 거니? 어떻게 될지 충분히 알고 있으면서. 잘 알잖아. 너한테서 뭐가 나올지, 알잖아. 뭘 생각하는 거야? 구역질난다. 아주 역겨워.</u> [울면서] <u>무슨 생각이야? 그걸 생각을 해? 어떻게 그럴 수 있어? 그거 알아? 그가 나쁘다는 거. 그도 나쁘다고. 그에게서 뭐 하나라도 좋은 게 나올 것 같아? 그럴 수 없다니까. 너희 두 사람에게 나오는 건 뭐든 제대로 된 게 없어!</u>

3. 통찰한 것에 대해 토론하기

일레인　제 생각에 중요한 것은 여행에서 돌아오자마자 벗어나려고 했던 것 같아요. 나는 당신에게서도, 또 나로부터도 벗어나야만 했어. 이 일은 당신과 일어난 문제이기는 하지만 분명 다른 사람하고도 일어났을 거야. 제 얘기는 어떤 남자라도 마찬가지란 말이에요. 생각해보니 과거에 알았던 남자들과도 그랬어요. 그것은 그렇게 저를 혼자 되게 만들어 엄마처럼 살아가게 만들려는 목소리 같아요. 엄마는 아무 것도 없었거든요.

일레인은 계속해서 브루스와의 마음을 회복하는 데 도움이 된 몇 가지 사건에 대해 얘기했다. 그녀는 전에 커플 세미나에서 받았던 피드백의 도움으로 내면화된 어머니의 파괴적인 생각과 자신의 진짜 생각을 분리해낼 수 있었다.

F. 박사 당신이 끝내지 못하도록 만든 것은 정말 뭐였을까요?

일레인 사실 그렇게 할 작정이었거든요. 절망했으니까요. 공포에 질려 떠나야만 할 것 같았어요. 모든 게 끝났다는 생각이 들었거든요. 제 자신을 다시 찾을 수 있는 방법은 이 관계를 벗어나는 길 밖에 없는 것 같았어요. 그러는 와중에 여기에 와서 얘기를 나누게 된 거예요. 다들 그게 제 패턴이라며 "또 반복하고 있네요." 라고 말했지만, 저는 속으로 "아, 예, 근데 이번엔 좀 달라요." 라는 생각을 했어요. 이번엔 정말 다른 것 같았거든요.

그런데 저를 잘 알고 또 좋아하는 사람들이 모두 제 생각과 다른 말을 한다는 게 마음에 걸렸어요. 여러 사람들이 뭔가 말해주는 거라면 그건 들을 만한 가치가 있는 거라는 생각이 들더군요. 그리고 정말 제 마음이 바뀐 전환점은 아기를 갖고 싶다고 했던 브루스의 얘기를 탐이 상기시켜 줬을 때였어요. 그 말을 듣는데 가슴이 찡해지며 정말 슬펐어요. 그때 제 자신을 찾은 것 같은 느낌이 들기 시작했어요.

F. 박사 여기서 사람들이 어머니의 생각에 아주 많이 휘둘리고 있던 당신에게 그게 실제 당신 자신의 생각이 아니라는 것을 알려주었습니다. 당신은 처음에는 화를 냈지만 사람들의 의견을 귀담아듣고 현실을 보기 시작했죠. 사람들이 당신 편이라는 걸 느끼면서 당신 자신의 생각을 더 확고하게 가질 수 있게 되었습니다. 정말 방향을 바꿀 수 있었던

것은, 당신이 아기를 갖는다는 생각 때문에 퇴행이 일어났고 마음 속 어머니의 생각이 당신을 지배했다는 사실을 깨닫게 된 것이라고 생각합니다. 바로 그 통찰 때문입니다.

사람들은 대부분 자기 자신에 대해 분열된 생각을 갖고 살아갑니다. 그것은 자기의 것이 아닌 이질적인 생각을 마음에 들여와 내면화했지만 인격에 완전히 통합되지 못한 것입니다. 바로 이 낯선, 자기가 아닌 생각 때문에 당신이 그랬던 겁니다. 그렇게 내면화된 부정적인 생각이 한 사람의 행동에 엄청난 영향을 미칩니다. 문득 자신이 어머니의 삶을 재현하고 있는 것 같다는 마음이 들 때가 종종 있을 겁니다. 마치 어머니를 삼킨 것 같지요. 아이들이 성장하면서 고통과 좌절을 경험하면 자신을 거부하거나 상처를 주는 공격자와 동일시하면서 그 사람의 생각을 받아들이게 됩니다. 그게 바로 생존 기능입니다. 그렇게 함으로써 자신이 약한 아이가 아니라 강한 어른과 동일시되었기 때문에 그 순간 불안이 가라앉게 됩니다. 이것이 방어기제입니다. 그런 방식으로 자신을 방어하면서 이질적인 생각을 자신의 것으로 받아들입니다.

많은 사람들이 내면화한 자신의 것이 아닌 생각에 상당히 많이 의존합니다. 이곳 집단에서 얘기를 많이 해 왔기 때문에 그것이 어떻게 작동되며 당신 자신의 삶을 엄청나게 통제하고 있었다는 사실을 아주 잘 알게 되었을 겁니다. 사람들은 방어기제로부터 벗어나면 불안해지기 때문에 자기 자신을 찾기 보다는 일종의 신경증적인 마음의 평형상태를 유지하려고 합니다.

당신은 이곳 집단 사람들의 인식에 반응하면서 당신 자신의 생각을 회복할 수 있었던 것 같습니다. 그리고 당신을 두렵게 하고 퇴행을 촉발시킨 방어기제에 대한 통찰을 하게 됨으로써 관계가 깨지지 않게 되었습니다. 흥미롭게도 그 이후 당신은 더 좋아졌고 관계가 호전되었습니다. 사실은 내면화된 부정적인 생각을 바꾸는 것이 쉬운 게 아닙니다. 대개 그 순간 관계를 끝내려고 하지요. 이곳 관계에 대한 토론에 참가하고 사람들과 가까워지면서 서로에 대해 잘 알게 된 것이 좋은 기회였던 것 같습니다.

커플 2 : 앨런과 캐롤린

배경

앨런과 캐롤린의 사이는 최근까지 가까웠고 만족스러웠다. 앨런은 살을 빼서 이미지를 바꿔보려던 것이 예상과 다르게 자신에게 좋지 못한 영향을 미쳤다고 토론 시간에 털어놓았다. 놀라웠던 것은 몸무게를 감량하고 나니까 기분이 좋아진 것이 아니라 여러 가지 자기공격이 일어났고 그 자신의 외모와 관계방식에 심각한 영향을 미쳤다. 결국 관계에 문제가 생겼다. 앨런은 토론 시간에 어린 청소년기의 경험을 얘기했다.

1. 문제 표현하기.

앨런 12살쯤이었을 때 저는 절대로 아이도 갖지 않고 결혼도 안할 거라고 생각했어요. 그건 저한테 해당되는 사항이 아닌 것 같았어요. 저는 그럴 만큼 매력이 없으니까요. 사실 저는 8년간 한 여자를 만났는데, 누군가를 사랑할 줄 모르는 여자였어요. 그 후에도 그런 패턴이 쭉 계속됐는데 여기에 와서 사람들과 얘기를 나누면서 제 자신에 대한 오래된 이미지의 많은 부분이 바뀌기 시작했습니다. 그리고 제가 생각해왔던 것과는 다른 여성과 교제를 하게 됐습니다. 정말 다 좋았어요. 한 1년 동안은 서로 다정하게 지내며 서로 잘 해주면서도 독립적이었어요. 각자 자신만의 삶이 있었고 둘이 함께 지내는 시간도 좋았어요. 조금도 과장하지 않고 아주 행복했습니다.

그 후에 아기를 갖고 싶다는 마음이 들었고 결혼에 대해서도 생각했어요. 그때까지는 행복했습니다. 그런데 그게 중요한 건지 알지는 못했었지만 그때 마음속에서 뭔가 싸우고 있었어요. 저는 아버지를 아주 많이 동일시했는데, 아버지의 특징이 항상 비만하다는 것이었어요. 음식중독이었던 아버지는 항상 25에서 30 킬로 정도 과체중이셨어요. 저도 성인이 된 후로 항상 5에서 7 킬로 정도 몸무게가 더 나갑니다. 그런데 몸무게와 씨름하기로 결정하고 나니까 여러 가지 감정이 몰려왔습니다. 몇 달 전 그런 감정이 생기고 나서 당신에게 [캐롤린] 다정하게 굴지 못했던 것 같아. 내가 아버지 같았기 때문이었어. 정말 중요한 것은 나는 나 자신으로 당신과 관계해야 하는 건데, 나는 아버지가 아니잖아. 정말 기분이 안 좋았어요.

F. 박사　몸무게 감량을 아버지와의 결별이라고 생각하셨다니 흥미롭군요. 당신이 전에 말했던 걸로 보면 전혀 예상하지 못했던 거였네요. 그래서 놀라셨군요. 그것 때문에 목소리 공격이 엄청 났으니까요.

2. 파괴적인 생각을 언어화하기

앨런　살을 빼기 전에는 제가 꽤 괜찮은 사람이라고 생각했어요. 그런데 그 때는 제 자신을 외면하고 문제를 찾아 싸움에 뛰어들고 싶은 사람처럼 굴었어요. 항상 사람들의 기분을 나쁘게 만들었어요.

F. 박사　그래요. 사람들은 불안해지는 순간까지 자신을 몰고 갑니다. 당신처럼 그렇게요. 그때 인생이 다 잘 풀리고 있었지요? 직장에서 성공했고 돈도 많이 벌었고요. 당신을 정말로 좋아하고, 당신이 매력을 느끼고 감탄하는 여자도 있고요.

3. 통찰한 것에 대해 토론하기

앨런　하지만 가장 중요한 것은 아버지가 저를 자랑스러워하시도록 하는 거였어요. "나는 자랑스러운 아들이 있어. 내 아들은 돈도 잘 벌고 대단한 여자 친구도 있어." 저는 아버지가 저를 자랑스럽게 여기실 수 있도록 해드렸고 그러면 제가 좋은 아들인 것 같았어요. 그런데 아버지와 분리하기로, 즉 체중을 감량하기로 하며 더 이상 아버지처럼 보이지 않겠다고 결심하자마자 우르르 쾅! 제 머리에 아버지가 집중공격을 해대는 것 같았어요.

F. 박사　그게 당신을 캐롤린에게서 떼어놓았군요.

앨런　저를 떼어놓았다고 말해야하는 건지는 잘 모르겠고요. 어쨌든 제가 그녀를 밀어내려는 시도를 하게 만들었던 것 같아요. 아마 더 많이 밀어내려고 했었던 것 같아요. 그럴 때 저는 보통 사람들 같지 않아요. 어떻게 설명해야 할까요? 편안하고 다정한 사람이 아니라 신경이 날카롭고 심기가 불편한 사람 같아져요.

F. 박사 [캐롤린에게] 그때 마음이 어떠셨습니까?

캐롤린 고통스러웠어요.

F. 박사 어떤 변화가 있었나요?

1. 문제 표현하기

캐롤린 [앨런에게] 당신 같지가 않았어. 몸무게는 나한테 아무 문제도 아닌데... 당신 모습 그대로도 좋았다는 말이야. 지금 살이 빠진 모습도 멋져. 그런데 당신은 나랑 말을 안 했잖아. 우리 사이에 대화가 없어졌어. 인사정도 말고 뭐 좀 물어보려고 하면 내가 침범이라도 하는 느낌이 들었어. 장벽이 가로막혀 있어서 대화를 할 수가 없었지. 당신은 뭔가 불편해보였고 자신감이 없어 보였어.

F. 박사 앨런 같아 보이지 않았다고요?

캐롤린 예. 1년 내내 당신에게 빠져있었는데, 살이 빠진 당신에게는 마음이 끌리지가 않았어.

F. 박사 [앨런에게] 당신이 당신 자신을 공격할 때는 그냥 자신일 때의 매력이 없었나보네요. 대단한 결과예요.

2. 파괴적인 생각을 언어화하기.

F. 박사　[캐롤린에게] 당신의 반응은 어땠나요? 그에게 화를 냈나요?

캐롤린　아니요. 그냥 제 자신을 비난하면서 의기소침해졌어요. 스스로 이렇게 공격했어요. <u>어쩜 이렇게 되어버렸니? 이제 어떻게 할래? 그냥 계속 이렇게 갈 수는 없잖아. 어떻게 그런 식으로 가만히 상처받고 있니?</u>

F. 박사　너는 기회를 잡았어.

캐롤린　<u>너는 기회를 잡았어. 그냥 그대로 아무 것도 하지 마. 다행히 많이 가지는 않았으니까. 그만 멈춰. 다행이야, 임신하지 않았잖아!</u>

F. 박사　[앨런에게] 그래요, 당신은 결국 그녀를 멀리 밀어냈군요. 그녀가 두 사람 관계에 대해 저렇게 부정적인 생각을 할 만큼 말예요. 일종의 방어 과정인 내면화된 이미지를 거부하지 않으면 관계가 파탄에 처할 때까지 그 패턴을 행동화하려고 듭니다. 참 비극입니다. 두 사람 모두에게 도움이 되는 아주 좋은 관계였는데 말입니다.

커플 3 : 셰릴과 마크

배경

셰릴과 마크*는 7년 전에 2년간의 연애를 했었다. 하지만 애정이 식어 관계를 끝내고 친구로 남았었다. 그리고 3달 전부터 다시 데이트를 시작했다. 관계는 순조롭게 다시 시작됐고 서로 친밀했고 만족스러웠다. 그러다가 얼마 전에 과거를 떠올리는 몇 가지 일을 겪었다.

두 사람은 다시 만나기 전 결별해 있는 동안에 개인적으로 성장했고 방어행동을

---

* 12장에 마크의 가족에 대한 배경과 사례 내력에 대한 설명 참조할 것.

교정해왔다. 셰릴은 친밀한 관계에서 상처받을까 봐 두려워하는 자신을 분석하면서 그 원인이 어린 시절에 있다는 것을 알아냈다. 그녀는 여자인 자신을 비하하는 목소리를 발견했고, 그것이 과거 마크와의 갈등의 원인이었다는 사실을 알게 됐다.

1. *문제 표현하기.* 셰릴이 관계가 진전되면 애정과 친밀함에 대한 자신의 반응이 어떤지 설명한다. 특히 마크가 자신에게 따뜻하고 다정할 때마다 나타나는 적대적인 태도의 근원이 어딘지 분석하기 시작한다.

셰릴 　나는 늘 당신을 좋아했어. 그런데 당신이 다정하거나 나를 좋아하면 견딜 수 없는 마음이 돼. 내 성격에 못된 구석이 있나봐...

F. 박사 　그가 당신을 좋아한다는 것에 그런 마음이 들어요?

셰릴 　예.

2. *파괴적인 생각을 언어화하고 그와 연관된 감정 방출하기.*

F. 박사 　당신은 두 사람 관계에 대해 마음속에서 뭐라고 말합니까?

셰릴 　이런 식예요. 그에게 아무 표시도 내지마. 그를 좋아한다는 내색도 하지 마. 그걸 들키면 안 돼. 너만 멍청이가 될 거야. 들키면 넌 정말 멍청이야.

그가 정말 잘해주면 그를 짓눌러버리고 싶어요. 무방비한 모습을 보이면 짓뭉개버리고 싶어요. 그저 저한테 무방비로 다정다감한 것뿐인데, 저는 아무 이유 없이 그냥 그를 눌러버리고 싶어요.

3. *통찰한 것에 대해 토론하기*

셰릴 　하루에도 수만 번 엄마가 그랬던 것처럼 제가 제 자신을 그런 식으로 생각했어요. 옛날 남자들과 만날 때도 그랬을 거예요. 그때는 그러는 지도 몰랐지만요. 매번 별 이유도 없는데 그냥 관계가 끝났어요. 매번 그런 식으로 벗어났어요. 이번에도 벗어나야 할 것 같았어요. 그래도 이제는 제가 엄마와 똑같은 생각을 했다는 걸 알게 되었어요. 엄마는 정말 비판적인 사람이었어요. 아버지를 엄청 비난했었죠. 아버지에 관한 것은 어떤 것이든 비난의 대상이 됐어요. 엄마는 아버지에게 못되게 구셨어요. 아버지가 아팠을 때 아버지와 함께 있는 걸 수치스러워 하셨어요. 아버지는 뇌종양으로 혼자서는 아무 것도 할 수 없었으니 아마 제일 취약한 상태였을 거예요. 아버지가 아팠을 때 엄마 성격이 좀 괴팍해졌어요. 항상 그랬던 것 같기도 했지만 그때가 더 심했어요.

F. 박사　어머니가 어떻게 행동하셨는데요?

셰릴　휴일에 집에 갔었어요. 식구 모두 모노폴리 게임을 하고 있었고, 아버지는 많이 편찮으셔서 구경만 하셨어요. 말도 거의 못하고 몸도 제대로 못 가누셨고요. 그때 아버지가 침을 흘리셨는데 그 모습에 엄마가 역겹다는 표정을 짓고 말했어요. "스탠! 으웩." 엄마는 아버지가 우리 앞에서 침 흘리시는 모습을 수치스러워하셨어요. 아버지는 방으로 가셨고, 저는 그런 아버지 때문에 마음이 안 좋았어요. 엄마에게는 조금의 인정도 없었어요. 그냥 수치스럽다는 표정만 지으셨어요. 그런데 가끔 제 자신이 그렇게 행동하고 싶은 마음이 들어요.

F. 박사　그건 그런 패턴을 재현하려는 강박 같은 것입니다. 거의 통제가 되지 않죠.

셰릴　예. 그런 거 같아요. 영화, 에일리언이 생각났어요. 배에서 그게 툭 튀어나오잖아요. 그렇게 툭 떠오르는 그것 때문에, 제가 툭 내뱉는 말 때문에 깜짝 놀라요. 저 사람이 저를 좋아하면서 느끼는 행복, 기쁨을 없애버리는 거 말고는 다른 이유는 없어요. 그냥 깔아뭉개버리고 싶어져요.

4. 행동 변화를 위한 계획 표현하기.

F. 박사　자, 두 사람[일레인과 셰릴]의 희망은 꿋꿋이 참아내는 겁니다. 방어기제를 사용하지 않고, 그때 오는 불안을 참아내는 겁니다. 즉 어머니와의 상상 속 결합관계를 끊고 파괴적인 행동화를 통제하는 법을 배우고 자신과 함께 있는 사람의 시각이나 그에 대한 공감적인 태도를 갖도록 합니다. 기본적으로 애써서 노력한다면 삶에서 더 많은 것을 얻을 수 있을 겁니다. 그 과정을 견뎌내는 것은 많은 용기가 필요하지만 정말 그만한 가치가 있습니다.

셰릴　저는 늘 생각이 많은 것 때문에 슬퍼요. 다른 사람이 제 머릿속에 있을 때는 제가 크고 못된 사람 같아요. 근데 가만히 있을 때 저는 여리고 좋은 사람 같아요.

F. 박사　차이가 나죠. 고통을 준 사람을 내면에 병합한다고 말했던 얘기와 딱 맞아 떨어지는 그림입니다. 특히 죄수는 간수와 동일시합니다. 우리는 고통을 준 바로 그 사람과 동일시하는 경향이 있습니다.

셰릴　예.

F. 박사　아이였을 때 당신은 작았지만 그 생각 속에서는 크고 싶었을 겁니다. 아무리 당신이 아주 부드럽고 사랑스런 사람이라고 해도 그런 생각에 사로잡혀 있을 때는 파괴적인 행동을 행동화하게 됩니다.

저는 남성들이 자신의 방어행동에 대해 얘기하는 게 중요할 거라고 생각했습니다. 남성들이 사랑받거나 관심 받을 때 여성에게 어떻게 반응하는지, 자신을 어떻게 방어하는지를 생각했어요. 그게 문제에 균형감을 줄 수 있을 거예요.

마크

마크는 몇 년 전 셰릴과의 관계가 끝나고 난 후에 남성과 여성에 대한 자신의 왜곡된 인식을 바꾸려고 노력했다. 그는 그것이 자신이 부모님의 관계에서 보았던 것뿐만 아니라 부모님의 그들 자신과 배우자, 그리고 반대 성에 대한 부정적인 태도에 기인한다는 사실을 알게 됐다. 12장에서 설명한 것처럼 마크는 자기공격을 말로 표현하면서 자신이 여성에 대한 아버지의 적개심을 동일시했고 어머니의 남성관을 내면화했다는 사실을 깨달았다. 그래서 자기 자신을 거칠고 공격적인 사람이라고 생각했고, 그 보상행위로 여자들을 기쁘게 해주거나 그들의 말을 따르려고 노력했다는 사실도 알았다.

5. 통찰한 것에 대해 토론하기

마크　여자를 밀어내는 게 지속된 제 패턴이었다는 것을 알게 되었어요. 사실 어느 면으로는 친밀한 관계를 바라는 점도 있지만 사랑을 받아들이고 싶지 않습니다. 인정도 받아들이고 싶지 않고, 우정도, 선택됐다는 사실도 받아들이고 싶지 않아요. 저는 아주 금세 습관적이 되고 지루해하는 편이예요. 무엇보다도 여자를 쫓아다니다가 제 자신을 잃어버릴까 봐 사실은 밀어내는 것 같아요.

[셰릴에게] 나는 당신이 나를 선택했다는 생각을 안 하고 싶어. 내가 당신을 쫓아다닐 수 있으면 당신이 나를 선택한 것에 대한 불안을 안 느껴도 되니까. 재밌는 건 나는 몇 년 동안 친밀한 관계를 맺지 않았고, 그때 나는 대체적으로 아주 강했고 독립적이었다는 거야. 그렇지만 또 포기도 빠른 편이야. 나는 그 일이 우리가 서로 다시 만난 이후에 일어난 거라고 생각하지 않아. 내 성향 때문이야.

F. 박사　독립성을 포기하면 매력도 사라집니다.

마크　맞아요. 제가 그렇게 해서 얼른 셰릴을 밀어낼 수 있었던 것 같아요. 지난번에 만났을 때도 우리 둘 다 그렇게 했던 것 같아요. 분명히 저는 그랬어요. 나는 당신이 나를 보고 싶어 하면 당신을 만나기 위해 다른 사람과의 관계를 끊었어. 사실 나는 당신이 나를 보고 싶어 하길 기대하면서 당신이 요청하기도 전에 친구들을 안 만났어. 그렇게 나는 내 옛 친구들을 잃었고, 동시에 당신을 잃었어. 저희 아버지는 제가 알기로 자기 자신에 대한 평가가 아주 낮았습니다. 이게 목소리에 반영됐어요. 저는 그런 남자이고 싶지 않아요. 무엇보다도 남자라는 단어가 여기서 중요해요. 저는 남자이고 싶지 않아요. 남자는 선택받을 수 있고 남자는 강하잖아요. 저는 남자이고 싶지 않습니다. 그렇게 내가 필사적으로 당신을 쫓아다니면 나는 훨씬 약한 남자가 되는 거고, 그게 엄마가 생각하는 남자와 가깝게 되는 거니까요.

최근에 우리 두 사람이 대화를 하는 중에 민감하다는 것과 애정을 표현하는 게 약하다는 게 아니라는 제 생각을 얘기했어요. 저한테는 아주 관심있는 것이어서 셰릴에게 말할 때 열을 냈어요. "나는 당신[셰릴]이 당신에 대한 내 세심함이나 다정함을 연약함으로 해석하지 않았으면 좋겠어." 그렇게 말하면서 놀랍게도 저는 진짜 제가 된 느낌이 들었어요. 그 대화를 하고나서 저는 아주 차분해졌습니다.

F. 박사 오늘 얘기를 들어보니 우리가 과거에서 가져온 것이 좋은 관계를 방해하는 것 같습니다. 우리를 비판적이고 자기방어적으로 만드는 내면화 과정이 우리를 보호합니다. 그런데 그건 보호가 아니라 격리입니다. 사실은 방어기제를 사용하는 한 우리의 삶은 제한받습니다. 사람들은 특히 같은 성의 부모를 내면화하거나 동일시하고 그 영향을 받습니다. 특히 친밀한 관계에서는 부모의 방어적인 태도를 따라합니다. 사람들은 성장하면서 보고 경험했던 관계방식을 거의 강박적으로 현재 파트너와 반복하려고 합니다.

커플 4 : 크리스와 제인

배경

2년 동안 크리스와 제인은 함께 지냈고 친밀한 애정관계를 유지하는 데 관심이 많았다. 두 사람은 커플집단에서 각자 자신의 방어패턴이 어떻게 두 사람 사이를 갈라놓았는지 이해하게 됐다. 제인이 먼저 그 문제에 대한 자신의 생각을 말했다.

1. 문제 표현하기.

제인 서로 친밀하게 지내는 법을 알아가면서 제 자신에 대해 많은 걸 알게 된 것 같아요. 처음 만났을 때 우리 두 사람은 금세 가까워졌어요. 당신이 나를 쳐다보고 있고 나를 사랑하고 있다는 게 느껴졌어. 참 행복했어. 그것도 행복했지만 내가 뭔가 줄 게 있다는 게, 사랑을 줄 수 있는 사랑스러운 여자라는 게, 한 남자를 행복하게 해 줄 수 있다는 게 정말 좋았어.

그런데 일이 좀 생겼는데, 그 하나가 엄마와 멀리 따로 살게 된 일이었어요. 그 때 당신과 더 가까워졌고 엄마는 한 일 년 보지 못했어요. 어느 날 밤 L.A.로 가서 엄마를 만났어요. 저는 엄마와 제 삶이 아주 다르다고 생각했거든요. 모든 게 달랐어요. 살면서 쭉 엄마를 지켜봤어요. 엄마가 관계를 시작하고 망치고 또 다시 아무 감정도 없이 계속 하고 또 하는 걸요. 지금은 사랑을 포기한 시점에 다다른 것 같기도 해요. 엄마가 성관계를 가질 수도 있겠지요. 하지만 애정으로 하는 것 같지는 않아요. 아마 비굴한 모습일 것 같아요. 그렇게 엄마가 모든 걸 망쳐버리는 모습을 봐왔어요. 가슴 아픈 일이죠.

2. 파괴적인 생각을 언어화하고 그와 연관된 감정 방출하기.

제인 그날 밤에 엄마를 봤을 때 제가 어떻게 생겼는지 상기시켜 주는 것 같았어요. 이렇게요. 너<u>는 아무 것도 다르지 않아. 내가 바로 네 가족이야. 너를 태어나게 한 사람이 바로 나야. 무슨 말인지 알지? 이게 바로 너야. 넌 뭘 해보려는 거니? 뭐야, 너 누굴 바보로 아니?</u>

그리고 그 다음 달 쯤 엄마는 제 삶에 좀 더 가까이 왔습니다. 문제는 제가 엄마를 따라 하게 된다는 겁니다. 엄마를 모방하고 있다는 것은 제 관계를 망쳐버리고 있다는 걸 의미합니다. 그게 큰 일이예요.

어디선가 이런 목소리가 들려요. <u>자, 왜 그래야 하니? 네가 혼자면 그냥 나가면 되잖아. 근사하지 않니, 그치?</u> 불쑥 그런 목소리가 시작돼요. 그건 엄마의 인생방식이에요. 그건 엄마 것이지 제 것이 아니라는 사실을 압니다.

F. 박사 뭐가 일어나고 있는지 잘 알고 계신 것 같네요. 그게 관계에 도움이 되었습니까?

3. 통찰한 것에 대해 토론하기

제인 예. 아직 배워나가고 있다고 해야죠. 우리는 어떻게든 함께 좋은 시간을, 친밀한 시간을 많이 가지려고 애썼어요. 지속되지는 못했던 것 같지만요. 제 자신과 제 성향에 대해 좀 더 알지 못했더라면 오래 전에 관계를 끝내겠다는 생각을 분명 했을 거예요.

F. 박사 대처 방법이 생겼네요—

제인 예.

F. 박사 그런데 용기가 필요합니다. 삶을 제약하기는 하지만 안정감을 주는 부모와의 부정적인 동일시를 깰 때 따라오는 불안과 죄책감을 열심히 땀 흘려 이겨내야 합니다.

제인 하나 더 말하고 싶은 게 있어요. 당신[크리스]과의 관계에서 내가 별로 독립적이지 못했고 강하지 않았던 것 같아. 내 느낌에 대해 생각해 본 적이 거의 없었던 것 같거든. 늘 당신이 나를 어떻게 생각하는지 그 생각만 해. 그건 동등한 관계가 아냐. 그래서 우리 사이가 뭔가 나쁘면 그건 나 때문이고, 내가 뭔가 나쁜 거야. 내 기분이 좋지 않은 거야. 그때 나는 어떻게 해보려고 하지만 절대로 당신에게 기대지는 않아. 아마 당신이 기분이 안 좋은 가보다, 무슨 일이 생겼는가보다, 이렇게 생각해. 이제는 그렇게 안 하고 싶어. 계속 당신 눈치를 보며 당신에게 의지하는 사람이 되고 싶지 않아. 그러면 당신을 증오하게 되니까.

F. 박사 사람들은 파트너를 이용해 자신이 누구인지를 규정하려고 합니다. 스

스로 자신에 대해 생각하는 대신에 말이죠. 그건 아주 파괴적이라서 매우 해롭습니다. 크리스, 당신이 어떻게 자신을 방어하는지 궁금합니다.

크리스는 여성에 대한 방어반응을 분석하면서 새로운 도전에 직면한다.

1. 문제 표현하기.

크리스　흥미롭네요. 계속 그거에 대해 생각한 게 많거든요. 저는 여자와 만나면 방어적이 되는 것 같아요. 제인 당신과도 그렇게 했어. 처음에는 아주 솔직했고 대체로 인생에 대해 낙관 비슷한 걸 하면서 이번에는 옛날과는 좀 다르고 싶었어. 그런데 어느 순간에 옛날과 똑같은 마음이 들기 시작하더라고요. 그럴 때는 무방비상태로 다정하게 굴지 못하고 더 단단하게 저 자신을 방어하게 됐어요.

F. 박사　제가 볼 때 크리스의 방어기제는 자신은 괜찮고 상대방이 문제가 있다고 보는 거네요. 여자를 결함이 있거나 내조나 "좋아"라는 말을 해주는 역할로 보면 자신도 모르는 사이에 두 사람 사이에 거리를 만들게 됩니다. 당신이 너무 교만하다거나 뭐 거만하게 행동한다는 말이 아닙니다. 그게 교묘하거든요. 교묘하게 자신을 보호하는 겁니다. 또한 그게 자신이 나쁘다고 생각하는 제인의 환상과도 맞아떨어집니다. 그런 식으로 작동됩니다.

크리스　제게 참 어려운 시간예요. 정신적으로 벽에 부딪힌 것 같아요. 무슨 의민지 아시겠어요? 그런 식으로 생각하면 안 되는 거 말예요. 그걸 알고 싶어요. 머리로는 어느 정도 알겠는데, 그게 어떻게 작동되는 건지 모르겠어요. 무슨 말인지 짐작은 돼요. 제 관점에 문제가 좀 있다는 거죠.

F. 박사　그건 자신이 너무 많이 확장되지 않도록 만드는 입력된 보호책입니다.

크리스　맞아요.

F. 박사　그리고 자신을 정말 무방비상태로 있지 않게 하려는 겁니다.

크리스　알았어요. 이해가 되네요 ....

F. 박사　그건 그냥 쉽게 그런 식으로 생각하게 되어있어요. 당신은 마초같이 지배하려드는 남자가 아닌 것 같아요. 그러니 그런 식으로 하지 않았죠. 좀 애매한 성향인데 ...

2. 파괴적인 생각을 언어화하고 그와 연관된 감정 방출하기.

크리스　제가 목소리대로 생각하면 이런 식예요. 주의해, 조심해, 속지 마.

F. 박사　그녀가 주도권을 갖게 해서는 안 돼.

크리스　그녀가 주도권을 갖게 해서는 안 돼.

F. 박사　그렇게 네가 좀 더 주도권을 잡아.

3. 통찰한 것에 대해 토론하기

크리스　맞아요. 확실히 제가 좌지우지하고 싶어요. 그렇지 않으면 당신에게 [제인] 상처 받을까 봐 두려워. 난 당신을 믿지 못해. 저는 상처 받거나 이용당하거나, 그런 게 두려워요.

F. 박사　그래서 그런 일이 일어나지 않도록 확실히 해두기 위해서 제인의 결점을 발견하는 거군요. [크리스와 집단 사람들의 웃음소리]

크리스　예. 실은 아주 궁금해요. 제가 그걸 왜 몰랐을까요? 제가 다른 관계에서는 아주 비판적이라는 것을 알거든요. 그런데 여기서는 그런 걸 못 느끼겠어요.

제인 제가 웃은 이유는요 우리 두 사람의 싸움과 불화가 그것 때문이었거든요. 그게 이런 식으로 우리에게 상처를 준다는 게 신기해요. 그것 때문에 우리가 동등하게 얘기를 하지 못하거나 일을 해결해 나가지 못했던 것 같아요. 그게 제 생각이에요. 참 신기하네요. 크리스 당신을 많이 이해하게 됐어요.

후속 면담

위에 얘기한 토론이 끝나고 2개월 후에 이루어진 면담에서 많은 커플이 변했다는 말을 했다. 커플 사이가 더 좋아졌고 독립심과 자신감이 증가했고 개인적인 성장을 했다는 발표를 했다. 더 나아가 습관적이고 방어적인 관계방식이 많이 변했고 그에 따라 관계도 달라졌다는 얘기를 했다.

일레인 지난 번 마지막 시간 이후로 저는 참 행복했습니다. 정말 행복했어요. 사랑하는 관계라는 것에 대해 저에게 뭔가 본질적인 변화가 일어난 것 같아요. 이제 싸움을 끝낸 기분이에요. 옛날 같지 않아요. 예전에는 엄마의 길을 대부분 따라갔어요. 아무도 가까이 오지 못하게 했고 마음의 평형상태를 유지하기 위해서 사랑을 느끼지 않으려고 했어요. 그런데 이제는 우리 사이에 어떤 일이 일어나도 그것을 얘기하는 게 훨씬 쉬워졌어요. 이제는 제 등 뒤에서 싸울 거리를 찾으며 찔러대는 칼날이 없거든요.

F. 박사 계획이 있으세요?

일레인 큰 변화는 우리가 아이를 갖으려고 굉장히 열심히 노력하고 있다는 점이에요. 정말 놀라운 변화죠. 가장 큰 변화에요. 그것을 두려워하지 않게 되었고 마음이 정말 원하는 상태까지 절대로 관계를 지속할 수 없다고 굳게 믿었었는데, 이제 그런 생각에서 벗어났어요. 정말 가슴이 떨려요. 인생이 기대가 되고 브루스 당신에 대해 설레고 그런 미래가 신나요.

브루스	저는 정말 아주 좋습니다. 일레인 당신과 함께 있는 시간이 언제나 아주 편안하고 즐거워. 당신 말이 맞아. 당신하고 맞서 싸울 마음이 없어졌어. 지금은 그것도 나를 가만 내버려두고 있고. 솔직히 말하면 내 자신의 삶에 대해 생각하는 게 행복해요.

앨런	나는 정말 당신과 사랑에 빠진 것 같아. 서로 사이가 소원해졌었는데, 이제는 그 어느 때보다 정말 아주 많이 가깝게 느껴져.
캐롤린	지금 우리가 서로 이런 마음인 게 좋아. 아주 희망적이야. 정말 어려운 시간을 함께 겪었는데, 그만한 가치가 있었던 것 같아요. 여기 사람들과 얘기를 나눌 수 있었던 게 많은 의미가 있었어요. 앞으로 모든 일이 다 항상 잘 풀리지는 않더라도 이제는 서로 어떻게 대화하고 우정을 나누는지 알게 돼서 많은 도움이 될 것 같아요.

셰릴	지난 번에 마지막 대화하고 나서 많은 게 변한 것 같아요. 셰릴, 당신과 아주 많이 가까워진 느낌이 들어. 아직도 두려워질 때도 있을 것 같아요. 그래도 이번 주에 당신이 정말 좋다는 마음이 들었고 내 감정의 변화도 느낄 수 있었어. 저는 마크가 저에게 마음 쓰는 것을 받아들일 줄 아는 것만이 아니라 마음 깊이 그를 사랑하기 시작했어요.
마크	우리가 대화를 해온 이후로 정말 당신과 가까워진 것 같아. 특히 당신을 밀어내는 문제를 털어놓고 나니 좀 더 내 자신이 된 것 같아. 많은 깨달음을 얻었고 내가 당신을 갈망하면 그게 어떤 상황을 만드는지 많은 것을 알게 됐어. 몇 가지 알게 된 게 있는데, 우리가 함께 사랑을 나눌 때 당신이 슬픔을 느낀다는 걸 알게 됐어. 그런 당신이 아주 가깝게 느껴졌어. 당신을 사랑하지 않을 수 없었지. 그 순간만큼 당신을 가깝게 느꼈던 적이 없었어.

셰릴 무슨 이유인지 요즈음 슬픔이 많이 올라와요. 저는 슬픔에 강한 사람인 것 같은데 말예요.

F. 박사 예. 슬픔에 대한 공포예요. 사람이 슬픔과 슬퍼하는 걸 두려워하는 건 모순이에요. 사실 슬픔을 느끼고 그것을 밖으로 표현하면 정말 좋아지거든요. 항상 그게 의아했어요.

마크 슬퍼하고 나면 친밀감과 행복이 느껴져요.

F. 박사 슬픔은 자신에게 집중하게 만드는 것 같아요. 그런데 사람들은 그것이 끔찍하기라도 한 듯 저항합니다.

셰릴 가장 중요한 변화가 제가 감정을 많이 느끼기 시작했다는 거예요. 그 중에서 슬픔이 가장 큽니다. 예전에는 그걸 회피했었어요.

F. 박사 그건 성관계에 가장 큰 장애가 됩니다. 슬퍼지면 긴장하게 되면서 더 이상 다른 것을 느낄 수가 없습니다. 그래서 성행위가 중단되기도 하죠. 슬픔을 받아들이지 못하면 대인관계를 하는 데 문제가 됩니다.

크리스 [제인에게] 집단모임을 하고 난 이후로 당신과 좋아진 것 같아. 저는 매사에 조심스러운 성향이 있다는 걸 알게 됐고, 그게 부모의 목소리, 또는 일종의 통제하는 목소리라는 걸 이해하게 됐어요. 저의 방어적인 태도였지요. 그것을 점점 더 내려놓게 되면서 더 많이 알게 됐어요.

어떻게 설명해야 될지 잘 모르겠지만요, 무방비 상태라는 단어가 가장 적당할 것 같아요. 그런 상태로 제인 당신과 함께 있으면 내가 훨씬 더 다정해지고 애정 표현을 훨씬 더 많이 할 수 있게 되는 것 같아요.

제인 가장 큰 사건이 우리 사이가 많이 동등해졌다는 거예요. 뭔가 좋지 않으면 그게 나 때문이라고, 내가 다정하지 않거나 괜찮지 않아서라는 생각을 요즘은 항상 하지는 않게 되었어요. 그 대신 크리스 당신을 분리된 한 사람으로 보게 됐고 어쩌면 내가 기분이 좋지 않거나 아니면 당신이 정신이 없고 기분이 안 좋을 수도 있다는 생각을 해. 우리가 서로 터놓고 얘기를 할 수 있다는 게 정말 큰 변화야.

크리스 흥미로웠던 것이 하나 또 있어. 당신이 나에 대한 감정표현을 더 많이 한다는 거야. 받아들이기가 조금, 아주 조금 힘들기는 해. [슬픈 목소리] 당신이 나를 그렇게 많이 좋아한다는 사실에 놀랐어. 그게 너무 좋아. 이런 말을 하니 좀 슬퍼지네. 그래도 당신이 나를 좋아하는 게 느껴지니까 기분이 좋아. 그게 정말 중요한 것 같아.

F. 박사 주도권을 갖는 성향에 대한 얘기를 나눈 후에 제인이 당신을 아주 많이 좋아하게 됐군요. 큰 영향이 있었네요. 가장 인상적이었던 것이 방어기제를 포기함으로써 한 사람이 더 매력적이 될 수 있고 관계가 새롭게 바뀔 수 있다는 겁니다. 그런데 어느 누구도 그것에 대해 생각하지 않습니다. 크리스는 그것이 제인을 저지한다고 생각하지 못했습니다. 제인도 그것에 대해 생각 못했을 겁니다. 그녀가 그것에 대해 불평하기는 했지만 정말 그게 뭔지 몰랐습니다. 그래서 그것을 알게 된 게 두 사람 관계의 전환점이었던 것 같습니다. 이제는 문제가 생기더라도 더 이상 흔들리지 않을 것 같군요.

제인 예! 희망적이에요. 절대로 안 바뀔 거라고 생각하며 무력하지 않아요. 이제 우리는 잘 처리할 수 있을 것 같아요.

F. 박사 참 이상한 장애물이에요. 방어적인 태도가 상대방을 밀어낸다는 것이 확실해졌습니다. 그게 많은 관계에서 제일 중요한 문제가 됩니다.

캐롤린 여기 토론에 참석해서 제 삶에 많은 게 생겼습니다. 당신[앨런]만이 아니라, 여기 모든 사람들에 대해 많은 걸 느껴요. 그리고 새해를 기다리며 정말 설렙니다. 사람들 개개인에 대해 많은 것을 느끼고 그들이 힘겹게 노력하는 것을 보면서 제 삶이 훨씬 풍요로워지네요. 모두를 응원합니다. 저는 좀 더 성숙한 관계를 갖기 위해 노력하는 모든 과정을 함께 나누고 싶어요.

원래 참가자들이 커플관계 개선을 위해 토론에 참석하기는 했지만 연속토론모임의 중요한 결과는 커플 개개인이 좀 더 강해졌다는 것이다. 즉 각자 자기 자신에게 집중하는 성격적 특성을 갖게 되었다. 커플관계를 지키는 데 집중하는 많은 커플 치료와는 다르게 우리는 커플 개념을 추상적인 개념으로 간주하고 커플/결혼을 유지하는 것보다는 한 개인을 곤경에서 구하는 것에 관심을 두었다. 우리는 커플 각 개인의 방어가 친밀감을 방해하는 주된 요소라고 보기 때문에 사실 우리의 일은 커플을 구성하고 있는 한 개인을 다룬다. 이런 형태의 치료가 여러 면에서 개인 심리치료처럼 유익하다.

우리는 집단토론모임을 하면서 참가자들이 그들 자신의 고유한 욕망과 목적을 성취하는 것이 아니라 파괴적인 사고과정과 부모의 지시에 따라 인생을 살고 있다는 것을 알게 되었다. 그들은 어린 시절에 내사해 받아들인 부모의 생각과 감정의 영향을 깨닫게 되면서 그들 자신을 제한하는 사고과정을 확인하고 그에 대한 도전을 시작할 수 있게 되었다.

본질적으로 이 연속모임에 참가했던 남성과 여성은 사랑하는 법을 배워나가는 과정에 몰두했다. 그들은 이전에는 너무 불안해 다시 상처받지 않으려고 방어했던 태도에서 이제는 무방어로 취약한 상태 그대로 있는 법을 배워가고 있다. 그들은 파괴적인 사고패턴에 대항하기 위해 가장 효과적인 방법이 거리를 유지하려고 방어적인 책략을 써 사랑하는 사람의 감정을 조종하기보다는 위험을 무릅쓰고 그들 자신의 방어행동을 바꾸는 것이라는 사실을 알게 됐다. 거리를 유지하려고 방어적인 책략을 써서 사랑하는 사람의 감정을 조종하기보다는 애정관계를 유지하기 위해서는 다른 중독과 마찬가지로 "즉각 단호하게 끊고" 새로워진 목소리공격 앞에서 파트너와 친밀한 관계를 유지하려고 노력해야만 한다. 목소리 치료를 통해 사랑을 주고받는 것을 방해하는 부정적인 이미지를 거부하고 친밀감과 개별화를 향해 나아갈 때 발생하는 불안감을 겪어냄으로써 삶의 영역을 확장시킬 수 있다.

미주

1) 이번 참가자들이 목소리 치료법을 이미 경험했고 집단 과정에 대한 이해가 있었던 점은 있지만 이 방법은 심리치료 경험이 거의 없는 환자들에게도 효과가 있다고 말할 수 있다. 임상 세팅에서 환자에게 적용하려면 좀 더 긴 치료과정이 필요하며 숙련된 치료자 훈련이 요구된다. 목소리 치료 훈련 매뉴얼의 제 8장 참조할 것.(파이어스톤, 파이어스톤 & 캐틀릿, 1997)

2) 집단모임과 후속 인터뷰에서 나온 임상자료는 <친밀감의 두려움 극복하기>란 제목의 다큐멘터리 비디오에 편집되었다. (파르, 1999) 최근에 완성된 것은 친밀감에 대한 비디오 시리즈 두 번째 작품이다.

3) 최초 FVSC는 친밀한 대인관계에 관련된 파괴적인 사고 패턴을 보여주는 171가지 항목으로 구성되었다. 이 항목들은 임상자료, 커플 토론 집단과 심리학 졸업생들에게서 나왔다. 참가자들은 0(없다)에서 4(항상)의 리커트 척도에 따라 이런 생각들을 경험했던 빈도수를 표시했다. FVSC 항목은 세 그룹, 자기에 대한 파괴적인 생각, 파트너에 대한 파괴적인 생각, 관계 일반에 대한 파괴적인 생각으로 분류되었다. 항목들은 세 그룹 중 하나의 측정 여부에 따라 평가된다.(표면적 타당성 접근) 평균점수는 세 그룹을 대표해 계산된다. 평균값이 쓰이는 이유는 각 그룹의 항목수가 다르기 때문에 평균값이 사용된다. 그리고 가산점수는 더 많은 항목이 있는 그룹들에 좀 더 많이 주어지게 되어 그룹들 전체에 대한 해석을 어렵게 만들었다. 이런 분류작업은 좀 더 많은 참가자 표본이 가능한 미래에 요인 분석 과정으로 실증적 타당성 검사를 받게 될 것이다. MSI-R은 모순, 관례, 보편적인 고통, 정서적 의사소통, 문제 해결 의사소통, 공격성, 함께 시간 보내기, 금전적인 갈등, 성적인 불만족, 역할 지향성, 고통의 파트너 가족사를 측정하는 하위 척도가 있다. MSI-R 데이터는 매뉴얼에 규정된 대로 분석되었다.

4) 행동 체크리스트는 연구 참관인들과 참가자들에 의해 작성되었다.(자료 14.1과 14.2) 체크리스트는 "이상적인 커플 상호작용"의 여러 측면들에서 파생된 항목들로 구성되었다. (자료 4.1 참조)

5) 결과의 한 예로서 FVSC에 나타난 남성과 여성 파트너의 점수(커플 1로부터)에서 다음과 같은 흐름이 보였다. 여성 파트너는 커플이 함께 하는 관계에서 가장 큰 진전을 보인 반면에 남성 파트너는 FVSC 항목 대부분에 변화가 없었다. 시간의 흐름에 따른 변화에 대해서는 여성파트너는 자기에 대한 부정적인 생각의 감소와 파트너에 대한 생각 영역에서 가장 극적인 변화를 보였다. 또한 일반적인 관계에 대해 주목할 만한 태도 변화가 분명하게 나타났다. 남성파트너는 상대적으로 자기, 상대방(파트너) 그리고 일반적인 관계에 관한 측면 전반에서 변화가 없었다. 자기에 대한 부정적인 생각이 약간 증가되었으나 파트너의 극적인 변화가 그에게 자신을 돌아볼 기회를 좀 더 많이 제공해주었을 것 같다.

15
전이, 치료적 동맹, 사랑

심리치료 동맹은 특별한 인간관계다. 그곳에서는 헌신적이고 훈련된 사람이 자신의 생각과 판단은 유보한 채 마음을 열고 다른 사람을 도와주려고 노력한다. 그곳처럼 그렇게 한 사람의 말을 주의 깊게 경청하고 그의 마음을 이해하고 모든 대화를 집중해 함께 나누며 메시지 하나하나를 중요하게 생각하는 곳은 어디에도 없다.

–R.W. 파이어스톤(1990d, p.68)

치료적 관계도 다른 관계들처럼 각 개인의 핵심 방어기제에서 비롯된 투사와 왜곡행위, 그리고 감정을 받아들일 수 있는 능력의 한계성으로 인해 좋지 않은 영향을 받는다. 치료자와 환자의 상호작용은 과거 경험에서 비롯된 방어적인 태도에 의해 왜곡될 가능성이 있고, 그로 인해서 제한적이다. 하지만 그래도 다음과 같은 조건이라면 치료의 진전을 기대해볼 수 있다. (a) 치료자가 비교적 방어가 덜하고 자신의 방어기제에 대해 충분히 잘 알고 있다. (b) 환자의 문제가 치료자의 방어체계를 건드리는 경우에도 치료자가 공격적이거나 적대적으로 행동하지 않는다. (c) 치료자의 반응이 환자에게 도움을 주는 단서가 된다.

'전이'는 원래 정신분석에 국한된 개념이었다.[1] 전이현상은 과거의 감정과 연상 때문에 환자가 치료자를 왜곡하는 것이다. 피분석가가 빈 스크린의 역할을 하는 치료자에게 투사하는 행위는 기본적인 치료적 상호작용으로 간주되며 훈습과정을 거친다. 이 개념은 계속해서 설리반(1954, 1956)의 "병렬 왜곡" 개념[2]처럼 모든 유형의 관계에 폭넓게 적용할 수 있는 개념으로 확대되었다.

이상적인 심리치료에서는 치료자와 환자가 서로 협동해서 의식적, 무의식적 왜곡작용을 가려내고 다른 대인관계에 표본이 될 수 있는 서로 이해하는 좋은 관계를 이룬다.

효과적인 치료적 동맹관계에서는 환자가 전이를 훈습하는 과정에 "교정적 정서체험"을 한다(알렉산더, 1961). 치료자가 환자의 왜곡이나 투사행위에 반응하지 않기 때문에 환자는 서서히 그에 따른 적절한 반응을 하면서 건설적인 정서환경에 적응해간다. 전이관계의 발생과 해소과정을 경험함으로써 환자는 상담실 바깥의 친밀한 관계에서도 자신의 왜곡된 사고와 감정, 반응방식을 바꿔나갈 수 있게 된다.* 치료과정은 "다시 양육되는" 특별한 환경이 제공되는 것이기 때문에 치료자의 문제나 방어행위로 인해서 환자의 성장기회가 제한 또는 방해받아서는 안 된다.

전이와 역전이는 모든 대인관계에 나타나는 중요하고 복잡한 심리현상이다. 이것을 실증적으로 연구해보려는 시도에 많은 어려움이 따랐다(루보르스키 & 크리츠-크리스토프, 1998). 대인관계 문제를 일으키는 사고와 정서의 왜곡이라는 주제를 책의 한 단원으로 다룬다는 것은 사실상 불가능하다. 그건 몇 권 분량의 주제에 해당한다. 이번 마지막 15장에서는 전이와 역전이 관계를 형성하고 또 유지하는 데 핵심적인 내면의 목소리역할에 대해 논의한다.

전이의 개념화 작업

전이의 정신분석 개념은 프로이트(1912/1958)로부터 시작되었다. 프로이트는 이 현상을 "한 사람의 인생에서 계속 반복되고 새롭게 재판되는 고정관념 틀"(pp.99-100)로 비유했다. 설리반은 심리치료의 대인관계이론에 프로이트의 개념을 확대해석해서 현재뿐만 아니라 과거의 관계가 지속적으로 심리기능에 영향을 미친다는 점을 강조했다. 설리반에 의하면(1962) "정신분석적 전이관계와 그 밖의 다른 상황의 친밀한 대인관계는 그 목적에서만 차이가 날 뿐이다"(p.283). 비슷한 맥락으로 그린슨(1965)은 전이개념을 확대해 현재 치료자와의 경험만이 아니라 과거 환자의 욕구가 다시 활성화되는 것도 포함시켰다. 심리치료의 진화라는 학회의 공개토론회에서 컨버그(1995)는 전이를 "과거의 병리적 관계가 지금 여기서 무의식적으로 반복되는 것"이라고 정의했다. 그는 "왜곡행위로 전이가 활성화되지 않도록 하기 위해서는 정상적인 대상관계"를 보여줘야 한다고 강조했다. 제임스 매스터슨(1995)은 경계선 성격장애 환자에게서 "전이가 행동화"되는 것을 발견했고 그것을 신경

---

* 과거 경험에 근거한 왜곡행위는 일종의 전이 신경증으로 치료과정동안 훈습을 통해 변화되거나 해소된다. 왜곡행위는 심리적 평형상태나 환상 연합 또는 "나는 아무도 필요 없다."고 생각하는 가짜독립성을 유지시켜주는 기능이 있다. 그렇게 하면 상처를 덜 받는 입장이 되기 때문이다. 그렇게 환자는 사람과의 관계를 통해 만족을 얻기보다는 내면에서 자족하는 것이 더 낫다는 것을 입증하려고 한다.

증환자의 전이반응과 구별했다. 매스터슨에 따르면 경계선 장애 환자는

> 자기와 대상 표상을 치료자에게 투사한다. 경계선 성격장애 환자는 신경증 환자와는 달리 투사할 때 치료자와 자신이 투사하는 대상을 구별하지 못한다. 다시 말해 그들에게는 치료적 동맹을 할 수 있는 능력이 거의 없다.

얄롬(1995)은 전이와 치료적 동맹에 대해 컨버그나 다른 고전적인 정신분석가들과 의견을 달리했다. 특히 얄롬은 다음의 사실을 강조했다.

> 치료자가 환자에 대해 드는 감정을 모른 척 하는 것은 실수다. 치료적 입장에서 치료자는 환자와 함께 떠나는 여행의 동반자이다. 두 사람은 함께 위기를 겪어내고 함께 현실적인 문제에 직면한다. 그래서 어느 정도 치료자의 자기노출이 필요하다.[3)]

대상관계 이론가들은 정신분석가나 실존주의 이론가들과는 좀 다르게 전이를 정의한다. 대상관계 이론가들의 토론모임에서 호바스와 루보르스키(1993)는 다음과 같은 비브링(글러버 (외), 1937)과 볼비(1988)의 주장을 언급했다. "치료과정의 일환으로 내담자는 치료자와 긍정적이고 욕구가 충족되는 관계를 형성할 수 있는 능력을 키운다. 이런 종류의 애착관계는 유아기 때 경험한 관계와는 질적으로 다른 새로운 사건이다"(p.561).

자기심리학 창시자인 하인즈 코헛(1971)은 "자기대상 전이"를 논했다. 그것은 "자기 긍정과 인정"에 고착된 어린 시절의 욕구를 나타낸다.[4)] 회복을 위한 치료요소로서의 공감을 강조한 코헛의 입장은 많은 면에서 R.D. 랭(1985)의 치료과정을 촉진시키는 환자와 치료자 사이의 "개인을 초월한" 공간에 대한 개념화작업과 비슷하다.[5)] 랭은 치료 상황에서 주로 비언어적으로 이뤄지는 마음의 교류나 초월적인 만남에 대해 설명했다. 이런 종류의 "교감communion"에 대한 랭의 개념은 치료적 관계든지 다른 친밀한 관계 든지 각 개인의 행복에 관심을 갖고 존중하는 진정한 애정관계와 비슷하다.

최근 들어 전이현상을 체계적으로 탐구하려는 목적으로 많은 연구가 시행되었다(코놀리(외), 1996). 루보르스키와 크리츠-크리스토퍼(1998)의 핵심갈등관계주제CCRT 방법론은 환자의 일반적인 대인관계에 관한 내러티브와 치료자와의 관계에 관한 내러티브 비교 연구의 토대가 되었다.

끝으로, 전이 개념의 범위에 대해서는 이론가들 사이에 커다란 불일치가 보인다.

"치료자에 대한 환자의 반응을 설명하기 위해 치료적 동맹이나 진정한 관계라는 개념이 추가적으로 필요한가 ?" 라는 질문에 집중했던 논쟁도 있었다(파이퍼, 조이스, 맥컴, & 아짐, 1993, p.587). 호바스와 루보르스키에 따르면 전이왜곡을 치료적 동맹의 현상으로 볼 것인지에 대한 문제는 "정신역동 치료의 계속된 논쟁중의 하나" 다(p.562).[6]

전이 현상

치료관계나 치료실 밖의 관계에 적용되는 나의 전이 개념에는 두 가지 기본적인 요소가 있다. 그것은 (a) 과거 대상관계 경험에서 비롯된 단순한 감정 전이와 (b) 내면화된 목소리 공격을 차단하고 객관화하려는 시도에서 비롯된 투사적 왜곡현상이다.

첫 번째 상황은 과거의 관계에 근거해 그와 비슷한 특성을 지금 대상에게 부여하는 것이다. 이를테면 따뜻하고 배려심이 많은 친척이 있는 사람의 경우 그와 닮은 사람에게 좋은 감정을 갖게 된다. 반대로 가족이나 친구, 지인, 선생, 의사, 상관과 나쁜 경험을 한 경우는 그들과 비슷한 사람에게 부정적인 감정이 들 수 있다. 심하게는 아버지가 자신을 비판하고 가학적으로 대했던 경우 직장 상관을 아버지와 같은 부류로 오해하거나 남자는 모두 성질이 못됐다는 편견을 갖게 된다. 왜곡행위는 대인관계를 복잡하고 힘들게 만든다. 과거 아버지와의 경험에서 비롯된 감정 전이로 인해서 남성에게 거부감이 있는 사람은 남성들에게 방어적으로 반응하고 화를 내는 경향이 있다. 이런 분노와 방어반응은 현재 파트너를 분노하게 만들며 순환된다. 그때 처음의 왜곡행위가 사실이 되어버린다.

이런 유형의 전이가 그대로 현실성 검사가 이뤄지지 않을 때 정신적 외상을 초래할 수 있다. 정동의 전이가 만족스러운 관계를 이루는 데 방해가 될 가능성은 있지만 항상 그런 것은 아니다. 단순한 전이는 예를 들어 임상가가 자신의 전문적인 경험상의 예측을 줄인 채 환자를 진단하고 환자에게 적절하고 세심하게 반응할때 처럼 현재 대상을 판단하고 평가하는 데 도움이 될 수 있기 때문에 긍정적인 가치가 있다.

두 번째 상황은 내면화된 목소리의 투사작용으로 전이가 일어나는 경우다. 이것은 자기공격을 외재화하려는 시도다. 사람들은 부모의 양육방식대로 스스로 자기 자신을 양육하고 자기 자신을 대한다. 내면화된 부모의 부정적인 태도와 감정을 바탕으로 사람들은 자기 자신에 대한 태도와 주관적인 감정을 갖게 될 뿐만 아니라 또한 전이적 투사행위를 하게 된다. 이런 유형의 전이반응은 일종의 자기양육 과정인 자기제한적이고 자기파괴적인 목소리를 객관화하려는 역동이라고 이해할 수 있다. 사람은 자신이 내사한 사고나 감정을 현재 관계에 투사함으로써 파트너가 자신과 똑같은 감정을 느끼게 만든다. 사람은 자신의 방어기제에 적합한 심리적 평형상태를 유지하기 위해서 자신의 가족과 행동하는 게 비슷한 사람을 선택하고 그 사람을 왜곡한다. 심지어 파트너를 자극해서 과거 가족 안에서의 자신의 정체성을 확인할 수 있는 부정적인 관계를 다시 만든다. 이것은 친밀한 관계에 방해가 되는 주요 장애물이 된다.

사람들은 자기긍정의 욕망이 있음에도 불구하고 가족 안에서 형성된 일시적인 자신의 부정적인 정체성을 확인하려고 한다. 내면에 병합된 자기개념에서 벗어나면 불안해지기 때문이다. 이런 분리불안은 대인관계에서 방어기제를 내려놓으려고 할 때만이 아니라 삶을 좀 더 온전히 자유롭고 활기차게 살려고 할 때도 생긴다. 자신을 제한하는 이런 태도는 초자아 기능을 넘어 공격자와의 동일시를 통해 형성된 파괴적인 목소리가 내면화되었다는 것을 보여준다.

전이 왜곡행위는 치료적 관계만이 아니라 개인적인 대인관계에서도 작동된다. 환자가 치료자에게서 느끼듯이 사람들은 파트너에게서 자신의 목소리를 감지한다. 친밀한 관계가 형성되는 시점에 (또는 심리치료 초반에) 목소리공격을 경험하기 시작할 때, 그것이 파트너(또는 치료자)에게서 나온 것으로 생각한다. 자신의 분열 상태는 직면하지 않고 목소리를 외재화해 상대방에게 투사하려고 한다. 투사 행위를 통해 파트너(또는 치료자)에게 투사적 동일시와 유사한 상호보완적인 반응을 유도한다.

치료회기 동안에 치료자와 환자가 경험하는 감정 반응은 복합적이다.

1. 치료자와 환자는 현재 두 사람의 관계에 따라 의식적, 무의식적인 감정을 느낀다. 예를 들면 사람들은 대개 적개심이나 부정적인 성향이나 비판적인 태도에 대해 적절하게 화를 내거나 공격적인 반응을 하고, 애정과 세심한 배려에는 긍정적으로 반응한다.
2. 두 사람 모두가 과거의 감정을 현재 상황에 투사하거나 전이시킬 수 있다. 그렇게 되면 현재 두 사람의 관계가 왜곡될 수 있다.
3. 환자와 치료자는 왜곡행위에 대해 역전이 감정을 보인다.
4. 치료자와 환자 모두가 투사적 동일시에 의해 상대방 내면의 생각을 떠맡게 된다. 전이왜곡을 토대로 상대방의 마음에 감정을 일으킬 수 있기 때문이다. 이런 감정반응은 단순한 역전이 반응보다 더 복잡하다.

투사적 동일시와 연관된 나의 역동개념은 사람들이 어떻게 그들 자신의 목소리공격과 감정 상태를 상대방에게 투사하는지, 또 그렇게 함으로써 자기파괴적인 사고의 내용이 담긴 반응을 어떻게 이끌어내는지를 잘 보여준다. 환자는 반자기 구조의 부인된 자기부분과 관련된 고통과 불안감 때문에 치료자를 "담아주는 사람" 으로 이용해 자신의 내면화된 목소리를 외재화하려고 한다. 말츠버거와 부이(1989)는 한 연구에서 자살기도 환자가 치료자에게 강한 혐오감을 불러일으키는 경우가 자주 있다고 말했다. 치료자의 마음에 생긴 혐오감은 자살 가능성을 알 수 있는 중요한 진단 신호로 밝혀졌다. 정신 역동적으로 이런 반감은 자살기도 환자가 무의식적인 수준에서 치료자에게 강한 자기혐오감과 자기파괴적인 목소리를 투사한 결과로 일어난 것이다(말츠버거 & 부이, 1989).

투사적 동일시과정을 통해 치료자의 마음이 동요할 때 중요한 것은 치료자의 반응태도다. 치료자는 자신에게 투사된 자료에 대한 부정적인 느낌을 행동화하지 않아야 한다. 행동화하면 환자의 파괴적인 사고가 더 강해지는 결과를 낳게 된다. 그것은 환자의 어린 시절 환경을 반영하는 결과가 되어 원래 병을 일으켰던 상황을 재생산하는 형국이 된다. 치료자는 투사행위에 의해 자신에게 일어난 감정변화를 인지하고 그것을 통해 환자가 경험하고 있을지 모르는 목소리공격을 알아내야 한다.[7)]

기본적으로 치료자는 자신의 반응에 따라 환자의 파괴적 목소리를 지지해 주게 되거나 아니면 환자의 자기공격을 노출시켜 그것에 도전하게 해줄 수 있다.

환자 마음에 자기와 반자기의 싸움이 일어나고 있기 때문에 환자의 부정적인 목소리를 지지하는 모든 의사소통은 방어적인 자기공격적 태도를 강화시키므로 '치료적 실수'로 간주될 것이다. 반면에 환자를 순수한 마음으로 대해주고 인정해주며 환자의 현실목표와 감정을 인정하고 지지하는 치료자의 반응은 긍정적인 치료효과를 갖게 될 것이다. 주목해야 될 것은 이것이 다른 모든 대인관계에도 적용된다는 사실이다.

전이에 대한 일반적인 오류

치료자와 환자는 치료 회기중에 다양한 감정과 사고, 그리고 환상을 경험한다. 두 사람의 관계방식이 종종 이론가들에 의해 전이나 역전이라고 잘못 분류되기도 한다. 가령 치료자에 대한 환자의 사랑 감정을 긍정적 전이의 출현이라고 보기도 한다. 이것은 부모나 다른 가족 에 대한 사랑 감정이 치료자에게 전치되었다고 보는 것이다. 하지만 반드시 그렇지는 않다. 한편으로는 환자가 부모에 대한 긍정적인 감정과 애정을 치료자에게 투사한다고 추정해 볼 수 있다. 그런데 다른 한편으로 환자는 왜 그가 존중받고 그가 하는 말이 경청되고 애정 어린 도움의 손길을 받는 상황에서 지금 여기에 적절한 다정한 반응을 하지 않는 것일까? 실제로 치료가 어떤 환자들에게는 사랑받는다고 느끼며 간섭받지 않고 사랑 감정을 경험하거나 표현하는 첫 번째 기회가 될 수 있다.

비슷하게 치료자는 왜 자신의 말이 경청되고 존중받고 사랑받으며 환자에게 긍정적인 영향을 주도록 허용된 상황에서 다정하게 반응하지 않는 것일까? 또 치료자와 환자가 서로 다른 성일 때 둘이 오랜 시간 한 방에 함께 있으며 민감한 대화를 나누다보면 서로 성적 매력을 느끼지 않을까? 어쩌면 치료 상황 밖이라면 어느 누구도 그렇게 깊은 이해심을 갖고 환자나 치료자의 말을 들은 적이 없었을 것이다. 여기서 중요한 것은 그런 반응들을 부정적이거나 병리적인 의미가 함축된 전이와 역전이 현상이라고 보거나 분류하는 것이 아니다. 치료자가 자신의 정서적인 욕구의 허전함을 채우려고 하기보다는 이에 대한 깨달음을 긍정적으로 사용해야 한다는 것이 중요하다.[8]

환자의 분노 반응이 과거에 근거한 투사작용과 상당부분 관련이 있기는 하지만 치료자에 대한 환자의 분노나 적대심 모두가 부정적 전이를 보여주는 것은 아니다. 환자가 치료자의 거칠고 민감하지 못하거나 적대적인 성격을 싫어하거나 그에 부정적으로 반응하는 것은 적절한 반응일 수 있다. 예를 들어 정신분석 임상의 특징인 치료적 중립 태도에 대한 환자의 반응을 생각해보자. 정신 분석가들은 목적의식을 갖고 순수하게 객관적이며 개인적인 특징을 나타내지 않는 태도를 유지하려고 한다. 이렇게 치료자가 환자의 투사배경인 빈 스크린의 역할을 유지하는 치료법은 부모의 감정반응을 볼 수 없었던 어린 시절의 부정적인 모습을 다시 보여주는 것이 될 수 있다. 이런 환자들은 애정과 관심, 사랑이 부족했던 부모와 같은 방식의 대우를 치료자로부터 받는 셈이 된다. 치료회기때 정서 반응의 결핍은 원래 대인관계에서와 똑같은 파괴적인 영향력을 미칠 수 있고, 신경증적 방어 패턴을 강화하는 결과를 낳는다(바인더 & 스트럽, 1997). 따라서 이런 상황에서 환자의 분노는 적절한 반응이다.[9]

치료적 동맹

심리치료를 통해 방어기제에 맞서 도전하고 행동변화를 촉진함으로써 좋은 결과를 가져올 수 있지만, 그래도 치료자의 자질에 의해 좀 더 성공적인 치료효과를 가져올 수 있다. 치료자가 조종하려고 하지 않고 정해진 기대역할의 반응을 보이지 않으면서 환자를 동등하게 대하고 환자와 환자의 경계를 존중하는 태도를 보일 때 효과적인 치료적 동맹관계를 해나갈 수 있다. 가장 효과적인 심리치료법에 대해서는 많은 논쟁이 있고 그에 대한 실증적인 자료가 충분치 않은 상황이다. 그런 까닭에 이런 상황에서 치료자에게 기본적으로 요구되는 것은 치료자 개인의 통합성과 의지를 바탕으로 이뤄지는 환자와의 솔직한 상호작용이다.[10]

건강한 자녀양육과 커플/가족의 친밀한 정서적 관계에 도움이 되는 인성이 심리치료 진전을 위한 작업동맹 형성에도 똑같이 필요하다.[11] 치료에 좋은 영향을 미치는 자질은 통합성, 연민, 공감 능력, 양가감정에 대한 관용적인 태도, 감정 수용능력, 지도자 능력 같은 것이다. 이와 같은 자질은 적용방법은 다르지만 모든 유형의 인간관계에 도움이 된다. 예를 들어 커플/가족은 자신의 능력껏 최선을 다해 상대방에게 만족을 제공하려고 노력한다. 하지만 치료적 관계에서 치료자는 환자에게 원시적 욕구와 욕망을 표현하도록 장려하지만 그것을 만족시켜주지는 않는다. 적절한 제약과 구조를 지닌 치료적 관계를 통해 환자가 만족을 이루지 못했던 소망의 좌절을 훈습해나가며 분노를 적절히 처리할 수 있도록 돕고, 모르고 있었지만 환자 자신에게 좌절에 대처할 수 있는 힘이 있다는 사실을 깨닫게 해준다.

치료자의 성격적 특성이 효과적인 치료적 관계의 형성과 유지 능력에 연관성이 있는 것 같다.[12] 살펴본 대로 이상적인 치료자는 솔직하고 통합성을 지닌 사람일 것이다. 이 말은 단지 진실을 말한다는 의미가 아니다. 치료자는 자신의 부정적이거나 긍정적인 성격적 특성을 인식하고 그것을 객관적으로 받아들이면서 자기이해를 부단히 쌓아온 사람이어야 한다(스트럽, 1995).

치료자는 환자가 건강하게 자신의 일을 잘 해나가는 사람이 되도록 돕는 롤모델이 되어야 하기 때문에 강인한 성격을 보여줘야 한다. 환자에게 안정과 믿음을 주기 위해서 치료자는 그 자신의 퇴행성향에 저항해야만 한다. 이런 강인함은 환자의 행동화를 직면시킬 때와 같이 필요한 경우에 분노감정에 접근해 그것을 받아주고 효과적으로 사용할 수 있는 능력에서 나온다. 치료자는 촉매자며 조력자로서 환자의 다양한 방어패턴에 민감해야하고 환자가 그것을 드러내고 포기하도록 도와줄 의지와 용기가 있어야만 한다.

치료자는 자신과 환자를 분리하지 않는다. 오히려 자신의 반응과 행동을 통해 파괴적인 성격을 극복하고 되도록이면 방어하지 않고 사는 모습을 보여준다. 치료자는 특정한 이론이나 틀에 환자를 맞추려고 하지 않는다. 대신에 환자를 알아가면서 환자에게 맞는 심리이론을 점차적으로 만들어간다. 치료자는 해석에 개입하지 않고 환자의 말에 판단하지 않는다. 반면에 과거 경험과 현재의 역기능사이에 우연히 보이는 일치를 직관적으로 찾고 탐구한다.

치료자는 "전이 대상"이 될 수 있다고 말할 수 있다. 그것은 자기양육적인 태도에 의존하던 환자가 치료실 바깥의 실제 관계에서 만족을 구할 수 있을 정도로 변할 때까지 그동안 환자에게 진정한 관계를 제공한다는 점에서 그렇다. 예를 들어 환자가 환상과 자기만족에서 벗어나 실제 관계를 해나갈 수 있게 잠정적으로 환자를 "안아주거나" 지탱해 주려면 치료자는 인간적이어야 솔직하고 책임감 있을 뿐만 아니라 관심 있고 따뜻하다.

치료 실수의 많은 부분이 치료자의 방어체계 때문에 환자에게 제약을 부과한 결과로 나타날 수 있다. 거짓과 나르시시즘, 적대심 같은 부정적인 성격적 특성은 환자에게 아주 해롭다. 이런 의미에서 좋은 치료자 훈련에서 중요한 것은 선택과정이다.

심리치료 훈련 지원자들은 주로 의학과 임상심리학 분야에서 나온다. 많은 의사들이 부모역할을 하고 의사 대 환자의 이분법을 행동화하는 경향이 있는 반면에 연구나 일반 학문 배경의 사람들은 객관적이고 분석적인 경향이 있으므로 좀 더 효율적인 심리치료가 될 수 있도록 환자를 이끌어줄 감정은 부족한 편이다. 따라서 이곳에서 양성된 치료자는 공감과 배려, 인간과 인간 행동에 관한 직관적인 이해가 부족할 가능성이 있다. 훈련이나 지도감독을 받는 동안에 어떤 행동이나 태도, 그리고 특성은 학습되거나 개발될 수 있지만 기본 성격은 변화하기 어렵다.[13]

사랑

사랑이라는 단어가 이제는 너무 통속적이 되어버렸고 그 의미가 모호해졌다. 성숙한 사랑(친절, 존중, 세심함, 다정한 태도)은 찾기 어려울 뿐만 아니라 그것을 허용하고 받아들이는 것이 매우 어려워진 현실이다. 사람이 상처를 입게 되면 다시는 상처받지 않으려고 하며 사랑을 회피하는 방어기제를 형성한다. 상처받은 경험이 있는 사람이 사랑이나 인정을 받게 되면 그 때문에 견딜 수 없을 것 같은 불안과 슬픔을 느낀다. 애정관계는 서서히 환상연합 상태로 변질되면서 사랑의 감정은 환상 속에 머물고 겉으로는 사랑하는 사이라고 보기 힘든 행동을 보인다. 분명한 사랑의 표시가 보이지 않는 마음속 사랑은 서투른 가짜일 뿐이다. 적절한 행동으로 사랑을 표현하지 않는 사랑에 대한 환상은 파트너에게 아무런 의미가 없다. 단지 파트너의 현실성 검사를 방해할 뿐이다.

사랑은 커플의 정서적 행복과 자기감, 자율성을 높여주는 행동이라고 정의할 수 있다. 사랑이 깃든 반응은 친밀한 관계나 치료적 관계에 긍정적인 영향을 주어 변화를 이루게 한다. 성숙한 사랑은 상대방의 모습 그 자체를 인정하고 상대방이 그 스스로의 인생목적을 자유롭게 추구하는 것을 지지한다. 상대방에 대한 자기이익을 초월해 상대방을 자주

적 권리를 지닌 분리된 존재로 인식한다. 이런 의미에서 두 사람의 상호교류와 삶을 공유하는 문제는 의무라기보다는 선택사항이 된다.

많은 사람들이 성적 이끌림과 쾌락을 사랑으로 오해하고 강렬한 육체적인 매력에 이끌려 짝을 선택하고 나서야 두 사람이 서로 일치하는 것이 거의 없다는 사실을 깨닫는다. 하지만 성적인 사랑은 관계를 오래 지속하는 데 꼭 필요한 요소이기도 한다. 성적인 느낌과 반응을 통해 서로의 애정이 지속되기 때문이다. 실제로 성생활과 친밀한 개인적인 의사소통을 조화롭게 잘 해나가는 게 이상적인 커플의 모습이다.

사랑의 본성과 중요성에 관해 몇 가지 흥미로운 사실을 다음과 같이 요약해볼 수 있다.

1. 꾸준하게 사랑을 보여줄 수 있는 정서적으로 성숙한 사람은 찾기 어렵다. 또한 사랑이 다가올 때 자신의 핵심 심리방어기제가 건드려지기 때문에 사랑을 받아들이는 게 훨씬 더 어렵다.
2. 생존과 정신건강을 위해 사랑을 받는 게 꼭 필요하지는 않다. 사람들은 어린 시절에 입력된 믿음 때문에 미래의 행복이 "진정한 사랑"을 찾고 그 사람과 배타적인 커플관계나 결혼을 오래 유지하는 것에 달려있다고 믿는다. 하지만 그런 비현실적인 기대감이 환멸과 불행의 원인이 되기도 한다.
3. 대개 사랑을 추구하는 목적이 잘못 되었다. 사람들은 자신을 온전하게 해줄 사람을 찾으려고 한다. 하지만 자신의 빈 곳을 채우려고 하는 관계는 실패할 가능성이 크다. 사람이 자기 자신을 발전시키려고 애쓰고 최대한 잠재력을 발휘하려고 노력하면서 의지와 자주성을 보이는 파트너를 구한다면 사랑을 찾을 가능성이 더 많다.

관계에 대한 착각과 파괴적인 태도를 포기할 때 더 많은 사랑을 주고받을 수 있게 된다. 성숙한 사랑은 영적인 경험과 비슷하다(체식, 1992, 쉬나흐, 1991). 실제로 사랑은 인간 실존에 내재한 절망감에 강력한 해독제다. 그래서 남자와 여자는 삶에 본질적인 사랑을 주고받는 능력을 향상시키려고 노력한다. 사람은 입력된 방어기제를 내려놓고 "좋은" 삶을 추구할 때 자기와 타인을 좋아할 수 있다. 또한 구태의연한 방어적인 태도를 극복할 수 있으며 서로 정신건강과 인생에 대한 만족, 그리고 정서적인 행복을 이루면서 사람들과 함께 살아갈 수 있다

미주

1) 프로이트(1905/1953)는 "히스테리 사례분석"에서 전이란 무엇인가? 라는 질문을 던지며 처음으로 전이에 대해 설명했다. "그것은 분석하는 동안에 일어나 의식하게 되는 충동과 환상의 새 판본 또는 복사물입니다. 그런데 그 특징은 ... 어린 시절 대상이 의사로 대체된다는 것입니다." (p.116)

2) 설리번(1956)은 "병렬왜곡"을 "과거에 소화되지 못하고 하나의 동기부여 체계에 통합될 수 없었던 경험이나 사건을 나타내는 것"이라고 정의했다.(p.200) 병렬왜곡 개념 사례는 설리반의 <정신장애자 인터뷰> (pp.23-25)를 참조할 것. 제페(1991)는 전이란 "외상 경험으로부터 최적의 거리를 유지하기 위해 긴장을 조절하는 수단이며 모든 인간관계에서 일어난다."고 주장했다.(p.503)

3) 컨버그(1995)는 고전적인 정신분석적 입장에 대한 얄롬(1995)의 비평에 대해 답하면서 "심리치료는 대단히 열정적이고 헌신적이고 솔직한 관계며, 전이와 역전이는 관계를 방해하는 왜곡현상이다. 그리고 심리치료 작업은 환자와 치료자의 관계를 통해 환자를 도울 수 있기 위해서 그 왜곡현상을 정확하게 분석하는 일"이란 점을 강조했다. 치료자의 자기노출의 영향에 대해 논의한 사람들도 있었다. 지노(1997)는 "분석가의 자기 노출이 무의식적인 자기 부분을 통합하려고 애쓰는 환자에게 도움이 될 수 있는" 중요한 의미를 지닌다는 점을 강조했다.(p.365) 젤소와 카터(1994)는 "빈 스크린" 역할 유지를 위해 애쓰는 치료자에 관해 언급하면서 "환자는... 치료자가 자기 자신을 숨기거나 애매모호한 태도를 보이려고 할 때도 치료자의 실제 모습을 보게 된다."고 말했다.(p.298)

4) 코헛(1971)은 "만일 이상화 대상에 대한 최적의 변형적 내재화가 이루어지지 못하면, 그때는... 이상화 대상이 구조화되기 이전의 초기 원시대상으로 존재하게 되고 분석상황에서 이상화전이로 재활성됨으로써 어린 시절 외상의 충격으로 중단된 내재화 과정이 다시 진행될 수 있다." (p.106) 구성주의자들(마호니, 1981, 니마이어, 1993)뿐만 아니라 기다노와 리오티(1983), 그리고 "상호주관주의" 이론가인 스톨로로우(1997)와 스톨로로우, 브란차프트와 애트우드(1987)는 전이와 치료적 동맹에 관한 개념작업에 대한 글을 썼다. 이 이론가들은 "치료자의 주관적 현실과 그것이 치료과정에 미치는 영향"을 인식하는 문제에 주목했다. (솔로몬 & 시겔, 1997, p.12)

5) <실존 치료>란 제목의 비디오를 참조할 것. 발표자 로날드 D. 랭 박사, 1985년, 심리치료의 진화 컨퍼런스. 랭박사와 정신분열증 진단을 받은 젊은 여성의 초월적인 상호작용을 내용으로 하고 있다.

6) 몇몇의 이론가는 정당하게 전이로 분류될 수 있는 치료적 상호작용과 그렇지 않은 것을 구별했다. 그린슨(1965)은 "작업동맹"과 "실제 관계"는 "전이와 같다고 볼 수 없는"(p.164) 치료적 관계유형이라고 설명했다. 호바츠와 루보르스키(1993)도 "환자의 무의식적인 투사작용" (즉 전이)과 "작업동맹"를 명확하게 구별했다.(p.563) 또한 겔소와 카터(1994)의 작업동맹, 전이 구성, 그리고 "실제 관계"에 대한

정의를 참조할 것.

7) 볼라스는 "역전이 활용"(1987)의 장에서 환자의 방어적인 투사적 동일시에 적절한 치료적 반응에 대해 논의했다. "임상가는... 변형대상으로서의 기능을 드러내놓고 수행해야 한다..... 환자는 뭔가를 알고 있다. 하지만 지금까지 그것을 생각할 수 없었다. 이제 분석가는 말할 줄 몰랐던 아기를 다뤘던 엄마와 똑같은 기능을 수행한다. 엄마는 아기의 기분과 제스처, 욕구 표현을 인지하고 수용하고..., 적절한 표현으로 변환하고, 그리고 해결해 준다." (p.234-235)

8) 컨버그(1997)는 역전이의 긍정적인 활용에 관해 다음과 같이 말했다. "분석가의 창조성은 전이의 모든 정서 상황을 담아내는 해석을 하는 것에 있다. 분석가는 환자의 언어적, 비언어적 행동과 자신의 역전이 반응을 관찰하면서 그에 따라 현재 상황에 적합한, 그러나 환자가 예상하지 못한 방향으로 생각해볼 수 있도록 열려있는 해석이 가능한 은유를 구성한다." (p.310) 또한 브리지(1994)의 "매력의 의미와 관리: 주목받지 못한 심리치료 훈련과 임상 분야"를 참조할 것.

9) 밀러와 엘럼 그리고 다른 여러 사람들이 거리두기 기제인 치료적 중립성의 남용을 비난했다. 앨리스 밀러(1988/1990, 1990/1991)는 정신분석가들의 이지적인 해석, 어린 시절 외상에 대한 이해 부족, 구획화와 거리두기를 비난했다.

10) 호바츠와 루보르스키(1993)는 과거 20년 동안의 심리치료연구가 "대략적으로 말해 치료(방법론)은 달라도 치료 성과는 비슷하다."는 사실을 보여주고 있다고 말했다.(p.563) 이에 따라 작업 동맹이 환자 상태의 변화에 중대한 영향을 준다는 점에 관심을 갖게 되었다. 루보르스키, 바버, 보이틀러(1993), 호바츠와 사이몬즈(1991)의 논평과 동맹의 질과 치료 결과를 연결시킨 메타분석 연구를 참조할 것.

11) 치료적 동맹의 변수를 조사한 여러 연구를 통해 내담자가 "치료자를 수용하고 지지하는 사람으로 인식하는 것은 치료법의 적합성에 대한 내담자의 인식과 기꺼이 치료 목표를 성사시키려고 하는 치료자의 태도와 밀접한 연관성이 있다."는 사실이 드러났다. (호바츠 & 루보르스키, 1993, p.568)

12) 여러 연구자들이 효과적인 치료적 동맹 설립에 기여한다고 가정한 수많은 치료자 변수를 조사했다. (보이틀러 & 클라킨, 1990, 보이틀러, 마하도, & 노이펠트, 1994, 본가르 & 보이틀러, 1995, 스트럽, 1989) 또 다른 사람들(호바츠 & 사이몬즈, 1991, 루보르스키 & 크리츠-크리스토퍼, 1998)은 환자와 치료자 동맹과 좋은 결과의 상호관계를 자세히 설명했다.

13) 사실상 훈련이 치료자의 개인적인 특성에 부정적인 결과를 가져올 수 있다. 여러 연구자들이 단기 역동심리치료의 치료자행동 훈련 효과를 조사했다.(헨리, 스트럽, 버틀러, 샤흐트, & 바인더, 1993) 그 결과는 다음과 같다. "치료자들이 회기 중에 한 쌍이 되는 양자관계의 중요성에 대해 좀 더 많이 알게 되었다.

하지만 또한 실제로는 아주 위해한 정도로 친화적이지 못하고 복잡한 의사소통을 하고 있었다. … 훈련을 마친 후 치료자들은[어쩌면 불안과 방어 때문에] 인정과 지지를 잘 하지 못하고 별로 낙관적이지 못하고 더 권위적이 되거나 방어적인 사람으로 평가받았다. … 우리는 … 훈련을 마친 치료자들의 개입이 다소 기계적이거나 적절하지 않은 시점에 이뤄지는 모습을 관찰했다." 이 연구와 그 영향에 대한 논평은 버틀러(1997)를 참조할 것. 호바츠와 루보르스키(1993)는 "치료자 개인의 관계문제로 인해 치료자가 치료적 관계의 요구에 정확히 반응하지 못할 수 있다."는 점을 시사하는 헨리와 스트럽(1994)의 데이터를 인용했다.(호바츠 & 루보르스키, 1993, p.569)

참고문헌

Ainsworth, M. D. S. (1989). Attachments beyond infancy. *American Psychologist*, 44, 709-716.

Ainsworth, M. D. S., Blehar, M. c., Waters, E., & Wall, S. (1978). *Patterns of attachment:* A *psychological study of the strange situation.* Hillsdale, NJ: Erlbaum.

Alexander, F. (1961). *The scope of psychoanalysis* 1921 -1 961: *Selected papers of Franz Alexander.* New York: Basic Books.

Amato, P. R. (1994). life-span adjustment of children to their parents' divorce. *The future of children*: Vol.4. *Children and divorce* (pp. 143-164). Los Altos, CA: Center for the Future of Children.

Anthony, E. J., & Cohler, B. J. (Eds.). (1987). *The invulnerable child.* New York: Guilford Press.

Anthony, S. (1973). *The discovery of death in childhood and after.* Harmondsworth, England: Penguin Education. (Original work published 1971)

Araoz, D. L. (1982). *Hypnosis and sex therapy.* New York: Brunner/Mazel. Archer, J. (1996). Sex differences in social behavior: Are the social role and evolutionary explanations compatible? *American Psychologist*, 51,909-917.

Aries, E. (1997). Women and men talking: Are they worlds apart? In M. R. Walsh (Ed.), *Women, men, and gender: Ongoing debates* (pp. 91-100). New Haven, CT: Yale University Press.

Arlow, J. A. (1986). Object concept and object choice. In P. Buckley (Ed.), *Essential papers on object relations* (pp. 127-146). New York: New York University Press.

Bach, G. R., & Deutsch, R. M. (1979). *Stop! You're driving me crazy.* New York: Berkley.

Badinter, E. (1981). *Mother love: Myth and reality: Motherhood in modem history.* New York: Macmillan. (Original work published 1980)

Bakermans-Kranenburg, M. J., & van IJzendoom, M. H. (1993). A psychometric study of the Adult Attachment Interview: Reliability and discriminant validity. *Developmental Psychology*, 29, 870-879.

Balint, M. (1985). *Primary love and psycho-analytic technique.* London: Maresfield library. (Original work published 1952)

Bandura, A. (Ed.). (1971). *Psychological modeling: Confiicting theories.* Chicago: Aldine-Atherton.

Bandura, A. (1973). *Aggression: A social learning analysis.* Englewood Cliffs, NJ: Prentice Hall.

Bandura, A. (1977). *Social learning theory* . Englewood Cliffs, NJ: Prentice Hall.

Bandura, A. (1986). *Social foundations of thought and action: A social cognitive theory.* Englewood Cliffs, NJ: Prentice Hall.

Bandura, A., & Walters, R. H. (1963). *Social learning and personality development.* New York: Holt, Rinehart & Winston. 315

Barglow, P., & Schaefer, M. (1977). A new female psychology? In H. P. Blum (Ed.), *Female psychology: C ontemporary psychoanalytic views* (pp. 393-438). New York: International Universities Press.

Bartholomew, K. (1990). Avoidance of intimacy: An attachment perspective. *Journal of Social and Personal Relationships*, 7, 147-178.

Bartholomew, K. (1993). From childhood to adult relationships: Attachment theory and research. In S. Duck (Ed.), *Learning about relationships* (pp. 30-62). Newbury Park, CA: Sage.

Bartholomew, K., & Horowitz, L. M. (1991). Attachment styles among young adults: A test of a four-category model. *Journal of Personality and Social Psychology*, 61, 226-244.

Bateson, G., Jackson, D. D., Haley, J., & Weakland, J. H. (1972). Toward a theory of schizophrenia. In G.

Bateson (Ed.), *Steps to an ecology of mind* (pp. 201227). New York: Ballantine Books. (Original work published 1956)

Batgos, J., & Leadbeater, B. J. (1994). Parental attachment, peer relations, and dysphoria in adolescence. In M. B. Sperling & W. H. Berman (Eds.), *Attachment in adults: Clinical and developmental perspectives* (pp. 155-178). New York: Guilford Press.

Bavelas, J. B. (1983). Situations that lead to disqualification. *Human Communication Research*, 9, 130-145.

Beavers, W. R. (1977). *Psychotherapy and growth: A family systems perspective.* New York:Brunner/Mazel.

Beavers, W. R., & Hampson, R. B. (1990). *Successful families: Assessment and intervention.* New York: Norton. Beck, A. T. (1978). Beck Depression Inventory. San Antonio, TX: Psychological Corporation.

Beck, A. T. (1988). *Love is never enough.* New York: Harper & Row.

Becker, E. (1964). *The revolution in psychiatry: The new understanding of man.* New York: Free Press.

Becker, E. (1975). *Escape from evil.* New York: Free Press.

Beebe, B. (1986). Mother-infant mutual influence and precursors of self-and object representations. In J. Masling (Ed.), *Empirical studies of psychoanalytic theories:* Vol. 2 (pp. 27-48). Hillsdale, NJ: Analytic Press.

Belsky, J., & Isabella, R. (1988). Maternal, infant, and social-contextual determinants of attachment security. In J. Belsky & T. Nezworski (Eds.), *Clinical implications of attachment* (pp. 41-94). Hillsdale, NJ: Erlbaum.

Belsky, J., Taylor, D. G., & Rovine, M. (1984). The Pennsylvania Infant and Family Development Project: II. The development of reciprocal interaction in the mother-infant dyad. *Child Development*, 55, 706-717.

Benedek, T. (1970). The psychobiology of pregnancy. In E. J. Anthony & T. Benedek (Eds.), Parenthood: Its *psychology and psychopathology* (pp. 137-151). Boston: Little, Brown.

Benoit, D., Parker, K. C. H., & Zeanah, C. H. (1997). Mothers' representations 316 REFERENCES of their infants assessed prenatally: Stability and association with infants' attachment classifications. *Journal of Child Psychology and Psychiatry*, 38, 307313.

Bergman, 1. (1983). *Scenes from a marriage.* In A. Blair (Trans.), *The marriage scenarios* (pp. 1-202). New York: Pantheon Books. (Original work published 1973)

Berkowitz, L. (1989). Frustration-aggression hypothesis: Examination and reformulation. Psychological Bulletin, 106, 59-73.

Beutler, L. E. (1997). The psychotherapist as a neglected variable in psychotherapy: An illustration by reference to the role of therapist experience and training. *Clinical Psychology: Science and Practice*, 4, 44-52.

Beutler, L. E., & Clarkin, J. F. (1990). *Systematic treatment selection: Toward targeted therapeutic interventions.* New York: Brunner/Mazel

Beutler, L. E., Machado, P. P. P., & Neufeldt, S. (1994). Therapist variables. In S. L. Garfield & A. E. Bergin (Eds.), *Handbook of psychotherapy and behavior change* (4th ed., pp. 229 -269). New York: Wiley.

Beyer, S., & Finnegan, A. (1997, August). *The accuracy of gender stereotypes regarding occupations.* Paper presented at the 105th Annual Convention of the American Psychological Association, Chicago.

Binder, J. L., & Strupp, H. H. (1997). "Negative process": A recurrently discovered and underestimated facet of therapeutic process and outcome in the individual psychotherapy of adults. *Clinical Psychology: Science and Practice*, 4, 121-139.

Bloch, D. (1978). *"So the witch won't eat me": Fantasy and the child's fear of infanticide.* New York: Grove Press.

Bloch, D. (1985). The child's fear of infanticide and the primary motive force of defense. *Psychoanalytic Review*, 72, 573-588.

Blum, H. P. (1977). Masochism, the ego ideal, and the psychology of women. In H. P. Blum (Ed.), *Female psychology: Contemporary psychoanalytic views* (pp. 157-191). New York: International Universities Press.

Blum, H. P. (1978). Reconstruction in a case of postpartum depression. *The Psychoanalytic Study of the Child*, 33, 335 -362. New Haven, CT: Yale University Press.

Bodin, A. M. (1996). Relationship conflict-verbal and physical: Conceptualizing an inventory for assessing process and content. In F. W. Kaslow (Ed.), *Handbook of relational diagnosis and dysfunctional family patterns* (pp. 371-393). New York: Wiley.

Bollas, C. (1987). *The shadow of the object: Psychoanalysis of the unthought known.* New York: Columbia University Press.

Bolton, F. G., Jr. (1983). *When bonding fails: Clinical assessment of high-risk families.* Beverly Hills, CA: Sage.

Bongar, B., & Beutler, L. E. (Eds.). (1995). *Comprehensive textbook of psychotherapy: Theory and practice.* New York: Oxford University Press.

Bomstein, R. F. (1993). Parental representations and psychopathology: A critical REFERENCES 317 review of the empirical literature. In J. M. Masling & R. F. Bomstein (Eds.), *Psychoanalytic perspectives on psychopathology* (pp. 1-41). Washington, DC: American Psychological Association.

Boszormenyi-Nagy, 1., & Spark, G. M. (1984). *Invisible loyalties: Reciprocity in intergenerational family therapy.* New York: Brunner/Mazel

Bowen, M. (1976). Theory in the practice of psychotherapy. In P. J. Guerin, Jr. (Ed.), Family therapy: Theory arul practice (pp. 42-90). New York: Gardner Press.

Bowen, M. (1978). *Family therapy in clinical practice.* New York: Jason Aronson.

Bowlby, J. (1973). Attachment arulloss: Vol. II. Separation: Anxiety arul anger. New York: Basic Books.

Bowlby, J. (1979). The making arul breaking of affectional bonds. London: Tavistock.

Bowlby, J. (1980). Attachment arulloss: Vol. III. Loss: Sadness arul depression. New York: Basic Books.

Bowlby, J. (1982). Attachment arulloss: Vol. I. Attachment (2nd ed.). New York: Basic Books.

Bowlby, J. (1988). A secure base: Parent-child attachment arul healthy human development. New York: Basic Books.

Boyd, S. (1982). *Analysis of a unique psychological laboratory.* Unpublished manuscript.

Brazelton, T. B., & Cramer, B. G. (1990). *The earliest relationship: Parents, infants, arul the drama of early attachment.* Reading, MA: Addison-Wesley.

Brazelton, T. B., & Yogman, M. W. (Eds.). (1986) .*Affective development in infancy. Norwood,* NJ: Ablex.

Brennan, K. A., & Shaver, P. R. (1995). Dimensions of adult attachment, affect regulation, and romantic relationship functioning. *Personality arul Social Psychology Bulletin,* 21, 267 -283.

Bretherton, 1. (1996). Internal working models of attachment relationships as related to resilient coping. In G. G. Noam & K. W. Fischer (Eds.), *Development arul vulnerability in close relationships* (pp. 3-27). Mahwah, NJ: Erlbaum.

Bretherton, 1., Ridgeway, D., & Cassidy, J. (1990). Assessing internal working models of the attachment relationship. In M. T. Greenberg, D. Cicchetti, & E. M. Cummings (Eds.), *Attachment in the preschool years: Theory, research, arul intervention* (pp. 273-308). Chicago: University of Chicago Press.

Bridges, N. A. (1994). Meaning and management of attraction: N eglecred areas of psychotherapy training and practice. *Psychotherapy,* 31, 424-433.

Briere, J. N. (1992). *Child abuse trauma: Theory arul treatment of the lasting effects.* Newbury Park, CA: Sage.

Brody, S. (1956). *Patterns of mothering: Maternal influence during infancy.* New York: International Universities Press.

Burleson, B. R., Kunkel, A. W., Samter, W., & Werking, K. J. (1996). Men's and women's evaluations of communication skills in personal relationships: When sex differences make a difference-and when they don't. *Journal of Social and Personal Relationships,* 13, 201-224.

Burn, S. M. (1996). *The social psychology of gender.* New York: McGraw-Hill.

Buss, D. M. (1992). Mate preference mechanisms: Consequences for partner choice and intrasexual competition. In]. H. Barkow, L. Cosmides, & J. Tooby (Eds.), *The adapted mind: Evolutionary psychology and the generation of culture* (pp. 249266). New York: Oxford University Press.

Buss, D. M. (1994). *The evolution of desire: Strategies of human mating.* New York: Basic Books.

Buss, D. M. (1995). Psychological sex differences: Origins through sexual selection. *American Psychologist,* 50, 164-168.

Buss, D. M., & Barnes, M. (1986). Preferences in human mate selection. *Journal of Personality and Social Psychology,* 50, 559-570.

Buss, D. M., Larsen, R.]., & Westen, D. (1996). Sex differences in jealousy: Not gone, not forgotten, and not explained by alternative hypotheses. *Psychological Science,* 7, 373-375.

Buss, D. M., & Schmitt, D. P. (1993). Sexual strategies theory: An evolutionary perspective on human mating. *Psychological Review,* 100, 204-232.

Buunk, B. P., Angleitner, A., Oubaid, v., & Buss, D. M. (1996). Sex differences in jealousy and evolutionary and cultural perspective: Tests from thc Netherlands, Germany, and the United States. *Psychological Science,* 7, 359-363.

Canary, D.]., Cupach, W. R., & Messman, S. J. (1995). *Relationship conflict: Conflict in parent-child, friendship, and romantic relationships.* Thousand Oaks, CA: Sage.

Caplan, P.]. (1981). *Between women: Lowering the barriers.* Toronto, Ontario, Canada: Personal Library.

Carstensen, L. L., Graff, J., Levenson, R. W., & Gottman, J. M. (1996). Affect in intimate relationships: The developmental course of marriage. In C. Magai & S. H. McFadden (Eds.), *Handbook of emotion, adult development, and aging* (pp. 227-247). San Diego, CA: Academic Press.

Caspi, A. (1993). Why maladaptive behaviors persist: Sources of continuity and change across the life course. In D. C. Funder, R. D. Parke, C. TomlinsonKeasey, & K. Widaman (Eds.), *Studying lives through time* (pp. 343-376). Washington, DC: American Psychological Association.

Cassidy,]., & Kobak, R. R. (1988). Avoidance and its relation to other defensive processes. In J. Belsky & T. Nezworski (Eds.), *Clinical implications of attachment* (pp. 300-323). Hillsdale, NJ: Erlbaum.

Chess, S., & Thomas, A. (1987). *Know your child: An authoritative guide for today's parents.* New York: Basic Books.

Chessick, R. D. (1992). On falling in love and creativity. *Journal of the American Academy of Psychoanalysis,* 20, 347-373.

Chisholm,]. S. (1996). The evolutionary ecology of attachment organization. *Human Nature,* 7, 1-38.

Chodorow, N. (1978). *The reproduction of mothering: Psychoanalysis and the sociology of gender.* Berkeley, CA: University of California Press.

Cicchetti, D., & Toth, S. L. (1998). The development of depression in children and adolescents. *American Psychologist,* 53, 221-241.

Cole-Detke, H., & Kobak, R. R. (1996). Attachment processes in eating disorder and depression. *Journal of Consulting and Clinical Psychology,* 64, 282-290.

Colman, W. (1995). Gesture and recognition: An alternative model to projective identification as a basis for couple relationships. In S. Ruszczynski &]. Fisher (Eds.), *Intrusiveness and intimacy in the couple* (pp. 59-73). London: Karnac Books.

Connolly, M. B., Crits-Christoph, P., Demorest, A., Azarian, K., Muenz, L., & Chittams, J. (1996). Varieties of transference patterns in psychotherapy. *Journal of Consulting and Clinical Psychology,* 64, 1213 -1221.

Costa, P. T., Jr., & McCrae, R. R. (1985). *The NEO Personality Inventory.* Odessa, FL: Psychological Assessment Resources.

Crittenden, P. M. (1985). Maltreated infants: Vulnerability and resilience. *Journal of Child Psychology and Psychiatry,* 26, 85-96.

Crittenden, P. M. (1995). Attachment and psychopathology. In S. Goldberg, R. Muir, & J. Kerr (Eds.), Attachment theory: *Social, developmental, and clinical perspectives* (pp. 367-406). Hillsdale, NJ: Analytic Press.

Daly, M., & Wilson, M. (1983). *Sex, evolution, and behavior* (2nd ed.). Boston: Willard Grant Press.

Darwin, C. (1958). *On the origin of species by means of natural selection.* New York: New American Library. (Original work published 1859)

Dawson, D. A. (1991). Family structure and children's health and well-being: Data from the 1988 National Health Interview Survey on Child Health. *Journal of Marriage and the Family,* 53, 573-584.

de long, M. L. (1992). Attachment, individuation, and risk of suicide in late adolescence. *Journal of Youth and Adolescence,* 21, 357-373.

Deutsch, H. (1944). *The psychology of women: A psychoanalytic interpretation. Vol. 1.* New York: Grune & Stratton.

Dicks, H. V. (1967). *Marital tensions: Clinical studies towards a psychological theory of interaction.* New York: Basic Books.

Dix, C. (1985). *The new mother syndrome*: Coping with postpartum stress and depression. New York: Pocket Books.

Dostoyevsky, F. (1958). *The brothers Karamazov* (D. Magarshack, Trans.). London: Penguin Books. (Original work published 1880)

Duck, S. (Ed.). (1994a). *Dynamics of relationships.* Thousand Oaks, CA: Sage.

Duck, S. (1994b). *Meaningful relationships: Talking, sense, and relating.* Thousand Oaks, CA: Sage.

Dugan, M. N. (1977). Fear of death: The effect of parental behavior and personality upon the behavior and personality of their children. *Dissertation Abstracts International,* 38, 1318A.

Durkheim, E. (1965). *The elementary form of religious life.* New York: Macmillan. (Original work

published 1912)
Eagly, A. H. (1995). The science and politics of comparing women and men. *American Psychologist*, 50, 145-158.
Eron, L. D. (1987). The development of aggressive behavior from the perspective of a developing behaviorism. *American Psychologist*, 42, 435-442.
Fairbairn, W. R. D. (1952). *Psychoanalytic studies of the personality*. London: Routledge & Kegan Paul.
Feeney, J. A., & Noller, P. (1990). Attachment style as a predictor of adult romantic relationships. *Journal of Personality and Social Psychology*, 58, 281-291.
Feeney, J. A., Noller, P., & Hanrahan, M. (1994). Assessing adult attachment. In M. B. Sperling & W. H. Berman (Eds.), *Attachment in adults: Clinical and developmental perspectives* (pp. 128-152). New York: Guilford Press.
Fenchel, G. H. (1998a). Introduction. In G. H. Fenchel (Ed.), *The mother-daughter relationship: Echoes through time* (pp. xv-xviii). Northvale, NJ: Jason Aronson.
Fenchel, G. H. (Ed.). (1998b). *The mother-daughter relationship: Echoes through time*. Northvale, NJ: Jason Aronson.
Field, T. (1987). Interaction and attachment in normal and atypical infants. *Journal of Consulting and Clinical Psychology*, 55, 853-859.
Fierman, L. B. (Ed.). (1965). Effective psychotherapy: *The contribution of Hellmuth Kaiser*. New York: Free Press.
Firestone, R. W. (1957). *A concept of the schizophrenic process*. Unpublished doctoral dissertation, University of Denver.
Firestone, R. W. (1984). A concept of the primary fantasy bond: A developmental perspective. *Psychotherapy*, 21,218-225.
Firestone, R. W. (1985). *The fantasy bond: Structure of psychological defenses*. New York: Human Sciences Press.
Firestone, R. W. (1987a). Destructive effects of the fantasy bond in couple and family relationships. *Psychotherapy*, 24, 233-239.
Firestone, R. W. (1987b). The "voice": The dual nature of guilt reactions. *American Journal of Psychoanalysis*, 47, 210-229.
Firestone, R. W. (1988). *Voice therapy: A psychotherapeutic approach to self-destructive behavior*. New York: Human Sciences Press.
Firestone, R. W. (1990a). The bipolar causality of regression. *American Journal of Psychoanalysis*, 50, 121-135.
Firestone, R. W. (1990b). *Compassionate child-rearing: An in-depth approach to optimal parenting*. New York: Plenum Press.
Firestone, R. W. (1990c). Prescription for psychotherapy. *Psychotherapy*, 27, 627635.
Firestone, R. W. (1990d). Voice therapy. In J. Zeig & W. Munion (Eds.), *What is psychotherapy? Contemporary perspectives* (pp. 68-74). San Francisco: JosseyBass.
Firestone, R. W. (1990e). Voices during sex: Application of voice therapy to sexuality. *Journal of Sex and Marital Therapy*, 16, 258-274.
Firestone, R. W. (1993). The psychodynamics of fantasy, addiction, and addictive attachments. *American Journal of Psychoanalysis*, 53, 335-352.
Firestone, R. W. (1994). A new perspective on the Oedipal complex: A voice therapy session. *Psychotherapy*, 31, 346-349.
Firestone, R. W. (1994). Psychological defenses against death anxiety. In R. A. Neimeyer (Ed.), *Death anxiety handbook: Research, instrumentation, and application* (pp. 217 -241). Washington, DC: Taylor & Francis.
Firestone, R.W. (1996). The origins of ethnic strife. *Mind and Human Interaction*, 7, 167-180.
Firestone, R. W. (1997a). *Combating destructive thought processes: Voice therapy and separation theory*. Thousand Oaks, CA: Sage.
Firestone, R. W. (1997b). *Suicide and the inner voice: Risk assessment, treatment, and case management*. Thousand Oaks, CA: Sage.
Firestone, R. W., & Catlett, J. (1989). *Psychological defenses in everyday life*. New York: Human Sciences Press.

Firestone, R. W., & Firestone, L. (1996). *Firestone Assessment of Self-Destructive Thoughts.* San Antonio, TX: Psychological Corporation.

Firestone, R. W., Firestone, L., & Catlett, J. (1997). *Voice therapy training manual.* Unpublished manuscript.

Floyd, F. J., Markman, H. J., Kelly, S., Blumberg, S. L., & Stanley, S. M. (1995). Preventive intervention and relationship enhancement. In N. S. Jacobson & A. S. Gurman (Eds.), *Clinical handbook of couple therapy* (pp. 212-226). New York: Guilford Press.

Fonagy, P. (1998). An attachment theory approach to treatment of the difficult patient. *Bulletin of the Menninger Clinic,* 62, 147-169.

Fonagy, P., Steele, H., & Steele, M. (1991). Maternal representations of attachment during pregnancy predict the organization of infant-mother attachment at one year of age. *Child Development,* 62, 891-905.

Fonagy, P., Steele, M., Steele, H., Leigh, T., Kennedy, R., Mattoon, G., & Target, M. (1995). Attachment, the reflective self, and borderline states: The predictive specificity of the Adult Attachment Interview and pathological emotional development. In S. Goldberg, R. Muir, & J. Kerr (Eds.), *Attachment theory: Social, developmental, and clinical perspectives* (pp. 233-278). Hillsdale, NJ: Analytic Press.

Ford, C. S., & Beach, F. A. (1951). *Patterns of sexual behavior.* New York: Harper.

Foucault, M. (1975). *Discipline and punishment: The birth of the prison.* London: Allen Lane.

Foucault, M. (1980). *Power and knowledge.* Brighton, England: Harvester.

Foucault, M. (1990). *The history of sexuality: Vol. 1. An introduction* (R. Hurley, Trans.). New York: Vintage Books.

Fraiberg, S. (1982). Pathological defenses in infancy. *Psychoanalytic Quarterly,* 51, 612-635.

Fraiberg, S., Adelson, E., & Shapiro, V. (1980). Ghosts in the nursery: A psychoanalytic approach to the problems of impaired infant-mother relationships. In S. Fraiberg (Ed.), Clinical studies in infant mental health: *The first year of life* (pp. 164-196). New York: Basic Books.

Freud, S. (1953). Fragment of an analysis of a case of hysteria. In]. Strachey (Ed. and Trans.), *The standard edition of the complete psychological works of Sigmund Freud* (Vol. 7, pp. 1-122). London: Hogarth Press. (Original work published 1905)

Freud, S. (1953). *A general introduction to psychoanalysis* (J. Riviere, Trans.). New York: Permabooks. (Original work published 1924)

Freud, S. (1955). Beyond the pleasure principle. In]. Strachey (Ed. and Trans.), *The standard edition of the complete psychological works of Sigmund Freud* (Vol. 18, pp. 7-64). London: Hogarth Press. (Original work published 1920)

Freud, S. (1958). The dynamics of transference. In]. Strachey (Ed. and Trans.), *The standard edition of the complete psychological works of Sigmund Freud* (Vol. 12, pp. 97-108). London: Hogarth Press. (Original work published 1912)

Freud, S. (1959). An autobiographical study. In]. Strachey (Ed. and Trans.), *The standard edition of the complete psychological works of Sigmund Freud* (Vol. 20, pp. 7-75). London: Hogarth Press. (Original work published 1925)

Freud, S. (1961). The ego and the id. In]. Strachey (Ed. and Trans.), *The standard edition of the complete psychological works of Sigmund Freud* (Vol. 19, pp. 1-66). London: Hogarth Press. (Original work published 1923)

Friday, N . (1973). *My secret garden: Women's sexual fantasies.* New York: Trident Press.

Friday, N. (1975). *Forbidden flowers: More women's sexual fantasies.* New York: Pocket Books.

Friday, N. (1977). *My mother/my self: The daughter's search for identity.* New York: Delacorte Press.

Fromm, E. (1941). *Escape from freedom.* New York: Avon Books.

Fromm, E. (1947). *Man for himself: An inquiry into the psychology of ethics.* New York: Rinehart.

Fromm, E. (1956). *The art of loving.* New York: Bantam Books.

Garbarino,]., & Gilliam, G. (1980). *Understanding abusive families.* Lexington, MA: Lexington Books.

Garbarino,]., Guttman, E., & Seeley,]. W. (1986). *The psychologically battered child.* San Francisco:]ossey-Bass.

Geis, F. L. (1993). Self-fulfilling prophecies: A social psychological view of gender. In A. E. Beall & R. J. Sternberg (Eds.), *The psychology of gender* (pp. 9-54). New York:

Guilford Press. Gelso, C. J., & Carter, J. A. (1994). Components of the psychotherapy relation-ship: Their interaction and unfolding during treatment. *Journal of Counseling Psychology*, 41,296-306.

Genevie, L., & Margolies, E. (1987). *The motherhood report: How women feel about being mothers.* New York: Macmillan.

George, C. (1996). A representational perspective of child abuse and prevention: Internal working models of attachment and caregiving. *Child Abuse and Neglect*, 20, 411 -424.

George, c., Kaplan, N., & Main, M. (1985). *Adult Attachment Interview.* Unpublished manuscript, University of California, Berkeley.

George, c., & Main, M. (1979). Social interactions of young abused children: Approach, avoidance, and aggression. *Child Development*, 50, 306-318.

George, c., & Solomon, J. (1996). Representational models of relationships: Links between caregiving and attachment. *Infant Mental Health Journal*, 17, 198216.

Gerall, A. A, Moltz, H., & Ward, I. L. (Eds.). (1992). Handbook of behavioral neurobiology: Vol. 11. Sexual differentiation. New York: Plenum Press.

Gilbert, P. (1989). *Human nature and suffering.* Hove, England: Erlbaum.

Gilligan, C. (1982). *In a different voice: Psychological theory and women's development.* Cambridge, MA: Harvard University Press.

Gilligan, C. (1996). The centrality of relationship in human development: A puzzle, some evidence, and theory. In G. G. Noam & K. W. Fischer (Eds.), *Development and vulnerability in close relationships* (pp. 237-261). Mahwah, NJ: Erlbaum.

Ginot, E. (1997). The analyst's use of self, self-disclosure, and enhanced integration. *Psychoanalytic Psychology*, 14, 365-38l.

Glaser, B., & Strauss, A L. (1967). *The discovery of grounded theory: Strategies for qualitative research.* Chicago: Aldine.

Glaser, B., & Strauss, A L. (1970). Discovery of substantive theory: A basic strategy underlying qualitative research. In W. Filstead (Ed.), *Qualitative methodology* (pp. 288-297). Chicago: Rand McNally.

Glover, E., Fenichel, 0., Strachey, J., Bergler, E., Nunberg, H., & Bibring, E. (1937). Symposium on the theory of the therapeutic results of psychoanalysis. *InternationalJournal of Psycho-Analysis*, 18, 125-189.

Goffman, E. (1967). *Interaction ritual.* Garden Ciry, NY: Anchor Press.

Goldberg, C. (1991). *Understanding shame.* Northvale, NJ: Jason Aronson.

Goldberg, C. (1996). *Speaking with the devil: A dialogue with evil.* New York: Penguin Books.

Goldberg, S. (1997). Attachment and childhood behavior problems in normal, atrisk, and clinical samples. In L. Atkinson & K. J. Zucker (Eds.), *Attachment and psychopathology* (pp. 171-195). New York: Guilford Press.

Goleman, D. (1985). *Vital lies, simple truths: The psychology of self-deception.* New York: Simon & Schuster.

Gordon, R. M. (1998). The Medea complex and the parental alienation syndrome: When mothers damage their daughters' ability to love a man. In G. H. Fenchel (Ed.), *The mother-daughter relationship: Echoes through time* (pp. 207225). Northvale, NJ: Jason Aronson.

Gottman, J. M. (1979). *Marital interaction: Experimental investigations.* New York: Academic Press.

Gottman, J. M., & Krokoff, L. J. (1989). Marital interaction and satisfaction: A longitudinal view. *Journal of Consulting and Clinical Psychology*, 57, 47-52.

Gove, P. B. (Ed.). (1976). *Webster's third new international dictionary.* Springfield, MA: Merriam-Webster.

Gray, J. (1992). *Men are from Mars: Women are from Venus : A practical guide for improving communication and getting what you want in your relationships.* New York: Harper Collins.

Greenson, R. R. (1965). The working alliance and the transference neurosis. *Psychoanalytic Quarterly*, 34, 155-179.

Greenspan, S. I. (1981). *Psychopathology and adaptation in infancy and early childhood: Principles of clinical diagnosis and preventive intervention.* Madison, CT: International Universities Press.

Greenspan, S. I., & Lieberman, A. E (1988). A clinical approach to attachment. In J. Belsky & T. Nezworski (Eds.), *Clinical implications of attachment* (pp. 387424). Hillsdale, NJ: Erlbaum.

Griffin, D. W., & Bartholomew, K. (1994a). The metaphysics of measurement: The case of adult attachment. In K. Bartholomew & D. Perlman (Eds.), *Advances in personal relationships: Vol. 5.*

Attachment processes in childhood (pp. 1752). London: Jessica Kingsley.

Griffin, D. w., & Bartholomew, K. (1994b). Models of the self and other: Fundamental dimensions underlying measures of adult attachment. *Journal of Personality and Social Psychology*, 67, 430-445.

Griffin, J. M., Jr., & Apostal, R. A. (1993). The influence of relationship enhancement training on differentiation of self. *Journal of Marital and Family Therapy*, 19, 267-272.

Grizzle, A. E (with Proctor, W.) (1988). *Mother love, mother hate: Breakingdependent love patterns in family relationships.* New York: Fawcett Columbine.

Grossmann, K., Fremmer-Bombik, E., Rudolph, J., & Grossmann, K. E. (1988). Maternal attachment representations as related to patterns of infant-mother attachment and maternal care during the first year. In R. A. Hinde & J. Stevenson-Hinde (Eds.), *Relationships within families : Mutual influences* (pp. 241-260). Oxford, England: Clarendon Press.

Guerney, B. G., Jr., Guerney, L., & Cooney, T. (1985). Marital and family problem prevention and entichment programs. In L. L'Abate (Ed.), *The handbook of family psychology and therapy* (Vol. 11, pp. 1179-1217). Homewood, IL: Dorsey Press.

Guidano, V. E, & Liotti, G. (1983). *Cognitive processes and emotional disorders: A structural approach to psychotherapy.* New York: Guilford Press.

Guntrip, H. (1969). *Schizoid phenomena object-relations and the self.* New York: International Universities Press.

Haft, W. L., & Slade, A. (1989). Affect attunement and maternal attachment: A pilot study. *Infant Mental Health Journal*, 10, 157 -172.

Halpern, D. F. (1997). Sex differences in intelligence: Implications for education. *American Psychologist*, 52, 1091-1102.

Hampson, R. B., Hyman, T. L., & Beavers, W. R. (1994). Age-of-recall effects on family-of-origin ratings. *Journal of Marital and Family Therapy*, 20, 61-67.

Hassler, J. H. (1994) . Illnesses, failures, losses: Human misery propelling regression, therapy, and growth. In A. Sugarman (Ed.), *Victims of abuse: The emotional impact of child and adult trauma* (pp. 213-222). Madison, CT: International Universities Press.

Havel, V. (1990). *Disturbing the peace: A conversation with Karel Hvizdala* (P. Wilson, Trans.). New York: Knopf.

Hazan, c., & Shaver, P. R. (1987). Romantic love conceptualized as an attachment process. *Journal of Personality and Social Psychology*, 52,511-524.

Henry, W. P., & Strupp, H. H. (1994). The therapeutic alliance as interpersonal process. In A. O. Horvath & L. S. Greenberg (Eds.), *The working alliance: Theory, research, and practice* (pp. 51-84). New York: Wiley.

Henry, W. P., Strupp, H. H., Butler, S. F., Schacht, T. E., & Binder, J. L. (1993). Effects of training in time-limited dynamic psychotherapy: Changes in therapist behavior. *Journal of Consulting and Clinical Psychology*, 61, 434-440.

Hetherington, E. M., Bridges, M., & Insabella, G. M. (1998). What matters? What does not? Five perspectives on the association between marital transitions and children's adjustment. *American Psychologist*, 53, 167-184.

Hindy, C. G., & Schwarz, J. c. (1994). Anxious romantic attachment in adult relationships. In M. B. Sperling & W. H. Berman (Eds.), *Attachment in adults: Clinical and developmental perspectives* (pp. 179-203). New York: Guilford Press.

Hobbes, T. (1909). *Leviathan. London: Oxford University Press.* (Original work published 1651)

Hoffman, S. I., & Strauss, S. (1985). *The development of children's concepts of death. Death Studies*, 9, 469-482.

Holmes, J. (1995). Something there is that doesn't love a wall: John Bowlby, attachment theory, and psychoanalysis. In S. Goldberg, R. Muir, & J. Kerr (Eds.), *Attachment theory: Social, developmental, and clinical perspectives* (pp. 1943). Hillsdale, NJ: Analytic Press.

Horowitz, L. M., Rosenberg, S. E., & Bartholomew, K. (1993). Interpersonal problems, attachment styles, and outcome in brief dynamic psychotherapy. *Journal of Consulting and Clinical Psychology*, 61 , 549-560.

Horvath, A. 0., & Luborsky, L. (1993). The role of the therapeutic alliance in psychotherapy. *Journal of Consulting and Clinical Psychology*, 61, 561-573.

Horvath, A. 0., & Symonds, B. D. (1991). Relation between working alliance and outcome in psychotherapy: A meta-analysis. *Journal of Counseling Psychology*,38, 139-149.

Hudson, L., & Jacot, B. (1995). *Intimate relations: The natural history of desire. New Haven*, CT: Yale University Press.

Humphrey, L. L., & Benjamin, L. S. (1986). Using structural analysis of social behavior to assess critical but elusive family processes. *American Psychologist*, 41, 979-989.

Huxley, A. (1932). *Brave new world.* New York: Harper.

Hyde, J. S., & Plant, E. A. (1995). Magnitude of psychological gender differences: Another side of the story. *American Psychologist*, 50, 159-161.

Ickes, W., Tooke, W., Stinson, L., Baker, V. L., & Bissonnette, V. (1988). Naturalistic social cognition: Intersubjectivity in same-sex dyads. *Journal of Nonverbal Behavior*, 12, 58-84.

Jackson, E. N. (1965). *Telling a child about death.* New York: Hawthorn Books.

Jacobson, E. (1964). *The self and the object world.* London: Hogarth Press.

Jaffe, D. S. (1991). Beyond the what, when, and how of transference: A consideration of the why. *Journal of the American Psychoanalytic Association*, 39, 491512.

Janov, A. (1970). *The primal scream: Primal therapy: The cure for neurosis.* New York: Putnam.

Johnson, S. M., & Greenberg, L. S. (1995). The emotionally focused approach to problems in adult attachment. In N. S. Jacobson & A. S. Gurman (Eds.), *Clinical handbook of couple therapy* (pp. 121-141). New York: Guilford Press.

Johnston, J. R. (1994). High-conflict divorce. *Future of Children*, 4, 165-182.

Kant, 1. (1965). *Critique of pure reason* (N. K. Smith, Trans.). New York: St. Martin's Press. (Original work published 1781)

Kaplan, H. S. (1979). *Disorders of sexual desire and other new concepts and techniques in sex therapy.* New York: Brunner/Mazel.

Kaplan, L. J. (1984). *Adolescence: The farewell to childhood.* New York: Simon & Schuster.

Karpel, M. (1976). Individuation: From fusion to dialogue. *Family Process*, 15,6582.

Kaufman, G. (1980). *Shame: The power of caring.* Cambridge, MA: Schenkman.

Kenrick, D. T., Sadalla, E. K., Groth, G., & Trost, M. R. (1990). Evolution, traits, and the stages of human courtship: Qualifying the parental investment model. *Journal of Personality*, 58,97-116.

Kernberg, O. F. (1980). *Internal world and external reality: Object relations theory applied. Northvale*, NJ: Jason Aronson.

Kernberg, O. F. (Speaker). (1995). *Transference/countertransference* (Cassette Recording No. H260-P5). Phoenix, AZ: Milton H. Erickson Foundation.

Kernberg, O. F. (1997). The nature of interpretation: Intersubjectivity and the third position. *American Journal of Psychoanalysis*, 57, 297 -312.

Kerr, M. E., & Bowen, M. (1988) . *Family evaluation: An approach based on Bowen theory.* New York: Norton.

Kessler, R. c., McGonagle, K. A., Zhao, S., Nelson, C. B., Hughes, M., Eshleman, S., Wittchen, H., & Kendler, K. S. (1994). Lifetime and 12-month prevalence of DSM -III-R psychiatric disorders in the United States: Results from the National Comorbidity Survey. *Archives of General Psychiatry*, 51, 8-19.

Kestenbaum, R., Farber, E. A., & Sroufe, L. A. (1989) . Individual differences in empathy among preschoolers: Relation to attachment history. In W. Damon (Series Ed.) & N . Eisenberg (Vol. Ed.), *New Directions in Child Development: Vol. 44. Empathy and related emotional responses* (pp. 51 -64). San Francisco: Jossey-Bass.

Kestenberg, J. S. (1977). Regression and reintegration in pregnancy. In H. P. Blum (Ed.), *Female psychology: Contemporary psychoanalytic views* (pp. 213-250). New York: International Universities Press.

Keys, A., Brozek, J., Henschel, A., Mickelsen, 0., & Taylor, H. L. (1950). *The biology of human starvation*: Vol. 2. Minneapolis: University of Minnesota Press.

Kirkpatrick, L. A., & Davis, K. E. (1994). Attachment style, gender, and relationship stability: A longitudinal analysis. *Journal of Personality and Social Psychology*, 66, 502-512.

Klaus, M. H., & Kennell, J. H. (1976). *Maternal-infant bonding.* St. Louis, MO: Mosby.

Klein, M. (1932). *The psycho-analysis of children.* London: Hogarth Press.

Klein, M. (1964). *Contributions to psycho-analysis 1921-1945.* New York: McGrawHill. (Original work published 1948)

Kline, C. D., & Newman, l. (1994). Factor structure of the family-of-origin scale: Does this scale measure what its creators say it does? *Journal of Marital and Family Therapy*, 20, 47-52.

Kohut, H. (1971). *The analysis of the self: A systematic approach to the psychoanalytic treatment of narcissistic personality disorders* . New York: International Universities Press.

Kohut, H. (1977). *The restoration of the self.* New York: International Universities Press.

Krasner, L. (1988). Paradigm lost: On a historical/SOciological/economic perspective. In D. B. Fishman, F. Rotgers, & c. M. Franks (Eds.), *Paradigms in behavior therapy: Present and promise* (pp. 23-44). New York: Springer.

Kuhn, T. S. (1970). *The structure of scientific revolutions* (2nd ed.). Chicago: University of Chicago Press.

Kunce, L. J., & Shaver, P. R. (1994). An attachment-theoretical approach to caregiving in romantic relationships. In K. Bartholomew & D. Perlman (Eds.), *Advances in personal relationships* (Vol. 5, pp. 205-237). London: Jessica Kingsley.

Lacan, J. (1982). *Feminine sexuality* (J. Rose, Trans.). New York: Norton.

Laing, R. D. (1961) . *Self and others. Harmondsworth*, England: Penguin Books.

Laing, R. D. (1967). *The politics of experience.* New York: Ballantine Books.

Laing, R. D. (1976). *The facts of life: An essay in feelings, facts, and fantasy.* New York: Pantheon Books.

Laing, R. D. (1985). *Existential therapy* [Videotape]. Phoenix, AZ: Milton H. Erickson Foundation.

Laing, R. D. (1989). *The challenge of love.* Unpublished manuscript.

Laing, R. D. (1990). Foreword. In R. W. Firestone, *Compassionate child-rearing: An in-depth approach to optimal parenting.* New York: Plenum Press.

Lamb, M. E. (1987). Predictive implications of individual differences in attachment. *Journal of Consulting and Clinical Psychology*, 55, 817-824.

Lasch, C. (1984). *The minimal self: Psychic survival in troubled times.* New York: Norton.

Latty-Mann, H., & Davis, K. E. (1996). Attachment theory and partner choice: Preference and actuality. *Journal of Social and Personal Relationships*, 13,5-23.

Lavee, Y., & Olson, D. H. (1993). Seven types of marriage: Empirical typology based on ENRICH. *Journal of Marital and Family Therapy*, 19, 325-340.

Lerner, H. (1989). *The dance of intimacy: A woman's guide to courageous acts of change in key relationships.* New York: Harper Perennial.

Levy, D. M. (1943). *Maternal overprotection.* New York: Columbia University Press.

Lewis, H. B. (1971). *Shame and guilt in neurosis.* New York: International Universities Press.

Lieberman, A. F., & Pawl, J. H. (1990). Disorders of attachment and secure base behavior in the second year of life. In M. T. Greenberg, D. Cicchetti, & E. M. Cummings (Eds.), *Attachment in the preschool years: Theory, research, and intervention* (pp. 375-397). Chicago: University of Chicago Press.

Lippman, W. (1955). *Essays in the public philosophy.* Boston: Little, Brown.

Lockard, J. S., & Adams, R. M. (1981). Human serial polygyny: Demographic, reproductive, marital, and divorce data. *Ethology and Sociobiology*, 2, 177-186.

Lore, R. K., & Schultz, L. A. (1993). Control of human aggression: A comparative perspective. *American Psychologist*, 48, 16-25.

Lott, B. (1997). *Cataloging gender differences: Science or politics?* In M. R. Walsh (Ed.), Women, men, and gender: Ongoing debates (pp. 19-23). New Haven, CT: Yale University Press.

Luborsky, L., Barber, J. P., & Beutler, L. E. (Eds.). (1993). Special section: Curative factors in dynamic psychotherapy. *Journal of Consulting and Clinical Psychology*, 61, 539-610.

Luborsky, L., & Crits-Christoph, P. (1998). *Understanding transference: The core conjlictual relationship theme method* (2nd ed.). Washington, DC: American Psychological Association.

MacNeil-Lehrer Productions, WNET, WETA. (1987, March 12). *Open door policy? Teen suicide: Fall from grace* (Transcript No. 2989 of the MacNeil/Lehrer NewsHour). New York: Author.

Mahler, M. S. (1979). On symbiotic child psychosis: Genetic, dynamic, and restitutive aspects. *In The selected papers of Margaret S. Mahler, MD., Vol. 1: Infantile psychosis and early contributions* (pp. 109-129). New York: Jason Aronson. (Original work published 1955)

Mahler, M. S., & McDevitt, J. B. (1968). Observations on adaptation and defense in statu nascendi:

Developmental precursors in the first two years of life. *Psychoanalytic Quarterly*, 37, 1-2l.
Mahler, M. S., Pine, F., & Bergman, A. (1975). *The psychological birth of the human infant: Symbiosis and individuation.* New York: Basic Books.
Mahoney, M. J. (1981). *Clinical psychology and scientific inquiry. International Journal of Psychology*, 16, 257-274.
Main, M. (1990). Parental aversion to infant-initiated contact is correlated with the parent's own rejecting during childhood: The effects of experience on signals of security with respect to attachment. In K. E. Barnard & T. B. Brazelton (Eds.), *Touch: The foundation of experience* (pp. 461-495). Madison, CT: International Universities Press.
Main, M. (1996). Introduction to the special section on attachment and psychopathology: 2. Overview of the field of attachment. *Journal of Consulting and Clinical Psychology*, 64, 237-243.
Main, M., & Goldwyn, R. (1984). Predicting rejection of her infant from mother's representation of her own experience: Implications for the abuse-abusing intergenerational cycle. *Child Abuse and Neglect*, 8, 203-217.
Main, M., & Hesse, E. (1990). Parents' unresolved traumatic experiences are related to infant disorganized attachment status: Is frightened and/or frightening parental behavior the linking mechanism? In M. T. Greenberg, D. Cicchetti, & E. M. Cummings (Eds.), *Attachment in the preschool years: Theory, research, and intervention* (pp. 161-182). Chicago: University of Chicago Press.
Main, M., Kaplan, N., & Cassidy, J. (1985). Security in infancy, childhood, and adulthood: A move to the level of representation. *Monographs of the Society for Research in Child Development*, 50(1-2), 66-104.
Main, M., & Solomon, J. (1986). Discovery of an insecure-disorganized/disoriented attachment pattern. In T. B. Brazelton & M. W. Yogman (Eds.), *Affective development in infancy* (pp. 95-124). Norwood, NJ: Ablex.
Maltsberger, J. T., & Buie, D. H., Jr. (1989). Common errors in the management of suicidal patients. In D. Jacobs & H. N. Brown (Eds.), *Suicide: Understanding and responding* (pp. 285-294). Madison, CT: International Universities Press.
Maracek, J. (1995). Gender, politics, and psychology's ways of knowing. *American Psychologist*, 50, 162-163.
Marcuse, H. (1966). *Eros and civilization: A philosophical inquiry into Freud.* Boston: Beacon Press. (Original work published 1955)
Maslow, A. H. (1968). *Toward a psychology of being* (2nd ed.). New York: Van Nostrand Reinhold.
Masten, A. S., & Coatsworth, J. D. (1998). The development of competence in favorable and unfavorable environments. *American Psychologist*, 53, 205-220.
Masterson,]. (Speaker). (1995). *Transference/countertransference* (Cassette Recording No. H260-P5). Phoenix, AZ: Milton H. Erickson Foundation.
May, R. (1958). Contributions of existential psychotherapy. In R. May, E. Angel, & H. F. Ellenberger (Eds.), Existence: *A new dimension in psychiatry and psychology* (pp. 37-91). New York: Basic Books.
McCullers, C. (1940). *The heart is a lonely hunter.* New York: Houghton Mifflin.
McFarlane, A. c., & van der Kolk, B. A. (1996a). Conclusions and future directions. In B. A. van der Kolk, A. C. McFarlane, & L. Weisaeth (Eds.), *Traumatic stress: The effects of overwhelming experience on mind, body, and society* (pp. 559-575). New York: Guilford Press.
McFarlane, A. c., & van der Kolk, B. A. (1996b). Trauma and its challenge to society. In B. A. van der Kolk, A. C. McFarlane, & L. Weisaeth (Eds.), *Traumatic stress: The effects of overwhelming experience on mind, body, and society* (pp. 24-46). New York: Guilford Press.
McGrath, E., Keita, G. P., Strickland, B. R., & Russo, N. F. (Eds.). (1990). *Women and depression: Risk factors and treatment issues.* Washington, DC: American Psychological Association.
Mclntosh,]. L. (1998, February 28). *U.S.A. suicide: 1995 official data* [Suicide data page: 1995, rev.]. Denver, CO: American Association of Suicidology.
McLoyd, V. C. (1998). Socioeconomic disadvantage and child development. *American Psychologist*, 53, 185-204.
Meltzoff, A. N., & Moore, M. K. (1995). A theory of the role of imitation in the emergence of self. In P. Rochat (Ed.), The self in infancy: *Theory and research* (pp. 73-93). Amsterdam, the Netherlands: Elsevier.
Menninger, K. (1938). *Man against himself.* New York: Harcourt, Brace & World.
Menos, M. D., & Wilson, A. (1998). Affective experiences and levels of selforganization in maternal postpartum depression. *Psychoanalytic Psychology*, 15, 396-419.
Merton, R. K. (1957). *Social structure.* Glencoe, IL: Free Press.

Mickelson, K. D., Kessler, R. c., & Shaver, P. R. (1997). Adult attachment in a nationally representative sample. *Journal of Personality and Social Psychology*, 73, 1092-1106.

Miller, A. (1984). *For your own good: Hidden cruelty in child-rearing and the roots of violence* (H. Hannum & H. Hannum, Trans.; 2nd ed.). New York: Farrar, Straus, & Giroux. (Original work published 1980)

Miller, A. (1990). *Banished knowledge: Facing childhood injuries* (L. Vennewitz, Trans.). New York: Doubleday. (Original work published 1988)

Miller, A. (1991). *Breaking down the wall of silence* (S. Worral, Trans.). New York: Meredian. (Original work published 1990)

Miller,]. B. (1976). *Toward a new psychology of women.* Boston: Beacon Press.

Miller, N. E., & Dollard,]. (1941). *Social learning and imitation.* New Haven, CT: Yale University Press.

Minuchin, S. (1974). *Families and family therapy.* Cambridge, MA: Harvard University Press.

Minuchin, S., Lee, W., & Simon, G. M. (1996). *Mastering family therapy: Journeys of growth and transformation.* NewYork: Wiley.

Minuchin, S., & Nichols, M. P. (1994). *Family healing: Strategies for hope and understanding.* New York: Simon & Schuster.

Minuchin, S., Rosman, B. L., & Baker, L. (1978). *Psychosomatic families: Anorexia nervosa in context.* Cambridge, MA: Harvard University Press.

Mitchell, R. (1985). *Deception: Perspectives on human and non-human deceit.* New York: State University of New York Press.

Moeller, T. P., Bachmann, G. A, & Moeller, J. R. (1993). The combined effects of physical, sexual, and emotional abuse during childhood: Long-term health consequences for women. Child Abuse and Neglect, 17, 623-640.

Moir, A, & Jessel, D. (1989). *Brainsex: The real difference between men and women.* London: Mandarin.

Mollon, P., & Parry, G. (1984). The fragile self: Narcissistic disturbance and the protective function of depression. *British Journal of Medical Psychology*, 57, 137-145.

More, T. (1949). *Utopia* (H. V. S. Ogden, Trans. & Ed.). New York: AppletonCentury-Crofts. (Original work published 1551)

Morrison, A P. (1989). *Shame: The underside of narcissism.* Hillsdale, NJ: Analytic Press.

Mozdzierz, G. J., Greenblatt, R. L., & Thatcher, A A (1985). The kinship and clinical relevance of the double bind to Adlerian theory and practice. *Individual Psychology*, 41, 453-460.

Muller, R. T., Hunter, J. E., & Stollak, G . (1995). The intergenerational transmission of corporal punishment: A comparison of social learning and temperament models. *Child Abuse and Neglect*, 19, 1323-1335.

Murdock, G. P. (1967). *Ethnographic atlas.* Pittsburgh, PA: University of Pittsburgh Press.

Neimeyer, G. J. (1993). The challenge of change: Reflections on constructivist psychotherapy. *Journal of Cognitive Psychotherapy*, 7, 183-194.

Neubauer, P. B. (1986). Reciprocal effects of fathering on parent and child. In G. 1. Fogel, F. M. Lane, & R. S. Liebert (Eds.), *The psychology of men: Psychoanalytic perspectives* (pp. 213-228). New Haven, CT: Yale University Press.

Neumann, D. A, Houskamp, B. M., Pollock, V. E., & Briere, J. N. (1996). The long-term sequelae of childhood sexual abuse in women: A meta-analytic review. *Child Maltreatment*, 1, 6-16.

Newton, D. A, & Burgoon, J. K. (1990). Nonverbal conflict behaviors: Functions, strategies, and tactics. In D. D. Cahn (Ed.), *Intimates in conflict: A communication perspective* (pp. 77 -104). Hillsdale, NJ: Erlbaum.

Ogden, T. H. (1982). *Projective identification and psychotherapeutic technique.* New York: Jason Aronson.

Okey, J. L. (1992). Human aggression: The etiology of individual differences. *Journal of Humanistic Psychology*, 32, 51-64.

Olson, R. G. (1962). *An introduction to existentialism.* New York: Dover.

Orwell, G. (1954). *Nineteen eighty-four.* Harmondsworth, Middlesex, England: Penguin Books. (Original work published 1949)

Owens, G., Crowell,]. A., Pan, H., Treboux, D., O'Connor, E., & Waters, E. (1995). The prototype hypothesis and the origins of attachment working models: Adult relationships with parents and romantic partners.

Monographs of the Society for Research in Child Development, 60, 217-232 (Serial No. 244).
Pagels, E. (1988). *Adam, Eve, and the serpent.* New York: Random House.
Palazzoli, M. S., Boscolo, L., Cecchin, G., & Prata, G. (1978). *Paradox and counterparadox: A new model in the therapy of the family in schizophrenic transaction* (E. V. Burt, Trans.). New York: Jason Aronson. (Original work published 1975)
Parin, P. (1978). *Furchte deinen Nachsten wie dich Selbst* [Fear thy neighbor as thyself]. Frankfurt, Germany: Suhrkamp.
Park, J. (1995). *Sons, mothers and other lovers.* London: Abacus.
Parker, G. (1983). *Parental overprotection: A risk factor in psychosocial development.* New York: Grune & Stratton.
Parker, G., Tupling, H., & Brown, L. B. (1979). A parental bonding instrument. *British Journal of Medical Psychology*, 52, 1-10.
Parr, G. (Producer and Director). (1987). *Hunger vs. love: A perspective on parentchild relations* [Videotape]. Santa Barbara, CA: Glendon Association.
Parr, G. (Producer and Director). (1990a). *Sex and society: Everyday abuses to children's emerging sexuality* [Videotape]. Santa Barbara, CA: Glendon Association.
Parr, G. (Producer and Director). (1990b). *Voices in sex* [Videotape]. Santa Barbara, CA: Glendon Association.
Parr, G. (Producer and Director). (1995). *Invisible child abuse* [Videotape]. Santa Barbara, CA: Glendon Association.
Parr, G. (Producer and Director). (1997a). *Exploring relationships* [Videotape]. Santa Barbara, CA: Glendon Association.
Parr, G. (Producer and Director). (1997b). *Fear of intimacy: An examination of withholding behavior patterns* [Videotape]. Santa Barbara, CA: Glendon Association.
Parr, G. (Producer and Director). (1999). *Coping with the fear of intimacy* [Videotape]. Santa Barbara, CA: Glendon Association.
Perris, c., Jacobsson, L., Lindstrom., H., von Knorring, L., & Perris, H. (1980). Development of a new inventory for assessing memories of parental rearing behaviour. *Acta Psychiatrica Scandinavica*, 61, 265-274. Perry, D. G.,
Perry, L. c., & Boldizar, J. P. (1990). Learning of aggression. In M. Lewis & S. M. Miller (Eds.), *Handbook of developmental psychopathology* (pp. 135-146). New York: Plenum Press.
Philpot, C. L., Brooks, G. R., Lusterman, D., & Nutt, R. L. (1997). *Bridging separate gender worlds: Why men and women clash and how therapists can bring them together.* Washington, DC: American Psychological Association.
Pianta, R. c., Egeland, B., & Adam, E. K. (1996). Adult attachment classification and self-reported psychiatric symptomatology as assessed by the Minnesota Multiphasic Personality Inventory-2 *Journal of Consulting and Clinical Psychology*, 64, 273-281.
Piper, W. E., Joyce, A. S., McCalum, M., & Azim, H. F. A. (1993). Concentration and correspondence of transference interpretations in short-term psychotherapy. *Journal of Consulting and Clinical Psychology*, 61, 586-595.
Popper, K. R. (1966). *The open society and its enemies: Vol. II. The high tide of prophecy: Hegel, Marx, and the aftermath* (5th ed.). Princeton, NJ: Princeton University Press.
QSR NUD*IST [Computer software]. (1997). Victoria, Australia: Qualitative Solutions and Research.
Radloff, L. S. (1977). The CES-D Scale: A self-report depression scale for research in the general population. *Applied Psychological Measurement*, 1, 385-401.
Rank, O. (1941). *Beyond psychology.* New York: Dover.
Rank, O. (1972). *Will therapy and truth and reality* (J. Taft, Trans.). New York: Knopf. (Original work published 1936)
Rawls, J. (1971). *A theory of justice.* Cambridge, MA: Harvard University Press.
Rheingold, J. C. (1964). *The fear of being a woman: A theory of maternal destructiveness.* New York: Grune & Stratton.
Rheingold, J. C. (1967). *The mother, anxiety, and death: The catastrophic death complex.* Boston: Little, Brown.

Richman, J. (1986). *Family therapy for suicidal people.* New York: Springer.
Ricks, M. H. (1985). The social transmission of parental behavior: Attachment across generations. *Monographs of the Society for Research in Child Development,* 50(1 -2), 211-227.
Rilke, R. M. (1984). *Letters to a young poet* (S. Mitchell, Trans.). New York: Vintage Books. (Original work published 1908)
Rogers, C. R. (1951). Client-centered therapy: *Its current practice, implications, and theory.* Boston: Houghton Mifflin.
Rogers,J. R., & Carney, J. V. (1994). Assessing the "modeling effect" in parasuicidal behavior: A comment on Platt (1993). *Crisis,* 15,83-89.
Rohner, R. P. (1986). *The warmth dimension: Foundations of parental acceptancerejection theory.* Beverly Hills, CA: Sage.
Rohner, R. P. (1991). *Handbook for the study of parental acceptance and rejection.* Storrs: University of Connecticut.
Rosen, J. N. (1953). *Direct analysis: Selected papers.* New York: Grune & Stratton. Rosen, K. S., &
Rothbaum, F. (1993). Quality of parental caregiving and security of attachment. *Developmental Psychology,* 29, 358-367.
Rosenberg, M. (1979) . *Conceiving the self.* New York: Basic Books.
Rosenstein, D. S., & Horowitz, H. A. (1996). Adolescent attachment and psychopathology. *Journal of Consulting and Clinical Psychology,* 64, 244-253.
Rubin, L. B. (1983). *Intimate strangers: Men and women together.* New York: Harper & Row.
Rutter, M. (1997). Clinical implications of attachment concepts: Retrospect and prospect. In L. Atkinson & K. J. Zucker (Eds.), *Attachment and psychopathology* (pp. 17-46). New York: Guilford Press.
Ryan, R. M., Deci, E. L., & Grolnick, W. S. (1986). *Children's perceptions of parental autonomy, support and involvement.* Unpublished manuscript.
Sager, C. J., Kaplan, H. S., Gundlach, R. H., Kremer, M., Lenz, R., & Royce, J. R. (1971). *The marriage contract. Family Process,* 8, 311-326.
Saint Exupery, A. D. (1939). *Wind, sand and stars* (L. Galantiere, Trans.). New York: Reynal & Hitchcock.
Saluter, A. (1996). *Marital status and living arrangements*: March 1994 (U.S. Bureau of the Census Series P20-484). Washington, DC: Government Printing Office.
Scarf, M. (1980). *Unfinished business: Pressure points in the lives of women.* Garden City, NY: Doubleday.
Schaefer, E. S. (1965). Children's reports of parental behavior: An inventory. *Child Development,* 36, 413-423.
Scharfe, E., & Bartholomew, K. (1994). Reliability and stability of adult attachment patterns. *Personal Relationships,* 1, 23-43.
Scharff, D. E., & Scharff, J. S. (1991). *Object relations couple therapy.* Northvale, NJ: Jason Aronson.
Scharff, J. S. (1995). Psychoanalytic marital therapy. In N. S. Jacobson & A. S. Gurman (Eds.), *Clinical handbook of couple therapy* (pp. 164-193). New York: Guilford Press.
Schnarch, D. M. (1991). *Constructing the sexual crucible: An integration of sexual and marital therapy.* New York: Norton.
Secunda, V. (1990). *When you and your mother can't be friends: Resolving the most complicated relationship of your life.* New York: Delacorte Press.
Segraves, R. T. (1982). *Marital therapy: A combined psychodynamic-behavioral approach.* New York: Plenum Press.
Seligman, M. E. P. (1975). *Helplessness: On depression, development, and death.* New York: Freeman.
Shaffer, P. (1974). *Equus.* New York: Avon Books.
Sharpsteen, D. J., & Kirkpatrick, L. A. (1997). Romantic jealousy and adult romantic attachment. *Journal of Personality and Social Psychology,* 72, 627 -640.
Shaver, P. R. , & Brennan, K. A. (1992). Attachment styles and the "Big Five" personality traits: Their connections with each other and with romantic relationship outcomes. *Personality and Social Psychology Bulletin,* 18, 536-545.
Shaver, P. R., & Clark, C. L. (1994). The psychodynamics of adult romantic attachment. In J. M. Masling & R. E Bomstein (Eds.), *Empirical perspectives on object relations theory* (pp. 105-156). Washington,

DC: American Psychological Association.
Shaver, P. R., Collins, N., & Clark, C. L. (1996). Attachment styles and internal working models of self and relationship partners. In G. J. O. Fletcher & J. Fitness (Eds.), *Knowledge structures in close relationships: A social psychological approach* (pp. 25 -61). Mahwah, NJ: Erlbaum.
Shaver, P. R., & Hazan, C. (1993). Adult romantic attachment: Theory and evidence. In D. Perlman & W. Jones (Eds.), *Advances in personal relationships* (Vol. 4, pp. 29-70). London: Jessica Kingsley.
Shengold, L. (1989) . *Soul murder: The effects of childhood abuse and deprivation.* New Haven, CT: Yale University Press.
Shengold, L. (1991). A variety of narcissistic pathology stemming from parental weakness. *Psychoanalytic Quarterly*, 60, 86-92.
Shiono, P. H., & Quinn, L. S. (1994). Epidemiology of divorce. In R. E. Behrman (Ed.), *The future of children: Vol. 4. Children and divorce* (pp. 15-28). Los Altos, CA: Center for the Future of Children.
Shoham, v., Rohrbaugh, M., & Patterson,]. (1995). Problem-and solutionfocused couple therapies: The MRI and Milwaukee models. In N. S. Jacobson & A. S. Gurman (Eds.), *Clinical handbook of couple therapy* (pp. 142-163). New York: Guilford Press.
Silverman, L H., Lachmann, EM., & Milich, R. H. (1982). *The search for oneness.* New York: International Universities Press.
Silverstein, S. (1976). *The missing piece.* New York: Harper Collins.
Simpson, J. A., Rholes, W. S., & Phillips, D. (1996). Conflict in close relationships: An attachment perspective. *Journal of Personality and Social Psychology*, 71, 899-914.
Slavin, M. 0., & Kriegman, D. (1992). *The adaptive design of the human psyche: Psychoanalysis, evolutionary biology, and the therapeutic process.* New York: Guilford Press.
Snodgrass, S. E. (1992). Further effects of role versus gender on interpersonal sensitivity. *Journal of Personality and Social Psychology*, 62, 154-158.
Snyder, D. K. (1997). *Marital Satisfaction Inventory, Revised.* Los Angeles, CA: Western Psychological Services.
Solomon, M. E, & Siegel,]. P. (Eds.). (1997). *Countertransference in couples therapy.* New York: Norton.
Speece, M. W., & Brent, S. B. (1984). Children's understanding of death: A review of three components of a death concept. *Child Development*, 55,1671-1686.
Sperling, M. B., & Berman, W. H. (Eds.). (1994) . *Attachment in adults: Clinical and developmental perspectives.* New York: Guilford Press.
Spieker, S. J., & Booth, C. L. (1988). Maternal antecedents of attachment quality. In J. Belsky & T. Nezworski (Eds.), *Clinical implications of attachment* (pp. 95135). Hillsdale, NJ: Erlbaum.
Spitze, G. (1988). Women's employment and family relations: A review. *Journal of Marriage and the Family*, 50, 595-618.
Sroufe, L. A. (1985). Attachment classification from the perspective of infantcaregiver relationships and infant temperament. *Child Development*, 56, 1-14.
Sroufe, L. A. (1988). The role of infant-caregiver attachment in development. In J. Belsky & T. Nezworski (Eds.), *Clinical implications of attachment* (pp. 1838). Hillsdale, NJ: Erlbaum.
Steele, H., Steele, M., & Fonagy, P. (1996). Associations among attachment classifications of mothers, fathers, and their infants. *Child Development*, 67, 541555.
Stem, D. N. (1971). A micro-analysis of mother-infant interaction: Behavior regulating social contact between a mother and her 3-1/2-month-old twins. *Journal of the American Academy of Child Psychiatry*, 10,501-517.
Stem, D. N. (1985). *The interpersonal world of the infant: A view from psychoanalysis and developmental psychology.* New York: Basic Books.
Stolorow, R. D. (1997). Dynamic, dyadic, intersubjective systems: An evolving paradigm for psychoanalysis. *Psychoanalytic Psychology*, 14,337-346.
Stolorow, R. D., Brandchaft, B., & Atwood, G. E. (1987). *Psychoanalytic treatment: An intersubjective approach.* Hillsdale, N]: Analytic Press.
Straus, M. A. (with D. A. Donnelly). (1994). *Beating the devil out of them: Corporal punishment in American families.* New York: Lexington Books.

Strauss, A. L., & Corbin, J. (1990). *Basics of qualitative research*. Newbury Park, CA: Sage.
Strupp, H. H. (1989). Psychotherapy: Can the practitioner learn from the researcher? *American Psychologist*, 44, 717-724.
Strupp, H. H. (1995). The psychotherapist's skills revisited. *Clinical Psychology Science and Practice*, 2, 70-74.
Sullivan, H. S. (1953). *The interpersonal theory of psychiatry*. New York: Norton.
Sullivan, H. S. (1954). *The psychiatric interview*. New York: Norton.
Sullivan, H. S. (1956). *Clinical studies in psychiatry*. New York: Norton.
Sullivan, H. S. (1962). *Schizophrenia as a human process*. New York: Norton.
Symons, D. (1979). *The evolution of human sexuality*. New York: Oxford University Press.
Tannen, D. (1990). *You just don't understand: Women and men in conversation*. London: Virago Books.
Tansey, M. H., & Burke, W. F. (1985). Projective identification and the empathic process. *Contemporary Psychoanalysis*, 21, 42-69.
Tedeschi, J. T., & Felson, R. B. (1994). *Violence, aggression, and coercive actions*. Washington, DC: American Psychological Association.
Thomas, v., & Olson, D. H. (1993). Problem families and the Circumplex Model: Observational assessment using the Clinical Rating Scale (CRS). *Journal of Marital and Family Therapy*, 19, 159-175.
Toynbee, A. J. (1969, April 5). Why and how I work. *Saturday Review*, 22-27, 62.
Trivers, R. L. (1985). *Social evolution*. Boston: Addison-Wesley.
Tronick, E. Z., Cohn, J., & Shea, E. (1986). The transfer of affect between mothers and infants. In T. B. Brazelton & M. W. Yogman (Eds.), *Affective development in infancy* (pp. 11 -25). Norwood, NJ: Ablex.
Tucker, W. (1993, October 4). Monogamy and its discontents. *National Review*, 28, 30, 32, 34-38.
Turner, J. (1978). Social categorization and social discrimination in the minimal group paradigm. In H. Tajfel (Ed.), *Differentiation between social groups: Studies in the social psychology of intergroup relations*. London: Academic Press.
U.S. Bureau of the Census. (1992). *Marriage, divorce, and remarriage in the 1990s* (Current Population Reports, P23 -180). Washington, DC: Government Printing Office.
van IJzendoorn, M. H. (1995). Adult attachment representations, parental responsiveness, and infant attachment: A meta-analysis on the predictive validity of the Adult Attachment Interview. *Psychological Bulletin*, 117, 387 -403.
Wallerstein, J. S., & Blakeslee, S. (1989). *Second chances: Men, women, and children a decade after divorce*. New York: Ticknor & Fields.
Wallerstein, J. S., & Blakeslee, S. (1995). *The good marriage: How and why love lasts*. Boston: Houghton Mifflin.
Wallerstein, J. S., & Corbin, S. B. (1989). Daughters of divorce: Report from a ten-year follow-up. *American Journal of Orthopsychiatry*, 59, 593-604.
Wallerstein, J. S., & Kelly, J. B. (1980). *Surviving the breakup: How children and parents cope with divorce*. New York: Basic Books.
Walsh, M. R. (Ed.). (1997). *Women, men, and gender: Ongoing debates*. New Haven, CT: Yale University Press.
Wang, c., & Daro, D. (1998). *Current trends in child abuse reporting and fatalities: The results of the 1997 annual fifty state survey* (Working Paper No. 808). Chicago: National Committee to Prevent Child Abuse.
Ward, M. J., & Carlson, E. A. (1995). Associations among adult attachment representations, maternal sensitivity, and infant-mother attachment in a sample of adolescent mothers. *Child Development*, 66, 69-79.
Ward, R. A. (1993). Marital happiness and household equity in later life. *Journal of Marriage and the Family*, 55, 427 -437.
Waring, E. M. (1988). *Enhancing marital intimacy through facilitating cognitive selfdisclosure*. New York: Brunner/Mazel.
Watzlawick, P., Bavelas, J. B., & Jackson, D. D. (1967). *Pragmatics of human communication: A study of interactional patterns, pathologies, and paradoxes*. New York: Norton.
Welldon, E. V. (1988). *Mother, madonna, whore: The idealization and denigration of motherhood*. London: Free Association Books.
Werner, E. E. (1990). Protective factors and individual resilience. In S. J. Meisels &J. P. Shonkoff (Eds.), *Handbook of early chiU:lhood intervention* (pp. 97-116). Cambridge, England: Cambridge University Press.

West, M. L., & Keller, A. E. R. (1991). Parentification of the child: A case study of Bowlby's compulsive care-giving attachment pattern. *American Journal of Psychotherapy*, 45, 425-43l.
Wexler, J., & Steidl, J. (1978). Marriage and the capacity to be alone. *Psychiatry*, 41,72-82.
Wile, D. B. (1981) . *Couples therapy: A nontraditional approach*. New York: Wiley.
Wile, D. B. (1995). The ego-analytic approach to couple therapy. In N. S. Jacobson & A. S. Gurman (Eds.), *Clinical handbook of couple therapy* (pp. 91-120). New York: Guilford Press.
Willi,]. (1982). *Couples in collusion: The unconscious dimension in partner relationships* (W. Inayat-Khan & M. Tchorek, Trans.). Claremont, CA: Hunter House. (Original work published 1975)
Wilson, G. (1981). *The Coolidge effect: An evolutionary account of human sexuality*. New York: William Morrow.
Winnicott, D. W. (1965a). Ego-distortion in terms of true and false self. In D. W. Winnicott, *The maturational processes and the facilitating environment: Studies in the theory of emotional development* (pp. 140-152). Madison, CT: International Universities Press. (Original work published 1960)
Winnicott, D. W. (1965b). The theory of the parent-infant relationship. In D. W. Winnicott, *The maturational processes and the facilitating environment: Studies in the theory of emotional development* (pp. 37-55). Madison, CT: International Universities Press. (Original work published 1960)
Winnicott, D. W. (1986). *Home is where we start from: Essays by a psychoanalyst*. New York: Norton.
Wolpe,]. (1969). *The practice of behavior therapy*. New York: Pergamon Press.
Women's International Network News. (1993). The rise in single-parent womenheaded families in the US. *Women's International Network News*, 19, 75.
Wright, R. (1994). *The moral animal: Evolutionary psychology and everyday life*. New York: Vintage Books.
Yalom, l. (1980). *Existential psychotherapy*. New York: Basic Books.
Yalom, l. (Speaker). (1995). *Transference/countertransference* (Cassette Recording No. H260-P5). Phoenix, AZ: Milton H. Erickson Foundation.
Zelnick, L., & Buchholz, E. S. (1990). The concept of mental representations in light of recent infant research. *Psychoanalytic Psychology*, 7(1), 29-58.
Zinner,]. (1976). The implications of projective identification for marital interaction. In H. Grunebaum &]. Christ (Eds.), *Contemporary marriage: Structure, dynamics, and therapy* (pp. 293-308). Boston, MA: Little, Brown.
Zuk, G. H., & Zuk, C. V. (1998a). Projection, double bind, and demonic possession: Some common elements in three theories of psychosis. *Contemporary Family Therapy*, 20, 15-23.
Zuk, G. H., & Zuk, C. V. (1998b). When more is better than less: Three theories of psychosis-Projection, double bind, and possession. *Contemporary Family Therapy*, 20, 3-13.

색인

주제어

인명

역자 후기

"나는 인간 때문에 울어본 적이 없다. 인간한테 바라는 것도 없다. 내가 가장 싫어하는 게 인간의 이해와 관심이다. ... 나는 아무 것도 바란 적이 없다. 그래서 괜찮았었다. 나는 그랬었다." 상담을 하러 온 남자의 말이었다. 그는 상실의 상처와 아픔 속에서 사람들을 불신하며 친밀한 관계를 맺지 않고 철저히 독립적으로 살던 사람이었다. 그런데 어느 순간 그에게 사랑이 찾아왔고 그런 자신을 보며 불안해했다.

사실 사람들은 대부분 친밀한 관계를 원한다. 그런데 친밀감을 두려워하다니? 왜 그럴까? <친밀감에 대한 두려움>에서 R.W. 파이어스톤은 그 주된 원인이 자기 파괴적인 부정적 사고라고 말한다. 그에 따르면 그것은 어린 시절 외부에서 주어져 내면화된 부정적인 자기태도로 진짜 '내'가 누구인지 알지 못하게 만들고 자기 자신의 고유한 삶을 살아가지 못하게 만드는 것이다. 따라서 커플이나 가족 간의 관계문제 해결을 위해서는 무엇보다도 구성원 개개인의 자기이해 추구가 우선되어야 함을 강조한다. 이 책의 저자가 제안하는 심리치료방법은 '나'에 대한 질문에서 시작되는 진짜 '나'와 가짜 '나'를 구분하는 철학적 접근을 바탕으로 하고 있다.

이 책에서 저자는 익숙하고 일상적인 태도에서 벗어나 새로운 관점과 시각을 가질 수 있도록 돕는 다양한 이론을 소개하고 방법을 제시하며 친밀감을 두려워하는 사람들을 향해 기회를 잡아보라고 권유한다. "기회를 잡아라." 한 번만 부정적인 자기태도를 내려놓아보라고, 한 번만 따뜻하게 내민 손을 잡아보라고, 한 번만 사람을 믿어보라고... 그렇게 기회를 잡아 사랑을 주고받는 법을 배워가다 보면 서서히 변화가 일어나 원래 소망하는 친밀한 관계를 이뤄나갈 수 있게 될 것이라고 말한다. 심리치료란 그런 기회를 잡는 용기를 낼 수 있도록 도와주는 것이라고 강조한다.

번역을 하면서 저자의 인간에 대한 깊은 이해가 느껴져 가슴이 뭉클했다. 그리고 책을 읽어가면서 저자가 말한 대로 연상 작용이 일어나 내 마음 속 기억들과 대면하는 시간이 자주 있었다. 그 과정 중에 많은 깨달음을 얻었다. 이제 번역을 마치고나니 저자의 생각이 잘 전달될 수 있게 읽을 만한 번역이 되었는지 두려운 마음이 든다. 이 책이 대인관계 문제에 관심 있는 독자들에게 조금이라도 도움이 될 수 있다면 더 바랄 것이 없겠다.

2015년 1월

김 경옥